U0906966

2012

CHINA COUNTY STATISTICAL YEARBOOK

中国县(市)社会经济统计年鉴

国家统计局农村社会经济调查司 编

中国统计出版社
China Statistics Press

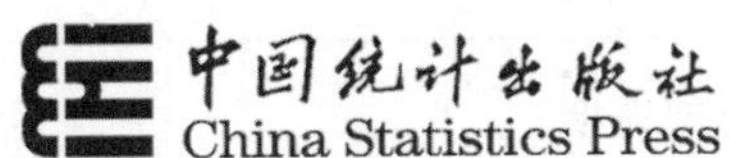

© 中国统计出版社 2012
版权所有。未经许可，本书的任何部分不得以任何方式在世界任何地区以任何文字翻印、拷贝、仿制或转载。

© 2012 China Statistics Press
All rights reserved. No part of the publication may be reproduced or transmitted in any form orby any means, electronic or mechanical, including photocopying, recording, or any information storage and retrieval system, without written permission from the publisher.

图书在版编目(CIP)数据

中国县（市）社会经济统计年鉴. 2012 / 国家统计局农村社会经济调查司编. -- 北京 : 中国统计出版社, 2012. 12

ISBN 978-7-5037-6764-7

Ⅰ. ①中… Ⅱ. ①国… Ⅲ. ①县－社会经济统计－统计资料－中国－2012－年鉴 Ⅳ. ①C832-54

中国版本图书馆 CIP 数据核字（2012）第 303423 号

中国县(市)社会经济统计年鉴—2012

作　　者 / 国家统计局农村社会经济调查司
责任编辑 / 许立舫
出版发行 / 中国统计出版社
通信地址 / 北京市丰台区西三环南路甲6号 邮政编码/100073
电　　话/邮购（010）63376909 书店（010）68783171
网　　址/http://csp.stats.gov.cn
印　　刷 / 河北天普润印刷厂
经　　销 / 新华书店
开　　本/880 × 1230 毫米 1/16
字　　数/1048 千字
印　　张/33. 25
版　　别/2012 年 12 月第 1 版
版　　次/2012 年 12 月第 1 次印刷
定　　价/298. 00 元

如有印装差错，由本社发行部调换。

《中国县(市)社会经济统计年鉴—2012》
编辑委员会

顾　　问　张为民

主　　编　张淑英

副 主 编　赵建华　黄秉信　王明华　徐志全

编　　委　（以姓氏笔画为序）

李永强　余新华　侯　锐　浦　捍　钱春林

黄加才

执行编辑　李永强　柏先红　且淑芬　尚　东

编辑人员　孟素洁　韩爱兵　张春风　秦建华　任丽莹

徐　平　宫　俭　陈凯东　熊　玲　康长进

王美福　许成宝　苏　林　吴九华　姜西海

张　杰　明　锋　向延华　李珠桥　董春生

王志方　李长春　杨克文　胡　刚　李建民

傅红军　郑省华　李忠东　梁　红　王金贵

边东风

编者说明

一、《中国县（市）社会经济统计年鉴-2012》是一部全面反映我国县域社会经济发展状况的资料性年鉴，收录了2011年全国2000多个县域单位的基本情况、综合经济、农业、工业、基本建设、教育、卫生、社会保障等方面的资料。

二、本年鉴的资料范围包括全国除香港特别行政区、澳门特别行政区和台湾省以外的县（旗）、县级市和上报资料完整的市辖区，行政区划截止到2011年12月31日。

三、全书主要内容包括四个部分：一是县（市）社会经济主要指标；二是分区域县（市）社会经济基本情况，包括山区、丘陵、平原、民族地区、陆地边境县、牧区、半牧区、九大农区、棉花生产大县、扶贫工作重点县等（分区域名单为统计时使用，不做其他用途）；三是按主要经济指标分组县（市）资料，包括按地方财政一般预算收入、农民人均纯收入分组；四是主要类型区域县（市）名单。篇末另附主要指标解释。

四、本年鉴所列指标的计量单位均采用公制。

五、本年鉴的资料来自2011年县（市）社会经济统计年报。

六、本书空栏有如下情况：

（1）该项数据较小，不够规定单位。

（2）该项指标在当年没有统计任务，没有统计数据。

（3）该项指标未掌握确切数据。

七、本书作者联系电话：010-68782895

编　者

2012年10月

目录

一、县（市）社会经济主要指标

二、分区域县（市）社会经济基本情况

三、按主要经济指标分组县（市）资料

四、主要类型区域县（市）名单

附录：主要指标解释

1

县（市）社会经济主要指标

2011年县(市)社会经济主要指标

北京市

指　　标	单位	大兴区	怀柔区	平谷区	密云县	延庆县
一、基本情况						
行政区域土地面积	平方公里	1036	2123	950	2229	1994
乡(镇)个数	个	14	14	16	18	15
村民委员会个数	个	527	284	273	334	376
年末总户数	户	249246	133048	168124	203511	136016
其中:乡村户数	户	183750	91210	109640	124855	92300
年末总人口	万人	143	37	42	47	32
乡村人口	万人	61	23	31	31	21
年末单位从业人员数	人	405610	84977	100201	107910	61367
乡村从业人员数	人	375984	123791	175555	180965	121267
其中:农林牧渔业	人	90632	38526	57873	74201	49249
农业机械总动力	万千瓦特	40	16	31	25	20
固定电话用户	户	283452	163253	138207	151750	74132
二、综合经济						
第一产业增加值	万元	186573	71238	145284	179445	94993
第二产业增加值	万元	1371664	1033413	631848	746727	206760
地方财政一般预算收入	万元	401917	210598	180917	195078	80570
地方财政一般预算支出	万元	909726	703683	581403	703119	511965
城乡居民储蓄存款余额	万元	7270645	1763072	1590090	1830566	1079725
年末金融机构各项贷款余额	万元	7780333	904422	1024289	1111504	416290
三、农业、工业及投资						
粮食总产量	吨	234521	60072	73647	103753	160102
棉花产量	吨	66		170		
油料产量	吨	7266	1111	456	2999	132
肉类总产量	吨	70523	26664	41046	62335	27365
规模以上工业企业个数	个	454	145	106	127	41
规模以上工业总产值(现价)	万元	4784503	4990862	1991186	2223779	657526
固定资产投资(不含农户)	万元	1447421	939406	539817	906663	463243
四、教育、卫生和社会保障						
普通中学在校学生数	人	26745	12974	15310	18391	12283
小学在校学生数	人	40678	15085	15599	19643	12581
医院、卫生院床位数	床	3960	1275	1637	1061	868
各种社会福利收养性单位数	个	31	20	23	24	31
各种社会福利收养性单位床位数	床	4848	1909	2672	2601	3783

2011年县(市)社会经济主要指标

天津市、河北省

指　　标	单位	宝坻区	宁河县	静海县	蓟　县	井陉县
一、基本情况						
行政区域土地面积	平方公里	1509	1031	1415	1590	1381
乡(镇)个数	个	21	14	18	26	17
村民委员会个数	个	765	282	383	949	318
年末总户数	户	217408	131490	217072	262792	107102
其中:乡村户数	户	176440	83655	154636	199501	82312
年末总人口	万人	68	39	63	84	33
乡村人口	万人	58	29	48	47	29
年末单位从业人员数	人	36009	77743	24453	87047	28774
乡村从业人员数	人	281577	120120	203150	337684	146633
其中:农林牧渔业	人	140176	65222	86387	145517	62126
农业机械总动力	万千瓦特	87	56	73	74	46
固定电话用户	户	151990	140085	140241	264234	41390
二、综合经济						
第一产业增加值	万元	240360	234922	168817	237249	93275
第二产业增加值	万元	1614731	1110354	2157800	745000	615742
地方财政一般预算收入	万元	254444	126996	239759	154552	44620
地方财政一般预算支出	万元	417262	220414	377976	287935	99145
城乡居民储蓄存款余额	万元	1628288	1157687	2173156	2122859	713976
年末金融机构各项贷款余额	万元	1166447	600524	1444858	1345506	351469
三、农业、工业及投资						
粮食总产量	吨	457000	93000	196349	356000	
棉花产量	吨	11763	18640	20114	225	121
油料产量	吨	561		1139	2870	5975
肉类总产量	吨	81421	96714	65727	76428	24606
规模以上工业企业个数	个	334	197	456	132	60
规模以上工业总产值(现价)	万元	3891466	3249581	11036864	902750	1782604
固定资产投资(不含农户)	万元	1356300	566251	1386499	2018613	1338726
四、教育、卫生和社会保障						
普通中学在校学生数	人	39613	20036	37107	45041	18788
小学在校学生数	人	32138	23509	52348	45644	20819
医院、卫生院床位数	床	1964	1722	1400	1621	1052
各种社会福利收养性单位数	个	18	4	18	24	4
各种社会福利收养性单位床位数	床	520	316	517	897	880

2011年县(市)社会经济主要指标

河北省

指　　标	单位	正定县	栾城县	行唐县	灵寿县	高邑县
一、基本情况						
行政区域土地面积	平方公里	468	320	1025	1066	222
乡(镇)个数	个	8	7	15	15	5
村民委员会个数	个	154	173	330	279	107
年末总户数	户	126136	88287	140930	101142	52151
其中:乡村户数	户	98835	72209	106661	72445	44213
年末总人口	万人	48	33	45	34	19
乡村人口	万人	39	30	38	28	17
年末单位从业人员数	人	25448	19333	12167	14388	9543
乡村从业人员数	人	224297	163956	187638	135836	97067
其中:农林牧渔业	人	69516	44109	87530	82130	47070
农业机械总动力	万千瓦特	144	61	136	55	40
固定电话用户	户	78757	47301	35453	28840	23746
二、综合经济						
第一产业增加值	万元	269762	277853	205642	129005	87924
第二产业增加值	万元	945553	835408	667162	415823	318883
地方财政一般预算收入	万元	61735	50425	18367	15805	16065
地方财政一般预算支出	万元	127517	95391	102063	96699	60807
城乡居民储蓄存款余额	万元	1543373	649548	606989	546620	342300
年末金融机构各项贷款余额	万元	1121021	385572	219346	214281	175700
三、农业、工业及投资						
粮食总产量	吨					
棉花产量	吨	252	37	452	170	108
油料产量	吨	19685	1432	20301	5169	4663
肉类总产量	吨	79738	55821	37625	28889	12637
规模以上工业企业个数	个	121	143	77	66	56
规模以上工业总产值(现价)	万元	4228296	2435237	2416759	1491174	825902
固定资产投资(不含农户)	万元	1226186	1000182	782482	535437	342098
四、教育、卫生和社会保障						
普通中学在校学生数	人	52757	14369	21652	17060	11015
小学在校学生数	人	33145	19561	41344	30689	12111
医院、卫生院床位数	床	1552	1824	1007	780	478
各种社会福利收养性单位数	个	13	4	7	6	2
各种社会福利收养性单位床位数	床	1530	1015	706	1095	650

2011 年县（市）社会经济主要指标

河北省

指　　标	单位	深泽县	赞皇县	无极县	平山县	元氏县
一、基本情况						
行政区域土地面积	平方公里	296	1210	524	2648	676
乡(镇)个数	个	6	11	11	23	15
村民委员会个数	个	125	212	213	717	208
年末总户数	户	81357	84899	140851	154680	98632
其中:乡村户数	户	61161	60920	115694	115763	97261
年末总人口	万人	26	26	52	49	43
乡村人口	万人	23	22	45	43	39
年末单位从业人员数	人	7244	14266	16685	19409	15846
乡村从业人员数	人	127365	124993	248574	235183	239413
其中:农林牧渔业	人	49664	49372	116374	152675	159238
农业机械总动力	万千瓦特	63	46	97	95	63
固定电话用户	户	29245	14516	54984	26067	42391
二、综合经济						
第一产业增加值	万元	121820	125614	215551	203314	200464
第二产业增加值	万元	415005	446113	741618	1311051	683176
地方财政一般预算收入	万元	19645	15132	22307	82985	32759
地方财政一般预算支出	万元	68803	77617	100263	188811	104424
城乡居民储蓄存款余额	万元	561101	347289	832315	842290	579652
年末金融机构各项贷款余额	万元	172584	208548	262898	374274	282462
三、农业、工业及投资						
粮食总产量	吨					
棉花产量	吨	606	96	250	640	700
油料产量	吨	6603	15605	16350	8937	7622
肉类总产量	吨	22167	26286	52794	22054	43239
规模以上工业企业个数	个	60	59	94	42	72
规模以上工业总产值(现价)	万元	1389785	1502763	2285676	5953849	2298118
固定资产投资(不含农户)	万元	361068	693265	619890	1016898	990515
四、教育、卫生和社会保障						
普通中学在校学生数	人	10323	7785	11879	29049	23095
小学在校学生数	人	15376	25394	33589	33252	39313
医院、卫生院床位数	床	616	629	765	971	1118
各种社会福利收养性单位数	个	7	6	12	8	3
各种社会福利收养性单位床位数	床	436	890	997	1233	678

2011年县(市)社会经济主要指标

河北省

指　　标	单位	赵　县	辛集市	藁城市	晋州市	新乐市
一、基本情况						
行政区域土地面积	平方公里	674	951	813	619	524
乡(镇)个数	个	11	15	14	10	11
村民委员会个数	个	281	344	239	224	160
年末总户数	户	165950	207797	215076	153364	131939
其中:乡村户数	户	124115	153313	186499	123980	102161
年末总人口	万人	59	63	80	54	50
乡村人口	万人	49	55	73	48	41
年末单位从业人员数	人	15704	25281	34187	16722	16291
乡村从业人员数	人	288365	301476	396468	259123	221169
其中:农林牧渔业	人	102549	97749	82080	94236	53320
农业机械总动力	万千瓦特	258	197	225	137	235
固定电话用户	户	39627	85692	85882	71227	80602
二、综合经济						
第一产业增加值	万元	295039	433276	599692	239012	225000
第二产业增加值	万元	1024318	2058761	2439422	962166	830394
地方财政一般预算收入	万元	24264	70551	120317	42933	31140
地方财政一般预算支出	万元	124151	160420	224392	123193	104538
城乡居民储蓄存款余额	万元	637962	1756448	1303369	1143758	685595
年末金融机构各项贷款余额	万元	336898	691120	719903	504791	320353
三、农业、工业及投资						
粮食总产量	吨					
棉花产量	吨	109	8006	424	54	177
油料产量	吨	3876	35719	11530	9699	36893
肉类总产量	吨	47412	84467	83281	50721	54337
规模以上工业企业个数	个	119	269	356	202	135
规模以上工业总产值(现价)	万元	4654157	6565563	11881708	3494661	3006125
固定资产投资(不含农户)	万元	733568	1402734	1711643	1218304	1071887
四、教育、卫生和社会保障						
普通中学在校学生数	人	43969	35682	34275	25075	35034
小学在校学生数	人	41211	39540	45342	33578	38293
医院、卫生院床位数	床	1634	1537	1572	902	1523
各种社会福利收养性单位数	个	14	12	12	7	5
各种社会福利收养性单位床位数	床	485	1303	3045	1052	1440

2011年县(市)社会经济主要指标

河北省

指　　标	单位	鹿泉市	丰南区	丰润区	滦县	滦南县
一、基本情况						
行政区域土地面积	平方公里	603	1255	1290	1027	1270
乡(镇)个数	个	12	15	23	12	17
村民委员会个数	个	208	477	566	504	594
年末总户数	户	115350	151140	269511	160215	172364
其中:乡村户数	户	93529	138169	220126	150744	157808
年末总人口	万人	39	53	91	55	58
乡村人口	万人	34	48	71	50	54
年末单位从业人员数	人	27572	54787	71171	48881	30847
乡村从业人员数	人	168249	269512	434803	282910	292727
其中:农林牧渔业	人	70858	100320	228891	130501	183788
农业机械总动力	万千瓦特	63	82	125	88	127
固定电话用户	户	56174	191473	201831	157335	73554
二、综合经济						
第一产业增加值	万元	200111	371002	474070	327358	673346
第二产业增加值	万元	1567280	3849119	3695476	1900519	1084617
地方财政一般预算收入	万元	93480	184876	154188	92413	78909
地方财政一般预算支出	万元	156918	336392	291774	191883	201916
城乡居民储蓄存款余额	万元	1149869	2035311	2838937	1136539	1011368
年末金融机构各项贷款余额	万元	959848	1372954	1867948	754821	486915
三、农业、工业及投资						
粮食总产量	吨					
棉花产量	吨	232	10617	1469	277	1008
油料产量	吨	3904	18801	35620	54221	58766
肉类总产量	吨	28385	46279	88930	55810	119239
规模以上工业企业个数	个	229	126	143	60	45
规模以上工业总产值(现价)	万元	6016792	14719662	11921679	4155240	2074969
固定资产投资(不含农户)	万元	1697889	1700027	1022138	1457533	1089551
四、教育、卫生和社会保障						
普通中学在校学生数	人	18649	25709	35879	27482	31053
小学在校学生数	人	26348	35397	54050	36477	35116
医院、卫生院床位数	床	1179	1515	2980	1657	1438
各种社会福利收养性单位数	个	9	12	10	10	5
各种社会福利收养性单位床位数	床	1780	1184	1213	2112	1984

2011 年县(市)社会经济主要指标

河北省

指　　标	单位	乐亭县	迁西县	玉田县	唐海县	遵化市
一、基本情况						
行政区域土地面积	平方公里	1417	1439	1165	788	1509
乡(镇)个数	个	14	17	20	1	25
村民委员会个数	个	533	417	420		648
年末总户数	户	161240	108188	200221	49046	230328
其中:乡村户数	户	142069	100541	162020	39083	191151
年末总人口	万人	49	39	68	14	73
乡村人口	万人	44	34	57	11	66
年末单位从业人员数	人	25387	44773	34076	43700	29808
乡村从业人员数	人	264829	184873	329743	69526	324507
其中:农林牧渔业	人	116195	80842	87575	34547	107386
农业机械总动力	万千瓦特	109	37	116	40	137
固定电话用户	户	62317	70454	126798	44720	143269
二、综合经济						
第一产业增加值	万元	648522	198600	526740	162667	352587
第二产业增加值	万元	1095255	2373239	1371768	347138	2662718
地方财政一般预算收入	万元	71678	81707	66181	60000	125375
地方财政一般预算支出	万元	196870	193187	176476	131033	262135
城乡居民储蓄存款余额	万元	1163652	1422277	1533490	592464	2287760
年末金融机构各项贷款余额	万元	938777	890832	919679	3930293	1035453
三、农业、工业及投资						
粮食总产量	吨					
棉花产量	吨	1323	266	2471	1107	83
油料产量	吨	13144	5885	3835	712	45795
肉类总产量	吨	37772	22297	105399	24113	76776
规模以上工业企业个数	个	32	138	145	47	120
规模以上工业总产值(现价)	万元	2604676	5763398	3271911	555885	6419786
固定资产投资(不含农户)	万元	1145106	1078957	1332340	1057325	1437094
四、教育、卫生和社会保障						
普通中学在校学生数	人	23907	20369	27701	6742	36143
小学在校学生数	人	27545	30351	45007	8252	58080
医院、卫生院床位数	床	1181	1471	2579	664	2319
各种社会福利收养性单位数	个	3	7	6	2	7
各种社会福利收养性单位床位数	床	2970	1188	1440	290	1832

2011年县(市)社会经济主要指标

河北省

指标	单位	迁安市	青龙满族自治县	昌黎县	抚宁县	卢龙县
一、基本情况						
行政区域土地面积	平方公里	1208	3510	1212	1619	961
乡(镇)个数	个	17	25	16	11	12
村民委员会个数	个	459	396	446	569	548
年末总户数	户	232932	186933	216751	193663	154367
其中:乡村户数	户	154471	139247	174385	137036	122392
年末总人口	万人	73	55	56	49	42
乡村人口	万人	53	50	49	43	38
年末单位从业人员数	人	68850	14905	22671	35579	17401
乡村从业人员数	人	290356	278675	284752	230328	223430
其中:农林牧渔业	人	65981	159542	178547	156333	152268
农业机械总动力	万千瓦特	202	28	89	70	96
固定电话用户	户	132753	52514	87440	84345	58733
二、综合经济						
第一产业增加值	万元	308306	204245	556419	413346	228172
第二产业增加值	万元	5393740	526953	658342	589269	290639
地方财政一般预算收入	万元	308239	57431	50284	64437	25537
地方财政一般预算支出	万元	452832	185493	158822	150279	125952
城乡居民储蓄存款余额	万元	3247643	703707	1198503	1154471	715369
年末金融机构各项贷款余额	万元	2929783	412242	511230	621090	260396
三、农业、工业及投资						
粮食总产量	吨					
棉花产量	吨	124		286	784	1808
油料产量	吨	36111	2031	35991	15434	14286
肉类总产量	吨	83662	67531	74464	109286	62181
规模以上工业企业个数	个	158	44	37	46	30
规模以上工业总产值(现价)	万元	15990989	888331	1835089	2056035	685112
固定资产投资(不含农户)	万元	2864350	594316	675036	642089	382072
四、教育、卫生和社会保障						
普通中学在校学生数	人	44783	12057	25119	20934	21738
小学在校学生数	人	46357	32719	33678	28914	25604
医院、卫生院床位数	床	3246	1445	1984	1319	951
各种社会福利收养性单位数	个	15	2	6	2	2
各种社会福利收养性单位床位数	床	3650	499	670	1020	1100

2011年县(市)社会经济主要指标

河北省

指　　标	单位	邯郸县	临漳县	成安县	大名县	涉　县
一、基本情况						
行政区域土地面积	平方公里	463	744	482	1053	1509
乡(镇)个数	个	10	14	9	20	17
村民委员会个数	个	225	425	234	651	308
年末总户数	户	87184	170100	114270	219942	146005
其中:乡村户数	户	77513	143135	85381	157778	114817
年末总人口	万人	38	70	43	88	41
乡村人口	万人	31	61	35	69	36
年末单位从业人员数	人	15296	15723	11455	19972	28452
乡村从业人员数	人	156640	376985	195472	355363	192669
其中:农林牧渔业	人	72763	261270	70143	280254	63530
农业机械总动力	万千瓦特	65	108	75	95	54
固定电话用户	户	61765	33194	20602	67296	133439
二、综合经济						
第一产业增加值	万元	125639	268041	220762	309261	90012
第二产业增加值	万元	896574	343914	533287	417691	1678595
地方财政一般预算收入	万元	50451	15317	18661	14268	124699
地方财政一般预算支出	万元	113480	118738	98288	166108	197058
城乡居民储蓄存款余额	万元	531795	412880	274598	546388	628915
年末金融机构各项贷款余额	万元	367441	201989	148194	344032	691555
三、农业、工业及投资						
粮食总产量	吨					
棉花产量	吨	2986	3394	24830	2912	42
油料产量	吨	1746	5737	4220	81044	657
肉类总产量	吨	29969	51392	32775	72790	22839
规模以上工业企业个数	个	24	40	39	50	36
规模以上工业总产值(现价)	万元	2387695	517406	1517607	1371299	4974400
固定资产投资(不含农户)	万元	1124247	671260	710661	829076	1432795
四、教育、卫生和社会保障						
普通中学在校学生数	人	34640	21415	19832	28612	24653
小学在校学生数	人	42922	66069	41354	101943	31072
医院、卫生院床位数	床	1276	789	694	1680	1449
各种社会福利收养性单位数	个	10	6	9	20	6
各种社会福利收养性单位床位数	床	84	1332	963	568	365

2011 年县(市)社会经济主要指标

河北省

指　　标	单位	磁　县	肥乡县	永年县	邱　县	鸡泽县
一、基本情况						
行政区域土地面积	平方公里	1015	503	898	449	336
乡(镇)个数	个	19	9	20	7	7
村民委员会个数	个	358	263	429	218	169
年末总户数	户	190903	88684	253762	64183	61478
其中:乡村户数	户	139737	77450	199277	50565	56570
年末总人口	万人	64	37	104	24	30
乡村人口	万人	56	33	82	20	28
年末单位从业人员数	人	28357	11580	30067	9049	8223
乡村从业人员数	人	284197	177315	431562	106350	122192
其中:农林牧渔业	人	78123	71142	145334	60284	31167
农业机械总动力	万千瓦特	181	70	156	42	34
固定电话用户	户	67597	17432	64953	12528	36524
二、综合经济						
第一产业增加值	万元	197697	189197	709625	144694	145225
第二产业增加值	万元	1032210	279174	953939	228142	337778
地方财政一般预算收入	万元	113524	17041	84889	10290	10781
地方财政一般预算支出	万元	206410	92631	215166	60822	73287
城乡居民储蓄存款余额	万元	656277	265378	1065870	202851	225746
年末金融机构各项贷款余额	万元	437399	187557	641938	116912	137581
三、农业、工业及投资						
粮食总产量	吨					
棉花产量	吨	4241	18343	3198	35766	9055
油料产量	吨	5001	3298	8238	2475	1195
肉类总产量	吨	37412	36217	71945	22844	26139
规模以上工业企业个数	个	60	36	103	34	50
规模以上工业总产值(现价)	万元	1514142	658525	2861780	731449	1253037
固定资产投资(不含农户)	万元	1200410	470125	1288333	315030	539161
四、教育、卫生和社会保障						
普通中学在校学生数	人	36670	16856	40082	9498	13349
小学在校学生数	人	56637	40214	89784	27456	36325
医院、卫生院床位数	床	1423	912	1988	507	666
各种社会福利收养性单位数	个	70	8	8	9	7
各种社会福利收养性单位床位数	床	1876	1190	456	660	256

2011年县(市)社会经济主要指标

河北省

指　　标	单位	广平县	馆陶县	魏　县	曲周县	武安市
一、基本情况						
行政区域土地面积	平方公里	320	456	864	677	1806
乡(镇)个数	个	7	8	21	10	22
村民委员会个数	个	169	277	541	338	502
年末总户数	户	69488	81898	222606	116533	240594
其中:乡村户数	户	54588	68371	187669	93074	226900
年末总人口	万人	29	34	95	46	79
乡村人口	万人	25	28	85	41	68
年末单位从业人员数	人	11792	14427	17750	28887	46901
乡村从业人员数	人	135146	148111	360266	212361	353003
其中:农林牧渔业	人	70305	80048	264763	78997	130695
农业机械总动力	万千瓦特	37	73	118	90	201
固定电话用户	户	10951	27892	126465	25444	133505
二、综合经济						
第一产业增加值	万元	112540	218592	215515	242489	168020
第二产业增加值	万元	336191	338102	371381	509926	3582500
地方财政一般预算收入	万元	11459	16697	30083	14263	282227
地方财政一般预算支出	万元	78562	88739	169728	99086	433088
城乡居民储蓄存款余额	万元	221011	232702	488168	367511	2385434
年末金融机构各项贷款余额	万元	154358	168389	253067	218301	1576765
三、农业、工业及投资						
粮食总产量	吨					
棉花产量	吨	6521	8521	2936	17255	3294
油料产量	吨	4392	16148	5112	3458	3457
肉类总产量	吨	15937	50030	63262	45633	69540
规模以上工业企业个数	个	26	36	45	42	80
规模以上工业总产值(现价)	万元	1105531	1061909	909197	1659398	12532853
固定资产投资(不含农户)	万元	549742	594820	838669	642822	1795284
四、教育、卫生和社会保障						
普通中学在校学生数	人	15074	14536	52408	23715	43963
小学在校学生数	人	24446	44868	72942	59529	73985
医院、卫生院床位数	床	625	1758	1995	614	2397
各种社会福利收养性单位数	个	8	8	11	11	23
各种社会福利收养性单位床位数	床	1023	1697	3070	740	1387

2011年县(市)社会经济主要指标

河北省

指　　标	单位	邢台县	临城县	内丘县	柏乡县	隆尧县
一、基本情况						
行政区域土地面积	平方公里	1848	797	788	268	749
乡(镇)个数	个	16	8	9	6	12
村民委员会个数	个	519	220	309	121	276
年末总户数	户	117581	73589	83137	65170	151161
其中:乡村户数	户	94584	46763	61908	44072	114792
年末总人口	万人	34	21	28	20	53
乡村人口	万人	32	18	24	18	49
年末单位从业人员数	人	14266	7676	10972	7148	14361
乡村从业人员数	人	164080	86805	118222	86321	224020
其中:农林牧渔业	人	53329	62831	66287	45682	86040
农业机械总动力	万千瓦特	31	24	25	30	90
固定电话用户	户	40681	23246	48000	18307	159000
二、综合经济						
第一产业增加值	万元	88970	70950	77541	66240	197924
第二产业增加值	万元	852532	352356	488088	113598	340186
地方财政一般预算收入	万元	32966	15909	23920	5922	24826
地方财政一般预算支出	万元	116197	74394	71660	54392	98216
城乡居民储蓄存款余额	万元	730806	411145	490239	194841	547121
年末金融机构各项贷款余额	万元	447531	107769	143664	109424	317908
三、农业、工业及投资						
粮食总产量	吨					
棉花产量	吨	1243	658	900	440	6353
油料产量	吨	12795	6371	13948	4693	13644
肉类总产量	吨	15747	16985	24088	14550	35955
规模以上工业企业个数	个	30	50	20	24	48
规模以上工业总产值(现价)	万元	2734943	921961	1795363	172525	1344386
固定资产投资(不含农户)	万元	494162	303958	564924	153545	432292
四、教育、卫生和社会保障						
普通中学在校学生数	人	14060	13391	16082	7749	17714
小学在校学生数	人	19996	19407	22809	17143	40557
医院、卫生院床位数	床	1502	588	911	377	893
各种社会福利收养性单位数	个	21	4	12	31	58
各种社会福利收养性单位床位数	床	1038	485	925	866	1321

2011年县(市)社会经济主要指标

河北省

指　　标	单位	任　县	南和县	宁晋县	巨鹿县	新河县
一、基本情况						
行政区域土地面积	平方公里	431	405	1032	631	366
乡(镇)个数	个	8	8	14	10	6
村民委员会个数	个	140	218	346	255	169
年末总户数	户	94791	105334	228673	124162	58156
其中:乡村户数	户	73182	81020	166410	104958	44435
年末总人口	万人	35	36	75	40	17
乡村人口	万人	31	33	66	37	16
年末单位从业人员数	人	9530	8040	29807	9972	5692
乡村从业人员数	人	151868	162588	337834	195194	71407
其中:农林牧渔业	人	58553	78642	169890	118351	41941
农业机械总动力	万千瓦特	54	54	105	61	31
固定电话用户	户	31000	27530	117259	74018	29609
二、综合经济						
第一产业增加值	万元	90434	118186	265142	111947	51148
第二产业增加值	万元	108255	98878	860883	207404	90977
地方财政一般预算收入	万元	12116	14205	52991	13912	5471
地方财政一般预算支出	万元	77558	73713	151852	100243	50758
城乡居民储蓄存款余额	万元	303165	345296	971481	466698	240261
年末金融机构各项贷款余额	万元	146197	170875	693189	245048	96203
三、农业、工业及投资						
粮食总产量	吨					
棉花产量	吨	2784	2185	6041	16384	6872
油料产量	吨	1706	2236	6794	12199	3022
肉类总产量	吨	10392	18549	35872	13877	6030
规模以上工业企业个数	个	25	21	132	29	26
规模以上工业总产值(现价)	万元	218108	278102	3070191	490774	165534
固定资产投资(不含农户)	万元	274404	292335	1179395	437284	168575
四、教育、卫生和社会保障						
普通中学在校学生数	人	14091	9663	22231	23452	14319
小学在校学生数	人	31975	32321	42407	29065	18184
医院、卫生院床位数	床	783	636	1055	962	587
各种社会福利收养性单位数	个	18	57	19	66	2
各种社会福利收养性单位床位数	床	700	1230	849	985	516

2011年县(市)社会经济主要指标

河北省

指　　标	单位	广宗县	平乡县	威　县	清河县	临西县
一、基本情况						
行政区域土地面积	平方公里	503	406	994	500	542
乡(镇)个数	个	8	7	16	6	9
村民委员会个数	个	213	246	522	305	299
年末总户数	户	94246	87983	175192	114670	101375
其中:乡村户数	户	72981	65638	141080	82187	74668
年末总人口	万人	31	33	59	41	38
乡村人口	万人	28	29	54	35	29
年末单位从业人员数	人	7097	10413	12752	13277	10673
乡村从业人员数	人	141297	137151	278666	152193	143607
其中:农林牧渔业	人	68013	47202	162963	35076	67862
农业机械总动力	万千瓦特	29	34	75	53	56
固定电话用户	户	10855	31100	35534	47671	35545
二、综合经济						
第一产业增加值	万元	124125	80804	194599	87014	108139
第二产业增加值	万元	111035	134707	139029	548208	181873
地方财政一般预算收入	万元	4774	14320	14020	26644	13739
地方财政一般预算支出	万元	61989	82192	99003	100026	74598
城乡居民储蓄存款余额	万元	181783	417316	452406	744453	318690
年末金融机构各项贷款余额	万元	83493	138015	157847	423317	137111
三、农业、工业及投资						
粮食总产量	吨					
棉花产量	吨	29498	7315	68806	17124	12249
油料产量	吨	7086	8106	4999	424	1514
肉类总产量	吨	16574	10174	25475	5289	16764
规模以上工业企业个数	个	32	42	37	93	34
规模以上工业总产值(现价)	万元	203077	248745	248745	893960	262167
固定资产投资(不含农户)	万元	294479	312095	310374	685420	336492
四、教育、卫生和社会保障						
普通中学在校学生数	人	7135	12914	22247	13241	19439
小学在校学生数	人	28760	36297	46863	27600	37077
医院、卫生院床位数	床	641	950	1950	1112	1105
各种社会福利收养性单位数	个	23	80	16	26	10
各种社会福利收养性单位床位数	床	635	1691	1031	662	1250

2011年县(市)社会经济主要指标

河北省

指　　标	单位	南宫市	沙河市	满城县	清苑县	涞水县
一、基本情况						
行政区域土地面积	平方公里	861	859	629	867	1658
乡(镇)个数	个	11	8	11	18	15
村民委员会个数	个	440	242	183	266	284
年末总户数	户	127404	118418	121674	169241	144060
其中:乡村户数	户	107752	87258	87010	150054	88220
年末总人口	万人	48	42	39	66	35
乡村人口	万人	43	35	33	60	32
年末单位从业人员数	人	13497	24581	15374	28985	14882
乡村从业人员数	人	202372	156557	183585	340639	179849
其中:农林牧渔业	人	110051	68392	111944	199019	119123
农业机械总动力	万千瓦特	86	55	49	80	27
固定电话用户	户	59268	128302	82587	69718	35292
二、综合经济						
第一产业增加值	万元	129940	57262	149924	232754	87634
第二产业增加值	万元	361763	1243881	391577	461899	96938
地方财政一般预算收入	万元	16386	61243	21549	22842	19925
地方财政一般预算支出	万元	111351	145486	84595	101754	95924
城乡居民储蓄存款余额	万元	680717	1199126	769176	948404	500307
年末金融机构各项贷款余额	万元	351204	1049530	371612	323707	328043
三、农业、工业及投资						
粮食总产量	吨					
棉花产量	吨	42424	266	481	2234	57
油料产量	吨	14373	4635	2705	19962	10205
肉类总产量	吨	22313	14965	22347	24520	21746
规模以上工业企业个数	个	59	79	87	73	26
规模以上工业总产值(现价)	万元	955391	2787326	1104100	1776205	144178
固定资产投资(不含农户)	万元	567841	1134111	285846	554091	445504
四、教育、卫生和社会保障						
普通中学在校学生数	人	20343	33487	9727	23158	16373
小学在校学生数	人	32289	41182	31489	43765	19061
医院、卫生院床位数	床	950	1106	1285	780	597
各种社会福利收养性单位数	个	15	19	12	1	1
各种社会福利收养性单位床位数	床	925	1219	424	810	300

2011年县(市)社会经济主要指标

河北省

指　　标	单位	阜平县	徐水县	定兴县	唐　县	高阳县
一、基本情况						
行政区域土地面积	平方公里	2495	723	714	1417	497
乡(镇)个数	个	13	14	16	20	9
村民委员会个数	个	209	304	274	345	170
年末总户数	户	80232	188466	163145	172502	107287
其中:乡村户数	户	55105	144299	131874	132385	74561
年末总人口	万人	22	59	58	58	34
乡村人口	万人	19	53	54	52	29
年末单位从业人员数	人	10102	28903	30279	58168	11693
乡村从业人员数	人	86837	293808	306342	262961	171954
其中:农林牧渔业	人	60384	161122	171172	161816	71798
农业机械总动力	万千瓦特	26	87	57	51	22
固定电话用户	户	31560	75418	66398	62185	54202
二、综合经济						
第一产业增加值	万元	62980	219792	238456	142005	85658
第二产业增加值	万元	60148	679860	334552	240760	600326
地方财政一般预算收入	万元	12700	45971	23357	13724	32613
地方财政一般预算支出	万元	73366	122929	115372	106523	85476
城乡居民储蓄存款余额	万元	397156	983497	634947	824952	697924
年末金融机构各项贷款余额	万元	184192	474083	271875	340534	304851
三、农业、工业及投资						
粮食总产量	吨					
棉花产量	吨		427	514	943	9386
油料产量	吨	1182	5411	17320	4049	4080
肉类总产量	吨	6996	56059	63597	30693	6059
规模以上工业企业个数	个	14	60	46	38	76
规模以上工业总产值(现价)	万元	70663	1725836	752208	340953	1548487
固定资产投资(不含农户)	万元	243550	625443	509613	330441	412082
四、教育、卫生和社会保障						
普通中学在校学生数	人	10622	26289	25308	26937	15301
小学在校学生数	人	17577	36163	36015	50376	26923
医院、卫生院床位数	床	466	1253	841	1381	803
各种社会福利收养性单位数	个	4	1	1	1	3
各种社会福利收养性单位床位数	床	82	426	388	382	620

2011 年县(市)社会经济主要指标

河北省

指　　标	单位	容城县	涞源县	望都县	安新县	易　县
一、基本情况						
行政区域土地面积	平方公里	314	2448	370	724	2534
乡(镇)个数	个	8	17	8	12	27
村民委员会个数	个	127	285	142	207	469
年末总户数	户	80553	97376	77564	139093	192249
其中:乡村户数	户	53359	71429	59036	114839	140817
年末总人口	万人	27	28	27	44	57
乡村人口	万人	22	24	23	42	51
年末单位从业人员数	人	9292	13063	12394	12181	25381
乡村从业人员数	人	128014	124471	127671	244119	260650
其中:农林牧渔业	人	47038	85971	88046	135160	160833
农业机械总动力	万千瓦特	49	19	38	49	27
固定电话用户	户	24938	23907	38074	58034	79013
二、综合经济						
第一产业增加值	万元	95588	32454	124346	88168	195086
第二产业增加值	万元	275505	333964	198692	385282	314853
地方财政一般预算收入	万元	21600	51264	15291	17866	21633
地方财政一般预算支出	万元	68273	109463	67507	88749	131440
城乡居民储蓄存款余额	万元	490066	463400	448793	631282	730532
年末金融机构各项贷款余额	万元	182192	277127	169012	340407	322562
三、农业、工业及投资						
粮食总产量	吨					
棉花产量	吨	210		350	7365	589
油料产量	吨	5446	360	6895	673	13499
肉类总产量	吨	28344	6506	16952	8490	60526
规模以上工业企业个数	个	55	39	22	65	56
规模以上工业总产值(现价)	万元	558580	861417	412843	1638300	1036235
固定资产投资(不含农户)	万元	263098	314564	259677	371138	547364
四、教育、卫生和社会保障						
普通中学在校学生数	人	9514	11218	10640	13195	26240
小学在校学生数	人	18039	21726	16663	29483	44918
医院、卫生院床位数	床	1070	697	643	709	1282
各种社会福利收养性单位数	个			2		2
各种社会福利收养性单位床位数	床			312		218

2011年县(市)社会经济主要指标

河北省

指　　　标	单位	曲阳县	蠡　县	顺平县	博野县	雄　县
一、基本情况						
行政区域土地面积	平方公里	1084	652	708	331	524
乡(镇)个数	个	18	13	10	7	9
村民委员会个数	个	367	232	237	133	223
年末总户数	户	179179	143232	94008	74512	112911
其中:乡村户数	户	133001	108915	75840	50725	83292
年末总人口	万人	61	53	31	27	38
乡村人口	万人	53	48	28	19	32
年末单位从业人员数	人	20919	15846	12123	7825	10511
乡村从业人员数	人	265169	266330	156799	147184	193024
其中:农林牧渔业	人	163449	147983	109748	61707	93663
农业机械总动力	万千瓦特	52	59	40	36	30
固定电话用户	户	55127	61408	29069	25383	73535
二、综合经济						
第一产业增加值	万元	98551	127233	114081	104649	94464
第二产业增加值	万元	217931	398133	164822	142598	440833
地方财政一般预算收入	万元	18111	19387	12636	10511	25100
地方财政一般预算支出	万元	98988	103297	75376	59755	80559
城乡居民储蓄存款余额	万元	645375	877737	398113	316031	550069
年末金融机构各项贷款余额	万元	182769	145885	203176	112778	288813
三、农业、工业及投资						
粮食总产量	吨					
棉花产量	吨	370	4336	106	1971	505
油料产量	吨	7266	15634	4442	11441	4922
肉类总产量	吨	23501	7857	12010	13002	11534
规模以上工业企业个数	个	39	96	37	27	110
规模以上工业总产值(现价)	万元	219556	1198729	408312	394660	1232918
固定资产投资(不含农户)	万元	122591	224095	406112	203636	371302
四、教育、卫生和社会保障						
普通中学在校学生数	人	23843	24334	10763	8840	9853
小学在校学生数	人	59578	38017	22368	19276	32078
医院、卫生院床位数	床	1718	723	756	548	732
各种社会福利收养性单位数	个	1	9	6	4	8
各种社会福利收养性单位床位数	床	47	1000	654	586	915

2011年县(市)社会经济主要指标

河北省

指　　标	单位	涿州市	定州市	安国市	高碑店市	宣化县
一、基本情况						
行政区域土地面积	平方公里	742	1274	486	618	2057
乡(镇)个数	个	11	22	10	9	13
村民委员会个数	个	404	485	198	409	305
年末总户数	户	236421	338653	135016	157179	112971
其中:乡村户数	户	111683	267668	88608	97641	94597
年末总人口	万人	65	121	41	56	28
乡村人口	万人	43	107	34	42	27
年末单位从业人员数	人	86504	48979	13681	39265	15947
乡村从业人员数	人	247691	635862	208167	234848	148399
其中:农林牧渔业	人	148658	222951	101048	134932	89488
农业机械总动力	万千瓦特	50	208	66	39	18
固定电话用户	户	121241	702568	63318	70728	36054
二、综合经济						
第一产业增加值	万元	182699	598902	199388	138485	180128
第二产业增加值	万元	702403	1082624	397032	662352	217205
地方财政一般预算收入	万元	128528	97737	25137	44291	23410
地方财政一般预算支出	万元	210534	261774	89553	122291	82611
城乡居民储蓄存款余额	万元	1734427	1743031	753196	1564267	553008
年末金融机构各项贷款余额	万元	951280	776056	269779	918090	469774
三、农业、工业及投资						
粮食总产量	吨					
棉花产量	吨	1	1082	710	630	
油料产量	吨	13520	71119	19863	31652	2230
肉类总产量	吨	40233	101745	23669	34714	53457
规模以上工业企业个数	个	73	87	68	38	32
规模以上工业总产值(现价)	万元	1997464	2624007	1409170	1291943	393658
固定资产投资(不含农户)	万元	1231237	1147536	673908	489832	394324
四、教育、卫生和社会保障						
普通中学在校学生数	人	22999	58175	16795	21290	11858
小学在校学生数	人	35446	101642	27322	32005	17422
医院、卫生院床位数	床	2289	1923	808	1243	875
各种社会福利收养性单位数	个	1		1	3	5
各种社会福利收养性单位床位数	床	310		265	366	878

2011年县(市)社会经济主要指标

河北省

指　　标	单位	张北县	康保县	沽源县	尚义县	蔚　县
一、基本情况						
行政区域土地面积	平方公里	3863	3365	3388	2601	3220
乡(镇)个数	个	18	15	14	14	22
村民委员会个数	个	366	326	233	172	547
年末总户数	户	148009	106998	86366	75756	171027
其中:乡村户数	户	99616	85724	73004	55965	152456
年末总人口	万人	37	28	23	19	50
乡村人口	万人	27	25	21	16	45
年末单位从业人员数	人	14606	12711	8474	9104	30844
乡村从业人员数	人	179792	134513	132191	92149	194094
其中:农林牧渔业	人	107036	93571	103368	60951	135281
农业机械总动力	万千瓦特	35	30	48	9	31
固定电话用户	户	21500	14001	12600	8350	38849
二、综合经济						
第一产业增加值	万元	165140	143413	119266	68879	117518
第二产业增加值	万元	316138	91153	80126	116712	331113
地方财政一般预算收入	万元	42749	10160	13585	8908	33727
地方财政一般预算支出	万元	153232	92459	89388	83043	131733
城乡居民储蓄存款余额	万元	338699	149005	150743	146903	882885
年末金融机构各项贷款余额	万元	759376	85833	115352	97070	482595
三、农业、工业及投资						
粮食总产量	吨					
棉花产量	吨					
油料产量	吨	9435	5014	5841	5517	3189
肉类总产量	吨	18998	28114	9532	12024	33502
规模以上工业企业个数	个	25	13	7	8	10
规模以上工业总产值(现价)	万元	364783	82877	45580	103344	473037
固定资产投资(不含农户)	万元	1181592	364225	358981	357110	381183
四、教育、卫生和社会保障						
普通中学在校学生数	人	22267	8342	7857	6233	21184
小学在校学生数	人	19401	12008	7724	10010	39863
医院、卫生院床位数	床	1178	390	538	492	907
各种社会福利收养性单位数	个	18	5	4	15	6
各种社会福利收养性单位床位数	床	1311	836	690	1002	325

2011年县(市)社会经济主要指标

河北省

指　　标	单位	阳原县	怀安县	万全县	怀来县	涿鹿县
一、基本情况						
行政区域土地面积	平方公里	1849	1706	1162	1801	2802
乡(镇)个数	个	14	11	11	17	17
村民委员会个数	个	301	273	172	279	373
年末总户数	户	107963	96010	84915	134260	141748
其中:乡村户数	户	82716	73734	69272	95595	99994
年末总人口	万人	28	25	23	35	35
乡村人口	万人	24	22	20	28	29
年末单位从业人员数	人	13588	14184	13707	20646	22296
乡村从业人员数	人	120688	118826	110806	164355	161188
其中:农林牧渔业	人	74866	70964	72975	102596	116815
农业机械总动力	万千瓦特	11	11	11	25	22
固定电话用户	户	26000	28849	19718	36988	49700
二、综合经济						
第一产业增加值	万元	93716	86056	105533	137477	213912
第二产业增加值	万元	107455	167148	172353	318934	199223
地方财政一般预算收入	万元	14743	21602	21928	67496	24018
地方财政一般预算支出	万元	84618	83005	78519	145857	127235
城乡居民储蓄存款余额	万元	364242	347243	319653	758836	506186
年末金融机构各项贷款余额	万元	249082	216185	373051	521044	312136
三、农业、工业及投资						
粮食总产量	吨					
棉花产量	吨					
油料产量	吨	5688	3609	1538	1441	1665
肉类总产量	吨	24023	21260	19859	30234	40388
规模以上工业企业个数	个	10	26	28	20	29
规模以上工业总产值(现价)	万元	73118	295855	305700	370581	410553
固定资产投资(不含农户)	万元	208137	485812	434728	528940	566638
四、教育、卫生和社会保障						
普通中学在校学生数	人	11901	7099	8854	17655	15726
小学在校学生数	人	23853	14127	15078	20351	20666
医院、卫生院床位数	床	625	459	667	1075	814
各种社会福利收养性单位数	个	3	11	11	7	12
各种社会福利收养性单位床位数	床	1050	760	767	826	1586

2011 年县(市)社会经济主要指标

河北省

指　　标	单位	赤城县	崇礼县	承德县	兴隆县	平泉县
一、基本情况						
行政区域土地面积	平方公里	5287	2324	3648	3123	3296
乡(镇)个数	个	18	10	23	20	19
村民委员会个数	个	440	211	378	290	291
年末总户数	户	121009	50809	142978	114404	160943
其中:乡村户数	户	95568	36097	110563	81959	119162
年末总人口	万人	30	13	42	33	48
乡村人口	万人	27	11	38	29	41
年末单位从业人员数	人	12185	10641	20057	18393	24505
乡村从业人员数	人	115881	60600	210940	152924	217219
其中:农林牧渔业	人	80692	40375	129369	99952	111533
农业机械总动力	万千瓦特	23	9	29	26	43
固定电话用户	户	22191	9910	32200	32760	39573
二、综合经济						
第一产业增加值	万元	139145	62713	202962	129894	282776
第二产业增加值	万元	285232	177391	492580	389898	452654
地方财政一般预算收入	万元	44016	28511	54992	34494	58942
地方财政一般预算支出	万元	114181	72996	150778	120908	179725
城乡居民储蓄存款余额	万元	414898	151836	620575	621175	754968
年末金融机构各项贷款余额	万元	298663	124613	427816	373225	532237
三、农业、工业及投资						
粮食总产量	吨					
棉花产量	吨					
油料产量	吨	2259	488	343	438	510
肉类总产量	吨	27488	6005	98188	20166	22241
规模以上工业企业个数	个	37	19	56	60	57
规模以上工业总产值(现价)	万元	464647	276046	1248947	1107412	998588
固定资产投资(不含农户)	万元	420469	347302	827046	788446	916486
四、教育、卫生和社会保障						
普通中学在校学生数	人	9871	4570	15434	11495	25494
小学在校学生数	人	17131	7802	20667	22240	30320
医院、卫生院床位数	床	716	352	1327	1119	1263
各种社会福利收养性单位数	个	6	2	1	10	5
各种社会福利收养性单位床位数	床	1344	789	1240	763	2170

2011年县(市)社会经济主要指标

河北省

指　　标	单位	滦平县	隆化县	丰宁满族自治县	宽城满族自治县	围场满族蒙古族自治县
一、基本情况						
行政区域土地面积	平方公里	2993	5475	8765	1936	9220
乡(镇)个数	个	20	25	26	18	37
村民委员会个数	个	200	362	309	205	312
年末总户数	户	112873	145273	146590	77712	179616
其中:乡村户数	户	82955	110855	107436	61460	129453
年末总人口	万人	32	44	40	25	53
乡村人口	万人	28	38	34	22	46
年末单位从业人员数	人	13723	18350	19417	13782	21213
乡村从业人员数	人	149971	225082	181879	108057	238956
其中:农林牧渔业	人	69094	142875	110912	53895	180817
农业机械总动力	万千瓦特	37	48	46	18	61
固定电话用户	户	27861	36518	29329	28093	39450
二、综合经济						
第一产业增加值	万元	170556	218727	169569	123234	286308
第二产业增加值	万元	665219	429732	268425	1640120	215667
地方财政一般预算收入	万元	49001	35632	31580	58408	23340
地方财政一般预算支出	万元	148143	155152	163202	151505	164551
城乡居民储蓄存款余额	万元	499416	536980	495923	715534	506447
年末金融机构各项贷款余额	万元	420172	422433	379898	679600	464035
三、农业、工业及投资						
粮食总产量	吨					
棉花产量	吨					
油料产量	吨	183	6122	3312	506	1439
肉类总产量	吨	84579	61561	45378	20524	53438
规模以上工业企业个数	个	35	49	31	35	20
规模以上工业总产值(现价)	万元	1470150	830421	481107	4044548	201604
固定资产投资(不含农户)	万元	832885	624893	827498	893895	311527
四、教育、卫生和社会保障						
普通中学在校学生数	人	15454	21711	20923	9281	31651
小学在校学生数	人	18723	30612	24289	16811	36662
医院、卫生院床位数	床	976	1118	1209	768	1205
各种社会福利收养性单位数	个	16	16	4	15	19
各种社会福利收养性单位床位数	床	3680	2800	2043	1162	1790

2011 年县（市）社会经济主要指标

河北省

指　　标	单位	沧　县	青　县	东光县	海兴县	盐山县
一、基本情况						
行政区域土地面积	平方公里	1520	968	711	919	795
乡(镇)个数	个	19	10	9	7	12
村民委员会个数	个	515	345	447	197	450
年末总户数	户	188973	132156	118839	78673	138781
其中:乡村户数	户	175013	95716	95057	54380	104840
年末总人口	万人	69	41	37	23	46
乡村人口	万人	65	33	33	19	41
年末单位从业人员数	人	26108	19585	18217	12061	19423
乡村从业人员数	人	367000	200735	162600	104296	212526
其中:农林牧渔业	人	83076	59160	66916	64479	100909
农业机械总动力	万千瓦特	142	91	53	36	54
固定电话用户	户	183303	76060	68884	22000	66960
二、综合经济						
第一产业增加值	万元	252996	348144	211382	65038	134878
第二产业增加值	万元	860101	575338	454655	116335	737308
地方财政一般预算收入	万元	46157	40431	36071	14450	34902
地方财政一般预算支出	万元	154828	119939	111503	72864	122092
城乡居民储蓄存款余额	万元	874017	801760	719786	236425	487184
年末金融机构各项贷款余额	万元	421400	354176	247358	145194	390341
三、农业、工业及投资						
粮食总产量	吨					
棉花产量	吨	4922	3665	25723	3614	3674
油料产量	吨	1770	1583	2045	2030	1564
肉类总产量	吨	41998	22594	18761	9000	44919
规模以上工业企业个数	个	126	79	80	13	105
规模以上工业总产值(现价)	万元	2156860	1980560	861662	101153	2989627
固定资产投资(不含农户)	万元	1093684	849544	603426	206973	863348
四、教育、卫生和社会保障						
普通中学在校学生数	人	28083	14549	12734	8284	13386
小学在校学生数	人	43203	26640	23404	16973	35350
医院、卫生院床位数	床	1283	1016	1078	465	1007
各种社会福利收养性单位数	个	19	2	9	7	3
各种社会福利收养性单位床位数	床	375	248	461	116	221

2011年县(市)社会经济主要指标

河北省

指　　标	单位	肃宁县	南皮县	吴桥县	献　县	孟村回族自治县
一、基本情况						
行政区域土地面积	平方公里	515	790	583	1173	387
乡(镇)个数	个	9	9	10	18	6
村民委员会个数	个	253	312	473	500	126
年末总户数	户	108949	114723	108651	177173	71777
其中:乡村户数	户	82541	87732	70008	137746	43896
年末总人口	万人	35	38	29	61	22
乡村人口	万人	31	32	24	54	18
年末单位从业人员数	人	14300	14713	13931	15672	9222
乡村从业人员数	人	194994	176680	149579	274101	89489
其中:农林牧渔业	人	63720	103638	66025	106555	40183
农业机械总动力	万千瓦特	63	87	57	81	30
固定电话用户	户	44480	38809	59620	77157	42181
二、综合经济						
第一产业增加值	万元	205065	163625	236017	273124	62843
第二产业增加值	万元	452639	266443	96431	668228	390125
地方财政一般预算收入	万元	62763	29881	19991	29152	19650
地方财政一般预算支出	万元	112177	102043	78869	127119	73433
城乡居民储蓄存款余额	万元	678564	492811	484246	769710	283031
年末金融机构各项贷款余额	万元	224838	247368	165855	294385	171237
三、农业、工业及投资						
粮食总产量	吨					
棉花产量	吨	1662	16030	17931	17730	738
油料产量	吨	8558	2479	1134	26400	1874
肉类总产量	吨	27045	16884	29829	50842	34167
规模以上工业企业个数	个	65	60	22	135	102
规模以上工业总产值(现价)	万元	1098937	413943	248219	2149588	1033341
固定资产投资(不含农户)	万元	845597	607481	464240	904668	458600
四、教育、卫生和社会保障						
普通中学在校学生数	人	12818	14098	10922	29462	9165
小学在校学生数	人	23128	25979	17082	46734	16726
医院、卫生院床位数	床	929	1113	967	1370	459
各种社会福利收养性单位数	个	1	2	10	3	6
各种社会福利收养性单位床位数	床	620	300	501	974	140

2011 年县(市)社会经济主要指标

河北省

指　　标	单位	泊头市	任丘市	黄骅市	河间市	固安县
一、基本情况						
行政区域土地面积	平方公里	1007	1012	1545	1333	697
乡(镇)个数	个	12	15	10	20	9
村民委员会个数	个	657	413	327	615	419
年末总户数	户	192153	322418	125693	227929	131553
其中:乡村户数	户	144994	158195	98513	187348	90495
年末总人口	万人	60	83	46	82	44
乡村人口	万人	49	60	38	72	37
年末单位从业人员数	人	27362	91185	32888	26886	19144
乡村从业人员数	人	262951	289323	180762	409037	181116
其中:农林牧渔业	人	70248	61735	37727	94459	142090
农业机械总动力	万千瓦特	130	101	107	135	107
固定电话用户	户	82746	236426	125854	177959	73944
二、综合经济						
第一产业增加值	万元	201830	170611	238139	206926	248084
第二产业增加值	万元	754671	3616825	853805	862103	309275
地方财政一般预算收入	万元	48489	173675	71890	56481	87039
地方财政一般预算支出	万元	138675	247147	178163	171957	149308
城乡居民储蓄存款余额	万元	1163508	2514555	1071721	1519223	839299
年末金融机构各项贷款余额	万元	447924	732335	817692	385748	660326
三、农业、工业及投资						
粮食总产量	吨					
棉花产量	吨	3061	10131	6118	17464	502
油料产量	吨	432	5573	4107	37707	8690
肉类总产量	吨	27783	41114	47015	30608	42528
规模以上工业企业个数	个	209	211	84	164	44
规模以上工业总产值(现价)	万元	1807297	7584721	1955219	1875867	681220
固定资产投资(不含农户)	万元	922382	1026544	1171359	929241	750821
四、教育、卫生和社会保障						
普通中学在校学生数	人	21047	29059	24231	22618	15620
小学在校学生数	人	42398	62808	34676	56769	24644
医院、卫生院床位数	床	996	3024	2390	1578	683
各种社会福利收养性单位数	个	2	4	11	5	8
各种社会福利收养性单位床位数	床	502	607	762	760	808

2011年县(市)社会经济主要指标

河北省

指　　标	单位	永清县	香河县	大城县	文安县	大厂回族自治县
一、基本情况						
行政区域土地面积	平方公里	774	458	910	1038	176
乡(镇)个数	个	10	9	10	13	5
村民委员会个数	个	386	300	394	383	105
年末总户数	户	109888	110402	167902	141659	50732
其中:乡村户数	户	83567	76951	110910	112643	30440
年末总人口	万人	39	33	49	50	12
乡村人口	万人	33	28	42	43	10
年末单位从业人员数	人	18563	23062	19377	18970	14119
乡村从业人员数	人	179107	135381	207870	219553	44465
其中:农林牧渔业	人	115211	55296	110073	77152	16959
农业机械总动力	万千瓦特	108	46	75	76	28
固定电话用户	户	58480	93037	92009	114316	31434
二、综合经济						
第一产业增加值	万元	269389	168263	146099	143205	99465
第二产业增加值	万元	335609	625508	536661	901576	358840
地方财政一般预算收入	万元	39321	115969	30154	46163	41825
地方财政一般预算支出	万元	114709	178425	114710	129051	89066
城乡居民储蓄存款余额	万元	498049	1357940	1008671	1138793	438422
年末金融机构各项贷款余额	万元	371088	1233290	456268	679879	620523
三、农业、工业及投资						
粮食总产量	吨					
棉花产量	吨	4592	103	6000	18711	54
油料产量	吨	9596	159	1440	970	60
肉类总产量	吨	67293	19352	36692	18774	31046
规模以上工业企业个数	个	51	143	89	88	36
规模以上工业总产值(现价)	万元	725392	2233547	961666	2654902	1116514
固定资产投资(不含农户)	万元	735164	805899	699513	1083037	602539
四、教育、卫生和社会保障						
普通中学在校学生数	人	23166	15972	22821	20084	6462
小学在校学生数	人	24400	18774	41269	45766	6056
医院、卫生院床位数	床	649	1523	1180	1275	391
各种社会福利收养性单位数	个	9	3	4	4	1
各种社会福利收养性单位床位数	床	689	499	908	987	200

2011年县(市)社会经济主要指标

河北省

指　　标	单位	霸州市	三河市	枣强县	武邑县	武强县
一、基本情况						
行政区域土地面积	平方公里	801	643	905	832	443
乡(镇)个数	个	12	10	11	9	6
村民委员会个数	个	377	395	553	545	238
年末总户数	户	165992	164063	123989	101899	66694
其中:乡村户数	户	121296	88617	106302	74765	52474
年末总人口	万人	62	56	41	33	22
乡村人口	万人	49	35	34	30	20
年末单位从业人员数	人	36137	65796	15388	17527	13726
乡村从业人员数	人	256282	167535	169313	149247	100835
其中:农林牧渔业	人	69733	61271	90552	74094	58805
农业机械总动力	万千瓦特	110	86	36	48	52
固定电话用户	户	143007	136773	74705	41226	30623
二、综合经济						
第一产业增加值	万元	159137	294728	178279	191902	99520
第二产业增加值	万元	1995582	2262782	382588	316350	215035
地方财政一般预算收入	万元	131832	358032	19492	19396	10382
地方财政一般预算支出	万元	224255	430369	96478	96862	61208
城乡居民储蓄存款余额	万元	1748219	2342068	1005112	519690	354514
年末金融机构各项贷款余额	万元	1553827	4026032	373986	274011	165636
三、农业、工业及投资						
粮食总产量	吨					
棉花产量	吨	10189	166	28609	13779	4414
油料产量	吨	6087	419	7404	9768	3848
肉类总产量	吨	23303	79675	21022	35136	15342
规模以上工业企业个数	个	166	182	98	39	57
规模以上工业总产值(现价)	万元	8100136	5821046	708516	899364	483799
固定资产投资(不含农户)	万元	1285807	2506562	406447	272712	108580
四、教育、卫生和社会保障						
普通中学在校学生数	人	32306	32175	17982	27291	8679
小学在校学生数	人	52160	40539	29435	24764	14575
医院、卫生院床位数	床	1718	3741	730	676	482
各种社会福利收养性单位数	个	9	4	4	3	3
各种社会福利收养性单位床位数	床	1480	560	1005	850	560

2011年县(市)社会经济主要指标

河北省

指　　标	单位	饶阳县	安平县	故城县	景　县	阜城县
一、基本情况						
行政区域土地面积	平方公里	572	496	941	1188	695
乡(镇)个数	个	7	8	13	16	10
村民委员会个数	个	197	230	538	848	610
年末总户数	户	83225	98315	158775	160265	120125
其中:乡村户数	户	71324	81975	112006	118973	101024
年末总人口	万人	29	33	52	54	36
乡村人口	万人	26	28	43	46	33
年末单位从业人员数	人	12932	16800	24960	18606	12174
乡村从业人员数	人	152799	147026	208420	224505	176823
其中:农林牧渔业	人	55316	46131	108780	101138	76129
农业机械总动力	万千瓦特	76	46	142	105	66
固定电话用户	户	38782	71464	75920	82669	46297
二、综合经济						
第一产业增加值	万元	132570	115613	240422	215972	122223
第二产业增加值	万元	163750	453734	290290	652841	274573
地方财政一般预算收入	万元	9255	21147	20219	24634	10245
地方财政一般预算支出	万元	70320	93957	110552	111525	80701
城乡居民储蓄存款余额	万元	442884	733878	721943	1090459	568148
年末金融机构各项贷款余额	万元	180217	471534	359333	468553	191177
三、农业、工业及投资						
粮食总产量	吨					
棉花产量	吨	3339	2186	30906	24731	8873
油料产量	吨	13725	7668	9095	11647	1200
肉类总产量	吨	26008	68054	48711	35255	16050
规模以上工业企业个数	个	54	116	66	86	58
规模以上工业总产值(现价)	万元	350821	751565	545906	1600901	530175
固定资产投资(不含农户)	万元	231221	252280	554758	888335	175754
四、教育、卫生和社会保障						
普通中学在校学生数	人	9260	9738	24189	23399	15955
小学在校学生数	人	12941	23591	40431	39626	31924
医院、卫生院床位数	床	903	1018	1311	1200	485
各种社会福利收养性单位数	个	3	3	3	17	4
各种社会福利收养性单位床位数	床	719	840	340	930	1484

2011 年县(市)社会经济主要指标

河北省、山西省

指标	单位	冀州市	深州市	清徐县	阳曲县	娄烦县
一、基本情况						
行政区域土地面积	平方公里	877	1245	609	2059	1276
乡(镇)个数	个	10	17	9	10	8
村民委员会个数	个	382	465	188	124	142
年末总户数	户	122090	181528	109998	59828	45658
其中:乡村户数	户	91424	155822	84718	43528	30871
年末总人口	万人	35	57	32	15	13
乡村人口	万人	30	53	25	11	11
年末单位从业人员数	人	20824	27420	11100	7167	5454
乡村从业人员数	人	149245	284099	114174	53210	49336
其中:农林牧渔业	人	72120	111579	67327	29130	34556
农业机械总动力	万千瓦特	71	214	33	16	10
固定电话用户	户	81511	81884	54176	18146	16483
二、综合经济						
第一产业增加值	万元	132122	286826	114443	31820	11229
第二产业增加值	万元	407235	561798	766801	159606	59462
地方财政一般预算收入	万元	26967	21951	98142	25267	41841
地方财政一般预算支出	万元	117365	110479	166941	76635	74177
城乡居民储蓄存款余额	万元	892595	812652	866927	269323	217099
年末金融机构各项贷款余额	万元	390594	404673	722172	109159	62379
三、农业、工业及投资						
粮食总产量	吨			117043	65613	13777
棉花产量	吨	25684	13110	126		
油料产量	吨	8440	30410	78	550	1269
肉类总产量	吨	13496	58259	19470	6090	1976
规模以上工业企业个数	个	63	80	79	20	13
规模以上工业总产值(现价)	万元	926736	1351830	2286056	633324	201220
固定资产投资(不含农户)	万元	498487	636705	606322	158222	44774
四、教育、卫生和社会保障						
普通中学在校学生数	人	21118	20311	25856	8286	7255
小学在校学生数	人	23934	30571	24236	8714	9819
医院、卫生院床位数	床	759	1180	640	862	332
各种社会福利收养性单位数	个	9	4	5	10	5
各种社会福利收养性单位床位数	床	1450	1033	633	1269	1050

2011 年县（市）社会经济主要指标

山西省

指　　标	单位	古交市	阳高县	天镇县	广灵县	灵丘县
一、基本情况						
行政区域土地面积	平方公里	1584	1678	1635	1284	2730
乡(镇)个数	个	14	13	11	9	12
村民委员会个数	个	146	256	221	180	254
年末总户数	户	79570	120787	65201	71634	98182
其中:乡村户数	户	36630	81686	57917	53473	72120
年末总人口	万人	22	29	22	18	24
乡村人口	万人	11	24	18	15	21
年末单位从业人员数	人	12419	8605	6557	8200	9752
乡村从业人员数	人	36158	92104	69327	56017	95369
其中:农林牧渔业	人	17270	63054	51636	40971	60487
农业机械总动力	万千瓦特	19	22	16	12	21
固定电话用户	户	45014	36006	26017	16000	48416
二、综合经济						
第一产业增加值	万元	14861	84035	47831	42140	28154
第二产业增加值	万元	199039	33629	37656	50246	192515
地方财政一般预算收入	万元	85942	7371	4580	4830	18399
地方财政一般预算支出	万元	129832	95879	86877	85060	97220
城乡居民储蓄存款余额	万元	988421	314617	278640	236333	436362
年末金融机构各项贷款余额	万元	395257	130055	129285	126649	122512
三、农业、工业及投资						
粮食总产量	吨	10043	191051	141147	127912	73603
棉花产量	吨					
油料产量	吨	731	1532	1774	1687	1335
肉类总产量	吨	3088	40128	17600	7540	7822
规模以上工业企业个数	个	28	6	7	10	21
规模以上工业总产值(现价)	万元	526345	130576	51250	105037	337813
固定资产投资(不含农户)	万元	391828	257352	263238	262684	287312
四、教育、卫生和社会保障						
普通中学在校学生数	人	16045	12692	21005	15621	21187
小学在校学生数	人	21057	20381	16341	18037	22095
医院、卫生院床位数	床	1232	710	399	589	713
各种社会福利收养性单位数	个	1	10	16	12	14
各种社会福利收养性单位床位数	床	504	380	150	172	654

2011年县(市)社会经济主要指标

山西省

指标	单位	浑源县	左云县	大同县	平定县	盂县
一、基本情况						
行政区域土地面积	平方公里	1966	1314	1498	1361	2523
乡(镇)个数	个	18	9	10	10	14
村民委员会个数	个	315	228	177	318	453
年末总户数	户	131829	66796	81543	134734	127125
其中:乡村户数	户	101643	42814	60774	101518	99929
年末总人口	万人	36	15	18	32	30
乡村人口	万人	30	11	15	26	25
年末单位从业人员数	人	13286	17751	10371	19389	28278
乡村从业人员数	人	133128	46557	56636	129429	115819
其中:农林牧渔业	人	67585	29257	35402	53204	73202
农业机械总动力	万千瓦特	16	11	18	53	54
固定电话用户	户	28952	18500	10117	56727	45245
二、综合经济						
第一产业增加值	万元	87756	22153	55269	28944	31399
第二产业增加值	万元	146237	141671	45668	339551	819181
地方财政一般预算收入	万元	17692	30021	11328	40272	77959
地方财政一般预算支出	万元	112881	75559	73978	110046	133455
城乡居民储蓄存款余额	万元	380000	566791	211686	764763	1205437
年末金融机构各项贷款余额	万元	161000	150447	103653	511414	539040
三、农业、工业及投资						
粮食总产量	吨	134351	30299	63042	107502	125033
棉花产量	吨					
油料产量	吨	1933	2950	265	112	486
肉类总产量	吨	19226	4274	9916	6102	3974
规模以上工业企业个数	个	11	4	15	43	34
规模以上工业总产值(现价)	万元	291069	159932	83605	684461	1472278
固定资产投资(不含农户)	万元	284078	589126	322346	546502	547556
四、教育、卫生和社会保障						
普通中学在校学生数	人	19838	12228	12102	22310	15256
小学在校学生数	人	23677	14187	16711	22365	18758
医院、卫生院床位数	床	788	358	350	393	1152
各种社会福利收养性单位数	个	28	8	11	17	17
各种社会福利收养性单位床位数	床	504	222	326	212	1550

2011年县(市)社会经济主要指标

山西省

指　　标	单位	长治县	襄垣县	屯留县	平顺县	黎城县
一、基本情况						
行政区域土地面积	平方公里	483	1160	1142	1550	1101
乡(镇)个数	个	12	11	14	12	9
村民委员会个数	个	254	323	294	262	250
年末总户数	户	115388	82797	85058	56467	63708
其中:乡村户数	户	86680	59797	68729	45403	45229
年末总人口	万人	34	26	27	16	17
乡村人口	万人	30	19	23	14	14
年末单位从业人员数	人	22883	69349	22257	8762	8284
乡村从业人员数	人	159907	84430	107782	67873	65856
其中:农林牧渔业	人	72266	47844	65639	40779	36788
农业机械总动力	万千瓦特	18	20	26	11	12
固定电话用户	户	32044	30288	27252	13421	18001
二、综合经济						
第一产业增加值	万元	44767	51617	56897	24462	28693
第二产业增加值	万元	1104303	2314321	719745	86874	137625
地方财政一般预算收入	万元	167314	115261	50120	7646	15497
地方财政一般预算支出	万元	200468	157862	103143	69268	66503
城乡居民储蓄存款余额	万元	608092	973827	308495	169517	281223
年末金融机构各项贷款余额	万元	386613	1257746	185602	123775	134297
三、农业、工业及投资						
粮食总产量	吨	131664	166186	229549	54726	68604
棉花产量	吨					23
油料产量	吨	123	417	74	69	358
肉类总产量	吨	15773	3476	8712	3213	4513
规模以上工业企业个数	个	48	52	27	14	15
规模以上工业总产值(现价)	万元	1835726	4317547	1637726	223774	558641
固定资产投资(不含农户)	万元	604494	1027357	601248	162275	229520
四、教育、卫生和社会保障						
普通中学在校学生数	人	20331	14413	18279	9037	9954
小学在校学生数	人	22503	17580	18233	9684	13757
医院、卫生院床位数	床	729	1087	611	375	546
各种社会福利收养性单位数	个	6	15	6	12	16
各种社会福利收养性单位床位数	床	330	1025	1360	685	1187

2011 年县(市)社会经济主要指标

山西省

指　　标	单位	壶关县	长子县	武乡县	沁　县	沁源县
一、基本情况						
行政区域土地面积	平方公里	990	1029	1610	1297	2550
乡(镇)个数	个	13	12	14	13	14
村民委员会个数	个	390	399	377	306	254
年末总户数	户	102838	119497	72716	58859	58339
其中:乡村户数	户	85481	89415	58740	41934	46369
年末总人口	万人	29	36	21	18	16
乡村人口	万人	27	32	18	14	14
年末单位从业人员数	人	19202	24672	15037	7027	19830
乡村从业人员数	人	140132	156490	78362	55894	56546
其中:农林牧渔业	人	77375	108925	52669	37411	30012
农业机械总动力	万千瓦特	13	22	16	9	8
固定电话用户	户	27125	35038	19192	22995	21571
二、综合经济						
第一产业增加值	万元	32774	97712	27547	35357	21325
第二产业增加值	万元	186498	531007	388467	17835	712940
地方财政一般预算收入	万元	12658	50238	41709	6462	84434
地方财政一般预算支出	万元	102674	115490	104485	78812	119163
城乡居民储蓄存款余额	万元	345732	483884	288296	202670	225651
年末金融机构各项贷款余额	万元	258594	378550	377284	122086	243979
三、农业、工业及投资						
粮食总产量	吨	105938	232069	94098	160590	66421
棉花产量	吨					
油料产量	吨	57	99	576	28	635
肉类总产量	吨	7054	11167	3962	1885	1219
规模以上工业企业个数	个	15	18	17	4	17
规模以上工业总产值(现价)	万元	746909	969653	660116	46958	1572405
固定资产投资(不含农户)	万元	228318	522798	310972	223481	456635
四、教育、卫生和社会保障						
普通中学在校学生数	人	20015	19513	12820	14363	10693
小学在校学生数	人	19701	19420	14837	13272	10172
医院、卫生院床位数	床	506	637	349	437	543
各种社会福利收养性单位数	个	16	22	11	13	15
各种社会福利收养性单位床位数	床	1345	1075	821	1038	1088

2011年县(市)社会经济主要指标

山西省

指标	单位	潞城市	沁水县	阳城县	陵川县	泽州县
一、基本情况						
行政区域土地面积	平方公里	630	2658	1917	1751	2023
乡(镇)个数	个	9	14	18	12	17
村民委员会个数	个	191	251	467	378	632
年末总户数	户	76284	81905	168241	85256	168477
其中:乡村户数	户	53556	60716	121778	68224	142171
年末总人口	万人	23	21	38	26	50
乡村人口	万人	18	17	31	23	45
年末单位从业人员数	人	26853	25944	33884	12669	30784
乡村从业人员数	人	85434	87385	166197	109096	218162
其中:农林牧渔业	人	45506	54334	86580	63072	120402
农业机械总动力	万千瓦特	22	33	41	30	72
固定电话用户	户	31365	42417	76119	46770	59121
二、综合经济						
第一产业增加值	万元	35027	43656	71826	39599	109303
第二产业增加值	万元	688846	1136974	896595	97511	1381897
地方财政一般预算收入	万元	47579	72302	77585	12596	108388
地方财政一般预算支出	万元	86083	115322	153310	97265	163694
城乡居民储蓄存款余额	万元	446577	388756	804999	360546	436387
年末金融机构各项贷款余额	万元	368462	231138	585793	164232	476071
三、农业、工业及投资						
粮食总产量	吨	119621	133292	177991	119808	239303
棉花产量	吨	67	252	61		38
油料产量	吨	468	1534	695	908	2880
肉类总产量	吨	5987	6132	16338	8739	36711
规模以上工业企业个数	个	44	20	38	15	62
规模以上工业总产值(现价)	万元	1841423	855319	1543853	167078	2459804
固定资产投资(不含农户)	万元	566630	726594	610766	117224	937571
四、教育、卫生和社会保障						
普通中学在校学生数	人	13294	14562	37042	17102	23013
小学在校学生数	人	16581	12465	25429	17613	31436
医院、卫生院床位数	床	568	589	1488	545	1335
各种社会福利收养性单位数	个	12	9	14	10	11
各种社会福利收养性单位床位数	床	598	598	1156	480	550

2011年县(市)社会经济主要指标

山西省

指标	单位	高平市	山阴县	应县	右玉县	怀仁县
一、基本情况						
行政区域土地面积	平方公里	946	1651	1708	1967	1287
乡(镇)个数	个	16	13	12	10	10
村民委员会个数	个	445	257	298	321	162
年末总户数	户	151650	100875	121544	46739	118552
其中:乡村户数	户	120252	54078	83355	26667	68969
年末总人口	万人	48	24	31	11	29
乡村人口	万人	40	16	27	9	19
年末单位从业人员数	人	42363	24998	11292	9008	39424
乡村从业人员数	人	213933	61925	118449	41330	84912
其中:农林牧渔业	人	108480	47471	86884	26238	43565
农业机械总动力	万千瓦特	53	40	41	20	45
固定电话用户	户	162778	4464	2221	21	6807
二、综合经济						
第一产业增加值	万元	113288	112784	98374	30738	60291
第二产业增加值	万元	1532768	764304	145621	161521	822901
地方财政一般预算收入	万元	102639	86731	12505	21596	62537
地方财政一般预算支出	万元	178266	172133	104380	85984	129848
城乡居民储蓄存款余额	万元	1251950	864825	356705	222258	838211
年末金融机构各项贷款余额	万元	806912	466253	181390	117050	268707
三、农业、工业及投资						
粮食总产量	吨	237230	200431	238536	30515	134440
棉花产量	吨					
油料产量	吨	168	4173	4861	4909	507
肉类总产量	吨	44426	11959	9013	7362	13418
规模以上工业企业个数	个	45	51	32	14	59
规模以上工业总产值(现价)	万元	2300281	1673562	372636	310260	1932301
固定资产投资(不含农户)	万元	611376	55202	36257	53440	105366
四、教育、卫生和社会保障						
普通中学在校学生数	人	37995	17002	24247	5409	50165
小学在校学生数	人	32882	21012	25612	7604	50075
医院、卫生院床位数	床	968	625	1005	342	889
各种社会福利收养性单位数	个	10	11	6	11	9
各种社会福利收养性单位床位数	床	1188	301	342	705	312

2011年县(市)社会经济主要指标

山西省

指　　标	单位	榆社县	左权县	和顺县	昔阳县	寿阳县
一、基本情况						
行政区域土地面积	平方公里	1700	2020	2250	1946	2110
乡(镇)个数	个	9	10	10	12	14
村民委员会个数	个	272	204	294	335	206
年末总户数	户	55173	63578	54115	99104	83017
其中:乡村户数	户	41880	46534	39248	76925	64708
年末总人口	万人	14	16	14	24	21
乡村人口	万人	12	14	11	20	17
年末单位从业人员数	人	12277	16087	17970	18843	31771
乡村从业人员数	人	49857	61683	52749	98029	84351
其中:农林牧渔业	人	30796	37003	36887	59443	61856
农业机械总动力	万千瓦特	12	16	15	23	31
固定电话用户	户	16925	28302	21211	45086	33971
二、综合经济						
第一产业增加值	万元	27537	25453	15448	34984	81419
第二产业增加值	万元	115872	146601	230818	246880	644819
地方财政一般预算收入	万元	13905	39993	33534	33615	74479
地方财政一般预算支出	万元	63817	87586	83610	81433	123103
城乡居民储蓄存款余额	万元	184349	410058	342758	546528	557004
年末金融机构各项贷款余额	万元	128606	315424	121573	193346	293454
三、农业、工业及投资						
粮食总产量	吨	60319	49811	29714	127199	288346
棉花产量	吨				5	
油料产量	吨	304	530	416	162	110
肉类总产量	吨	2594	3836	6533	10119	5450
规模以上工业企业个数	个	5	20	14	11	23
规模以上工业总产值(现价)	万元	364563	237150	346596	496020	1088180
固定资产投资(不含农户)	万元	59875	464313	298307	408958	541173
四、教育、卫生和社会保障						
普通中学在校学生数	人	7338	8689	5893	12571	9945
小学在校学生数	人	11337	11469	8587	13587	11780
医院、卫生院床位数	床	232	418	470	751	792
各种社会福利收养性单位数	个	6	11	11	6	8
各种社会福利收养性单位床位数	床	203	530	329	195	536

2011年县(市)社会经济主要指标

山西省

指　　标	单位	太谷县	祁　县	平遥县	灵石县	介休市
一、基本情况						
行政区域土地面积	平方公里	1050	854	1260	1202	744
乡(镇)个数	个	9	8	14	12	10
村民委员会个数	个	198	160	273	291	231
年末总户数	户	111644	108297	190389	101804	161222
其中:乡村户数	户	83264	86234	98410	72561	102951
年末总人口	万人	29	27	51	26	41
乡村人口	万人	22	22	43	18	28
年末单位从业人员数	人	19271	16212	28028	24454	56565
乡村从业人员数	人	104870	105524	196041	87711	138670
其中:农林牧渔业	人	61490	57054	96089	41019	50280
农业机械总动力	万千瓦特	46	37	27	36	29
固定电话用户	户	46497	39653	71487	38339	880155
二、综合经济						
第一产业增加值	万元	116456	105142	109948	31289	43678
第二产业增加值	万元	182879	148034	360919	1163318	936153
地方财政一般预算收入	万元	25079	19637	42279	94595	112298
地方财政一般预算支出	万元	100652	88805	142748	146706	169405
城乡居民储蓄存款余额	万元	741952	580665	71797	1074258	1325179
年末金融机构各项贷款余额	万元	256700	314571	331388	415750	1157427
三、农业、工业及投资						
粮食总产量	吨	203668	215405	230163	52382	131502
棉花产量	吨	34	118	30		1
油料产量	吨	81	1291	4344	193	52
肉类总产量	吨	43102	20577	20486	9973	16319
规模以上工业企业个数	个	47	32	37	123	48
规模以上工业总产值(现价)	万元	470718	345875	924271	2732357	2963775
固定资产投资(不含农户)	万元	142519	238119	407061	754195	532234
四、教育、卫生和社会保障						
普通中学在校学生数	人	30315	15520	29528	9942	23164
小学在校学生数	人	22107	20196	37700	21336	31970
医院、卫生院床位数	床	1712	602	1303	1021	1319
各种社会福利收养性单位数	个	10	7	10	7	11
各种社会福利收养性单位床位数	床	256	252	262	1049	498

2011年县(市)社会经济主要指标

山西省

指　　　标	单位	临猗县	万荣县	闻喜县	稷山县	新绛县
一、基本情况						
行政区域土地面积	平方公里	1339	1082	1167	686	593
乡(镇)个数	个	16	14	13	7	9
村民委员会个数	个	375	281	343	200	220
年末总户数	户	160930	110443	121637	88503	93541
其中:乡村户数	户	127430	97952	87116	82015	68169
年末总人口	万人	55	44	40	35	33
乡村人口	万人	50	41	34	32	28
年末单位从业人员数	人	27103	13849	17711	11960	14552
乡村从业人员数	人	247723	177831	177006	161034	149920
其中:农林牧渔业	人	174763	123302	85444	84774	100094
农业机械总动力	万千瓦特	91	81	36	49	31
固定电话用户	户	73289	62000	76021	27468	60346
二、综合经济						
第一产业增加值	万元	360064	140941	83000	96143	136054
第二产业增加值	万元	309396	140876	640491	268484	278470
地方财政一般预算收入	万元	13874	10243	29526	17447	14615
地方财政一般预算支出	万元	133175	109369	116355	93453	99053
城乡居民储蓄存款余额	万元	563967	441180	640914	374782	366143
年末金融机构各项贷款余额	万元	443337	281901	420774	211726	239313
三、农业、工业及投资						
粮食总产量	吨	279851	142283	202828	200448	198900
棉花产量	吨	20712	814	643	609	1445
油料产量	吨	3450	2821	1657	1601	753
肉类总产量	吨	8008	14562	11150	11885	14821
规模以上工业企业个数	个	38	22	31	24	29
规模以上工业总产值(现价)	万元	828136	331459	2343740	744667	1202738
固定资产投资(不含农户)	万元	403822	286050	594006	338075	367699
四、教育、卫生和社会保障						
普通中学在校学生数	人	40122	28572	30025	26997	21032
小学在校学生数	人	34201	28472	29315	26762	31386
医院、卫生院床位数	床	2380	982	1782	2005	1305
各种社会福利收养性单位数	个	6	6	1		5
各种社会福利收养性单位床位数	床	360	120	45		140

2011年县(市)社会经济主要指标

山西省

指　　标	单位	绛　县	垣曲县	夏　县	平陆县	芮城县
一、基本情况						
行政区域土地面积	平方公里	994	1620	1349	1174	1179
乡(镇)个数	个	10	11	11	10	10
村民委员会个数	个	205	189	257	224	173
年末总户数	户	84405	74156	102457	86109	113925
其中:乡村户数	户	62177	43051	82064	63537	102764
年末总人口	万人	28	25	36	25	40
乡村人口	万人	23	16	32	21	35
年末单位从业人员数	人	20268	22523	12727	13526	18900
乡村从业人员数	人	144202	78320	180873	113500	192015
其中:农林牧渔业	人	89301	44754	129821	85434	126928
农业机械总动力	万千瓦特	27	28	34	50	51
固定电话用户	户	39900	39793	32000	30080	34700
二、综合经济						
第一产业增加值	万元	69878	34129	143891	73169	187638
第二产业增加值	万元	220575	178697	82538	82785	218433
地方财政一般预算收入	万元	7814	10966	7647	8530	16988
地方财政一般预算支出	万元	89865	90949	88878	95373	119114
城乡居民储蓄存款余额	万元	331000	387358	285317	332532	347655
年末金融机构各项贷款余额	万元	62322	189042	172092	144427	308939
三、农业、工业及投资						
粮食总产量	吨	146531	69800	235058	89825	280449
棉花产量	吨	113	539	3578	252	4925
油料产量	吨	664	534	1218	1466	2519
肉类总产量	吨	7611	6269	6544	10387	17191
规模以上工业企业个数	个	28	11	21	18	20
规模以上工业总产值(现价)	万元	610047	459939	174093	243844	605803
固定资产投资(不含农户)	万元	447053	214997	272625	270861	299251
四、教育、卫生和社会保障						
普通中学在校学生数	人	16836	15603	17597	14075	29110
小学在校学生数	人	21206	22100	23688	14024	21897
医院、卫生院床位数	床	1158	1405	1014	891	1268
各种社会福利收养性单位数	个	4	5	2	7	7
各种社会福利收养性单位床位数	床	196	56	68	130	200

2011年县(市)社会经济主要指标

山西省

指　　标	单位	永济市	河津市	定襄县	五台县	代　县
一、基本情况						
行政区域土地面积	平方公里	1217	593	865	2865	1729
乡(镇)个数	个	10	9	9	19	11
村民委员会个数	个	265	148	155	573	377
年末总户数	户	135349	126273	95470	114290	79090
其中:乡村户数	户	90901	72627	73249	102296	63805
年末总人口	万人	44	40	22	30	22
乡村人口	万人	35	30	18	27	17
年末单位从业人员数	人	29199	46191	8278	17386	8890
乡村从业人员数	人	200431	136655	87945	107719	81550
其中:农林牧渔业	人	128534	62566	43514	58883	58784
农业机械总动力	万千瓦特	57	40	10	12	17
固定电话用户	户	81167	62400	49365	46100	30367
二、综合经济						
第一产业增加值	万元	176513	71160	42392	46890	25713
第二产业增加值	万元	628825	1595718	212966	90190	329293
地方财政一般预算收入	万元	24137	85542	16453	19330	30791
地方财政一般预算支出	万元	115432	131004	74234	118422	89326
城乡居民储蓄存款余额	万元	556815	937864	465800	628900	678707
年末金融机构各项贷款余额	万元	592000	733531	278100	476600	181745
三、农业、工业及投资						
粮食总产量	吨	414667	165200	162885	112752	74957
棉花产量	吨	14872	250	102		
油料产量	吨	381	1005	2579	564	814
肉类总产量	吨	10641	7677	3394	8167	3036
规模以上工业企业个数	个	50	78	47	10	75
规模以上工业总产值(现价)	万元	2363679	5096400	401644	193259	601312
固定资产投资(不含农户)	万元	478626	1044494	167279	208000	154643
四、教育、卫生和社会保障						
普通中学在校学生数	人	18378	36393	13811	25566	13943
小学在校学生数	人	29925	36105	17952	28982	20036
医院、卫生院床位数	床	2573	1890	445	581	550
各种社会福利收养性单位数	个	12	13	6		7
各种社会福利收养性单位床位数	床	560	815	80	220	71

2011 年县(市)社会经济主要指标

山西省

指　　标	单位	繁峙县	宁武县	静乐县	神池县	五寨县
一、基本情况						
行政区域土地面积	平方公里	2367	1967	2058	1472	1391
乡(镇)个数	个	13	14	14	10	12
村民委员会个数	个	402	464	381	241	250
年末总户数	户	95130	65864	41895	40861	51736
其中:乡村户数	户	82078	39001	38954	25010	28384
年末总人口	万人	28	17	16	11	12
乡村人口	万人	25	12	14	9	9
年末单位从业人员数	人	14029	19394	12864	6873	6487
乡村从业人员数	人	79235	44050	58233	28849	38081
其中:农林牧渔业	人	53992	23345	34050	23926	28677
农业机械总动力	万千瓦特	21	9	8	17	13
固定电话用户	户	23600	16235	16250	59700	17875
二、综合经济						
第一产业增加值	万元	32431	12148	21334	45393	36586
第二产业增加值	万元	375042	220042	94949	16980	29717
地方财政一般预算收入	万元	21663	42044	12414	12836	17429
地方财政一般预算支出	万元	96070	96788	80112	68719	70849
城乡居民储蓄存款余额	万元	531314	483756	165581	179700	259711
年末金融机构各项贷款余额	万元	225687	274359	55879	71000	131931
三、农业、工业及投资						
粮食总产量	吨	69969	17558	38366	116535	146268
棉花产量	吨					
油料产量	吨	1116	2418	5042	11508	206
肉类总产量	吨	12484	5423	3065	4070	2829
规模以上工业企业个数	个	58	5	5	2	6
规模以上工业总产值(现价)	万元	812027	411204	105899	13996	43346
固定资产投资(不含农户)	万元	375195	310010	305474	147609	125589
四、教育、卫生和社会保障						
普通中学在校学生数	人	20989	6427	10069	3784	7238
小学在校学生数	人	28088	17382	19336	8351	8278
医院、卫生院床位数	床	757	368	397	405	392
各种社会福利收养性单位数	个	6		3	2	
各种社会福利收养性单位床位数	床	190		32	200	

2011 年县(市)社会经济主要指标

山西省

指　　标	单位	岢岚县	河曲县	保德县	偏关县	原平市
一、基本情况						
行政区域土地面积	平方公里	1984	1317	998	1685	2571
乡(镇)个数	个	12	13	13	10	18
村民委员会个数	个	202	340	341	248	520
年末总户数	户	27548	66175	64210	46655	184051
其中:乡村户数	户	20718	43854	45783	36155	128603
年末总人口	万人	9	15	16	11	49
乡村人口	万人	7	12	15	9	35
年末单位从业人员数	人	4767	13871	14334	8451	38494
乡村从业人员数	人	32295	45464	63611	39390	149867
其中:农林牧渔业	人	22554	30004	35820	24908	80002
农业机械总动力	万千瓦特	11	9	14	14	40
固定电话用户	户	8965	22243	16272	15730	64282
二、综合经济						
第一产业增加值	万元	24665	34141	22011	34924	100766
第二产业增加值	万元	35276	366416	479927	72425	514700
地方财政一般预算收入	万元	8928	47546	53215	13695	69110
地方财政一般预算支出	万元	73085	87383	94726	66029	152006
城乡居民储蓄存款余额	万元	158000	474111	331894	223555	1148690
年末金融机构各项贷款余额	万元	51900	332258	120410	74578	746034
三、农业、工业及投资						
粮食总产量	吨	39255	43576	21486	40100	319340
棉花产量	吨		2			
油料产量	吨	8086	4925	599	3948	1508
肉类总产量	吨	4842	2076	2694	10353	18225
规模以上工业企业个数	个	12	11	10	6	30
规模以上工业总产值(现价)	万元	77546	616785	612700	109554	1361788
固定资产投资(不含农户)	万元	172918	538808	470700	101693	909904
四、教育、卫生和社会保障						
普通中学在校学生数	人	5131	10599	7439	9868	27118
小学在校学生数	人	9621	12502	16048	10349	36828
医院、卫生院床位数	床	403	475	860	305	1239
各种社会福利收养性单位数	个	6	5	2	3	7
各种社会福利收养性单位床位数	床	230	30	50	95	187

2011 年县(市)社会经济主要指标

山西省

指　　标	单位	曲沃县	翼城县	襄汾县	洪洞县	古　县
一、基本情况						
行政区域土地面积	平方公里	437	1149	1028	1494	1191
乡(镇)个数	个	7	10	13	16	7
村民委员会个数	个	158	212	348	463	111
年末总户数	户	63888	102006	150873	243221	35336
其中:乡村户数	户	47917	72429	120868	181060	23054
年末总人口	万人	24	32	50	77	9
乡村人口	万人	20	27	44	67	7
年末单位从业人员数	人	10985	16310	16440	43184	8489
乡村从业人员数	人	109305	110042	225886	339396	23322
其中:农林牧渔业	人	64600	56879	128085	163098	14789
农业机械总动力	万千瓦特	33	32	51	103	10
固定电话用户	户	37052	53975	54407	87677	11010
二、综合经济						
第一产业增加值	万元	104399	68439	110983	101579	20019
第二产业增加值	万元	600192	481207	810488	1065586	617638
地方财政一般预算收入	万元	22764	46007	61590	86662	46157
地方财政一般预算支出	万元	85606	110048	146538	205819	71221
城乡居民储蓄存款余额	万元	361342	576619	717649	953716	181556
年末金融机构各项贷款余额	万元	164779	420653	285931	658059	83891
三、农业、工业及投资						
粮食总产量	吨	176917	181980	386627	377617	54697
棉花产量	吨	2026	99	859	127	
油料产量	吨	2093	990	2033	1102	400
肉类总产量	吨	10578	17858	13688	19344	1709
规模以上工业企业个数	个	34	22	37	67	33
规模以上工业总产值(现价)	万元	2070411	1828670	2285050	3266998	1189732
固定资产投资(不含农户)	万元	315626	282649	447096	780616	218473
四、教育、卫生和社会保障						
普通中学在校学生数	人	14054	22435	30066	45597	5258
小学在校学生数	人	12322	21235	30566	57366	7031
医院、卫生院床位数	床	769	924	1034	1429	274
各种社会福利收养性单位数	个	5	5	6	12	7
各种社会福利收养性单位床位数	床	60	87	241	372	58

2011年县(市)社会经济主要指标

山西省

指标	单位	安泽县	浮山县	吉县	乡宁县	大宁县
一、基本情况						
行政区域土地面积	平方公里	1959	938	1780	2025	963
乡(镇)个数	个	7	9	8	10	6
村民委员会个数	个	103	185	79	182	84
年末总户数	户	33658	45975	37273	73933	23598
其中:乡村户数	户	20245	31737	27852	56376	16457
年末总人口	万人	9	14	11	25	7
乡村人口	万人	7	11	9	21	6
年末单位从业人员数	人	8551	7562	7182	20154	5571
乡村从业人员数	人	23541	39439	35623	87365	24778
其中:农林牧渔业	人	16053	22770	25384	61843	17356
农业机械总动力	万千瓦特	13	16	8	28	5
固定电话用户	户	13494	9185	8970	20515	4774
二、综合经济						
第一产业增加值	万元	33939	34450	37186	22863	11590
第二产业增加值	万元	403082	219610	94385	579133	5130
地方财政一般预算收入	万元	34259	14619	7944	103281	2400
地方财政一般预算支出	万元	67259	56906	59532	140492	41058
城乡居民储蓄存款余额	万元	125055	173553	105445	545395	57957
年末金融机构各项贷款余额	万元	87399	252693	54265	462670	32506
三、农业、工业及投资						
粮食总产量	吨	105802	97271	48180	74860	30911
棉花产量	吨		46			333
油料产量	吨	532	973	1976	1834	450
肉类总产量	吨	1705	2781	2278	5389	962
规模以上工业企业个数	个	11	22	3	27	1
规模以上工业总产值(现价)	万元	771512	416860	125825	823336	3788
固定资产投资(不含农户)	万元	224507	165650	118017	276041	42585
四、教育、卫生和社会保障						
普通中学在校学生数	人	5306	6769	6486	14979	2579
小学在校学生数	人	6336	8266	10091	20647	5502
医院、卫生院床位数	床	160	285	325	754	218
各种社会福利收养性单位数	个	9	6	2	1	3
各种社会福利收养性单位床位数	床	106	142	113	80	51

2011 年县(市)社会经济主要指标

山西省

指　　标	单位	隰　县	永和县	蒲　县	汾西县	侯马市
一、基本情况						
行政区域土地面积	平方公里	1413	1213	1509	875	221
乡(镇)个数	个	8	7	9	8	5
村民委员会个数	个	97	79	99	120	77
年末总户数	户	39238	23353	34652	50104	84825
其中:乡村户数	户	28987	12300	20182	36558	29925
年末总人口	万人	11	7	11	15	25
乡村人口	万人	9	5	8	13	11
年末单位从业人员数	人	7581	3858	12043	7776	32869
乡村从业人员数	人	36497	17209	39734	60604	54435
其中:农林牧渔业	人	27292	13436	24163	41239	28656
农业机械总动力	万千瓦特	9	3	4	9	17
固定电话用户	户	10315	4316	13398	10661	71591
二、综合经济						
第一产业增加值	万元	21450	21954	12755	19890	29869
第二产业增加值	万元	17611	5240	302489	64642	389367
地方财政一般预算收入	万元	4270	1663	62702	8874	41515
地方财政一般预算支出	万元	59295	48300	94275	58238	95438
城乡居民储蓄存款余额	万元	124267	52283	222765	118727	851975
年末金融机构各项贷款余额	万元	68130	25042	150989	10248	356104
三、农业、工业及投资						
粮食总产量	吨	60088	44185	52200	53569	78415
棉花产量	吨		173		10	654
油料产量	吨	454	3604	463	305	824
肉类总产量	吨	1830	2067	2180	5557	2900
规模以上工业企业个数	个			22	6	30
规模以上工业总产值(现价)	万元			578049	161965	1295103
固定资产投资(不含农户)	万元	77305	42225	160647	107768	334878
四、教育、卫生和社会保障						
普通中学在校学生数	人	6218	2822	4550	9207	13381
小学在校学生数	人	11029	3969	9038	10974	15961
医院、卫生院床位数	床	285	222	460	346	1405
各种社会福利收养性单位数	个	1	4	3	3	6
各种社会福利收养性单位床位数	床	29	160	32	75	315

2011年县(市)社会经济主要指标

山西省

指　　标	单位	霍州市	离石区	文水县	交城县	兴　县
一、基本情况						
行政区域土地面积	平方公里	764	1324	1064	1827	3166
乡(镇)个数	个	12	12	12	10	17
村民委员会个数	个	199	193	199	148	372
年末总户数	户	123491	109422	142544	84078	107699
其中:乡村户数	户	60483	54168	113338	61860	75043
年末总人口	万人	31	28	45	23	32
乡村人口	万人	20	16	39	19	25
年末单位从业人员数	人	42814	47884	15871	32660	18705
乡村从业人员数	人	91392	69359	193847	89489	115818
其中:农林牧渔业	人	52535	29257	107250	32737	69134
农业机械总动力	万千瓦特	20	23	33	20	13
固定电话用户	户	53585	50343	2500	6569	16206
二、综合经济						
第一产业增加值	万元	31482	16665	91657	24122	35846
第二产业增加值	万元	579259	525917	349092	596199	468042
地方财政一般预算收入	万元	72908	77033	22347	41801	49735
地方财政一般预算支出	万元	111078	122012	118687	92209	128439
城乡居民储蓄存款余额	万元	692614	1465489	595569	504666	234291
年末金融机构各项贷款余额	万元	692974	1460964	345167	327959	123020
三、农业、工业及投资						
粮食总产量	吨	69862	24435	256851	44117	87164
棉花产量	吨	16		22	5	
油料产量	吨	171	776	2638	256	12319
肉类总产量	吨	7925	2650	20165	7360	4693
规模以上工业企业个数	个	20	21	30	86	8
规模以上工业总产值(现价)	万元	1312869	1216419	1213062	1700770	827663
固定资产投资(不含农户)	万元	644623	417108	214655	214289	279521
四、教育、卫生和社会保障						
普通中学在校学生数	人	19412	11950	25332	19879	15779
小学在校学生数	人	23589	34748	42999	20934	30411
医院、卫生院床位数	床	1108	1651	789	695	630
各种社会福利收养性单位数	个	10	4	4	1	2
各种社会福利收养性单位床位数	床	439	180	250	48	50

2011年县(市)社会经济主要指标

山西省

指　　标	单位	临　县	柳林县	石楼县	岚　县	方山县
一、基本情况						
行政区域土地面积	平方公里	2977	1287	1743	1509	1434
乡(镇)个数	个	23	15	9	12	7
村民委员会个数	个	631	257	134	167	169
年末总户数	户	225285	118101	36701	52400	58269
其中:乡村户数	户	193863	90896	26125	43531	40822
年末总人口	万人	64	34	12	19	15
乡村人口	万人	58	28	10	16	13
年末单位从业人员数	人	20385	34614	7124	8115	21381
乡村从业人员数	人	216841	107375	35371	67232	54078
其中:农林牧渔业	人	150239	44450	25960	45351	35447
农业机械总动力	万千瓦特	13	22	5	8	11
固定电话用户	户	42468	91850	8569	13830	14360
二、综合经济						
第一产业增加值	万元	82959	20412	19037	24427	12023
第二产业增加值	万元	229043	2074493	16750	51180	193308
地方财政一般预算收入	万元	44609	166773	5760	18069	24948
地方财政一般预算支出	万元	185825	205723	59128	76221	69386
城乡居民储蓄存款余额	万元	309250	470194	103047	219346	122561
年末金融机构各项贷款余额	万元	305884	560706	45624	64455	50413
三、农业、工业及投资						
粮食总产量	吨	114316	34300	36114	72273	30796
棉花产量	吨	7	33	15		
油料产量	吨	12239	1711	2317	2476	845
肉类总产量	吨	8341	3839	2924	1975	1700
规模以上工业企业个数	个	11	54	3	13	10
规模以上工业总产值(现价)	万元	394436	3830291	29544	127792	464966
固定资产投资(不含农户)	万元	199914	695772	46168	470681	148599
四、教育、卫生和社会保障						
普通中学在校学生数	人	34545	27983	7570	9167	7641
小学在校学生数	人	50451	32913	10748	13855	14210
医院、卫生院床位数	床	1026	959	279	461	430
各种社会福利收养性单位数	个	1	17	1	7	3
各种社会福利收养性单位床位数	床	91	48	50	132	150

2011年县(市)社会经济主要指标

山西省、内蒙古自治区

指　　标	单位	中阳县	交口县	孝义市	汾阳市	土默特左旗
一、基本情况						
行政区域土地面积	平方公里	1441	1258	946	1175	2712
乡(镇)个数	个	7	7	17	14	9
村民委员会个数	个	93	93	379	289	321
年末总户数	户	52411	43444	177275	154739	120160
其中:乡村户数	户	30123	28183	104001	107838	77145
年末总人口	万人	15	12	48	42	37
乡村人口	万人	11	10	31	33	30
年末单位从业人员数	人	24406	6259	59790	38821	17751
乡村从业人员数	人	42134	41578	141246	160129	158537
其中:农林牧渔业	人	16547	28750	54649	82352	96318
农业机械总动力	万千瓦特	11	14	45	47	60
固定电话用户	户	30523	14152	97081	69256	24320
二、综合经济						
第一产业增加值	万元	10335	12948	107353	76598	353889
第二产业增加值	万元	689440	265303	2129378	737399	777695
地方财政一般预算收入	万元	50209	43028	202921	56572	77566
地方财政一般预算支出	万元	83575	76248	283936	127675	187679
城乡居民储蓄存款余额	万元	364631	409098	2016672	884768	345640
年末金融机构各项贷款余额	万元	392746	1051111	1022468	363420	182016
三、农业、工业及投资						
粮食总产量	吨	19597	27355	125508	188213	425614
棉花产量	吨	3			4	
油料产量	吨	439	639	307	1310	17473
肉类总产量	吨	1983	2675	25618	20567	29098
规模以上工业企业个数	个	39	40	219	45	38
规模以上工业总产值(现价)	万元	1738857	618355	4327029	1676368	1023000
固定资产投资(不含农户)	万元	209860	185448	1539012	307758	563103
四、教育、卫生和社会保障						
普通中学在校学生数	人	12271	7953	42981	31934	13580
小学在校学生数	人	12748	12555	42866	39884	16798
医院、卫生院床位数	床	412	410	2085	2135	471
各种社会福利收养性单位数	个	2	2	12	10	18
各种社会福利收养性单位床位数	床	180	37	340	632	1670

2011 年县(市)社会经济主要指标

内蒙古自治区

指　　标	单位	托克托县	和林格尔县	清水河县	武川县	土默特右旗
一、基本情况						
行政区域土地面积	平方公里	1320	3401	2859	4787	2368
乡(镇)个数	个	5	7	6	8	9
村民委员会个数	个	120	145	103	93	289
年末总户数	户	78848	75217	54096	62004	145034
其中:乡村户数	户	40994	40119	24593	34386	57340
年末总人口	万人	21	20	15	18	37
乡村人口	万人	15	15	9	13	17
年末单位从业人员数	人	18299	20124	8648	9597	15817
乡村从业人员数	人	86146	82537	48968	69616	120074
其中:农林牧渔业	人	53907	65128	32596	54605	81023
农业机械总动力	万千瓦特	41	36	15	29	48
固定电话用户	户	40000	25000	6165	15502	12116
二、综合经济						
第一产业增加值	万元	182300	207152	53629	49999	321862
第二产业增加值	万元	1553843	868503	235228	310445	1252659
地方财政一般预算收入	万元	91883	72755	21187	25659	113325
地方财政一般预算支出	万元	164605	163917	96653	114837	184589
城乡居民储蓄存款余额	万元	257133	223412	169657	166423	451071
年末金融机构各项贷款余额	万元	543454	158083	88898	186752	414678
三、农业、工业及投资						
粮食总产量	吨	241195	135809	62010	161303	750000
棉花产量	吨					
油料产量	吨	6073	1491	12036	13537	24203
肉类总产量	吨	14942	25676	11101	6839	68632
规模以上工业企业个数	个	27	31	15	24	44
规模以上工业总产值(现价)	万元	3419236	2118900	305000	267112	2034541
固定资产投资(不含农户)	万元	396652	715388	200678	458247	1947607
四、教育、卫生和社会保障						
普通中学在校学生数	人	12574	9261	6274	7325	10302
小学在校学生数	人	12706	7727	6538	7386	13980
医院、卫生院床位数	床	373	254	286	282	410
各种社会福利收养性单位数	个	6	7	7	8	10
各种社会福利收养性单位床位数	床	235	426	240	417	689

2011年县(市)社会经济主要指标

内蒙古自治区

指标	单位	固阳县	达尔罕茂明安联合旗	阿鲁科尔沁旗	巴林左旗	巴林右旗
一、基本情况						
行政区域土地面积	平方公里	5025	17410	13240	6644	10256
乡(镇)个数	个	6	8	11	9	8
村民委员会个数	个	104	77	245	165	162
年末总户数	户	83457	43282	125120	105380	78505
其中:乡村户数	户	33991	17376	82652	92660	37724
年末总人口	万人	21	11	30	36	19
乡村人口	万人	12	6	26	31	13
年末单位从业人员数	人	10800	5246	19424	22572	20436
乡村从业人员数	人	69604	35298	153326	147897	49970
其中:农林牧渔业	人	52433	21482	124036	98805	43295
农业机械总动力	万千瓦特	33	27	52	38	30
固定电话用户	户	6551	6432	25376	64450	16000
二、综合经济						
第一产业增加值	万元	110839	119947	139084	167409	86402
第二产业增加值	万元	626697	1049145	339538	410822	287464
地方财政一般预算收入	万元	86777	109611	18656	30444	24947
地方财政一般预算支出	万元	127789	196881	177649	173213	171757
城乡居民储蓄存款余额	万元	151241	136497	198147	297261	176536
年末金融机构各项贷款余额	万元	215147	99812	127370	175211	152941
三、农业、工业及投资						
粮食总产量	吨	74005	61000	335001	300121	124558
棉花产量	吨					
油料产量	吨	9565	4629	5066	3102	7771
肉类总产量	吨	34961	19969	27601	23542	32697
规模以上工业企业个数	个	38	43	29	48	20
规模以上工业总产值(现价)	万元	836565	1612523	933144	1127061	688201
固定资产投资(不含农户)	万元	990386	1578236	433279	692508	386123
四、教育、卫生和社会保障						
普通中学在校学生数	人	5655	3151	16108	13829	9968
小学在校学生数	人	5920	4581	19338	21520	10196
医院、卫生院床位数	床	304	236	866	938	479
各种社会福利收养性单位数	个	8	4	9	13	9
各种社会福利收养性单位床位数	床	842	415	340	529	340

2011 年县(市)社会经济主要指标

内蒙古自治区

指　　标	单位	林西县	克什克腾旗	翁牛特旗	喀喇沁旗	宁城县
一、基本情况						
行政区域土地面积	平方公里	3933	20673	11882	3050	4305
乡(镇)个数	个	8	11	12	8	13
村民委员会个数	个	101	114	226	161	305
年末总户数	户	99239	99939	174679	130319	210964
其中:乡村户数	户	57980	71902	125684	85493	143669
年末总人口	万人	24	25	48	35	61
乡村人口	万人	19	20	43	31	53
年末单位从业人员数	人	20451	19072	23548	17845	29714
乡村从业人员数	人	87318	109873	215979	151040	268699
其中:农林牧渔业	人	61784	98545	154365	98295	172045
农业机械总动力	万千瓦特	26	31	65	29	46
固定电话用户	户	14230	21165	43088	27000	55662
二、综合经济						
第一产业增加值	万元	91701	136981	316117	99043	252159
第二产业增加值	万元	202457	710510	422118	518736	526505
地方财政一般预算收入	万元	18600	64900	21976	31161	37805
地方财政一般预算支出	万元	149266	189800	250037	169558	251788
城乡居民储蓄存款余额	万元	245835	237661	335685	347791	695539
年末金融机构各项贷款余额	万元	205388	338569	257558	227142	462222
三、农业、工业及投资						
粮食总产量	吨	205009	150191	660226	250566	675209
棉花产量	吨					
油料产量	吨	10895	8570	42155	1637	1251
肉类总产量	吨	21923	16343	50905	25105	82762
规模以上工业企业个数	个	36	31	49	29	56
规模以上工业总产值(现价)	万元	563305	1354712	1180077	574300	1805937
固定资产投资(不含农户)	万元	362402	1203832	672244	682338	653359
四、教育、卫生和社会保障						
普通中学在校学生数	人	13284	10609	23965	17102	27716
小学在校学生数	人	11664	10548	26917	18859	31595
医院、卫生院床位数	床	732	958	809	715	1870
各种社会福利收养性单位数	个	10	12	13	16	27
各种社会福利收养性单位床位数	床	860	453	607	810	260

2011年县(市)社会经济主要指标

内蒙古自治区

指　　标	单位	敖汉旗	科尔沁左翼中旗	科尔沁左翼后旗	开鲁县	库伦旗
一、基本情况						
行政区域土地面积	平方公里	8294	9569	11570	4488	4714
乡(镇)个数	个	16	15	12	10	6
村民委员会个数	个	228	488	262	217	187
年末总户数	户	213129	175255	137224	141526	58521
其中:乡村户数	户	163117	106602	93137	90130	37701
年末总人口	万人	60	54	41	40	18
乡村人口	万人	54	46	35	32	14
年末单位从业人员数	人	21344	29957	24185	21925	10771
乡村从业人员数	人	317760	233538	137802	170446	75711
其中:农林牧渔业	人	226505	192830	119637	133019	70620
农业机械总动力	万千瓦特	65	120	89	88	26
固定电话用户	户	179659	17179	27827	47220	40922
二、综合经济						
第一产业增加值	万元	314002	319379	250747	395369	143919
第二产业增加值	万元	539274	518492	569371	750817	259257
地方财政一般预算收入	万元	32604	12664	18548	28167	13251
地方财政一般预算支出	万元	256556	212648	169099	168035	115184
城乡居民储蓄存款余额	万元	460118	156446	164160	239273	94473
年末金融机构各项贷款余额	万元	223476	209804	235472	286465	59064
三、农业、工业及投资						
粮食总产量	吨	725500	1565000	885000	905000	370000
棉花产量	吨					
油料产量	吨	9498	30754	15939	26839	875
肉类总产量	吨	71934	62233	34722	81240	26881
规模以上工业企业个数	个	67	56	49	69	24
规模以上工业总产值(现价)	万元	744376	1393221	1536300	2145547	511903
固定资产投资(不含农户)	万元	633676	692872	663938	522337	313722
四、教育、卫生和社会保障						
普通中学在校学生数	人	35680	14410	15552	20997	6580
小学在校学生数	人	35256	28833	23822	27936	11485
医院、卫生院床位数	床	1480	691	638	723	382
各种社会福利收养性单位数	个	18	13	15	14	11
各种社会福利收养性单位床位数	床	940	450	290	339	170

2011年县(市)社会经济主要指标

内蒙古自治区

指　　　　标	单位	奈曼旗	扎鲁特旗	霍林郭勒市	东胜区	达拉特旗
一、基本情况						
行政区域土地面积	平方公里	8130	17193	585	2526	8241
乡(镇)个数	个	12	11		3	8
村民委员会个数	个	355	206	7	26	130
年末总户数	户	145378	123598	28915	87563	153445
其中:乡村户数	户	100976	68937	3648	14051	51925
年末总人口	万人	44	31	8	26	37
乡村人口	万人	39	24	1	4	15
年末单位从业人员数	人	20622	23008	30525	58647	22342
乡村从业人员数	人	234149	119874	6745	21419	94821
其中:农林牧渔业	人	180176	93264	4578	9225	67814
农业机械总动力	万千瓦特	72	53	2	11	76
固定电话用户	户	30600	23801	7060	88359	36640
二、综合经济						
第一产业增加值	万元	229646	250247	23998	13903	266432
第二产业增加值	万元	591874	802406	1728380	2998822	2557958
地方财政一般预算收入	万元	29998	58032	127940	1008380	192846
地方财政一般预算支出	万元	193210	196501	197373	755714	326076
城乡居民储蓄存款余额	万元	243808	206852	306988	3869949	570547
年末金融机构各项贷款余额	万元	211022	246288	827815	12775054	1350748
三、农业、工业及投资						
粮食总产量	吨	535000	420000	11500	5962	550000
棉花产量	吨					
油料产量	吨	9307	18841	1245	7	19256
肉类总产量	吨	65338	77029	5970	2940	31230
规模以上工业企业个数	个	57	72	52	76	46
规模以上工业总产值(现价)	万元	1710110	1821447	4211991	4917100	4706792
固定资产投资(不含农户)	万元	587966	1120022	1003182	5602266	1716933
四、教育、卫生和社会保障						
普通中学在校学生数	人	22427	13655	6311	29163	17121
小学在校学生数	人	27585	18671	6852	31259	18892
医院、卫生院床位数	床	810	657	715	2489	1556
各种社会福利收养性单位数	个	15	6	1	10	9
各种社会福利收养性单位床位数	床	166	250	159	600	393

2011年县(市)社会经济主要指标

内蒙古自治区

指　　标	单位	准格尔旗	鄂托克前旗	鄂托克旗	杭锦旗	乌审旗
一、基本情况						
行政区域土地面积	平方公里	7551	12221	20367	18814	11674
乡(镇)个数	个	9	4	6	6	6
村民委员会个数	个	159	68	76	76	59
年末总户数	户	134555	27893	40234	63678	41185
其中:乡村户数	户	34703	12398	11289	22921	18679
年末总人口	万人	31	8	10	15	11
乡村人口	万人	10	4	4	7	5
年末单位从业人员数	人	30246	4921	21525	10833	7148
乡村从业人员数	人	79047	20853	24364	53718	36288
其中:农林牧渔业	人	39255	18291	21088	47562	29078
农业机械总动力	万千瓦特	27	22	17	40	47
固定电话用户	户	75070	7847	15139	9119	8311
二、综合经济						
第一产业增加值	万元	82040	91871	62443	141220	107212
第二产业增加值	万元	5234245	347600	2574100	217500	1786491
地方财政一般预算收入	万元	781531	105836	204673	49663	110901
地方财政一般预算支出	万元	578281	232904	265516	212752	190826
城乡居民储蓄存款余额	万元	1347410		427666	181088	226642
年末金融机构各项贷款余额	万元	2395403	140928	830417	334134	517624
三、农业、工业及投资						
粮食总产量	吨	87106	122000	90137	359000	115652
棉花产量	吨	3				
油料产量	吨	2589	1771	6217	44208	1421
肉类总产量	吨	13859	14605	15306	17900	36356
规模以上工业企业个数	个	109	15	56	18	12
规模以上工业总产值(现价)	万元	10213316	591047	5231500	118772	3828965
固定资产投资(不含农户)	万元	4246792	1558871	2205138	1100552	2304358
四、教育、卫生和社会保障						
普通中学在校学生数	人	17375	3241	6014	5594	4737
小学在校学生数	人	21927	4228	8379	5448	6542
医院、卫生院床位数	床	1769	323	645	450	318
各种社会福利收养性单位数	个	8		6	3	3
各种社会福利收养性单位床位数	床	1405		513	510	390

2011 年县(市)社会经济主要指标

内蒙古自治区

指　　标	单位	伊金霍洛旗	海拉尔区	阿荣旗	莫力达瓦达斡尔族自治旗	鄂伦春自治旗
一、基本情况						
行政区域土地面积	平方公里	5487	1440	12063	10383	54658
乡(镇)个数	个	6	2	11	13	10
村民委员会个数	个	138	17	148	220	81
年末总户数	户	72214	83694	125716	120130	104518
其中:乡村户数	户	25456	6079	66120	69980	18972
年末总人口	万人	17	27	33	34	27
乡村人口	万人	7	2	23	26	7
年末单位从业人员数	人	43156	45590	21943	21190	18080
乡村从业人员数	人	49997	9422	121533	129938	41850
其中:农林牧渔业	人	37633	6240	99883	116955	40305
农业机械总动力	万千瓦特	28	9	68		52
固定电话用户	户	12845	102621	19873	21148	36952
二、综合经济						
第一产业增加值	万元	66479	70909	386555	381140	174157
第二产业增加值	万元	3635195	954246	456956	194620	50400
地方财政一般预算收入	万元	676503	66326	30580	16515	11459
地方财政一般预算支出	万元	481397	144206	174964	175625	178693
城乡居民储蓄存款余额	万元	1048390	1309494	235432	177088	342725
年末金融机构各项贷款余额	万元	1270004	2034711	146104	177248	89871
三、农业、工业及投资						
粮食总产量	吨	95500	55000	1445953	1507251	385780
棉花产量	吨					
油料产量	吨	23	7888	16192	1335	180
肉类总产量	吨	16593	6006	44668	32595	8241
规模以上工业企业个数	个	53	54	29	20	9
规模以上工业总产值(现价)	万元	7647226	2354136	752697	367245	28003
固定资产投资(不含农户)	万元	3097331	154322	778799	344838	129816
四、教育、卫生和社会保障						
普通中学在校学生数	人	7583	20781	7936	11781	11015
小学在校学生数	人	9571	14211	15644	25442	9872
医院、卫生院床位数	床	536	2281	724	850	871
各种社会福利收养性单位数	个	6	7	3	9	4
各种社会福利收养性单位床位数	床	315	900	484	1123	105

2011年县(市)社会经济主要指标

内蒙古自治区

指　　标	单位	鄂温克族自治旗	陈巴尔虎旗	新巴尔虎左旗	新巴尔虎右旗	满洲里市
一、基本情况						
行政区域土地面积	平方公里	19111	18634	22000	25122	732
乡(镇)个数	个	10	7	7	7	
村民委员会个数	个	44	29	54	51	
年末总户数	户	53739	23606	18279	14249	72330
其中:乡村户数	户	8839	4523	5747	5009	
年末总人口	万人	14	6	4	4	30
乡村人口	万人	3	1	2	2	
年末单位从业人员数	人	30449	14775	5123	7270	31479
乡村从业人员数	人	17701	6871	11736	11109	
其中:农林牧渔业	人	14950	6693	10284	9695	
农业机械总动力	万千瓦特	18	18	12	7	
固定电话用户	户	50653	10684	6096	5999	29845
二、综合经济						
第一产业增加值	万元	66468	78946	57728	37864	31210
第二产业增加值	万元	539735	422074	127570	453851	451257
地方财政一般预算收入	万元	58529	34671	10528	33434	101784
地方财政一般预算支出	万元	134023	97185	75155	86995	281998
城乡居民储蓄存款余额	万元	299228	96239	39859	52526	892083
年末金融机构各项贷款余额	万元	992957	78422	32080	18685	559422
三、农业、工业及投资						
粮食总产量	吨	24738	75944	36254	2849	1165
棉花产量	吨					
油料产量	吨	2933	43765	30000		
肉类总产量	吨	17145	18000	21056	14688	2686
规模以上工业企业个数	个	12	16	8	16	79
规模以上工业总产值(现价)	万元	1004655	769423	81052	707831	918530
固定资产投资(不含农户)	万元	540232	409254	231443	148081	1000243
四、教育、卫生和社会保障						
普通中学在校学生数	人	3216	1650	865	784	12764
小学在校学生数	人	5514	2502	1799	1518	8891
医院、卫生院床位数	床	854	222	122	181	768
各种社会福利收养性单位数	个	3	1	2	1	10
各种社会福利收养性单位床位数	床	110	120	85	98	335

2011 年县(市)社会经济主要指标

内蒙古自治区

指　　标	单位	牙克石市	扎兰屯市	额尔古纳市	根河市	临河区
一、基本情况						
行政区域土地面积	平方公里	27830	16800	28958	20010	2354
乡(镇)个数	个	9	12	4	5	7
村民委员会个数	个	5	126	4		151
年末总户数	户	146713	160679	33322	56661	183374
其中:乡村户数	户	1561	103417	554		59540
年末总人口	万人	37	43	8	16	54
乡村人口	万人	1	30			24
年末单位从业人员数	人	31528	24798	17385	11550	72078
乡村从业人员数	人	3014	145258	1161		120396
其中:农林牧渔业	人	2752	115012	1150		98144
农业机械总动力	万千瓦特	41	64	20	3	79
固定电话用户	户	52000	37000	16679	19630	72450
二、综合经济						
第一产业增加值	万元	310113	348278	115795	89766	361113
第二产业增加值	万元	682144	609028	84702	83617	1015526
地方财政一般预算收入	万元	61758	28464	12608	7877	120249
地方财政一般预算支出	万元	211353	217046	88401	109215	296254
城乡居民储蓄存款余额	万元	814000	468465	175857	327056	1390035
年末金融机构各项贷款余额	万元	386000	270288	61672	92495	2388401
三、农业、工业及投资						
粮食总产量	吨	505670	1002990	200825	5589	513844
棉花产量	吨					
油料产量	吨	61915	35795	78978	903	138934
肉类总产量	吨	23000	51025	5924	2908	58716
规模以上工业企业个数	个	59	60	10	14	78
规模以上工业总产值(现价)	万元	1680320	1452300	154226	136730	2735588
固定资产投资(不含农户)	万元	1000572	871854	138483	120053	945036
四、教育、卫生和社会保障						
普通中学在校学生数	人	19370	12348	3796	4961	35384
小学在校学生数	人	10381	17341	4083	3945	32500
医院、卫生院床位数	床	2836	1594	410	605	2898
各种社会福利收养性单位数	个	9	25	1	3	5
各种社会福利收养性单位床位数	床	552	4060	120	144	467

2011年县(市)社会经济主要指标

内蒙古自治区

指　　标	单位	五原县	磴口县	乌拉特前旗	乌拉特中旗	乌拉特后旗
一、基本情况						
行政区域土地面积	平方公里	2493	4167	7476	23096	24985
乡(镇)个数	个	7	4	9	8	5
村民委员会个数	个	117	46	93	84	50
年末总户数	户	95100	43082	120096	53899	19230
其中:乡村户数	户	49236	15847	59505	24605	7201
年末总人口	万人	26	12	30	14	6
乡村人口	万人	20	6	21	9	2
年末单位从业人员数	人	11959	11559	20615	9472	14506
乡村从业人员数	人	116619	33859	106322	50915	17299
其中:农林牧渔业	人	106007	32429	90177	46267	10699
农业机械总动力	万千瓦特	88	38	82	33	8
固定电话用户	户	40213	12563	23310	14111	5645
二、综合经济						
第一产业增加值	万元	241592	77325	262999	137882	29850
第二产业增加值	万元	325392	240763	568763	762166	693012
地方财政一般预算收入	万元	22854	13037	71944	43409	61050
地方财政一般预算支出	万元	151039	82066	180948	163040	112932
城乡居民储蓄存款余额	万元	290500	166224	463151	180383	85964
年末金融机构各项贷款余额	万元	320000	161506	612595	173144	37277
三、农业、工业及投资						
粮食总产量	吨	362257	116078	378965	171550	29555
棉花产量	吨					
油料产量	吨	151285	41638	126128	68241	5541
肉类总产量	吨	31182	8897	24464	15790	5370
规模以上工业企业个数	个	38	16	37	39	23
规模以上工业总产值(现价)	万元	759427	522450	1287432	1756867	1692617
固定资产投资(不含农户)	万元	794021	275279	858608	1092223	746233
四、教育、卫生和社会保障						
普通中学在校学生数	人	13468	4569	15204	3764	2256
小学在校学生数	人	13923	4789	15613	6150	2916
医院、卫生院床位数	床	921	346	1043	245	214
各种社会福利收养性单位数	个	7	2	9	3	1
各种社会福利收养性单位床位数	床	617	95	607	168	90

2011年县(市)社会经济主要指标

内蒙古自治区

指　　标	单位	杭锦后旗	集宁区	卓资县	化德县	商都县
一、基本情况						
行政区域土地面积	平方公里	1752	405	3119	2538	4304
乡(镇)个数	个	8	2	7	5	9
村民委员会个数	个	107	24	110	93	211
年末总户数	户	107513	134810	54078	71021	67306
其中:乡村户数	户	50646	13047	30257	26145	42101
年末总人口	万人	27	30	22	18	35
乡村人口	万人	20	4	9	7	11
年末单位从业人员数	人	17397	58923	7648	6518	9284
乡村从业人员数	人	110598	32587	61675	38073	70824
其中:农林牧渔业	人	89211	19826	39824	34418	57208
农业机械总动力	万千瓦特	85	2	10	12	24
固定电话用户	户	53229	104442	10416	7850	10610
二、综合经济						
第一产业增加值	万元	273055	39000	78000	63000	114800
第二产业增加值	万元	535044	685223	256416	205924	206809
地方财政一般预算收入	万元	32428	61909	14021	7788	7796
地方财政一般预算支出	万元	150395	238928	106744	107899	130873
城乡居民储蓄存款余额	万元	326533	1247200	144175	129487	204668
年末金融机构各项贷款余额	万元	356469	1257400	87070	53214	127683
三、农业、工业及投资						
粮食总产量	吨	352789	9599	57459	47253	77680
棉花产量	吨					
油料产量	吨	28371	1101	2928	1635	7306
肉类总产量	吨	38811	3258	17767	17996	25358
规模以上工业企业个数	个	33	39	29	29	29
规模以上工业总产值(现价)	万元	1338143	977935	468073	434367	551556
固定资产投资(不含农户)	万元	730406	608562	361134	267758	191987
四、教育、卫生和社会保障						
普通中学在校学生数	人	13576	35978	7520	5924	9096
小学在校学生数	人	11766	24409	6937	6551	10458
医院、卫生院床位数	床	701	2442	269	245	463
各种社会福利收养性单位数	个	5	9	9	11	11
各种社会福利收养性单位床位数	床	306	916	295	443	850

2011年县(市)社会经济主要指标

内蒙古自治区

指　　标	单位	兴和县	凉城县	察哈尔右翼前旗	察哈尔右翼中旗	察哈尔右翼后旗
一、基本情况						
行政区域土地面积	平方公里	3512	3451	2429	4200	3910
乡(镇)个数	个	7	7	8	10	7
村民委员会个数	个	161	132	131	176	87
年末总户数	户	125988	101458	109221	85527	85679
其中:乡村户数	户	46467	52544	42212	40887	33468
年末总人口	万人	33	25	26	22	22
乡村人口	万人	18	20	15	16	10
年末单位从业人员数	人	9801	11329	7161	6761	9883
乡村从业人员数	人	106790	118741	93315	91128	53608
其中:农林牧渔业	人	70100	90458	73525	77657	40642
农业机械总动力	万千瓦特	16	23	19	23	15
固定电话用户	户	9457	9500	9849	17069	8073
二、综合经济						
第一产业增加值	万元	99728	141215	117300	106000	93800
第二产业增加值	万元	222048	379088	399656	133407	379405
地方财政一般预算收入	万元	12879	24312	13179	6020	15850
地方财政一般预算支出	万元	145814	121453	129079	135204	118599
城乡居民储蓄存款余额	万元	240334	212934	180118	112514	160544
年末金融机构各项贷款余额	万元	135801	139175	116475	196656	101935
三、农业、工业及投资						
粮食总产量	吨	83685	204516	70538	62217	77003
棉花产量	吨					
油料产量	吨	4300	2419	1305	5905	1216
肉类总产量	吨	33732	24266	26587	20574	17074
规模以上工业企业个数	个	16	12	68	22	52
规模以上工业总产值(现价)	万元	437207	554557	1208505	287582	989301
固定资产投资(不含农户)	万元	232362	85783	207538	170971	274659
四、教育、卫生和社会保障						
普通中学在校学生数	人	6459	9089	7098	6592	5148
小学在校学生数	人	10458	7880	7336	6560	7622
医院、卫生院床位数	床	286	312	272	399	210
各种社会福利收养性单位数	个	8	17	8	15	7
各种社会福利收养性单位床位数	床	758	780		1380	960

2011 年县(市)社会经济主要指标

内蒙古自治区

指　　标	单位	四子王旗	丰镇市	乌兰浩特市	阿尔山市	科尔沁右翼前旗
一、基本情况						
行政区域土地面积	平方公里	24036	2722	2354	7409	17428
乡(镇)个数	个	11	7	4	4	11
村民委员会个数	个	120	91	68	18	229
年末总户数	户	82246	140656	117336	21000	115383
其中:乡村户数	户	38993	53940	22971	3378	91074
年末总人口	万人	22	34	32	5	34
乡村人口	万人	15	17	8	1	31
年末单位从业人员数	人	6757	14368	41993	7782	19000
乡村从业人员数	人	101430	80006	42202	3971	119082
其中:农林牧渔业	人	91212	40079	32993	3145	118830
农业机械总动力	万千瓦特	34	19	28	5	84
固定电话用户	户	7552	14700	67844	4950	23456
二、综合经济						
第一产业增加值	万元	126000	138081	86519	21934	275254
第二产业增加值	万元	157915	685970	523622	27131	173272
地方财政一般预算收入	万元	9309	31041	28796	4837	15631
地方财政一般预算支出	万元	165405	154005	181365	68275	208766
城乡居民储蓄存款余额	万元	155264	342350	819233	87027	42535
年末金融机构各项贷款余额	万元	119135	357476	715919	93163	12391
三、农业、工业及投资						
粮食总产量	吨	95305	64750	225007	55016	590008
棉花产量	吨					
油料产量	吨	13085	1500	2144	4648	10978
肉类总产量	吨	24467	23592	9901	1573	51602
规模以上工业企业个数	个	35	42	56	1	27
规模以上工业总产值(现价)	万元	340127	1633481	1053769	3117	370569
固定资产投资(不含农户)	万元	98433	262684	722502	258539	546059
四、教育、卫生和社会保障						
普通中学在校学生数	人	8444	9885	25058	1188	17305
小学在校学生数	人	8052	12465	19111	1742	21376
医院、卫生院床位数	床	430	460	1882	284	521
各种社会福利收养性单位数	个	8	10	1	1	18
各种社会福利收养性单位床位数	床	455	1020	148	4	351

2011年县(市)社会经济主要指标

内蒙古自治区

指　　标	单位	科尔沁右翼中旗	扎赉特旗	突泉县	二连浩特市	锡林浩特市
一、基本情况						
行政区域土地面积	平方公里	15613	11155	4890	4015	14592
乡(镇)个数	个	12	9	9	1	1
村民委员会个数	个	173	192	188	4	22
年末总户数	户	77407	139203	109594	27281	64980
其中:乡村户数	户	50328	81188	67229	561	2133
年末总人口	万人	26	40	31	8	17
乡村人口	万人	19	32	24		1
年末单位从业人员数	人	16902	20435	11395	7498	54538
乡村从业人员数	人	102295	167502	148400	1150	5681
其中:农林牧渔业	人	92524	152869	122509	1090	5039
农业机械总动力	万千瓦特	55	154	48		14
固定电话用户	户	11679	18099	22900	9800	45400
二、综合经济						
第一产业增加值	万元	140494	283356	178404	4382	83365
第二产业增加值	万元	125249	132860	190681	205328	1129025
地方财政一般预算收入	万元	12608	9133	5220	28322	134336
地方财政一般预算支出	万元	171596	200657	165167	101890	161927
城乡居民储蓄存款余额	万元	114479	202193	173552	258109	800222
年末金融机构各项贷款余额	万元	127231	174957	164178	325018	1667987
三、农业、工业及投资						
粮食总产量	吨	515034	1065049	540011	803	29940
棉花产量	吨					
油料产量	吨	29392	6125	2413		565
肉类总产量	吨	35204	59794	21772	828	14733
规模以上工业企业个数	个	15	21	26	24	80
规模以上工业总产值(现价)	万元	154041	294619	261364	323417	1793396
固定资产投资(不含农户)	万元	574760	348449	356145	319459	903007
四、教育、卫生和社会保障						
普通中学在校学生数	人	11455	11457	12854	3696	20514
小学在校学生数	人	15719	18115	14613	5827	16931
医院、卫生院床位数	床	1034	776	411	227	858
各种社会福利收养性单位数	个	3	11	10	1	6
各种社会福利收养性单位床位数	床	80	524	412	110	240

2011 年县(市)社会经济主要指标

内蒙古自治区

指　　标	单位	阿巴嘎旗	苏尼特左旗	苏尼特右旗	东乌珠穆沁旗	西乌珠穆沁旗
一、基本情况						
行政区域土地面积	平方公里	27495	34251	22340	52321	22435
乡(镇)个数	个	6	5	6	8	6
村民委员会个数	个	71	49	57	66	93
年末总户数	户	15700	11068	26720	26654	28253
其中:乡村户数	户	5099	5562	8405	9474	10470
年末总人口	万人	5	3	7	10	8
乡村人口	万人	2	2	3	4	4
年末单位从业人员数	人	3368	3244	8022	9455	7622
乡村从业人员数	人	12433	12312	17878	24400	25378
其中:农林牧渔业	人	11198	11077	15730	22936	22742
农业机械总动力	万千瓦特	5	4	6	17	9
固定电话用户	户	6670	3100	3000	10180	4963
二、综合经济						
第一产业增加值	万元	53020	37264	38021	134369	100108
第二产业增加值	万元	282652	192197	270154	719057	689784
地方财政一般预算收入	万元	13404	13227	20647	79468	75230
地方财政一般预算支出	万元	66456	69558	92437	156340	129911
城乡居民储蓄存款余额	万元	76427	56755	126331	173641	127597
年末金融机构各项贷款余额	万元	60595	35443	116011	122739	345551
三、农业、工业及投资						
粮食总产量	吨			264	16466	83
棉花产量	吨					
油料产量	吨			146	5360	
肉类总产量	吨	30352	18648	19655	37713	59557
规模以上工业企业个数	个	24	13	35	43	28
规模以上工业总产值(现价)	万元	424853	257916	476900	1093744	1105678
固定资产投资(不含农户)	万元	350227	220562	351004	578793	610138
四、教育、卫生和社会保障						
普通中学在校学生数	人	971	762	3601	4146	3265
小学在校学生数	人	2169	1898	4293	6383	4401
医院、卫生院床位数	床	186	114	176	274	228
各种社会福利收养性单位数	个	1	1	3	2	1
各种社会福利收养性单位床位数	床	100	50	70	100	40

2011年县(市)社会经济主要指标

内蒙古自治区

指　　标	单位	太仆寺旗	镶黄旗	正镶白旗	正蓝旗	多伦县
一、基本情况						
行政区域土地面积	平方公里	3479	5144	6215	10182	3870
乡(镇)个数	个	6	3	4	6	4
村民委员会个数	个	174	60	76	102	64
年末总户数	户	74665	11921	28848	33583	42793
其中:乡村户数	户	50732	4883	14346	17959	19306
年末总人口	万人	21	3	7	8	11
乡村人口	万人	17	2	5	5	7
年末单位从业人员数	人	6840	3489	4209	8289	5937
乡村从业人员数	人	72935	15773	26472	33120	41795
其中:农林牧渔业	人	60132	14290	25930	21148	32255
农业机械总动力	万千瓦特	21	4	10	14	19
固定电话用户	户	16510	2180	5123	9800	7069
二、综合经济						
第一产业增加值	万元	88315	25302	35876	52011	66690
第二产业增加值	万元	125013	298848	87869	320309	395207
地方财政一般预算收入	万元	5544	15779	4095	27378	24285
地方财政一般预算支出	万元	118000	67612	66942	90454	114276
城乡居民储蓄存款余额	万元	185536	45285	59358	109654	121765
年末金融机构各项贷款余额	万元	82471	30072	86561	555516	144745
三、农业、工业及投资						
粮食总产量	吨	135342	2788	13768	27977	74075
棉花产量	吨					
油料产量	吨	6211	2	721	495	551
肉类总产量	吨	10249	6015	9011	19982	18034
规模以上工业企业个数	个	25	28	17	13	24
规模以上工业总产值(现价)	万元	147002	543957	92917	604662	696167
固定资产投资(不含农户)	万元	311984	263770	76370	401000	450116
四、教育、卫生和社会保障						
普通中学在校学生数	人	6026	1162	1511	1539	4908
小学在校学生数	人	6112	1565	2677	3166	5447
医院、卫生院床位数	床	280	130	146	212	213
各种社会福利收养性单位数	个	9	1	3	3	4
各种社会福利收养性单位床位数	床	337	30	190	143	188

2011 年县(市)社会经济主要指标

内蒙古自治区、辽宁省

指　　标	单位	阿拉善左旗	阿拉善右旗	额济纳旗	辽中县	康平县
一、基本情况						
行政区域土地面积	平方公里	80412	73443	114606	1470	2175
乡(镇)个数	个	13	5	6	20	14
村民委员会个数	个	139	39	17	218	167
年末总户数	户	58266	10017	7628	192478	118564
其中:乡村户数	户	17736	2682	2177	133397	84578
年末总人口	万人	14	3	2	48	35
乡村人口	万人	5	1	1	39	28
年末单位从业人员数	人	33356	4738	3594	14332	15094
乡村从业人员数	人	34270	4897	4088	217285	120382
其中:农林牧渔业	人	29962	3947	3943	125071	76134
农业机械总动力	万千瓦特	21	2	3	35	33
固定电话用户	户	70500	3735	4938	134356	64934
二、综合经济						
第一产业增加值	万元	64905	20030	13764	611027	290205
第二产业增加值	万元	2628983	252426	245194	1966989	885898
地方财政一般预算收入	万元	131702	13474	17514	200888	108436
地方财政一般预算支出	万元	309233	80119	73541	263245	172854
城乡居民储蓄存款余额	万元		72433	77488	811611	390637
年末金融机构各项贷款余额	万元	2070042	34919	110368	418860	347267
三、农业、工业及投资						
粮食总产量	吨	157414	14895	1702		
棉花产量	吨	612	161	4873		
油料产量	吨	21019	1840		14391	77850
肉类总产量	吨	11050	3073	1573	194659	127351
规模以上工业企业个数	个	78	19	9	402	427
规模以上工业总产值(现价)	万元	5480881	782647	449467	8647088	4100614
固定资产投资(不含农户)	万元	1378297	142128	208991	2399165	1122502
四、教育、卫生和社会保障						
普通中学在校学生数	人	5447	1243	863	11883	9980
小学在校学生数	人	10828	1170	1162	24206	17275
医院、卫生院床位数	床	603	102	166	1479	910
各种社会福利收养性单位数	个	3	1	1	15	9
各种社会福利收养性单位床位数	床	454	66	40	1750	1417

2011年县(市)社会经济主要指标

辽宁省

指标	单位	法库县	新民市	长海县	瓦房店市	普兰店市
一、基本情况						
行政区域土地面积	平方公里	2320	3318	119	3794	2896
乡(镇)个数	个	19	24	5	21	10
村民委员会个数	个	233	335	23	247	157
年末总户数	户	138286	245614	26255	355434	325897
其中:乡村户数	户	115513	184431	21618	237129	189240
年末总人口	万人	45	70	7	100	93
乡村人口	万人	39	58	6	73	58
年末单位从业人员数	人	15633	24597	9574	60784	64800
乡村从业人员数	人	225998	268182	30658	365196	357166
其中:农林牧渔业	人	142649	177710	18881	185993	179465
农业机械总动力	万千瓦特	48	91	5	120	79
固定电话用户	户	79816	172221	24500	460000	223402
二、综合经济						
第一产业增加值	万元	371253	640397	409364	804902	868668
第二产业增加值	万元	1440309	2035468	74019	5391413	3795919
地方财政一般预算收入	万元	181762	217762	33001	510988	322657
地方财政一般预算支出	万元	244000	291238	57495	597656	393686
城乡居民储蓄存款余额	万元	487142	928254	293178	3042641	2163230
年末金融机构各项贷款余额	万元	444541	501426	167353	2194242	1903138
三、农业、工业及投资						
粮食总产量	吨					
棉花产量	吨	11			22	
油料产量	吨	32293	18220		3485	8776
肉类总产量	吨	147747	155322	769	207932	253687
规模以上工业企业个数	个	296	380	6	696	403
规模以上工业总产值(现价)	万元	7541759	8617146	126091	13853874	8651971
固定资产投资(不含农户)	万元	1328684	2355248	235175	4980062	3945693
四、教育、卫生和社会保障						
普通中学在校学生数	人	20207	23010	3722	26199	23206
小学在校学生数	人	26130	37033	4040	42222	36634
医院、卫生院床位数	床	468	1730	266	4686	2774
各种社会福利收养性单位数	个	7	10	4	33	29
各种社会福利收养性单位床位数	床	1330	2000	454	4000	3309

2011 年县(市)社会经济主要指标

辽宁省

指　　标	单位	庄河市	台安县	岫岩满族自治县	海城市	抚顺县
一、基本情况						
行政区域土地面积	平方公里	4086	1394	4502	2570	1754
乡(镇)个数	个	21	11	22	27	8
村民委员会个数	个	207	154	196	364	95
年末总户数	户	285009	134276	152938	354234	41374
其中:乡村户数	户	218343	90773	117549	255349	37340
年末总人口	万人	91	38	52	110	12
乡村人口	万人	66	32	43	86	12
年末单位从业人员数	人	44475	33698	22264	67395	6487
乡村从业人员数	人	372998	200472	219591	406132	79526
其中:农林牧渔业	人	158163	122710	127622	181309	51390
农业机械总动力	万千瓦特	65	37	29	60	10
固定电话用户	户	211998	85000	124000	295000	54346
二、综合经济						
第一产业增加值	万元	1010039	346585	262589	403152	128726
第二产业增加值	万元	3953751	1118875	1002878	3248182	365580
地方财政一般预算收入	万元	370227	78099	83388	320266	60048
地方财政一般预算支出	万元	461621	136352	173112	394050	105054
城乡居民储蓄存款余额	万元	2261125	525360	898998	3081041	189341
年末金融机构各项贷款余额	万元	1699799	461043	647562	1474937	160404
三、农业、工业及投资						
粮食总产量	吨					
棉花产量	吨					
油料产量	吨	2483	8424	6409	1053	1163
肉类总产量	吨	178221	171398	101553	121584	27178
规模以上工业企业个数	个	536	167	141	513	93
规模以上工业总产值(现价)	万元	10423953	2937964	2959575	8207486	1886925
固定资产投资(不含农户)	万元	2877048	714651	814081	4679742	316541
四、教育、卫生和社会保障						
普通中学在校学生数	人	41070	16208	15974	51244	2608
小学在校学生数	人	34878	21869	31006	72660	5304
医院、卫生院床位数	床	3616	1235	1330	3283	361
各种社会福利收养性单位数	个	29	15	27	42	8
各种社会福利收养性单位床位数	床	5482	1500	2185	4666	460

2011年县(市)社会经济主要指标

辽宁省

指　　标	单位	新宾满族自治县	清原满族自治县	本溪满族自治县	桓仁满族自治县	宽甸满族自治县
一、基本情况						
行政区域土地面积	平方公里	4287	3921	3343	3551	6115
乡(镇)个数	个	15	14	10	12	22
村民委员会个数	个	180	188	98	106	179
年末总户数	户	100651	120648	101665	105991	141234
其中:乡村户数	户	72119	81882	55560	57839	97291
年末总人口	万人	30	34	29	30	43
乡村人口	万人	25	26	19	22	34
年末单位从业人员数	人	12110	21705	14210	17056	21169
乡村从业人员数	人	140378	153338	100839	117495	186778
其中:农林牧渔业	人	91869	99558	45832	64486	117992
农业机械总动力	万千瓦特	24	17	20	16	48
固定电话用户	户	69863	76153	78215	69690	135855
二、综合经济						
第一产业增加值	万元	195959	196357	182150	208350	228858
第二产业增加值	万元	451487	703608	930591	738014	894575
地方财政一般预算收入	万元	75188	100189	158001	106547	141127
地方财政一般预算支出	万元	155357	186853	233254	179227	231646
城乡居民储蓄存款余额	万元	524831	513385	632962	290066	816783
年末金融机构各项贷款余额	万元	239103	314171	358660	305415	429241
三、农业、工业及投资						
粮食总产量	吨					
棉花产量	吨					
油料产量	吨	53	147	359	166	571
肉类总产量	吨	46788	45624	41252	32494	52462
规模以上工业企业个数	个	163	159	70	48	152
规模以上工业总产值(现价)	万元	1475463	2191000	1485200	678463	1500380
固定资产投资(不含农户)	万元	689827	746984	903799	758363	1056358
四、教育、卫生和社会保障						
普通中学在校学生数	人	8074	7936	13954	14366	13510
小学在校学生数	人	16028	14528	14161	13436	25420
医院、卫生院床位数	床	757	1040	1152	960	1780
各种社会福利收养性单位数	个	16	14	9	9	15
各种社会福利收养性单位床位数	床	1050	887	530	1520	1509

2011 年县（市）社会经济主要指标

辽宁省

指　　标	单位	东港市	凤城市	黑山县	义　县	凌海市
一、基本情况						
行政区域土地面积	平方公里	2399	5515	2487	2476	2585
乡(镇)个数	个	15	18	21	18	18
村民委员会个数	个	206	201	278	239	257
年末总户数	户	197377	200030	217800	133439	177283
其中:乡村户数	户	156722	123986	153798	105674	139374
年末总人口	万人	61	58	62	43	53
乡村人口	万人	50	42	49	37	44
年末单位从业人员数	人	43372	35937	42931	13009	30994
乡村从业人员数	人	268367	233514	273431	181111	241801
其中:农林牧渔业	人	142466	136876	177629	109688	145805
农业机械总动力	万千瓦特	56	64	72	40	67
固定电话用户	户	171314	145000	197013	94050	101400
二、综合经济						
第一产业增加值	万元	586961	251459	445666	190498	451187
第二产业增加值	万元	2007190	2042263	457229	569248	1282945
地方财政一般预算收入	万元	225815	221877	100177	82369	170022
地方财政一般预算支出	万元	298284	336391	191210	157622	242553
城乡居民储蓄存款余额	万元	1632877	1261471	826107	518466	831618
年末金融机构各项贷款余额	万元	1022156	727968	481706	409568	690043
三、农业、工业及投资						
粮食总产量	吨					
棉花产量	吨				18	
油料产量	吨	6265	2947	69091	24077	13810
肉类总产量	吨	85366	114452	254449	106989	182738
规模以上工业企业个数	个	249	209	194	115	177
规模以上工业总产值(现价)	万元	3578757	1935637	2191985	2011824	5394846
固定资产投资(不含农户)	万元	1327490	1023310	540331	581741	865981
四、教育、卫生和社会保障						
普通中学在校学生数	人	23271	26196	13058	16115	15302
小学在校学生数	人	32996	30203	26147	20589	33787
医院、卫生院床位数	床	2498	1938	1205	1027	1210
各种社会福利收养性单位数	个	18	26	23	17	21
各种社会福利收养性单位床位数	床	1565	1495	1260	1530	1610

2011 年县(市)社会经济主要指标

辽宁省

指　　标	单位	北镇市	盖州市	大石桥市	阜新蒙古族自治县	彰武县
一、基本情况						
行政区域土地面积	平方公里	1694	2946	1598	6218	3642
乡(镇)个数	个	17	19	13	35	24
村民委员会个数	个	223	283	253	382	184
年末总户数	户	157225	252795	266228	226561	142199
其中:乡村户数	户	131011	188217	176920	199209	104203
年末总人口	万人	52	72	72	73	41
乡村人口	万人	44	62	56	69	35
年末单位从业人员数	人	14082	22330	41988	26686	17102
乡村从业人员数	人	219865	333656	294919	390138	200635
其中:农林牧渔业	人	163247	183284	115086	220276	135657
农业机械总动力	万千瓦特	69	37	43	144	64
固定电话用户	户	111235		230007	179700	96584
二、综合经济						
第一产业增加值	万元	413081	311847	367326	566754	477469
第二产业增加值	万元	422053	1003625	2889641	391523	195217
地方财政一般预算收入	万元	83002	140314	335707	80068	66105
地方财政一般预算支出	万元	168790	274905	411795	218268	166623
城乡居民储蓄存款余额	万元	941178	1000473	1623818	656301	429200
年末金融机构各项贷款余额	万元	518587	575797	1374868	692183	593762
三、农业、工业及投资						
粮食总产量	吨					
棉花产量	吨		5			
油料产量	吨	11040	362	49	335915	217193
肉类总产量	吨	146332	73136	104839	233360	156305
规模以上工业企业个数	个	78	224	308	76	68
规模以上工业总产值(现价)	万元	1869559	2328290	6413338	787204	576390
固定资产投资(不含农户)	万元	500706	1118027	1062230	637000	2423512
四、教育、卫生和社会保障						
普通中学在校学生数	人	24241	25984	31378	38633	16629
小学在校学生数	人	27589	38812	39882	39731	22847
医院、卫生院床位数	床	1390	1592	3293	1910	920
各种社会福利收养性单位数	个	18	25	6	34	19
各种社会福利收养性单位床位数	床	1330	2042	1294	1368	1083

2011 年县(市)社会经济主要指标

辽宁省

指　　标	单位	辽阳县	灯塔市	大洼县	盘山县	铁岭县
一、基本情况						
行政区域土地面积	平方公里	2794	1333	1628	2036	2249
乡(镇)个数	个	17	13	15	13	14
村民委员会个数	个	235	222	148	145	216
年末总户数	户	204000	186154	146660	93418	135538
其中:乡村户数	户	163111	138078	111397	91719	118290
年末总人口	万人	57	53	38	28	39
乡村人口	万人	50	42	31	28	37
年末单位从业人员数	人	22501	17451	182549	64160	21131
乡村从业人员数	人	246857	228389	187869	159358	181801
其中:农林牧渔业	人	140863	152327	110180	105272	107103
农业机械总动力	万千瓦特	29	29	31	35	37
固定电话用户	户	140801	171936	101360	77664	60940
二、综合经济						
第一产业增加值	万元	237351	264917	527127	382280	300374
第二产业增加值	万元	1666331	1421862	1495380	802706	1921790
地方财政一般预算收入	万元	171177	216335	271529	148871	208518
地方财政一般预算支出	万元	203917	233292	369888	222299	196240
城乡居民储蓄存款余额	万元	893578	1031712	673199	621276	861000
年末金融机构各项贷款余额	万元	986997	657046	652103	319035	868324
三、农业、工业及投资						
粮食总产量	吨					
棉花产量	吨					
油料产量	吨	1807	1850		383	313
肉类总产量	吨	74421	94750	115043	56427	162418
规模以上工业企业个数	个	232	225	183	151	365
规模以上工业总产值(现价)	万元	5285100	4589900	5861131	2228591	6656661
固定资产投资(不含农户)	万元	805291	915478	3320892	1422600	2386721
四、教育、卫生和社会保障						
普通中学在校学生数	人	17580	15797	20637	24911	12275
小学在校学生数	人	29725	31000	21523		15377
医院、卫生院床位数	床	1080	654	823	542	630
各种社会福利收养性单位数	个	15	14	13	13	4
各种社会福利收养性单位床位数	床	1320	833	746	1304	660

2011年县(市)社会经济主要指标

辽宁省

指　　标	单位	西丰县	昌图县	调兵山市	开原市	朝阳县
一、基本情况						
行政区域土地面积	平方公里	2685	4317	262	2838	3762
乡(镇)个数	个	18	33	3	18	27
村民委员会个数	个	174	425	34	273	298
年末总户数	户	120143	347589	92051	199300	172467
其中:乡村户数	户	82300	248063	22070	129452	163107
年末总人口	万人	35	104	24	59	57
乡村人口	万人	28	85	7	44	56
年末单位从业人员数	人	14322	38063	62990	23748	28323
乡村从业人员数	人	117727	369128	34359	221088	321719
其中:农林牧渔业	人	79397	222349	17498	125239	192971
农业机械总动力	万千瓦特	40	87	7	45	33
固定电话用户	户	56490	143952	28163	126229	88395
二、综合经济						
第一产业增加值	万元	210158	680101	64575	401079	300146
第二产业增加值	万元	313535	878040	1153836	2367946	557608
地方财政一般预算收入	万元	60080	72030	180066	280868	100101
地方财政一般预算支出	万元	120238	215577	163620	341700	191214
城乡居民储蓄存款余额	万元	338040	824205	774525	824950	152232
年末金融机构各项贷款余额	万元	325839	805570	668393	672674	235095
三、农业、工业及投资						
粮食总产量	吨					
棉花产量	吨					265
油料产量	吨	115	245337	5	4192	5249
肉类总产量	吨	72881	352406	29786	271766	109522
规模以上工业企业个数	个	46	342	91	502	63
规模以上工业总产值(现价)	万元	713613	4148500	2126218	9501610	1378600
固定资产投资(不含农户)	万元	205371	812543	950752	1591213	672310
四、教育、卫生和社会保障						
普通中学在校学生数	人	13123	28305	6323	15967	24804
小学在校学生数	人	15506	53923	10254	28444	33847
医院、卫生院床位数	床	678	1965	960	2120	1501
各种社会福利收养性单位数	个	20	23	3	6	29
各种社会福利收养性单位床位数	床	850	1986	240	2000	2350

2011 年县(市)社会经济主要指标

辽宁省

指　　标	单位	建平县	喀喇沁左翼蒙古族自治县	北票市	凌源市	绥中县
一、基本情况						
行政区域土地面积	平方公里	4868	2238	4469	3278	2763
乡(镇)个数	个	24	21	27	22	24
村民委员会个数	个	260	190	252	245	280
年末总户数	户	199168	138652	218420	210593	219913
其中:乡村户数	户	139811	112826	129881	151326	165578
年末总人口	万人	59	43	58	65	64
乡村人口	万人	48	38	39	52	55
年末单位从业人员数	人	24118	25982	31600	51942	21257
乡村从业人员数	人	257579	213644	212500	278952	281039
其中:农林牧渔业	人	154085	108217	116366	156809	197533
农业机械总动力	万千瓦特	58	22	34	22	68
固定电话用户	户	140000	83108	116000	140034	119066
二、综合经济						
第一产业增加值	万元	291545	273742	360710	330818	324617
第二产业增加值	万元	982413	477801	1113035	761412	465942
地方财政一般预算收入	万元	185001	63058	153008	100215	110218
地方财政一般预算支出	万元	272464	160813	306011	203473	234145
城乡居民储蓄存款余额	万元	1042653	525302	839800	1042469	1040356
年末金融机构各项贷款余额	万元	534955	387313	516072	868689	843245
三、农业、工业及投资						
粮食总产量	吨					
棉花产量	吨			265		
油料产量	吨	9078	4729	2748	102	11503
肉类总产量	吨	78782	84249	141261	114782	189656
规模以上工业企业个数	个	146	113	147	67	85
规模以上工业总产值(现价)	万元	1394800	1589200	2137100	776300	1301297
固定资产投资(不含农户)	万元	1028591	592628	938627	558793	1062933
四、教育、卫生和社会保障						
普通中学在校学生数	人	31360	14393	28106	38101	30327
小学在校学生数	人	33442	24469	28852	46399	39385
医院、卫生院床位数	床	1743	1105	2245	3200	1145
各种社会福利收养性单位数	个	15	6	75	25	21
各种社会福利收养性单位床位数	床	1395	812	3000	524	1694

2011年县(市)社会经济主要指标

辽宁省、吉林省

指　　标	单位	建昌县	兴城市	农安县	九台市	榆树市
一、基本情况						
行政区域土地面积	平方公里	3195	2116	5415	3375	4712
乡(镇)个数	个	28	20	22	14	24
村民委员会个数	个	276	239	377	311	388
年末总户数	户	186675	195465	346872	246004	432635
其中:乡村户数	户	149598	131359	267483	179971	308550
年末总人口	万人	63	55	112	71	131
乡村人口	万人	55	42	100	65	113
年末单位从业人员数	人	21050	28188	36122	43281	35292
乡村从业人员数	人	289477	203143	508186	325738	548465
其中:农林牧渔业	人	145945	119047	346021	214524	330009
农业机械总动力	万千瓦特	34	14	140	71	105
固定电话用户	户	118586	108100	130106	189318	117368
二、综合经济						
第一产业增加值	万元	133338	158644	807733	329831	868918
第二产业增加值	万元	284934	426951	852747	1501072	759833
地方财政一般预算收入	万元	45800	85089	103074	114308	74840
地方财政一般预算支出	万元	161018	178290	363847	351502	364403
城乡居民储蓄存款余额	万元	565698	990606	1072861	1020246	893225
年末金融机构各项贷款余额	万元	421209	601083	816145	882862	1018847
三、农业、工业及投资						
粮食总产量	吨			2501034	805000	3106781
棉花产量	吨	87				
油料产量	吨	173	26929	38315	45	
肉类总产量	吨	61801	79259	335785	181068	217101
规模以上工业企业个数	个	44	68	47	37	52
规模以上工业总产值(现价)	万元	644638	835975	988890	704459	925483
固定资产投资(不含农户)	万元	395839	727347	1426115	1513371	1404904
四、教育、卫生和社会保障						
普通中学在校学生数	人	29522	19016	52903	35741	60694
小学在校学生数	人	39645	35190	55160	42498	79467
医院、卫生院床位数	床	1476	2919	2748	2951	1629
各种社会福利收养性单位数	个	13	5	30	18	26
各种社会福利收养性单位床位数	床	1350	870	5500	3700	4130

2011年县(市)社会经济主要指标

吉林省

指　　标	单位	德惠市	永吉县	蛟河市	桦甸市	舒兰市
一、基本情况						
行政区域土地面积	平方公里	3435	2625	6364	6625	4557
乡(镇)个数	个	16	9	10	9	15
村民委员会个数	个	308	140	256	156	210
年末总户数	户	252803	134396	147040	168169	240970
其中:乡村户数	户	202420	87111	81696	59548	115984
年末总人口	万人	84	40	45	45	66
乡村人口	万人	81	31	28	22	44
年末单位从业人员数	人	37383	13327	25412	32606	30744
乡村从业人员数	人	382759	153002	158603	120285	206916
其中:农林牧渔业	人	221653	120262	88608	86508	148286
农业机械总动力	万千瓦特	95	38	44	45	82
固定电话用户	户	133516	44030	143671	63300	90552
二、综合经济						
第一产业增加值	万元	613121	192928	307574	350093	486997
第二产业增加值	万元	1199798	418365	838404	1354016	464538
地方财政一般预算收入	万元	87354	55243	55605	105583	48166
地方财政一般预算支出	万元	301108	175875	195267	260517	246390
城乡居民储蓄存款余额	万元	1039702	418480	518426	610709	651283
年末金融机构各项贷款余额	万元	749400	517647	394281	419183	415436
三、农业、工业及投资						
粮食总产量	吨	1194500	485000	515000	535000	855000
棉花产量	吨					
油料产量	吨	3520	896	1107	3510	136
肉类总产量	吨	328531	19471	48738	34241	163482
规模以上工业企业个数	个	119	61	136	163	98
规模以上工业总产值(现价)	万元	2190346	928067	1602115	1933014	1118130
固定资产投资(不含农户)	万元	1626614	812996	1205288	1294872	1088350
四、教育、卫生和社会保障						
普通中学在校学生数	人	50817	10380	18121	26750	24361
小学在校学生数	人	56420	19300	23175	34238	35515
医院、卫生院床位数	床	994	1158	1349	2581	2091
各种社会福利收养性单位数	个	19	13	26	28	19
各种社会福利收养性单位床位数	床	3196	1300	474	2282	1171

2011 年县（市）社会经济主要指标

吉林省

指　　标	单位	磐石市	梨树县	伊通满族自治县	公主岭市	双辽市
一、基本情况						
行政区域土地面积	平方公里	3867	3273	2524	4028	3121
乡(镇)个数	个	14	21	15	20	12
村民委员会个数	个	268	295	187	404	190
年末总户数	户	181161	277664	164626	355003	162631
其中:乡村户数	户	85048	161442	105200	192655	75095
年末总人口	万人	54	81	48	110	42
乡村人口	万人	33	56	38	71	27
年末单位从业人员数	人	32598	30926	22030	38722	21998
乡村从业人员数	人	177607	242163	177565	349342	152561
其中:农林牧渔业	人	117055	202154	121768	255438	106829
农业机械总动力	万千瓦特	39	44	31	89	55
固定电话用户	户	112506	87000	53060	234120	45630
二、综合经济						
第一产业增加值	万元	425353	825777	336688	948700	288249
第二产业增加值	万元	1520186	1013485	341658	1190253	931466
地方财政一般预算收入	万元	100880	43733	33470	102055	34455
地方财政一般预算支出	万元	234298	241174	168776	338296	171292
城乡居民储蓄存款余额	万元	582488	585222	430822	1017926	296543
年末金融机构各项贷款余额	万元	698837	581246	337767	670929	452364
三、农业、工业及投资						
粮食总产量	吨	610000	2090000	960000	3075000	1080000
棉花产量	吨					
油料产量	吨	486	17649		593	73593
肉类总产量	吨	113047	246162	57740	167213	120435
规模以上工业企业个数	个	140	66	38	108	81
规模以上工业总产值(现价)	万元	3580301	2613843	940926	2643588	2338882
固定资产投资(不含农户)	万元	1379248	555870	326739	1411166	822107
四、教育、卫生和社会保障						
普通中学在校学生数	人	28577	24243	20473	42222	15932
小学在校学生数	人	28273	40427	28134	55680	24683
医院、卫生院床位数	床	1770	1780	1057	3286	720
各种社会福利收养性单位数	个	16	25	23	35	16
各种社会福利收养性单位床位数	床	2319	1740	1326	2860	1350

2011 年县(市)社会经济主要指标

吉林省

指　　标	单位	东丰县	东辽县	通化县	辉南县	柳河县
一、基本情况						
行政区域土地面积	平方公里	2522	2396	3726	2272	3346
乡(镇)个数	个	14	13	15	11	15
村民委员会个数	个	229	234	160	142	219
年末总户数	户	131560	125258	90466	119053	126892
其中:乡村户数	户	91249	75258	50522	62736	68399
年末总人口	万人	40	35	25	35	37
乡村人口	万人	30	27	16	22	26
年末单位从业人员数	人	15859	14054	21420	21734	22073
乡村从业人员数	人	174524	112887	85391	139244	133870
其中:农林牧渔业	人	106870	81074	57558	95247	99659
农业机械总动力	万千瓦特	52	45	18	34	32
固定电话用户	户	68620	35800	39481	54000	60108
二、综合经济						
第一产业增加值	万元	217114	175963	70096	159000	182700
第二产业增加值	万元	645380	547205	531069	302677	346430
地方财政一般预算收入	万元	28578	28272	62945	47369	49401
地方财政一般预算支出	万元	164166	148808	160585	170099	196777
城乡居民储蓄存款余额	万元	473153	364886	430954	505721	436910
年末金融机构各项贷款余额	万元	476246	316169	440791	304983	423818
三、农业、工业及投资						
粮食总产量	吨	712000	476500	135500	492000	494000
棉花产量	吨					
油料产量	吨			723	133	164
肉类总产量	吨	41307	34211	9819	30749	38384
规模以上工业企业个数	个	79	78	70	67	83
规模以上工业总产值(现价)	万元	2042832	1340486	762659	609832	850889
固定资产投资(不含农户)	万元	1091831	1117569	909729	808103	441475
四、教育、卫生和社会保障						
普通中学在校学生数	人	17976	14352	7439	16432	9520
小学在校学生数	人	21149	17703	13859	19864	20076
医院、卫生院床位数	床	2222	1364	1496	1497	1462
各种社会福利收养性单位数	个	25	13	17	12	14
各种社会福利收养性单位床位数	床	1906	1760	1012	1154	1120

2011年县（市）社会经济主要指标

吉林省

指　　标	单位	梅河口市	集安市	江源区	抚松县	靖宇县
一、基本情况						
行政区域土地面积	平方公里	2174	3342	1348	6530	3094
乡(镇)个数	个	19	11	6	14	8
村民委员会个数	个	303	126	60	130	111
年末总户数	户	216593	84598	114212	120279	65018
其中:乡村户数	户	99929	42926	19096	31750	22162
年末总人口	万人	62	22	24	29	15
乡村人口	万人	37	14	6	10	7
年末单位从业人员数	人	45125	19332	31884	29593	13330
乡村从业人员数	人	179952	81322	31042	52447	33243
其中:农林牧渔业	人	118446	63265	16561	40210	22860
农业机械总动力	万千瓦特	34	15	8	8	10
固定电话用户	户	89000	44784	33853	65676	22587
二、综合经济						
第一产业增加值	万元	225000	77149	56102	169352	55465
第二产业增加值	万元	1044364	304341	783657	673036	269636
地方财政一般预算收入	万元	122457	54023	55575	80158	35157
地方财政一般预算支出	万元	275497	177540	185215	254958	136089
城乡居民储蓄存款余额	万元	1003423	419460	426000	559846	192083
年末金融机构各项贷款余额	万元	739132	256288	297000	537825	143962
三、农业、工业及投资						
粮食总产量	吨	510000	57000	23000	74000	46333
棉花产量	吨					
油料产量	吨	316	404	608	327	1194
肉类总产量	吨	45569	5429	4978	3085	5721
规模以上工业企业个数	个	118	51	98	81	35
规模以上工业总产值(现价)	万元	2829447	388216	2393876	2063544	900815
固定资产投资(不含农户)	万元	1244932	794037	763241	924889	491973
四、教育、卫生和社会保障						
普通中学在校学生数	人	31985	10988	8004	15455	5138
小学在校学生数	人	43304	13688	7905	17120	7201
医院、卫生院床位数	床	2115	780	1364	1237	554
各种社会福利收养性单位数	个	33	13	12	14	10
各种社会福利收养性单位床位数	床	2194	960	846	930	400

2011 年县(市)社会经济主要指标

吉林省

指　　标	单位	长白朝鲜族自治县	临江市	前郭尔罗斯蒙古族自治县	长岭县	乾安县
一、基本情况						
行政区域土地面积	平方公里	2498	3008	6979	5728	3617
乡(镇)个数	个	8	7	22	22	10
村民委员会个数	个	77	70	233	232	164
年末总户数	户	39270	72173	197101	177000	123127
其中:乡村户数	户	10592	20832	118453	125966	57925
年末总人口	万人	9	17	6	64	31
乡村人口	万人	3	6	44	53	21
年末单位从业人员数	人	11731	18730	46626	28402	16088
乡村从业人员数	人	17467	41947	197605	238685	119253
其中:农林牧渔业	人	13257	30485	141204	188625	110948
农业机械总动力	万千瓦特	3	8	138	102	74
固定电话用户	户	23142	29000	235230	86425	36480
二、综合经济						
第一产业增加值	万元	45394	63894	691500	604804	175000
第二产业增加值	万元	131289	377683	2245970	776715	985274
地方财政一般预算收入	万元	23466	41761	129927	24761	50729
地方财政一般预算支出	万元	122325	175850	289241	195577	158765
城乡居民储蓄存款余额	万元	203158	331467	784991	334832	269695
年末金融机构各项贷款余额	万元	103220	207084	845199	395648	287175
三、农业、工业及投资						
粮食总产量	吨	20501	40647	2069000	1770500	641000
棉花产量	吨					
油料产量	吨	78	838	42100	115778	6920
肉类总产量	吨	1904	4573	111775	78980	22000
规模以上工业企业个数	个	35	62	132	91	84
规模以上工业总产值(现价)	万元	301543	1214696	3095086	1802995	2641966
固定资产投资(不含农户)	万元	390053	613335	1644252	1212815	958605
四、教育、卫生和社会保障						
普通中学在校学生数	人	4733	7489	23529	28759	12028
小学在校学生数	人	3679	6723	33379	36889	15560
医院、卫生院床位数	床	322	947	2530	1249	1105
各种社会福利收养性单位数	个	8	14	23	23	13
各种社会福利收养性单位床位数	床	264	282	980	592	1230

2011年县(市)社会经济主要指标

吉林省

指　　标	单位	扶余县	镇赉县	通榆县	洮南市	大安市
一、基本情况						
行政区域土地面积	平方公里	4654	4717	8496	5031	4879
乡(镇)个数	个	17	11	16	18	18
村民委员会个数	个	383	141	172	221	223
年末总户数	户	231505	124399	145478	181804	161579
其中:乡村户数	户	165141	55985	74612	87138	74312
年末总人口	万人	77	29	37	44	42
乡村人口	万人	65	18	24	29	28
年末单位从业人员数	人	19093	22164	24465	28236	25100
乡村从业人员数	人	287570	102187	123515	136103	129074
其中:农林牧渔业	人	211056	84171	110932	115306	96174
农业机械总动力	万千瓦特	121	78	91	79	54
固定电话用户	户	63040	34912	33897	30381	64900
二、综合经济						
第一产业增加值	万元	691501	226489	191254	216715	163141
第二产业增加值	万元	996420	457044	326453	393291	607465
地方财政一般预算收入	万元	25965	40805	35451	31924	60959
地方财政一般预算支出	万元	175881	184068	192372	175352	248563
城乡居民储蓄存款余额	万元	423196	290960	207401	312729	404577
年末金融机构各项贷款余额	万元	365342	384371	243072	272190	405240
三、农业、工业及投资						
粮食总产量	吨	2063500	805000	388000	707500	682000
棉花产量	吨			11476	89	523
油料产量	吨	82476	24477	131872	40256	16233
肉类总产量	吨	113907	26728	10162	20240	31166
规模以上工业企业个数	个	107	44	34	61	56
规模以上工业总产值(现价)	万元	2898986	507771	430361	890894	677540
固定资产投资(不含农户)	万元	1102126	565389	659849	637057	627764
四、教育、卫生和社会保障						
普通中学在校学生数	人	28518	14577	16745	17785	10342
小学在校学生数	人	46921	18989	22931	23062	19169
医院、卫生院床位数	床	966	638	948	1872	1500
各种社会福利收养性单位数	个	19	11	17	22	19
各种社会福利收养性单位床位数	床	1532	1464	765	1234	1114

2011年县(市)社会经济主要指标

吉林省

指　　标	单位	延吉市	图们市	敦化市	珲春市	龙井市
一、基本情况						
行政区域土地面积	平方公里	1748	1142	11957	5145	2209
乡(镇)个数	个	4	4	16	9	7
村民委员会个数	个	54	50	303	121	65
年末总户数	户	183624	46570	171316	72473	67161
其中:乡村户数	户	24042	8556	65194	29246	20518
年末总人口	万人	52	13	48	23	18
乡村人口	万人	7	3	21	9	7
年末单位从业人员数	人	80830	12561	50691	30909	11268
乡村从业人员数	人	37700	13954	117199	54200	38241
其中:农林牧渔业	人	22437	6931	87697	29099	5135
农业机械总动力	万千瓦特	13	5	58	16	12
固定电话用户	户	241965	32329	81547	75987	50785
二、综合经济						
第一产业增加值	万元	46407	14576	249634	49382	39732
第二产业增加值	万元	1163621	186749	605343	692183	123484
地方财政一般预算收入	万元	163125	19862	86371	79438	22267
地方财政一般预算支出	万元	301088	101965	292736	203213	137933
城乡居民储蓄存款余额	万元	2580087	329443	1025726	608364	391300
年末金融机构各项贷款余额	万元	1667642	125614	646078	493724	212153
三、农业、工业及投资						
粮食总产量	吨	80015	36366	431326	123801	119882
棉花产量	吨					
油料产量	吨	642	248	3668	224	169
肉类总产量	吨	3691	1610	13801	3714	5621
规模以上工业企业个数	个	69	43	110	94	39
规模以上工业总产值(现价)	万元	1900412	474002	1503197	1805722	335717
固定资产投资(不含农户)	万元	1488813	260294	909457	790222	256073
四、教育、卫生和社会保障						
普通中学在校学生数	人	25240	3516	18321	9214	3869
小学在校学生数	人	26627	3311	20603	9881	4410
医院、卫生院床位数	床	3350	464	1938	468	418
各种社会福利收养性单位数	个	60	3	6	15	16
各种社会福利收养性单位床位数	床	3416	208	630	550	487

2011年县(市)社会经济主要指标

吉林省、黑龙江省

指　　标	单位	和龙市	汪清县	安图县	呼兰区	阿城区
一、基本情况						
行政区域土地面积	平方公里	5069	8994	7438	2197	2452
乡(镇)个数	个	8	9	9	11	10
村民委员会个数	个	76	200	181	168	108
年末总户数	户	74756	98725	77308	214334	212620
其中:乡村户数	户	26132	35241	26252	131450	79810
年末总人口	万人	20	24	22	62	58
乡村人口	万人	8	11	9	48	28
年末单位从业人员数	人	20542	25819	23473	43317	62985
乡村从业人员数	人	42675	63246	47140	234643	121293
其中:农林牧渔业	人	29022	48504	33262	149956	43801
农业机械总动力	万千瓦特	12	32	15	48	44
固定电话用户	户	37017	39000	38937	95000	85100
二、综合经济						
第一产业增加值	万元	50106	90629	64706	447294	275038
第二产业增加值	万元	243515	234643	168000	1021000	743962
地方财政一般预算收入	万元	31712	36178	23909	51800	44687
地方财政一般预算支出	万元	158571	185064	142481	198628	102524
城乡居民储蓄存款余额	万元	326448	454696	446763	887639	918204
年末金融机构各项贷款余额	万元	218639	183557	255089	674000	586384
三、农业、工业及投资						
粮食总产量	吨	101375	130954	90013		
棉花产量	吨					
油料产量	吨	229	635	2154		134
肉类总产量	吨	4896	4923	5642	122830	40012
规模以上工业企业个数	个	23	45	32	46	51
规模以上工业总产值(现价)	万元	651554	529046	297066	894594	896066
固定资产投资(不含农户)	万元	331922	427663	396702	519019	1661621
四、教育、卫生和社会保障						
普通中学在校学生数	人	5274	4892	6270	15570	22761
小学在校学生数	人	5837	8719	8016	28116	26386
医院、卫生院床位数	床	602	705	810	1219	1377
各种社会福利收养性单位数	个	9	14	11	5	5
各种社会福利收养性单位床位数	床	506	580	501	679	985

2011年县(市)社会经济主要指标

黑龙江省

指　　标	单位	依兰县	方正县	宾　县	巴彦县	木兰县
一、基本情况						
行政区域土地面积	平方公里	4616	2969	3845	3137	3600
乡(镇)个数	个	9	8	17	18	8
村民委员会个数	个	132	67	143	116	86
年末总户数	户	138852	97042	219272	234004	98280
其中:乡村户数	户	62574	31512	114270	157206	59047
年末总人口	万人	41	23	63	71	28
乡村人口	万人	23	11	45	59	22
年末单位从业人员数	人	31347	20528	28143	31873	17262
乡村从业人员数	人	139812	71026	237279	295074	113304
其中:农林牧渔业	人	94512	54971	141448	169446	89406
农业机械总动力	万千瓦特	53	62	66	64	57
固定电话用户	户	63212	38000	42000	90796	21081
二、综合经济						
第一产业增加值	万元	311967	137186	348909	564474	170931
第二产业增加值	万元	286537	118957	719272	181189	96940
地方财政一般预算收入	万元	54373	22768	56553	28880	20688
地方财政一般预算支出	万元	187352	101640	199986	182210	129606
城乡居民储蓄存款余额	万元	372347	436523	489385	477824	192086
年末金融机构各项贷款余额	万元	450321	272152	502712	387990	222557
三、农业、工业及投资						
粮食总产量	吨					
棉花产量	吨					
油料产量	吨	198	875	1087		198
肉类总产量	吨	32779	11042	85426	99449	22584
规模以上工业企业个数	个	25	33	42	21	13
规模以上工业总产值(现价)	万元	357734	146498	1022036	280743	101008
固定资产投资(不含农户)	万元	564120	304331	950949	681340	257618
四、教育、卫生和社会保障						
普通中学在校学生数	人	12254	10818	20568	28621	12870
小学在校学生数	人	24885	14973	26540	38786	14460
医院、卫生院床位数	床	799	830	1289	1084	719
各种社会福利收养性单位数	个	2	3	21	11	3
各种社会福利收养性单位床位数	床	358	620	1781	1260	620

2011年县(市)社会经济主要指标

黑龙江省

指　　标	单位	通河县	延寿县	双城市	尚志市	五常市
一、基本情况						
行政区域土地面积	平方公里	5676	3149	3112	8891	7512
乡(镇)个数	个	8	9	24	17	24
村民委员会个数	个	82	106	246	162	260
年末总户数	户	100026	99819	277899	214896	347357
其中:乡村户数	户	36491	45250	164587	88192	182448
年末总人口	万人	24	27	83	62	100
乡村人口	万人	13	18	64	34	71
年末单位从业人员数	人	19527	32071	26841	38819	43789
乡村从业人员数	人	60219	89529	381788	159680	341560
其中:农林牧渔业	人	42916	60545	159968	104881	259860
农业机械总动力	万千瓦特	61	33	73	54	109
固定电话用户	户	35614	44692	140236	110246	134500
二、综合经济						
第一产业增加值	万元	154641	123621	925074	375824	718131
第二产业增加值	万元	97608	112718	715184	741530	621401
地方财政一般预算收入	万元	21078	24619	75320	44177	78100
地方财政一般预算支出	万元	127730	123647	245101	176551	239490
城乡居民储蓄存款余额	万元	252904	217527	759663	826361	838595
年末金融机构各项贷款余额	万元	256440	219514	553272	443609	445928
三、农业、工业及投资						
粮食总产量	吨					
棉花产量	吨					
油料产量	吨	14	148	2503	7416	65
肉类总产量	吨	23730	21730	90320	40350	74093
规模以上工业企业个数	个	16	21	41	84	37
规模以上工业总产值(现价)	万元	123841	129644	1114383	1114955	872728
固定资产投资(不含农户)	万元	361666	208429	869375	977435	745801
四、教育、卫生和社会保障						
普通中学在校学生数	人	18835	7492	32368	30056	24350
小学在校学生数	人	24395	16084	44468	32109	42336
医院、卫生院床位数	床	823	527	1460	1535	1600
各种社会福利收养性单位数	个	4	7	11	21	11
各种社会福利收养性单位床位数	床	640	429	1195	408	1370

2011年县(市)社会经济主要指标

黑龙江省

指　　　　标	单位	龙江县	依安县	泰来县	甘南县	富裕县
一、基本情况						
行政区域土地面积	平方公里	5887	3678	3922	4792	4060
乡(镇)个数	个	14	15	10	10	10
村民委员会个数	个	158	148	83	95	90
年末总户数	户	204798	163263	112876	140246	110874
其中:乡村户数	户	112302	129724	63109	75144	55006
年末总人口	万人	61	50	33	40	30
乡村人口	万人	44	43	23	27	19
年末单位从业人员数	人	17615	13059	12164	10649	14131
乡村从业人员数	人	233391	212665	122915	160549	100526
其中:农林牧渔业	人	182820	173945	89672	130568	84850
农业机械总动力	万千瓦特	131	43	68	52	43
固定电话用户	户	49970	23821	56889	23800	47800
二、综合经济						
第一产业增加值	万元	347752	259049	134068	164038	181199
第二产业增加值	万元	186363	186300	110495	132384	205643
地方财政一般预算收入	万元	21538	22427	15629	15678	24728
地方财政一般预算支出	万元	171040	72001	119625	60513	106554
城乡居民储蓄存款余额	万元	284546	287132	173760	294173	266805
年末金融机构各项贷款余额	万元	362432	334203	183076	295785	222518
三、农业、工业及投资						
粮食总产量	吨					
棉花产量	吨					
油料产量	吨	13344	5092	22386	4450	646
肉类总产量	吨	80039	63609	30556	48444	26595
规模以上工业企业个数	个	11	18	12	13	14
规模以上工业总产值(现价)	万元	351005	661897	156132	410800	528261
固定资产投资(不含农户)	万元	176433	257239	275523	43958	205171
四、教育、卫生和社会保障						
普通中学在校学生数	人	22588	17503	13665	8397	11735
小学在校学生数	人	32617	19800	12538	17940	14603
医院、卫生院床位数	床	1240	581	670	560	1472
各种社会福利收养性单位数	个	8	15	7	6	4
各种社会福利收养性单位床位数	床	1535	1455	610	939	280

2011年县(市)社会经济主要指标

黑龙江省

指　　标	单位	克山县	克东县	拜泉县	讷河市	鸡东县
一、基本情况						
行政区域土地面积	平方公里	3320	2083	3599	6648	3243
乡(镇)个数	个	14	7	16	15	11
村民委员会个数	个	122	98	187	171	123
年末总户数	户	164107	104413	191187	202647	103043
其中:乡村户数	户	114305	56759	113304	157619	58013
年末总人口	万人	48	30	60	74	28
乡村人口	万人	40	20	52	57	21
年末单位从业人员数	人	15841	10271	12289	33980	16951
乡村从业人员数	人	203205	129004	255597	312645	120815
其中:农林牧渔业	人	109241	101000	211400	223171	77325
农业机械总动力	万千瓦特	56	44	38	85	40
固定电话用户	户	52401	18000	43042	94617	57579
二、综合经济						
第一产业增加值	万元	233608	99131	257423	310801	198963
第二产业增加值	万元	129564	112975	154269	305421	399764
地方财政一般预算收入	万元	8267	14778	14419	23140	29227
地方财政一般预算支出	万元	134736	109679	71662	196784	70623
城乡居民储蓄存款余额	万元	368100	193073	281134	476004	407254
年末金融机构各项贷款余额	万元	215115	202482	207853	641193	283056
三、农业、工业及投资						
粮食总产量	吨					
棉花产量	吨					
油料产量	吨	2395	506		3999	405
肉类总产量	吨	27730	5808	92873	74304	22883
规模以上工业企业个数	个	11	12	12	28	21
规模以上工业总产值(现价)	万元	269588	330416	229326	477477	301869
固定资产投资(不含农户)	万元	233600	247297	130644	439343	181655
四、教育、卫生和社会保障						
普通中学在校学生数	人	17731	6324	16568	26591	17757
小学在校学生数	人	20049	16002	19289	39953	13429
医院、卫生院床位数	床	971	500	340	771	847
各种社会福利收养性单位数	个	6	2	9	15	10
各种社会福利收养性单位床位数	床	191	310	2060	1860	526

2011年县(市)社会经济主要指标

黑龙江省

指　　标	单位	虎林市	密山市	萝北县	绥滨县	集贤县
一、基本情况						
行政区域土地面积	平方公里	9334	7731	2167	3344	2258
乡(镇)个数	个	11	16	8	9	8
村民委员会个数	个	85	154	63	109	153
年末总户数	户	67288	130134	31923	50045	101340
其中:乡村户数	户	28303	62035	14347	30493	52281
年末总人口	万人	16	36	9	14	29
乡村人口	万人	9	21	5	11	20
年末单位从业人员数	人	23217	15397	9004	7992	26312
乡村从业人员数	人	47814	104351	29546	56192	110031
其中:农林牧渔业	人	44028	78817	22913	46555	75793
农业机械总动力	万千瓦特	58	58	22	33	43
固定电话用户	户	52157	56025	10986	13804	44367
二、综合经济						
第一产业增加值	万元	250724	243355	75881	88991	244171
第二产业增加值	万元	109566	250812	72687	17149	473594
地方财政一般预算收入	万元	22146	27419	26539	8333	31816
地方财政一般预算支出	万元	134653	160381	83343	37880	125024
城乡居民储蓄存款余额	万元	710966	789744	318018	196288	429153
年末金融机构各项贷款余额	万元	698525	425446	608297	251159	450999
三、农业、工业及投资						
粮食总产量	吨					
棉花产量	吨					
油料产量	吨	2163	2302	1526	384	2373
肉类总产量	吨	9303	36403	16301	10617	99143
规模以上工业企业个数	个	9	15	8	4	38
规模以上工业总产值(现价)	万元	372998	331917	82012	22864	1299523
固定资产投资(不含农户)	万元	197275	283573	114163	106265	611780
四、教育、卫生和社会保障						
普通中学在校学生数	人	16739	21428	6247	5109	9727
小学在校学生数	人	15171	19907	5543	9478	18705
医院、卫生院床位数	床	991	1080	345	348	1043
各种社会福利收养性单位数	个	3	19	1	2	14
各种社会福利收养性单位床位数	床	524	857	100	260	416

2011年县(市)社会经济主要指标

黑龙江省

指　　标	单位	友谊县	宝清县	饶河县	肇州县	肇源县
一、基本情况						
行政区域土地面积	平方公里	1647	10001	6765	2445	4120
乡(镇)个数	个		10	9	12	16
村民委员会个数	个		145	79	104	135
年末总户数	户	12396	113715	30754	159126	176788
其中:乡村户数	户		61132	13710	80044	101120
年末总人口	万人	3	31	8	47	48
乡村人口	万人		20	5	31	38
年末单位从业人员数	人	5348	20002	7392	29057	16810
乡村从业人员数	人		111201	30807	182286	198486
其中:农林牧渔业	人		70630	23220	128886	123731
农业机械总动力	万千瓦特		61	22	56	43
固定电话用户	户	13143	62110	22120	56595	69578
二、综合经济						
第一产业增加值	万元	6619	370315	80187	320545	409446
第二产业增加值	万元	36256	421767	13673	725745	615996
地方财政一般预算收入	万元	11844	42331	7479	55778	35970
地方财政一般预算支出	万元	59135	162028	79440	95712	74926
城乡居民储蓄存款余额	万元	304713	512930	203921	334244	375936
年末金融机构各项贷款余额	万元	291060	562741	189816	227328	232917
三、农业、工业及投资						
粮食总产量	吨					
棉花产量	吨					
油料产量	吨	265	3169	2840	4682	23461
肉类总产量	吨	1724	103095	3518	92715	88157
规模以上工业企业个数	个	10	36	5	28	22
规模以上工业总产值(现价)	万元	217702	940328	19843	1151920	911672
固定资产投资(不含农户)	万元	176386	787453	205341	354787	412919
四、教育、卫生和社会保障						
普通中学在校学生数	人	2340	16257	7652	22012	23725
小学在校学生数	人	3476	14193	10841	19021	21144
医院、卫生院床位数	床	1103	981	214	702	896
各种社会福利收养性单位数	个	9	3	1	8	8
各种社会福利收养性单位床位数	床	591	370	110	930	590

2011 年县(市)社会经济主要指标

黑龙江省

指　　标	单位	林甸县	杜尔伯特蒙古族自治县	嘉荫县	铁力市	桦南县
一、基本情况						
行政区域土地面积	平方公里	3493	6054	6739	6730	4415
乡(镇)个数	个	8	11	9	7	10
村民委员会个数	个	83	79	73	76	192
年末总户数	户	100122	98259	24645	156812	153038
其中:乡村户数	户	56166	50817	14259	25153	106233
年末总人口	万人	27	25	7	38	46
乡村人口	万人	19	17	5	9	32
年末单位从业人员数	人	12457	10806	31793	37136	29191
乡村从业人员数	人	120070	96338	25574	49717	169010
其中:农林牧渔业	人	87664	78128	21058	31923	128548
农业机械总动力	万千瓦特	73	65	16	32	28
固定电话用户	户	21858	53926	26390	72923	48796
二、综合经济						
第一产业增加值	万元	156520	193467	108008	272530	291461
第二产业增加值	万元	272403	375633	32290	153082	211090
地方财政一般预算收入	万元	29283	35000	7517	14004	27613
地方财政一般预算支出	万元	58667	81692	73544	112299	162754
城乡居民储蓄存款余额	万元	245372	237070	134135	605538	342150
年末金融机构各项贷款余额	万元	206523	242542	99976	282821	219135
三、农业、工业及投资						
粮食总产量	吨					
棉花产量	吨					
油料产量	吨		1491		220	154
肉类总产量	吨	50865	24100	7041	51646	63187
规模以上工业企业个数	个	10	20	4	25	34
规模以上工业总产值(现价)	万元	377293	586561	19318	261352	493266
固定资产投资(不含农户)	万元	305516	355000	179400	124811	385746
四、教育、卫生和社会保障						
普通中学在校学生数	人	10872	12596	3539	18921	24612
小学在校学生数	人	15314	12596	4918	18352	33990
医院、卫生院床位数	床	352	431	272	1335	1099
各种社会福利收养性单位数	个	7	4	2	14	22
各种社会福利收养性单位床位数	床	908	340	47	790	772

2011年县(市)社会经济主要指标

黑龙江省

指　　标	单位	桦川县	汤原县	抚远县	同江市	富锦市
一、基本情况						
行政区域土地面积	平方公里	2268	3416	6263	6300	8227
乡(镇)个数	个	9	10	9	10	11
村民委员会个数	个	105	137	69	85	266
年末总户数	户	63630	100157	27280	51143	146008
其中:乡村户数	户	44305	41421	13568	20898	72065
年末总人口	万人	23	27	13	14	40
乡村人口	万人	17	15	9	7	25
年末单位从业人员数	人	10110	15282	6706	10147	21223
乡村从业人员数	人	76273	85426	48852	38802	158793
其中:农林牧渔业	人	63279	60247	44438	36298	133449
农业机械总动力	万千瓦特	30	36	37	34	83
固定电话用户	户	31720	24450	13541	22625	68005
二、综合经济						
第一产业增加值	万元	81940	241593	137241	148540	452270
第二产业增加值	万元	60709	171937	28794	60896	288733
地方财政一般预算收入	万元	12756	12666	16798	16369	39756
地方财政一般预算支出	万元	116042	120779	119187	130303	208359
城乡居民储蓄存款余额	万元	164660	239295	147348	172231	425920
年末金融机构各项贷款余额	万元	352576	635561	301317	237416	612516
三、农业、工业及投资						
粮食总产量	吨					
棉花产量	吨					
油料产量	吨	259	1076		26	5648
肉类总产量	吨	35126	46563	12306	9697	60301
规模以上工业企业个数	个	24	24	8	17	59
规模以上工业总产值(现价)	万元	37211	337434	64204	142684	552392
固定资产投资(不含农户)	万元	218986	282200	268687	360054	494154
四、教育、卫生和社会保障						
普通中学在校学生数	人	12407	13808	6140	6359	25059
小学在校学生数	人	13216	19260	11191	11358	40355
医院、卫生院床位数	床	420	837	79	417	753
各种社会福利收养性单位数	个	10	7	1	3	4
各种社会福利收养性单位床位数	床	332	481	9	682	1400

2011 年县(市)社会经济主要指标

黑龙江省

指　　标	单位	勃利县	东宁县	林口县	绥芬河市	海林市
一、基本情况						
行政区域土地面积	平方公里	2305	7139	6688	422	8711
乡(镇)个数	个	10	6	11	2	8
村民委员会个数	个	133	102	176	11	112
年末总户数	户	107659	82163	130198	26418	158656
其中:乡村户数	户	65911	31557	62166	2909	35677
年末总人口	万人	32	21	38	7	40
乡村人口	万人	21	11	24	1	13
年末单位从业人员数	人	19542	21218	19132	11249	35739
乡村从业人员数	人	87520	61158	146739	5655	77824
其中:农林牧渔业	人	60992	34678	98595	1327	36436
农业机械总动力	万千瓦特	30	30	24	3	27
固定电话用户	户	67510	41948	73043	37303	101615
二、综合经济						
第一产业增加值	万元	121915	263036	254761	5745	243250
第二产业增加值	万元	323236	321200	217189	153890	669988
地方财政一般预算收入	万元	31150	54632	33358	71632	54259
地方财政一般预算支出	万元	143210	142412	133306	168326	162777
城乡居民储蓄存款余额	万元	392297	600318	380334	741008	650191
年末金融机构各项贷款余额	万元	335685	367065	228054	498527	409366
三、农业、工业及投资						
粮食总产量	吨					
棉花产量	吨					
油料产量	吨	1481	12046	14516	845	3202
肉类总产量	吨	26743	7417	18757	2435	15362
规模以上工业企业个数	个	33	21	29	19	73
规模以上工业总产值(现价)	万元	694349	169017	322944	212718	1148026
固定资产投资(不含农户)	万元	258668	399093	245976	610669	870122
四、教育、卫生和社会保障						
普通中学在校学生数	人	6969	10647	12243	6532	17512
小学在校学生数	人	14003	13637	16547	7397	17171
医院、卫生院床位数	床	620	548	645	268	1399
各种社会福利收养性单位数	个	7	2	8	3	13
各种社会福利收养性单位床位数	床	737	500	1635	236	898

2011 年县(市)社会经济主要指标

黑龙江省

指　　标	单位	宁安市	穆棱市	嫩江县	逊克县	孙吴县
一、基本情况						
行政区域土地面积	平方公里	7891	6212	15109	17344	4319
乡(镇)个数	个	12	8	14	9	11
村民委员会个数	个	240	127	147	74	94
年末总户数	户	156183	108048	193684	33019	39285
其中:乡村户数	户	86760	36243	71291	18269	20614
年末总人口	万人	44	29	50	8	10
乡村人口	万人	30	13	24	6	6
年末单位从业人员数	人	30189	25369	20817	6010	7904
乡村从业人员数	人	177766	91850	102807	35587	30115
其中:农林牧渔业	人	113814	56505	85569	32649	24479
农业机械总动力	万千瓦特	59	17	70	40	32
固定电话用户	户	70000	80547	50864	16803	15000
二、综合经济						
第一产业增加值	万元	368695	206980	323337	79627	29463
第二产业增加值	万元	459500	753724	175208	26383	11651
地方财政一般预算收入	万元	46498	53593	55033	10200	5090
地方财政一般预算支出	万元	179755	162020	197406	84400	73557
城乡居民储蓄存款余额	万元	607016	408137	486759	159481	138279
年末金融机构各项贷款余额	万元	359710	249104	569666	128024	89044
三、农业、工业及投资						
粮食总产量	吨					
棉花产量	吨					
油料产量	吨	1202	25598		83	1717
肉类总产量	吨	44504	27983	44271	4843	4671
规模以上工业企业个数	个	78	76	19	7	4
规模以上工业总产值(现价)	万元	750108	1330416	198838	68582	43865
固定资产投资(不含农户)	万元	765688	685613	612673	56237	46842
四、教育、卫生和社会保障						
普通中学在校学生数	人	22945	10285	15857	4458	5211
小学在校学生数	人	27157	15573	27873	5879	7891
医院、卫生院床位数	床	983	610	1388	212	264
各种社会福利收养性单位数	个	18	6	2		
各种社会福利收养性单位床位数	床	1790	605	476		

2011 年县(市)社会经济主要指标

黑龙江省

指　　标	单位	北安市	五大连池市	望奎县	兰西县	青冈县
一、基本情况						
行政区域土地面积	平方公里	7194	9874	2314	2499	2684
乡(镇)个数	个	9	11	15	15	15
村民委员会个数	个	62	108	109	105	165
年末总户数	户	154400	146725	158847	145654	158773
其中:乡村户数	户	36256	57312	89405	91822	107569
年末总人口	万人	40	36	49	50	48
乡村人口	万人	13	17	36	41	36
年末单位从业人员数	人	25805	26248	20308	15718	16277
乡村从业人员数	人	79230	79567	178540	183736	169806
其中:农林牧渔业	人	61786	59733	139850	125309	128976
农业机械总动力	万千瓦特	35	31	27	40	45
固定电话用户	户	43965	29012	56199	49270	37019
二、综合经济						
第一产业增加值	万元	143696	196729	270550	181978	172747
第二产业增加值	万元	107686	43954	125289	64765	120390
地方财政一般预算收入	万元	30060	14346	20348	11025	8210
地方财政一般预算支出	万元	169025	162483	72986	149389	136090
城乡居民储蓄存款余额	万元	670345	443446	291909	274826	258071
年末金融机构各项贷款余额	万元	456883	240412	147443	236670	202369
三、农业、工业及投资						
粮食总产量	吨					
棉花产量	吨					
油料产量	吨	350	180	251	74	742
肉类总产量	吨	6035	13428	147240	59899	83106
规模以上工业企业个数	个	10	5	13	17	7
规模以上工业总产值(现价)	万元	173732	33142	340900	154250	262767
固定资产投资(不含农户)	万元	304113	98591	419461	212179	225627
四、教育、卫生和社会保障						
普通中学在校学生数	人	18019	13071	15812	20345	22692
小学在校学生数	人	18762	20489	20597	25824	17940
医院、卫生院床位数	床	2034	1362	1010	579	921
各种社会福利收养性单位数	个	3	3	16	1	4
各种社会福利收养性单位床位数	床	265	465	1155	970	820

2011年县(市)社会经济主要指标

黑龙江省

指　　标	单位	庆安县	明水县	绥棱县	安达市	肇东市
一、基本情况						
行政区域土地面积	平方公里	5468	2308	4238	3586	3905
乡(镇)个数	个	14	12	11	14	21
村民委员会个数	个	93	99	76	117	186
年末总户数	户	127128	120452	122551	186022	357507
其中:乡村户数	户	75233	49520	52387	72439	152175
年末总人口	万人	41	37	34	51	94
乡村人口	万人	30	20	19	26	61
年末单位从业人员数	人	30206	18878	36520	24567	43541
乡村从业人员数	人	164454	178698	89310	152690	321874
其中:农林牧渔业	人	127730	131351	57759	111146	236656
农业机械总动力	万千瓦特	35	20	38	34	46
固定电话用户	户	125012	34637	23718	51435	127198
二、综合经济						
第一产业增加值	万元	217765	138324	230707	523147	799101
第二产业增加值	万元	137935	122755	70456	1151234	1490478
地方财政一般预算收入	万元	16278	9678	10306	107413	124619
地方财政一般预算支出	万元	147160	115134	121327	155247	318399
城乡居民储蓄存款余额	万元	333480	193800	298365	564354	784081
年末金融机构各项贷款余额	万元	245813	131534	150084	306607	581091
三、农业、工业及投资						
粮食总产量	吨					
棉花产量	吨					
油料产量	吨		1825		89	108
肉类总产量	吨	30584	23876	20501	90735	219352
规模以上工业企业个数	个	15	8	12	35	41
规模以上工业总产值(现价)	万元	222398	375643	89615	1100781	1193269
固定资产投资(不含农户)	万元	247594	120780	83788	842041	822768
四、教育、卫生和社会保障						
普通中学在校学生数	人	19178	12827	15926	19909	43256
小学在校学生数	人	24526	18020	24653	23128	39928
医院、卫生院床位数	床	780	674	612	1350	1701
各种社会福利收养性单位数	个	5	15	4	29	32
各种社会福利收养性单位床位数	床	519	800	528	1210	1746

2011 年县(市)社会经济主要指标

黑龙江省、上海市

指标	单位	海伦市	呼玛县	塔河县	漠河县	奉贤区
一、基本情况						
行政区域土地面积	平方公里	4667	14335	14059	18428	720
乡(镇)个数	个	23	8	3	3	8
村民委员会个数	个	243	54	11	7	178
年末总户数	户	267102	21193	30500	32989	203497
其中:乡村户数	户	162067	8957	3020	2152	124126
年末总人口	万人	85	5	10	9	52
乡村人口	万人	65	3	1	1	30
年末单位从业人员数	人	28927	7322	15271	20839	94554
乡村从业人员数	人	354232	12282	4611	2916	197366
其中:农林牧渔业	人	254479	9790	3807	1572	41537
农业机械总动力	万千瓦特	35	14	2	2	10
固定电话用户	户	128000	7100	31960	17863	250000
二、综合经济						
第一产业增加值	万元	457472	76238	98232	115199	178283
第二产业增加值	万元	175536	21997	37601	103321	3716048
地方财政一般预算收入	万元	17588	5937	8208	23003	528493
地方财政一般预算支出	万元	212862	69851	45301	57220	973547
城乡居民储蓄存款余额	万元	475995	101235	222879	194378	4532831
年末金融机构各项贷款余额	万元	461409	37930	39889	106141	6373361
三、农业、工业及投资						
粮食总产量	吨					104912
棉花产量	吨					240
油料产量	吨	125	121			3155
肉类总产量	吨	104505	2288	2575	3277	56776
规模以上工业企业个数	个	21	3	6	8	1031
规模以上工业总产值(现价)	万元	334926	34549	53469	129979	14889437
固定资产投资(不含农户)	万元	299235	77508	68075	174079	1620695
四、教育、卫生和社会保障						
普通中学在校学生数	人	49172	2722	2142	4307	30355
小学在校学生数	人	43221	3211	3382	1286	48693
医院、卫生院床位数	床	1246	252	450	380	4458
各种社会福利收养性单位数	个	5	3	1	1	29
各种社会福利收养性单位床位数	床	1454	90	50	117	4105

2011 年县(市)社会经济主要指标

上海市、江苏省

指　　标	单位	崇明县	浦口区	江宁区	六合区	溧水县
一、基本情况						
行政区域土地面积	平方公里	1411	910	1563	1471	1064
乡(镇)个数	个	18	4		9	8
村民委员会个数	个	270	62	75	125	91
年末总户数	户	301092	199345	324721	289662	142911
其中:乡村户数	户	231882	76400	160700	148600	104800
年末总人口	万人	69	58	94	89	42
乡村人口	万人	50	24	50	52	32
年末单位从业人员数	人	26975	91957	217076	146009	42952
乡村从业人员数	人	316670	128000	302900	305300	179400
其中:农林牧渔业	人	129781	21700	64600	72300	41200
农业机械总动力	万千瓦特	24	23	48	53	29
固定电话用户	户	234853	375600	189500	202100	111700
二、综合经济						
第一产业增加值	万元	207276	270582	382091	384915	260079
第二产业增加值	万元	1266095	2505000	4766700	5037300	1885900
地方财政一般预算收入	万元	532366	526453	1150660	430243	250008
地方财政一般预算支出	万元	979312	514397	1056574	539900	315545
城乡居民储蓄存款余额	万元	3406421	1735100	3732600	2883100	897400
年末金融机构各项贷款余额	万元	3184653	2743100	5967300	3593400	1326400
三、农业、工业及投资						
粮食总产量	吨	309303	109355	230532	327493	229475
棉花产量	吨	557	322	1526	750	945
油料产量	吨	6001	12176	24544	30578	19726
肉类总产量	吨	31638	30474	15546	37654	18910
规模以上工业企业个数	个	145	311	634	425	348
规模以上工业总产值(现价)	万元	4191174	9513242	19059850	24767997	5035854
固定资产投资(不含农户)	万元	575563	4848468	5618491	4496788	1856105
四、教育、卫生和社会保障						
普通中学在校学生数	人	22471	18454	37177	31546	17832
小学在校学生数	人	19301	27619	48999	39309	18579
医院、卫生院床位数	床	3383	1323	2978	2009	1205
各种社会福利收养性单位数	个	44	14	29	22	10
各种社会福利收养性单位床位数	床	6380	1735	4298	3229	1922

2011年县(市)社会经济主要指标

江苏省

指　　标	单位	高淳县	锡山区	江阴市	宜兴市	铜山区
一、基本情况						
行政区域土地面积	平方公里	790	399	987	1997	1909
乡(镇)个数	个	8	4	11	14	20
村民委员会个数	个	134	80	243	216	319
年末总户数	户	149297	124757	365928	380223	381021
其中:乡村户数	户	112400	81400	211900	221200	301900
年末总人口	万人	43	42	121	108	131
乡村人口	万人	36	30	64	66	109
年末单位从业人员数	人	59280	74276	175334	113777	58573
乡村从业人员数	人	228500	167700	403500	367600	554200
其中:农林牧渔业	人	61800	22000	60100	104500	236700
农业机械总动力	万千瓦特	50	11	24	51	99
固定电话用户	户	103500		687683	513873	
二、综合经济						
第一产业增加值	万元	270902	162380	427531	424789	439654
第二产业增加值	万元	1710900	2756200	13543100	5360200	3232500
地方财政一般预算收入	万元	180037	457679	1533727	711968	411006
地方财政一般预算支出	万元	273021	399758	1364371	757037	521982
城乡居民储蓄存款余额	万元	825300		6992315	5468085	
年末金融机构各项贷款余额	万元	1332000		16409350	9385006	
三、农业、工业及投资						
粮食总产量	吨	186398	82412	201164	485708	816116
棉花产量	吨	776				7058
油料产量	吨	16495	411	1613	7160	6849
肉类总产量	吨	16684	6781	50677	35717	115193
规模以上工业企业个数	个	253	624	1417	897	464
规模以上工业总产值(现价)	万元	4786944	10413672	59530177	25011875	17803259
固定资产投资(不含农户)	万元	741030	3920344	7119153	4121984	3263175
四、教育、卫生和社会保障						
普通中学在校学生数	人	16829	21250	60175	48035	46757
小学在校学生数	人	18185	31438	88082	62953	62960
医院、卫生院床位数	床	1418	1821	6040	3246	2377
各种社会福利收养性单位数	个	11	12	25	25	78
各种社会福利收养性单位床位数	床	3330	1925	6385	5764	4910

2011年县(市)社会经济主要指标

江苏省

指　　标	单位	丰县	沛县	睢宁县	新沂市	邳州市
一、基本情况						
行政区域土地面积	平方公里	1446	1349	1767	1571	2088
乡(镇)个数	个	14	15	16	16	24
村民委员会个数	个	360	266	268	253	450
年末总户数	户	310019	374961	335106	318078	446295
其中:乡村户数	户	265700	246000	269000	226800	359000
年末总人口	万人	115	127	136	105	179
乡村人口	万人	101	96	108	83	135
年末单位从业人员数	人	43453	42985	45505	54120	67021
乡村从业人员数	人	543600	496400	608700	437100	676500
其中:农林牧渔业	人	302400	172700	247500	193900	235000
农业机械总动力	万千瓦特	74	89	97	73	111
固定电话用户	户	140462	197216	187160	207733	221426
二、综合经济						
第一产业增加值	万元	402834	598389	504014	421399	699173
第二产业增加值	万元	869800	1810900	1093500	1299400	1985000
地方财政一般预算收入	万元	196600	319008	202026	265085	350813
地方财政一般预算支出	万元	403976	507852	423914	431830	534465
城乡居民储蓄存款余额	万元	1038767	1615171	1281978	978517	1355304
年末金融机构各项贷款余额	万元	848770	892845	982607	1304818	1498377
三、农业、工业及投资						
粮食总产量	吨	510979	598927	885131	635820	795012
棉花产量	吨	12980	3820	1659		7009
油料产量	吨	4701	1975	15844	65666	17570
肉类总产量	吨	133546	195656	129159	126631	195798
规模以上工业企业个数	个	271	463	235	426	539
规模以上工业总产值(现价)	万元	2212770	7880673	3804568	6043010	10490394
固定资产投资(不含农户)	万元	1010719	2119121	1212080	1896410	2308272
四、教育、卫生和社会保障						
普通中学在校学生数	人	67244	59725	83407	40826	82041
小学在校学生数	人	64998	69762	75422	62518	128187
医院、卫生院床位数	床	2260	3247	2399	1725	3192
各种社会福利收养性单位数	个	29	28	31	23	34
各种社会福利收养性单位床位数	床	4101	5015	4700	4411	5912

2011 年县(市)社会经济主要指标

江苏省

指　　标	单位	武进区	溧阳市	金坛市	吴中区	常熟市
一、基本情况						
行政区域土地面积	平方公里	1246	1535	976	2043	1276
乡(镇)个数	个	14	10	7	7	9
村民委员会个数	个	247	175	156	84	215
年末总户数	户	363385	265333	210350	185191	334107
其中:乡村户数	户	247900	198800	142200	91300	187100
年末总人口	万人	102	79	55	60	107
乡村人口	万人	77	60	36	31	60
年末单位从业人员数	人	158442	56576	56561	76823	126144
乡村从业人员数	人	446000	319000	205300	191800	408900
其中:农林牧渔业	人	92500	86200	54700	49900	40300
农业机械总动力	万千瓦特	54	51	40	16	34
固定电话用户	户	759506	241408	203636		473302
二、综合经济						
第一产业增加值	万元	406515	344908	245369	191137	336538
第二产业增加值	万元	8671400	2839200	2039400	3819500	9380700
地方财政一般预算收入	万元	1052800	371280	230758	723733	1225011
地方财政一般预算支出	万元	1058968	443228	297159	636183	1150183
城乡居民储蓄存款余额	万元	6188364	2882400	2000100		8235701
年末金融机构各项贷款余额	万元	10041943	3612607	2278137		13191501
三、农业、工业及投资						
粮食总产量	吨	181137	544735	283812	20769	321386
棉花产量	吨		457	34		985
油料产量	吨	1647	20710	8200	1317	7699
肉类总产量	吨	52071	22077	43805	12685	21126
规模以上工业企业个数	个	1613	327	356	837	1430
规模以上工业总产值(现价)	万元	32233002	11372284	6869002	11797000	32516638
固定资产投资(不含农户)	万元	4078287	1945813	1430578	1856042	3287992
四、教育、卫生和社会保障						
普通中学在校学生数	人	57137	34940	23464	22580	42637
小学在校学生数	人	82499	37308	25477	35123	66446
医院、卫生院床位数	床	4615	2218	1685	3218	5636
各种社会福利收养性单位数	个	22	18	17	21	25
各种社会福利收养性单位床位数	床	3859	3565	2450	2556	5537

2011年县(市)社会经济主要指标

江苏省

指　　标	单位	张家港市	昆山市	吴江市	太仓市	通州区
一、基本情况						
行政区域土地面积	平方公里	990	932	1238	823	1166
乡(镇)个数	个	8	10	8	6	19
村民委员会个数	个	175	157	250	88	207
年末总户数	户	339136	244096	255870	147096	481190
其中:乡村户数	户	197900	104700	167300	70900	383600
年末总人口	万人	91	72	80	47	125
乡村人口	万人	60	37	55	25	101
年末单位从业人员数	人	144546	201012	115388	123794	77775
乡村从业人员数	人	325500	213900	326700	166300	550800
其中:农林牧渔业	人	35200	19200	43400	33400	127400
农业机械总动力	万千瓦特	31	17	40	16	41
固定电话用户	户	394187	504751	374304	206844	452500
二、综合经济						
第一产业增加值	万元	250316	221733	309727	308826	439735
第二产业增加值	万元	10980100	15100600	6994800	4857200	3431300
地方财政一般预算收入	万元	1423188	2002188	1128772	854061	424002
地方财政一般预算支出	万元	1327723	1745761	1080593	805089	533768
城乡居民储蓄存款余额	万元	6656161	6840035	5556569	3254137	4514313
年末金融机构各项贷款余额	万元	13091502	14430640	12133256	7494936	3710601
三、农业、工业及投资						
粮食总产量	吨	282785	118041	167477	212012	515010
棉花产量	吨	72	42		409	7470
油料产量	吨	4719	1695	6922	6135	92311
肉类总产量	吨	12890	7567	17215	65883	69879
规模以上工业企业个数	个	1174	1761	1535	1076	719
规模以上工业总产值(现价)	万元	44619122	72822072	29936721	17062464	13085372
固定资产投资(不含农户)	万元	3893706	4973652	3611781	2952990	3009452
四、教育、卫生和社会保障						
普通中学在校学生数	人	36284	32401	35370	19841	48821
小学在校学生数	人	55987	57374	48067	30435	49783
医院、卫生院床位数	床	5615	4355	4552	3078	3735
各种社会福利收养性单位数	个	31	15	22	15	41
各种社会福利收养性单位床位数	床	4715	3315	4317	3115	5924

2011年县(市)社会经济主要指标

江苏省

指标	单位	海安县	如东县	启东市	如皋市	海门市
一、基本情况						
行政区域土地面积	平方公里	1108	1733	1208	1492	939
乡(镇)个数	个	10	14	12	20	20
村民委员会个数	个	210	214	294	166	233
年末总户数	户	347212	376028	461779	457888	383518
其中:乡村户数	户	252000	307600	392700	356000	301000
年末总人口	万人	94	105	112	142	100
乡村人口	万人	72	87	91	120	80
年末单位从业人员数	人	72117	70443	67525	63072	66597
乡村从业人员数	人	389200	484700	528800	608000	499200
其中:农林牧渔业	人	79200	91000	146500	153000	131100
农业机械总动力	万千瓦特	56	77	50	71	32
固定电话用户	户	432600	407000	454700	496500	399900
二、综合经济						
第一产业增加值	万元	429429	504966	559581	469898	413915
第二产业增加值	万元	2280100	2231300	2771100	2888200	3482200
地方财政一般预算收入	万元	285060	253906	440716	456307	423512
地方财政一般预算支出	万元	430909	424067	532719	605433	476495
城乡居民储蓄存款余额	万元	3564639	2967426	4061126	3704019	4093030
年末金融机构各项贷款余额	万元	3622292	2135394	3227786	2915440	3401618
三、农业、工业及投资						
粮食总产量	吨	640486	908027	240922	728006	178376
棉花产量	吨	171	17281	16349	200	12859
油料产量	吨	13790	49726	101599	35775	94547
肉类总产量	吨	91192	94905	57958	110760	41276
规模以上工业企业个数	个	798	641	507	756	570
规模以上工业总产值(现价)	万元	10718559	10453234	10365300	11573006	12019780
固定资产投资(不含农户)	万元	2551235	2427515	2929895	2720169	2936563
四、教育、卫生和社会保障						
普通中学在校学生数	人	35467	39493	39006	58854	43706
小学在校学生数	人	36058	36148	38713	62019	44312
医院、卫生院床位数	床	3619	2741	3136	3580	2985
各种社会福利收养性单位数	个	29	39	9	22	41
各种社会福利收养性单位床位数	床	4887	3454	2017	3048	5886

2011年县(市)社会经济主要指标

江苏省

指　　标	单位	赣榆县	东海县	灌云县	灌南县	楚州区
一、基本情况						
行政区域土地面积	平方公里	1514	2037	1840	1025	1522
乡(镇)个数	个	18	21	19	14	26
村民委员会个数	个	445	346	302	225	272
年末总户数	户	341932	291782	267471	207162	338513
其中:乡村户数	户	236500	238500	195300	157000	216300
年末总人口	万人	114	116	102	78	118
乡村人口	万人	88	96	81	63	88
年末单位从业人员数	人	39255	40997	32324	35309	57131
乡村从业人员数	人	422500	465500	373100	318300	450600
其中:农林牧渔业	人	187700	233900	194200	174000	226900
农业机械总动力	万千瓦特	96	108	97	79	72
固定电话用户	户	205877	185134	139841	109077	447728
二、综合经济						
第一产业增加值	万元	546920	472743	442922	338538	421745
第二产业增加值	万元	1444400	1164400	902900	913800	1047500
地方财政一般预算收入	万元	238099	235008	216093	222193	197860
地方财政一般预算支出	万元	446294	433497	359118	376717	380582
城乡居民储蓄存款余额	万元	1028432	1033104	734154	499950	
年末金融机构各项贷款余额	万元	1176374	1100246	828716	548902	
三、农业、工业及投资						
粮食总产量	吨	535088	1093924	747065	619387	950369
棉花产量	吨	304	105	422	22	
油料产量	吨	68327	43830	797	2055	6307
肉类总产量	吨	71717	72977	53143	47424	50599
规模以上工业企业个数	个	341	327	188	145	212
规模以上工业总产值(现价)	万元	5950617	3647482	3033652	3195437	2851547
固定资产投资(不含农户)	万元	1461935	1405304	1270125	1294686	1074974
四、教育、卫生和社会保障						
普通中学在校学生数	人	71574	63924	58176	40391	55911
小学在校学生数	人	75842	78057	65221	55191	57903
医院、卫生院床位数	床	1961	1608	1689	1818	2406
各种社会福利收养性单位数	个	21	24	19	14	30
各种社会福利收养性单位床位数	床	2612	3424	2453	1238	4005

2011年县(市)社会经济主要指标

江苏省

指　　标	单位	淮阴区	涟水县	洪泽县	盱眙县	金湖县
一、基本情况						
行政区域土地面积	平方公里	1264	1676	1394	2497	1394
乡(镇)个数	个	21	19	11	19	11
村民委员会个数	个	248	364	88	241	98
年末总户数	户	276230	282747	124255	220197	129562
其中:乡村户数	户	186200	221000	82100	154700	81600
年末总人口	万人	91	110	38	78	36
乡村人口	万人	74	96	29	57	26
年末单位从业人员数	人	39558	47492	35699	39387	29935
乡村从业人员数	人	374100	497300	181700	336600	133800
其中:农林牧渔业	人	145000	224000	67100	122500	55700
农业机械总动力	万千瓦特	51	76	61	90	57
固定电话用户	户	382074	434000	144666	333609	159033
二、综合经济						
第一产业增加值	万元	477309	474276	220740	357905	200044
第二产业增加值	万元	1129200	767800	591600	841700	509200
地方财政一般预算收入	万元	238325	202809	148545	201067	130018
地方财政一般预算支出	万元	347453	385518	232818	363630	224182
城乡居民储蓄存款余额	万元		867160	417326	723183	618847
年末金融机构各项贷款余额	万元		897642	673670	1044938	811533
三、农业、工业及投资						
粮食总产量	吨	628645	900713	417186	957331	500152
棉花产量	吨		358		147	
油料产量	吨	21592	33702	2855	28591	7335
肉类总产量	吨	68048	66488	20058	68791	14315
规模以上工业企业个数	个	249	198	197	256	151
规模以上工业总产值(现价)	万元	5012665	2914635	2618554	3354933	2242087
固定资产投资(不含农户)	万元	1146376	1097576	676565	1356276	635980
四、教育、卫生和社会保障						
普通中学在校学生数	人	39764	56613	15819	41184	13919
小学在校学生数	人	51284	70274	18653	42150	14434
医院、卫生院床位数	床	3332	2327	652	1963	763
各种社会福利收养性单位数	个	23	32	13	25	11
各种社会福利收养性单位床位数	床	2767	2758	1161	2330	784

2011年县(市)社会经济主要指标

江苏省

指　　标	单位	盐都区	响水县	滨海县	阜宁县	射阳县
一、基本情况						
行政区域土地面积	平方公里	1047	1461	1915	1439	2855
乡(镇)个数	个	8	8	12	14	13
村民委员会个数	个	172	109	269	250	151
年末总户数	户	251300	177449	348796	367171	327429
其中:乡村户数	户	182000	119400	255300	218200	222800
年末总人口	万人	71	62	120	110	97
乡村人口	万人	56	47	94	78	76
年末单位从业人员数	人	42459	33191	39552	51543	56220
乡村从业人员数	人	292400	218800	441600	372500	356200
其中:农林牧渔业	人	103700	96000	178900	160800	136100
农业机械总动力	万千瓦特	47	56	74	58	77
固定电话用户	户		140618	270974	215710	214924
二、综合经济						
第一产业增加值	万元	373390	325010	454129	423017	636574
第二产业增加值	万元	1661600	796200	1043400	1171400	1177800
地方财政一般预算收入	万元	376936	170057	207728	231366	190100
地方财政一般预算支出	万元	405250	262384	383562	410424	358292
城乡居民储蓄存款余额	万元		514043	814155	1161042	1123238
年末金融机构各项贷款余额	万元		754182	959826	1261863	1333492
三、农业、工业及投资						
粮食总产量	吨	632943	505374	898534	913033	1074932
棉花产量	吨	2888	6956	2270	161	41256
油料产量	吨	13492	23510	44865	16495	35934
肉类总产量	吨	58287	44402	99538	167838	78200
规模以上工业企业个数	个	300	130	187	236	264
规模以上工业总产值(现价)	万元	4719476	3226600	3415388	3383679	3759900
固定资产投资(不含农户)	万元	1917062	1163298	1525864	1325665	1387743
四、教育、卫生和社会保障						
普通中学在校学生数	人	29205	22953	39124	39306	38031
小学在校学生数	人	31493	33428	52474	48285	43928
医院、卫生院床位数	床	2038	1382	2196	1775	2225
各种社会福利收养性单位数	个	24	12	23	21	24
各种社会福利收养性单位床位数	床	2654	1539	3255	3113	2290

2011年县(市)社会经济主要指标

江苏省

指　　标	单位	建湖县	东台市	大丰市	邗江区	江都区
一、基本情况						
行政区域土地面积	平方公里	1160	3221	3059	553	1330
乡(镇)个数	个	12	14	12	10	13
村民委员会个数	个	199	368	209	114	263
年末总户数	户	305690	406043	282197	179752	368984
其中:乡村户数	户	193600	329900	210400	110700	298000
年末总人口	万人	81	113	73	56	107
乡村人口	万人	58	91	54	38	87
年末单位从业人员数	人	53827	69947	62822	71737	61242
乡村从业人员数	人	304400	484000	316300	208600	402000
其中:农林牧渔业	人	98300	219400	107100	25200	82900
农业机械总动力	万千瓦特	43	77	69	29	61
固定电话用户	户	228994	399702	203425	281900	333775
二、综合经济						
第一产业增加值	万元	385061	714934	579000	152681	421027
第二产业增加值	万元	1380200	2054300	1533900	2000800	3180000
地方财政一般预算收入	万元	282508	359200	300666	317424	170057
地方财政一般预算支出	万元	445750	537016	414375	294849	96969
城乡居民储蓄存款余额	万元	1333369	2670070	1660209		3503207
年末金融机构各项贷款余额	万元	1386980	2097810	1650663		2805211
三、农业、工业及投资						
粮食总产量	吨	720470	831920	760922	182685	638166
棉花产量	吨	2230	11217	45276	677	614
油料产量	吨	15242	66711	52029	3038	24064
肉类总产量	吨	56314	140457	120533	15892	40965
规模以上工业企业个数	个	301	512	383	403	609
规模以上工业总产值(现价)	万元	4120759	5699131	4194320	9090200	16279300
固定资产投资(不含农户)	万元	1456236	2283063	1770850	1337706	1958855
四、教育、卫生和社会保障						
普通中学在校学生数	人	30431	43988	28726	24744	43146
小学在校学生数	人	36751	38789	28923	32462	49809
医院、卫生院床位数	床	2261	3297	1964	1787	3663
各种社会福利收养性单位数	个	16	32	20	20	15
各种社会福利收养性单位床位数	床	3170	3637	1977	218	1613

2011年县(市)社会经济主要指标

江苏省

指　　标	单位	宝应县	仪征市	高邮市	丹徒区	丹阳市
一、基本情况						
行政区域土地面积	平方公里	1462	902	1922	749	1047
乡(镇)个数	个	14	9	20	6	13
村民委员会个数	个	224	140	179	83	154
年末总户数	户	294635	193416	264812	102980	286109
其中:乡村户数	户	208400	120100	188300	87500	199100
年末总人口	万人	91	57	82	29	81
乡村人口	万人	71	40	65	27	60
年末单位从业人员数	人	60071	67806	54683	39886	86980
乡村从业人员数	人	419000	229000	356400	159000	362600
其中:农林牧渔业	人	109800	36200	93400	38500	85200
农业机械总动力	万千瓦特	45	30	58	19	38
固定电话用户	户	190628	169522	205572	80430	312743
二、综合经济						
第一产业增加值	万元	497540	177065	504690	136400	388000
第二产业增加值	万元	1394500	1961900	1456300	1280000	4002000
地方财政一般预算收入	万元	343859	205806	259526	148072	411318
地方财政一般预算支出	万元	429914	323035	274140	148010	436416
城乡居民储蓄存款余额	万元	1612511	1722226	1431274		3139591
年末金融机构各项贷款余额	万元	1561404	1427984	1375302		4651783
三、农业、工业及投资						
粮食总产量	吨	910754	327249	855474	193433	495675
棉花产量	吨	38	106	3088	20	
油料产量	吨	13942	8521	17829	7249	9268
肉类总产量	吨	45924	22962	45514	25339	23638
规模以上工业企业个数	个	317	308	487	324	712
规模以上工业总产值(现价)	万元	5709200	9446700	7503800	6502477	16049437
固定资产投资(不含农户)	万元	798301	1179407	1270784	639582	1203013
四、教育、卫生和社会保障						
普通中学在校学生数	人	39376	24156	37440	11890	38780
小学在校学生数	人	42863	24755	33711	11641	45367
医院、卫生院床位数	床	1582	1673	1735	632	2218
各种社会福利收养性单位数	个	17	15	27	11	29
各种社会福利收养性单位床位数	床	720	445	900	741	4030

2011年县(市)社会经济主要指标

江苏省

指　　标	单位	扬中市	句容市	兴化市	靖江市	泰兴市
一、基本情况						
行政区域土地面积	平方公里	331	1387	2395	656	1170
乡(镇)个数	个	4	9	34	8	15
村民委员会个数	个	58	160	614	191	298
年末总户数	户	108970	224962	531936	221154	398968
其中:乡村户数	户	78100	152500	379800	146500	310700
年末总人口	万人	28	59	157	67	120
乡村人口	万人	24	45	117	49	104
年末单位从业人员数	人	46622	63311	58797	69907	72587
乡村从业人员数	人	125100	252300	603600	273100	556500
其中:农林牧渔业	人	23400	87500	206900	58300	107000
农业机械总动力	万千瓦特	12	49	95	24	53
固定电话用户	户	125395	165725	279154	211527	292522
二、综合经济						
第一产业增加值	万元	100080	275616	741806	174070	392360
第二产业增加值	万元	1718200	1578600	2028300	3062500	2648800
地方财政一般预算收入	万元	195958	205008	255640	486814	279040
地方财政一般预算支出	万元	221786	309249	493635	414965	418759
城乡居民储蓄存款余额	万元	1645534	1464224	2348807	2618728	2506309
年末金融机构各项贷款余额	万元	1958215	1668629	2318826	3528399	2280092
三、农业、工业及投资						
粮食总产量	吨	107217	337415	1380109	334874	685706
棉花产量	吨		1483	12746		
油料产量	吨	1061	23875	31650	4281	36106
肉类总产量	吨	9183	14499	54175	29221	78879
规模以上工业企业个数	个	295	459	615	428	496
规模以上工业总产值(现价)	万元	7296649	7150820	7732600	12270200	10725500
固定资产投资(不含农户)	万元	631800	713248	1550131	2320509	2137813
四、教育、卫生和社会保障						
普通中学在校学生数	人	11276	21722	51482	27713	59474
小学在校学生数	人	13640	22678	58076	32613	55857
医院、卫生院床位数	床	672	1315	3327	2752	2649
各种社会福利收养性单位数	个	8	11	165	21	21
各种社会福利收养性单位床位数	床	856	2533	8645	2515	3371

2011年县(市)社会经济主要指标

江苏省

指　　标	单位	姜堰市	宿豫区	沭阳县	泗阳县	泗洪县
一、基本情况						
行政区域土地面积	平方公里	928	1254	2298	1418	2731
乡(镇)个数	个	15	14	34	16	23
村民委员会个数	个	262	114	343	155	250
年末总户数	户	276917	193353	502688	284587	292654
其中:乡村户数	户	219200	119900	385300	201600	194300
年末总人口	万人	80	72	187	103	103
乡村人口	万人	63	49	159	84	77
年末单位从业人员数	人	54986	33992	63018	37253	41838
乡村从业人员数	人	348400	263900	866500	401400	389400
其中:农林牧渔业	人	62700	80700	302900	160500	235900
农业机械总动力	万千瓦特	40	66	204	82	186
固定电话用户	户	193606		231337	190480	154518
二、综合经济						
第一产业增加值	万元	288892	286880	658580	425447	488681
第二产业增加值	万元	1921700	1176200	1855700	1192700	937000
地方财政一般预算收入	万元	221874	133099	372827	173330	148848
地方财政一般预算支出	万元	305569	252198	641145	354579	357239
城乡居民储蓄存款余额	万元	2187713		1504456	948874	815338
年末金融机构各项贷款余额	万元	2651305		1780522	1236328	1206814
三、农业、工业及投资						
粮食总产量	吨	539630	470310	1250879	578402	945220
棉花产量	吨	2090	109	48	27	1901
油料产量	吨	24562	2937	16485	12969	23168
肉类总产量	吨	54621	103877	99923	51707	70431
规模以上工业企业个数	个	465	218	611	420	359
规模以上工业总产值(现价)	万元	7362200	2759280	4282576	2802485	1934858
固定资产投资(不含农户)	万元	1781625	1113048	2058983	1418428	1219113
四、教育、卫生和社会保障						
普通中学在校学生数	人	37201	36684	119714	56328	56975
小学在校学生数	人	35425	28970	102091	71060	76035
医院、卫生院床位数	床	2344	1855	4113	2879	3205
各种社会福利收养性单位数	个	21	17	46	28	34
各种社会福利收养性单位床位数	床	2742	2569	4696	3700	6745

2011年县(市)社会经济主要指标

浙江省

指　　标	单位	萧山区	余杭区	桐庐县	淳安县	建德市
一、基本情况						
行政区域土地面积	平方公里	1163	1222	1780	4452	2364
乡(镇)个数	个	17	6	10	23	13
村民委员会个数	个	411	188	183	425	232
年末总户数	户	376139	243104	149687	149214	172139
其中:乡村户数	户	366000	189000	107000	120900	125900
年末总人口	万人	123	88	41	46	51
乡村人口	万人	118	73	31	37	40
年末单位从业人员数	人	521542	197035	47924	35750	44950
乡村从业人员数	人	678500	447800	203200	242300	239400
其中:农林牧渔业	人	120200	83700	62700	113800	98700
农业机械总动力	万千瓦特	78	51	26	28	29
固定电话用户	户	631827	350859	127336	104052	120127
二、综合经济						
第一产业增加值	万元	528775	436754	183348	248773	238574
第二产业增加值	万元	8869836	3879080	1419879	603912	1270115
地方财政一般预算收入	万元	1133788	956393	171946	95161	141146
地方财政一般预算支出	万元	1097600	842414	227949	240155	231133
城乡居民储蓄存款余额	万元	9015437	5388797	1204914	811855	1287136
年末金融机构各项贷款余额	万元	22218882	10305381	1959044	1361340	1965151
三、农业、工业及投资						
粮食总产量	吨	241747	184836	95778	93915	100994
棉花产量	吨	393	114	2	183	135
油料产量	吨	13967	8428	14204	14284	11003
肉类总产量	吨	121975	48518	20104	18027	26080
规模以上工业企业个数	个	1765	1049	347	122	354
规模以上工业总产值(现价)	万元	47198259	13082756	3785100	1800052	3752064
固定资产投资(不含农户)	万元	2833847	2724404	717174	707325	386990
四、教育、卫生和社会保障						
普通中学在校学生数	人	69647	42833	19248	21098	25591
小学在校学生数	人	106357	74139	22412	19152	22523
医院、卫生院床位数	床	4743	2260	1081	930	1644
各种社会福利收养性单位数	个	34	29	13	23	22
各种社会福利收养性单位床位数	床	5859	3009	1421	1373	1851

2011年县(市)社会经济主要指标

浙江省

指标	单位	富阳市	临安市	鄞州区	象山县	宁海县
一、基本情况						
行政区域土地面积	平方公里	1808	3124	1346	1382	1843
乡(镇)个数	个	21	13	18	15	14
村民委员会个数	个	282	287	431	490	363
年末总户数	户	220734	189411	334300	189900	228200
其中:乡村户数	户	168500	157300	347200	141600	180300
年末总人口	万人	65	53	82	54	62
乡村人口	万人	53	46	88	39	52
年末单位从业人员数	人	116266	87531	258287	298841	79139
乡村从业人员数	人	334800	283900	524300	275300	332300
其中:农林牧渔业	人	104300	78400	68000	104500	88500
农业机械总动力	万千瓦特	44	45	39	80	28
固定电话用户	户	191078	174582	412000	199600	163600
二、综合经济						
第一产业增加值	万元	331636	311009	360781	530238	344888
第二产业增加值	万元	2972275	1987082	5916710	1491559	1831916
地方财政一般预算收入	万元	409488	211018	1248830	248303	265948
地方财政一般预算支出	万元	468439	335588	1230166	395453	363142
城乡居民储蓄存款余额	万元	2421212	1486182	6110119	1190799	1363535
年末金融机构各项贷款余额	万元	5795175	2899892	12115081	4303858	4486564
三、农业、工业及投资						
粮食总产量	吨	149448	90281	197300	113340	104589
棉花产量	吨		1	49	48	1474
油料产量	吨	20424	7574	3582	3150	2955
肉类总产量	吨	52071	33878	25653	22647	24076
规模以上工业企业个数	个	663	515	1610	366	425
规模以上工业总产值(现价)	万元	10734317	5657091	18781437	4261283	4980099
固定资产投资(不含农户)	万元	1136334	713637	2606673	770529	942285
四、教育、卫生和社会保障						
普通中学在校学生数	人	36805	23889	49589	22579	28424
小学在校学生数	人	43428	28782	81984	33926	46769
医院、卫生院床位数	床	1475	1754	2662	1366	1562
各种社会福利收养性单位数	个	17	29	26	53	14
各种社会福利收养性单位床位数	床	1843	2257	4270	2544	1765

2011年县(市)社会经济主要指标

浙江省

指　　标	单位	余姚市	慈溪市	奉化市	洞头县	永嘉县
一、基本情况						
行政区域土地面积	平方公里	1501	1361	1268	100	2674
乡(镇)个数	个	15	15	6	2	10
村民委员会个数	个	265	297	356	84	906
年末总户数	户	311300	427400	183000	39880	285565
其中:乡村户数	户	262100	472800	148700	26900	220500
年末总人口	万人	84	104	48	13	96
乡村人口	万人	73	123	39	8	75
年末单位从业人员数	人	119114	159945	61525	7958	109168
乡村从业人员数	人	455800	800000	270700	53600	472400
其中:农林牧渔业	人	89000	107400	72500	16100	123900
农业机械总动力	万千瓦特	62	49	46	16	20
固定电话用户	户	410600	506161	213400	31080	210529
二、综合经济						
第一产业增加值	万元	403795	435708	260258	37425	91697
第二产业增加值	万元	3942933	5268633	1260280	157805	1468947
地方财政一般预算收入	万元	550163	715203	219607	30706	162741
地方财政一般预算支出	万元	582540	806381	329670	112627	308919
城乡居民储蓄存款余额	万元	4449816	6501038	1653758	158096	2041677
年末金融机构各项贷款余额	万元	9586548	12682634	3635334	324939	2752407
三、农业、工业及投资						
粮食总产量	吨	215118	120575	84306	2698	114708
棉花产量	吨	2275	4218			7
油料产量	吨	8391	18008	882	185	5071
肉类总产量	吨	51351	31229	25735	519	22903
规模以上工业企业个数	个	1058	1123	410	15	315
规模以上工业总产值(现价)	万元	10718973	16135516	3629770	461324	3554582
固定资产投资(不含农户)	万元	1707955	2152491	771947	306120	967699
四、教育、卫生和社会保障						
普通中学在校学生数	人	45046	56686	23917	4446	48406
小学在校学生数	人	68478	89306	33546	5609	64072
医院、卫生院床位数	床	2335	2509	1854	171	1009
各种社会福利收养性单位数	个	24	24	15	6	45
各种社会福利收养性单位床位数	床	3607	3974	2768	434	2035

2011 年县(市)社会经济主要指标

浙江省

指　　标	单位	平阳县	苍南县	文成县	泰顺县	瑞安市
一、基本情况						
行政区域土地面积	平方公里	1051	1272	1294	1762	1271
乡(镇)个数	个	11	12	10	10	5
村民委员会个数	个	603	776	384	295	908
年末总户数	户	244007	343835	128362	115737	321603
其中:乡村户数	户	187400	265800	76600	86100	295800
年末总人口	万人	88	132	39	37	121
乡村人口	万人	67	99	24	29	113
年末单位从业人员数	人	77281	95008	19675	53180	115310
乡村从业人员数	人	406300	619100	153700	176600	650300
其中:农林牧渔业	人	123400	166700	63400	74600	152600
农业机械总动力	万千瓦特	30	67	8	6	39
固定电话用户	户	184436	297762	59473	47760	424475
二、综合经济						
第一产业增加值	万元	127304	237814	54567	53735	179492
第二产业增加值	万元	1158903	1428614	161593	164572	2633988
地方财政一般预算收入	万元	167528	174301	47375	46287	386789
地方财政一般预算支出	万元	288683	351397	206282	186265	431542
城乡居民储蓄存款余额	万元	1760705	2280021	868598	417065	5037834
年末金融机构各项贷款余额	万元	2147413	3936384	675415	562827	8459786
三、农业、工业及投资						
粮食总产量	吨	144184	183071	63752	65296	138717
棉花产量	吨	6			3	38
油料产量	吨	2534	1083	1048	1764	3553
肉类总产量	吨	11708	17795	9258	6938	20082
规模以上工业企业个数	个	264	283	29	19	837
规模以上工业总产值(现价)	万元	2204320	2486512	246506	190293	7285814
固定资产投资(不含农户)	万元	962140	1336425	89431	158605	1645327
四、教育、卫生和社会保障						
普通中学在校学生数	人	40019	69878	9849	15991	56411
小学在校学生数	人	53434	84026	14703	19494	100753
医院、卫生院床位数	床	1472	1831	437	471	2629
各种社会福利收养性单位数	个	34	51	20	12	137
各种社会福利收养性单位床位数	床	3701	4648	982	1000	14739

2011年县(市)社会经济主要指标

浙江省

指　　标	单位	乐清市	嘉善县	海盐县	海宁市	平湖市
一、基本情况						
行政区域土地面积	平方公里	1174	507	508	668	537
乡(镇)个数	个	9	6	5	8	6
村民委员会个数	个	911	104	85	161	106
年末总户数	户	375040	124767	120934	183903	146604
其中:乡村户数	户	347800	103700	101000	137800	93700
年末总人口	万人	126	39	38	66	49
乡村人口	万人	121	35	35	53	35
年末单位从业人员数	人	236261	108407	68349	127034	140727
乡村从业人员数	人	693800	218800	216700	312000	223300
其中:农林牧渔业	人	154700	46700	46400	58500	37500
农业机械总动力	万千瓦特	28	25	16	27	25
固定电话用户	户	421412	148000	128300	224700	167200
二、综合经济						
第一产业增加值	万元	184035	229516	203631	242622	178732
第二产业增加值	万元	3466154	1906258	1702289	3207716	2489795
地方财政一般预算收入	万元	416600	243200	171825	388194	324423
地方财政一般预算支出	万元	457727	252935	207050	398663	329260
城乡居民储蓄存款余额	万元	4582046	2006630	1746889	3659605	2397464
年末金融机构各项贷款余额	万元	8409892	3201514	3472276	5683280	4192498
三、农业、工业及投资						
粮食总产量	吨	162028	184345	199800	181448	245969
棉花产量	吨	38		957	314	570
油料产量	吨	3383	1904	10227	13974	17805
肉类总产量	吨	20941	62030	51116	55023	32057
规模以上工业企业个数	个	903	594	374	949	538
规模以上工业总产值(现价)	万元	10999299	7329922	5043893	10999491	9450189
固定资产投资(不含农户)	万元	1987603	530984	1188909	1435062	2133348
四、教育、卫生和社会保障						
普通中学在校学生数	人	63171	21700	21600	33000	26800
小学在校学生数	人	98947	25962	23238	43816	28683
医院、卫生院床位数	床	2578	1295	1065	2626	1493
各种社会福利收养性单位数	个	30	11	9	20	12
各种社会福利收养性单位床位数	床	1273	2348	1067	2692	1664

2011 年县(市)社会经济主要指标

浙江省

指　　标	单位	桐乡市	德清县	长兴县	安吉县	绍兴县
一、基本情况						
行政区域土地面积	平方公里	727	938	1431	1886	1182
乡(镇)个数	个	9	11	16	15	15
村民委员会个数	个	176	151	221	169	291
年末总户数	户	184130	137166	218896	154834	254300
其中:乡村户数	户	133200	101200	174100	118500	281900
年末总人口	万人	68	43	63	46	73
乡村人口	万人	54	35	53	39	82
年末单位从业人员数	人	111344	91228	75795	53682	287163
乡村从业人员数	人	325800	212500	316700	238400	497900
其中:农林牧渔业	人	62500	41200	65100	66300	63000
农业机械总动力	万千瓦特	32	34	36	36	36
固定电话用户	户	200100	173000	195600	171400	423100
二、综合经济						
第一产业增加值	万元	267812	203108	288423	237177	332052
第二产业增加值	万元	2655606	1600515	1818491	1082214	5548751
地方财政一般预算收入	万元	362870	234045	307492	166628	637690
地方财政一般预算支出	万元	380042	260698	353020	252632	586443
城乡居民储蓄存款余额	万元	3482254	1678018	1536325	1219401	5137157
年末金融机构各项贷款余额	万元	4670761	2593555	3259443	2511356	10001289
三、农业、工业及投资						
粮食总产量	吨	196281	97029	278882	149342	206813
棉花产量	吨	815	175	9	6	116
油料产量	吨	8651	2239	22969	7069	6820
肉类总产量	吨	56572	58949	19307	9384	39740
规模以上工业企业个数	个	713	585	531	340	1112
规模以上工业总产值(现价)	万元	11075680	6344729	6471885	3454320	29431019
固定资产投资(不含农户)	万元	1156700	750918	1252545	325502	1794854
四、教育、卫生和社会保障						
普通中学在校学生数	人	38700	24160	35433	25537	46624
小学在校学生数	人	52780	26015	37932	25786	58413
医院、卫生院床位数	床	2649	1737	2372	1461	3037
各种社会福利收养性单位数	个	16	16	19	20	31
各种社会福利收养性单位床位数	床	2940	2343	2512	1750	4210

2011年县(市)社会经济主要指标

浙江省

指　　标	单位	新昌县	诸暨市	上虞市	嵊州市	武义县
一、基本情况						
行政区域土地面积	平方公里	1213	2311	1403	1790	1568
乡(镇)个数	个	13	24	18	17	15
村民委员会个数	个	415	468	342	463	543
年末总户数	户	166800	404600	294100	266400	134234
其中:乡村户数	户	126400	353700	235400	224500	106900
年末总人口	万人	44	107	78	74	34
乡村人口	万人	32	95	64	62	28
年末单位从业人员数	人	53796	322004	221964	67707	19944
乡村从业人员数	人	214300	594200	377700	396000	181600
其中:农林牧渔业	人	73700	114000	118900	103900	49900
农业机械总动力	万千瓦特	17	83	57	39	19
固定电话用户	户	153800	441900	313100	257700	102000
二、综合经济						
第一产业增加值	万元	181454	433544	365586	326215	134650
第二产业增加值	万元	1380007	4238743	2964379	1708248	855187
地方财政一般预算收入	万元	169928	457520	355195	184346	110662
地方财政一般预算支出	万元	227588	494358	357568	231803	188903
城乡居民储蓄存款余额	万元	1241573	4064919	3524889	1978357	1025743
年末金融机构各项贷款余额	万元	1805900	7354492	6124706	2552902	2070956
三、农业、工业及投资						
粮食总产量	吨	80000	379351	287625	170323	108445
棉花产量	吨	166	17	2363	135	18
油料产量	吨	10151	12748	16287	7780	4684
肉类总产量	吨	6301	51180	44563	29112	28741
规模以上工业企业个数	个	197	789	520	305	401
规模以上工业总产值(现价)	万元	4388501	18444581	11999172	3788470	3744812
固定资产投资(不含农户)	万元	502966	1594396	1021504	791184	422592
四、教育、卫生和社会保障						
普通中学在校学生数	人	20591	83737	41768	34877	14600
小学在校学生数	人	27074	75915	47107	40330	26535
医院、卫生院床位数	床	1644	3327	2268	1861	909
各种社会福利收养性单位数	个	13	36	26	61	6
各种社会福利收养性单位床位数	床	1313	4754	3612	4861	1260

2011年县(市)社会经济主要指标

浙江省

指　　标	单位	浦江县	磐安县	兰溪市	义乌市	东阳市
一、基本情况						
行政区域土地面积	平方公里	918	1195	1312	1105	1747
乡(镇)个数	个	12	19	10	6	12
村民委员会个数	个	409	363	646	715	346
年末总户数	户	149962	80803	229650	324868	321994
其中:乡村户数	户	166200	59900	180500	459400	327000
年末总人口	万人	39	21	67	75	82
乡村人口	万人	43	18	54	121	78
年末单位从业人员数	人	26075	30609	55337	112741	109334
乡村从业人员数	人	258500	116400	334100	786800	487800
其中:农林牧渔业	人	73500	69800	139900	91700	157200
农业机械总动力	万千瓦特	13	23	30	29	48
固定电话用户	户	132200	40900	154400	503600	244000
二、综合经济						
第一产业增加值	万元	80901	85993	210263	198518	166156
第二产业增加值	万元	920541	293240	1235515	3099628	1724977
地方财政一般预算收入	万元	105754	40095	135660	504600	239530
地方财政一般预算支出	万元	147116	124786	238608	496337	289096
城乡居民储蓄存款余额	万元	1240747	404731	1253511	9185568	2785245
年末金融机构各项贷款余额	万元	1932825	507122	1995081	12836167	3677676
三、农业、工业及投资						
粮食总产量	吨	77112	40737	126222	105582	183597
棉花产量	吨	115		9772	30	151
油料产量	吨	4407	877	19982	3324	3965
肉类总产量	吨	15514	5147	40555	41636	14739
规模以上工业企业个数	个	274	101	332	616	319
规模以上工业总产值(现价)	万元	2629322	563769	5548882	6382205	3629507
固定资产投资(不含农户)	万元	364082	238493	429592	1882761	539989
四、教育、卫生和社会保障						
普通中学在校学生数	人	20300	9900	32500	46300	42000
小学在校学生数	人	35794	12862	34605	82175	63691
医院、卫生院床位数	床	1378	570	1241	2821	2636
各种社会福利收养性单位数	个	6	5	19	17	25
各种社会福利收养性单位床位数	床	1332	443	2557	4106	5012

2011年县(市)社会经济主要指标

浙江省

指　　标	单位	永康市	衢江区	常山县	开化县	龙游县
一、基本情况						
行政区域土地面积	平方公里	1047	1748	1097	2231	1143
乡(镇)个数	个	11	18	14	18	13
村民委员会个数	个	712	271	342	255	262
年末总户数	户	226337	137100	103900	114700	156100
其中:乡村户数	户	227300	110500	79100	85700	114300
年末总人口	万人	58	40	33	35	40
乡村人口	万人	62	35	27	30	33
年末单位从业人员数	人	45162	14668	16310	12058	30446
乡村从业人员数	人	358400	218000	173300	194400	206300
其中:农林牧渔业	人	72500	126600	64900	89900	101900
农业机械总动力	万千瓦特	33	31	17	17	33
固定电话用户	户	223400		62300	61800	103900
二、综合经济						
第一产业增加值	万元	84049	176257	71892	111795	124047
第二产业增加值	万元	2259364	492974	516245	406187	872572
地方财政一般预算收入	万元	252637	47395	53116	43419	70941
地方财政一般预算支出	万元	271046	130201	161946	179113	182840
城乡居民储蓄存款余额	万元	3195575		475344	513648	789777
年末金融机构各项贷款余额	万元	5883012		700448	638335	1228710
三、农业、工业及投资						
粮食总产量	吨	85117	179176	79343	101337	177024
棉花产量	吨	2	26	80	57	2208
油料产量	吨	1093	9969	6696	7050	16590
肉类总产量	吨	9257	105465	14623	9640	77593
规模以上工业企业个数	个	460	104	91	77	173
规模以上工业总产值(现价)	万元	7041443	970843	898177	875756	2084715
固定资产投资(不含农户)	万元	878030	457352	558345	300617	770496
四、教育、卫生和社会保障						
普通中学在校学生数	人	29800	16400	12531	14093	19350
小学在校学生数	人	62199	20900	18600	19100	21800
医院、卫生院床位数	床	1884	688	672	827	1092
各种社会福利收养性单位数	个	9	19	20	17	10
各种社会福利收养性单位床位数	床	1386	1636	3139	1760	1428

2011 年县（市）社会经济主要指标

浙江省

指　　标	单位	江山市	岱山县	嵊泗县	玉环县	三门县
一、基本情况						
行政区域土地面积	平方公里	2019	327	86	378	1072
乡(镇)个数	个	18	7	7	8	14
村民委员会个数	个	295	85	38	276	511
年末总户数	户	197000	80900	30600	139600	131900
其中:乡村户数	户	144200	61400	17300	200500	104300
年末总人口	万人	60	19	8	42	43
乡村人口	万人	48	15	5	60	34
年末单位从业人员数	人	29777	18400	11900	106655	31698
乡村从业人员数	人	300300	87500	27000	396100	218600
其中:农林牧渔业	人	95500	30500	12500	42400	65300
农业机械总动力	万千瓦特	38	56	24	29	31
固定电话用户	户	113000	82100	33100	210000	90000
二、综合经济						
第一产业增加值	万元	191728	216000	143220	242524	194134
第二产业增加值	万元	1183373	871485	77585	2236333	548771
地方财政一般预算收入	万元	100218	84685	43738	216856	96022
地方财政一般预算支出	万元	228000	245605	163632	261520	186879
城乡居民储蓄存款余额	万元	1130799	607265	252641	1721324	673825
年末金融机构各项贷款余额	万元	1994366	1007645	392109	3129203	1756108
三、农业、工业及投资						
粮食总产量	吨	227541	10017	225	23972	84015
棉花产量	吨	1134			277	210
油料产量	吨	15448	1172		889	2997
肉类总产量	吨	74288	3252	479	9426	8574
规模以上工业企业个数	个	271	54	12	618	129
规模以上工业总产值(现价)	万元	2981723	2779892	53421	6069836	1608775
固定资产投资(不含农户)	万元	918759	393929	115607	491655	987247
四、教育、卫生和社会保障						
普通中学在校学生数	人	28202	6000	2700	18507	16157
小学在校学生数	人	37400	7500	2900	46699	27368
医院、卫生院床位数	床	1255	471	326	1030	769
各种社会福利收养性单位数	个	21	15	6	23	38
各种社会福利收养性单位床位数	床	3275	1080	352	1836	1742

2011年县(市)社会经济主要指标

浙江省

指　　标	单位	天台县	仙居县	温岭市	临海市	青田县
一、基本情况						
行政区域土地面积	平方公里	1426	1992	836	2171	2484
乡(镇)个数	个	12	17	11	14	30
村民委员会个数	个	597	723	830	994	414
年末总户数	户	193800	148200	423500	384500	160400
其中:乡村户数	户	148700	126000	357200	277600	97800
年末总人口	万人	58	50	119	116	51
乡村人口	万人	45	41	105	89	29
年末单位从业人员数	人	48270	49160	95429	130551	25300
乡村从业人员数	人	291400	258200	652500	576500	170700
其中:农林牧渔业	人	89300	72000	152400	167600	72700
农业机械总动力	万千瓦特	16	20	117	61	7
固定电话用户	户	110000	90000	360000	230000	83900
二、综合经济						
第一产业增加值	万元	108189	122377	505873	337353	61448
第二产业增加值	万元	620884	527973	3468910	1945139	831603
地方财政一般预算收入	万元	96610	68553	361688	261957	93244
地方财政一般预算支出	万元	197644	153462	451736	393425	210662
城乡居民储蓄存款余额	万元	950946	928604	4676416	2485881	2548223
年末金融机构各项贷款余额	万元	1586454	1215418	6123244	3552484	1526792
三、农业、工业及投资						
粮食总产量	吨	117751	107427	153597	161879	65263
棉花产量	吨	45	28	158	128	5
油料产量	吨	2668	6994	833	2446	1361
肉类总产量	吨	18089	13553	27427	22986	11037
规模以上工业企业个数	个	108	100	662	403	100
规模以上工业总产值(现价)	万元	1478009	896395	6557463	5103557	2403324
固定资产投资(不含农户)	万元	303042	431794	1015991	875295	456909
四、教育、卫生和社会保障						
普通中学在校学生数	人	31056	25473	52737	57946	19513
小学在校学生数	人	35933	38413	97104	84723	28851
医院、卫生院床位数	床	1070	627	3889	3185	636
各种社会福利收养性单位数	个	38	21	78	58	12
各种社会福利收养性单位床位数	床	2340	2103	6043	5308	1555

2011 年县(市)社会经济主要指标

浙江省

指　　标	单位	缙云县	遂昌县	松阳县	云和县	庆元县
一、基本情况						
行政区域土地面积	平方公里	1482	2539	1406	978	1898
乡(镇)个数	个	15	18	18	6	17
村民委员会个数	个	253	203	401	169	345
年末总户数	户	186300	82836	86119	36629	79600
其中:乡村户数	户	147400	65800	68300	28800	36500
年末总人口	万人	46	23	24	11	21
乡村人口	万人	39	19	20	10	11
年末单位从业人员数	人	19104	19700	11376	9900	9000
乡村从业人员数	人	229500	118300	129200	58900	70600
其中:农林牧渔业	人	98300	70000	85800	24800	45200
农业机械总动力	万千瓦特	17	10	12	6	9
固定电话用户	户	81700	42200	36100	21100	24400
二、综合经济						
第一产业增加值	万元	79426	82754	107415	37329	60254
第二产业增加值	万元	812445	316611	257393	207984	175753
地方财政一般预算收入	万元	66214	41768	29225	24471	18812
地方财政一般预算支出	万元	172462	140069	129994	95880	110986
城乡居民储蓄存款余额	万元	879638	381894	370285	245010	250656
年末金融机构各项贷款余额	万元	1105827	651543	559389	305574	366969
三、农业、工业及投资						
粮食总产量	吨	61984	66882	52434	24604	63931
棉花产量	吨	7		2		
油料产量	吨	3226	3642	3298	384	177
肉类总产量	吨	14356	8920	12332	3230	4026
规模以上工业企业个数	个	221	42	112	35	45
规模以上工业总产值(现价)	万元	2955040	1177912	1131660	484706	342776
固定资产投资(不含农户)	万元	205195	186910	159958	168304	208585
四、教育、卫生和社会保障						
普通中学在校学生数	人	23375	9295	10044	5229	8281
小学在校学生数	人	28106	12806	13602	7572	11167
医院、卫生院床位数	床	1370	577	552	320	423
各种社会福利收养性单位数	个	10	7	6	2	5
各种社会福利收养性单位床位数	床	1130	930	734	442	668

2011年县(市)社会经济主要指标

浙江省、安徽省

指标	单位	景宁畲族自治县	龙泉市	长丰县	肥东县	肥西县
一、基本情况						
行政区域土地面积	平方公里	1950	3059	1841	2206	1970
乡(镇)个数	个	20	16	14	18	14
村民委员会个数	个	254	444	193	267	243
年末总户数	户	55300	92034	248460	349748	293665
其中:乡村户数	户	29900	59800	171597	245009	224553
年末总人口	万人	17	29	77	108	90
乡村人口	万人	10	20	66	94	82
年末单位从业人员数	人	9743	19600	43037	38519	61359
乡村从业人员数	人	59700	130400	377875	590596	510646
其中:农林牧渔业	人	33300	69200	162313	233349	196652
农业机械总动力	万千瓦特	8	22	69	59	60
固定电话用户	户	20000	43600	115548	183600	150687
二、综合经济						
第一产业增加值	万元	52431	106066	449288	502153	461588
第二产业增加值	万元	122253	356712	1261430	1843882	2257670
地方财政一般预算收入	万元	36677	40855	131020	157804	214885
地方财政一般预算支出	万元	169055	140706	282153	354121	352756
城乡居民储蓄存款余额	万元	191215	506661	554998	1000330	949458
年末金融机构各项贷款余额	万元	274340	686079	543303	1061934	996155
三、农业、工业及投资						
粮食总产量	吨	44386	98865			
棉花产量	吨			5831	5571	7945
油料产量	吨	569	2014	26138	86423	53274
肉类总产量	吨	5420	10924	121169	110881	131046
规模以上工业企业个数	个	26	135	286	305	286
规模以上工业总产值(现价)	万元	106552	1042380	3390231	4542460	7407342
固定资产投资(不含农户)	万元	129390	356093	2050989	2566219	2823903
四、教育、卫生和社会保障						
普通中学在校学生数	人	5458	12956	44671	86929	47610
小学在校学生数	人	8645	18287	40232	64877	57154
医院、卫生院床位数	床	339	701	1650	1804	2292
各种社会福利收养性单位数	个	6	10	26	27	40
各种社会福利收养性单位床位数	床	450	850	4621	4377	5370

2011年县(市)社会经济主要指标

安徽省

指　　标	单位	庐江县	巢湖市	芜湖县	繁昌县	南陵县
一、基本情况						
行政区域土地面积	平方公里	2344	2031	650	585	1264
乡(镇)个数	个	17	12	5	6	8
村民委员会个数	个	194	139	112	72	157
年末总户数	户	367754	323041	117686	100899	187737
其中:乡村户数	户	295372	185642	85426	66688	146225
年末总人口	万人	119	90	35	28	56
乡村人口	万人	108	66	30	21	49
年末单位从业人员数	人	46511	50870	10644	18994	21340
乡村从业人员数	人	550220	380391	171556	124805	309527
其中:农林牧渔业	人	248088	171150	84913	21534	147621
农业机械总动力	万千瓦特	115	46	30	20	35
固定电话用户	户	160570	209315	70987	63511	81692
二、综合经济						
第一产业增加值	万元	340329	212292	144988	68313	227131
第二产业增加值	万元	534717	988220	866177	1044027	754205
地方财政一般预算收入	万元	86923	176827	134374	136605	87328
地方财政一般预算支出	万元	319562	355985	224450	221671	197176
城乡居民储蓄存款余额	万元	1216137	1381434	544863	639587	632644
年末金融机构各项贷款余额	万元	726232	1428569	852332	908802	594359
三、农业、工业及投资						
粮食总产量	吨					
棉花产量	吨	5560	9426	4359	1172	2000
油料产量	吨	32901	44745	18987	7989	14195
肉类总产量	吨	34370	32004	14159	13385	43124
规模以上工业企业个数	个	101	157	304	255	249
规模以上工业总产值(现价)	万元	1001461	2703910	2783050	4205377	1906021
固定资产投资(不含农户)	万元	751047	547319	1342155	1252835	1078655
四、教育、卫生和社会保障						
普通中学在校学生数	人	59543	48403	20644	14008	26223
小学在校学生数	人	57100	46589	18543	14376	28948
医院、卫生院床位数	床	2214	3407	550	548	1009
各种社会福利收养性单位数	个	19	33	10	13	22
各种社会福利收养性单位床位数	床	4834	3209	1323	1220	2036

2011年县(市)社会经济主要指标

安徽省

指　　标	单位	无为县	怀远县	五河县	固镇县	凤台县
一、基本情况						
行政区域土地面积	平方公里	2433	2384	1595	1360	894
乡(镇)个数	个	23	19	15	11	16
村民委员会个数	个	261	364	223	192	213
年末总户数	户	438421	379054	214297	182278	206849
其中:乡村户数	户	302124	285316	167771	134438	139635
年末总人口	万人	143	136	73	63	64
乡村人口	万人	97	119	67	56	51
年末单位从业人员数	人	37465	31950	16571	16142	52742
乡村从业人员数	人	662183	692774	401791	335462	309123
其中:农林牧渔业	人	274497	398944	206072	241161	133233
农业机械总动力	万千瓦特	69	255	105	100	79
固定电话用户	户	206161	140533	89446	65374	96450
二、综合经济						
第一产业增加值	万元	468164	546757	429159	370732	241353
第二产业增加值	万元	1535986	709357	375525	365997	1356407
地方财政一般预算收入	万元	113220	78121	65932	53287	141430
地方财政一般预算支出	万元	329379	315255	221662	190910	229440
城乡居民储蓄存款余额	万元	1366376	778381	545656	521834	765312
年末金融机构各项贷款余额	万元	1132886	618225	354184	280288	690627
三、农业、工业及投资						
粮食总产量	吨					
棉花产量	吨	44356	6783	3867	17997	235
油料产量	吨	81652	92676	69924	181219	3461
肉类总产量	吨	50518	98012	71662	104574	40218
规模以上工业企业个数	个	220	150	100	108	60
规模以上工业总产值(现价)	万元	5484710	2517463	1540823	1423614	2440766
固定资产投资(不含农户)	万元	1573469	981512	827557	568223	564431
四、教育、卫生和社会保障						
普通中学在校学生数	人	78750	71971	40498	32811	39479
小学在校学生数	人	83609	104397	47241	43644	46771
医院、卫生院床位数	床	2398	2913	1513	1345	1079
各种社会福利收养性单位数	个	45	39	15	20	24
各种社会福利收养性单位床位数	床	5142	5263	3100	2596	1693

2011年县(市)社会经济主要指标

安徽省

指　　标	单位	当涂县	含山县	和　县	濉溪县	铜陵县
一、基本情况						
行政区域土地面积	平方公里	1346	1037	1319	1982	823
乡(镇)个数	个	14	8	9	11	8
村民委员会个数	个	167	95	85	214	107
年末总户数	户	203494	153794	170240	321218	105165
其中:乡村户数	户	153070	98061	120889	244172	75855
年末总人口	万人	66	45	54	111	29
乡村人口	万人	55	36	43	95	24
年末单位从业人员数	人	16080	12591	21861	27159	15963
乡村从业人员数	人	311108	207079	253503	490927	161014
其中:农林牧渔业	人	120219	90041	118465	302323	57599
农业机械总动力	万千瓦特	44	33	46	195	29
固定电话用户	户	154632	71000	105900	167652	61179
二、综合经济						
第一产业增加值	万元	288697	161512	181101	323138	78074
第二产业增加值	万元	1737106	394409	473923	764381	672643
地方财政一般预算收入	万元	180205	54117	59292	79411	87166
地方财政一般预算支出	万元	330499	151501	173385	292594	163747
城乡居民储蓄存款余额	万元	980594	513268	945469	1138326	542164
年末金融机构各项贷款余额	万元	1031888	395548	617122	535237	525756
三、农业、工业及投资						
粮食总产量	吨					
棉花产量	吨	4562	10719	1299	822	4825
油料产量	吨	35608	37261	23604	2134	18940
肉类总产量	吨	22423	15761	32642	50251	11738
规模以上工业企业个数	个	254	112	74	171	57
规模以上工业总产值(现价)	万元	3825378	946335	1118693	2948949	1834869
固定资产投资(不含农户)	万元	2660681	397906	597982	1181213	1218627
四、教育、卫生和社会保障						
普通中学在校学生数	人	32948	27243	30833	78847	13144
小学在校学生数	人	34024	26332	38386	85439	13597
医院、卫生院床位数	床	1384	843	952	1750	491
各种社会福利收养性单位数	个	22	20	20	22	12
各种社会福利收养性单位床位数	床	4321	2029	2829	2554	1294

2011年县(市)社会经济主要指标

安徽省

指　　标	单位	怀宁县	枞阳县	潜山县	太湖县	宿松县
一、基本情况						
行政区域土地面积	平方公里	1276	1808	1686	2040	2394
乡(镇)个数	个	20	22	16	15	22
村民委员会个数	个	204	227	175	174	205
年末总户数	户	205332	285682	164192	168030	247878
其中:乡村户数	户	166428	235845	142577	137151	192021
年末总人口	万人	70	97	59	57	84
乡村人口	万人	64	85	54	51	73
年末单位从业人员数	人	18627	22427	15482	19579	26909
乡村从业人员数	人	345326	526739	276495	288855	382475
其中:农林牧渔业	人	134473	268181	123377	171096	182410
农业机械总动力	万千瓦特	39	43	31	20	33
固定电话用户	户	93732	127352	123353	97948	81203
二、综合经济						
第一产业增加值	万元	189187	269130	170438	175125	334305
第二产业增加值	万元	880763	873042	556267	325222	497318
地方财政一般预算收入	万元	108938	64035	41183	23856	36966
地方财政一般预算支出	万元	252288	237286	198194	179143	200562
城乡居民储蓄存款余额	万元	1103481	1161626	619328	424696	709378
年末金融机构各项贷款余额	万元	577246	495648	503349	247527	369259
三、农业、工业及投资						
粮食总产量	吨					
棉花产量	吨	7020	9935	3694	6856	32250
油料产量	吨	30545	38544	14138	19512	60607
肉类总产量	吨	27878	37436	24283	73437	33580
规模以上工业企业个数	个	202	189	127	64	119
规模以上工业总产值(现价)	万元	2000363	2106660	1247369	1035409	1099937
固定资产投资(不含农户)	万元	759628	1030366	470128	477570	593500
四、教育、卫生和社会保障						
普通中学在校学生数	人	45769	60321	44304	38256	56837
小学在校学生数	人	35641	69874	37400	26942	59560
医院、卫生院床位数	床	1507	1441	1013	864	1501
各种社会福利收养性单位数	个	21	26	18	16	24
各种社会福利收养性单位床位数	床	2960	3151	2630	2685	2227

2011年县(市)社会经济主要指标

安徽省

指　　标	单位	望江县	岳西县	桐城市	歙　县	休宁县
一、基本情况						
行政区域土地面积	平方公里	1357	2398	1546	2236	2125
乡(镇)个数	个	10	24	12	28	21
村民委员会个数	个	118	182	197	194	157
年末总户数	户	177508	120492	211090	173893	86806
其中:乡村户数	户	149077	110611	176017	140162	72333
年末总人口	万人	63	40	76	48	28
乡村人口	万人	58	40	66	44	25
年末单位从业人员数	人	13941	12497	22464	14327	9805
乡村从业人员数	人	333384	207411	388817	276649	152877
其中:农林牧渔业	人	147469	110519	161492	132490	78354
农业机械总动力	万千瓦特	26	11	46	19	14
固定电话用户	户	74354	61256	150085	90499	54571
二、综合经济						
第一产业增加值	万元	206390	116640	223640	143451	100826
第二产业增加值	万元	329657	320460	1106628	485038	215439
地方财政一般预算收入	万元	28270	19155	109129	58271	42668
地方财政一般预算支出	万元	163556	149817	265250	173701	126223
城乡居民储蓄存款余额	万元	607636	316905	1257937	754984	413953
年末金融机构各项贷款余额	万元	336196	260557	1000580	671725	296956
三、农业、工业及投资						
粮食总产量	吨					
棉花产量	吨	29378	286	2898	30	42
油料产量	吨	70881	3978	26973	15608	9408
肉类总产量	吨	37833	17003	35010	28304	25317
规模以上工业企业个数	个	70	64	297	114	43
规模以上工业总产值(现价)	万元	1075762	823137	2967860	1088275	569649
固定资产投资(不含农户)	万元	415506	405645	1171044	621290	461089
四、教育、卫生和社会保障						
普通中学在校学生数	人	39812	21163	53419	19782	10736
小学在校学生数	人	38493	19311	41722	19507	11077
医院、卫生院床位数	床	918	1161	1768	1002	533
各种社会福利收养性单位数	个	21	39	18	39	18
各种社会福利收养性单位床位数	床	2132	2007	2822	4191	2220

2011年县(市)社会经济主要指标

安徽省

指　　标	单位	黟　县	祁门县	来安县	全椒县	定远县
一、基本情况						
行政区域土地面积	平方公里	847	2257	1481	1568	2998
乡(镇)个数	个	8	18	12	10	22
村民委员会个数	个	66	152	130	94	245
年末总户数	户	35408	61440	165619	161029	281174
其中:乡村户数	户	25712	42804	103707	84878	196644
年末总人口	万人	10	19	50	47	98
乡村人口	万人	8	15	40	34	86
年末单位从业人员数	人	4666	8792	15140	20328	22718
乡村从业人员数	人	52349	97531	254220	189216	480653
其中:农林牧渔业	人	28597	62703	153835	123269	301618
农业机械总动力	万千瓦特	7	10	77	62	137
固定电话用户	户	23487	43005	82370	88000	110960
二、综合经济						
第一产业增加值	万元	31374	49982	169992	197371	416113
第二产业增加值	万元	91907	166653	459641	368722	311334
地方财政一般预算收入	万元	17948	32400	64525	73561	63491
地方财政一般预算支出	万元	63949	97254	168815	191630	259199
城乡居民储蓄存款余额	万元	175110	335449	492566	589735	635005
年末金融机构各项贷款余额	万元	143435	155950	361846	589143	676255
三、农业、工业及投资						
粮食总产量	吨					
棉花产量	吨	29	252	357	4844	1394
油料产量	吨	3752	4699	30979	51669	31848
肉类总产量	吨	5151	6236	30406	45981	130920
规模以上工业企业个数	个	27	53	86	69	65
规模以上工业总产值(现价)	万元	181673	313470	1564398	1106774	761212
固定资产投资(不含农户)	万元	182532	316994	570064	519617	615681
四、教育、卫生和社会保障						
普通中学在校学生数	人	3282	8194	23866	26547	59067
小学在校学生数	人	3929	9518	23890	22562	64942
医院、卫生院床位数	床	222	821	1178	1024	1227
各种社会福利收养性单位数	个	10	17	14	20	24
各种社会福利收养性单位床位数	床	1126	1798	1335	1960	4407

2011年县(市)社会经济主要指标

安徽省

指　　标	单位	凤阳县	天长市	明光市	临泉县	太和县
一、基本情况						
行政区域土地面积	平方公里	1950	1751	2350	1818	1820
乡(镇)个数	个	15	14	13	31	31
村民委员会个数	个	198	119	139	382	306
年末总户数	户	219633	194931	216606	589776	540100
其中:乡村户数	户	172041	151763	142753	472458	405955
年末总人口	万人	76	64	65	223	173
乡村人口	万人	69	55	55	200	152
年末单位从业人员数	人	22711	20085	21119	32316	30857
乡村从业人员数	人	392794	333724	307571	1079762	892032
其中:农林牧渔业	人	229131	114670	162182	518169	413410
农业机械总动力	万千瓦特	105	107	77	147	141
固定电话用户	户	107417	95780	95237	154237	155441
二、综合经济						
第一产业增加值	万元	281570	249424	259046	526169	382127
第二产业增加值	万元	440938	1222237	275669	192732	491905
地方财政一般预算收入	万元	82564	134573	52755	37616	60014
地方财政一般预算支出	万元	247069	282687	180089	338506	303732
城乡居民储蓄存款余额	万元	581133	771119	514746	1446992	1514111
年末金融机构各项贷款余额	万元	587597	1051731	465066	563354	488696
三、农业、工业及投资						
粮食总产量	吨					
棉花产量	吨	582		416	4245	3190
油料产量	吨	20645	15948	34565	19833	8249
肉类总产量	吨	46781	30562	46537	132671	94405
规模以上工业企业个数	个	68	194	58	59	106
规模以上工业总产值(现价)	万元	1189055	4749814	597701	646976	1230988
固定资产投资(不含农户)	万元	753046	1359580	561163	337208	384880
四、教育、卫生和社会保障						
普通中学在校学生数	人	43472	35863	34489	106683	76225
小学在校学生数	人	58200	37175	39044	164726	135434
医院、卫生院床位数	床	1476	2030	1248	2522	3819
各种社会福利收养性单位数	个	30	47	30	56	36
各种社会福利收养性单位床位数	床	3158	2918	2122	4902	2321

2011 年县(市)社会经济主要指标

安徽省

指　　标	单位	阜南县	颍上县	界首市	砀山县	萧　县
一、基本情况						
行政区域土地面积	平方公里	1768	1859	667	1193	1854
乡(镇)个数	个	29	30	18	13	23
村民委员会个数	个	324	278	151	145	279
年末总户数	户	459505	480856	231805	287289	408686
其中:乡村户数	户	349188	370309	179469	221950	346490
年末总人口	万人	169	172	79	100	144
乡村人口	万人	156	146	66	86	133
年末单位从业人员数	人	25986	44458	21730	30379	33893
乡村从业人员数	人	855566	821592	384515	525984	691805
其中:农林牧渔业	人	407898	368753	155787	266450	351857
农业机械总动力	万千瓦特	112	94	41	103	145
固定电话用户	户	54382	103500	72804	83000	120613
二、综合经济						
第一产业增加值	万元	378232	377224	192608	325096	435521
第二产业增加值	万元	311358	771319	447125	437063	568400
地方财政一般预算收入	万元	27642	101902	47930	34570	52996
地方财政一般预算支出	万元	292887	334228	177897	203597	301034
城乡居民储蓄存款余额	万元	1062381	1089848	731290	824033	1047227
年末金融机构各项贷款余额	万元	411357	562980	337713	342865	486594
三、农业、工业及投资						
粮食总产量	吨					
棉花产量	吨	1306	4084	2380	4820	11088
油料产量	吨	19377	7464	6199	44492	20821
肉类总产量	吨	89817	93063	34532	48393	92150
规模以上工业企业个数	个	97	66	83	184	143
规模以上工业总产值(现价)	万元	648366	1654537	1687228	1723481	2511881
固定资产投资(不含农户)	万元	374608	558758	232974	380693	560497
四、教育、卫生和社会保障						
普通中学在校学生数	人	86844	65755	33592	58599	76134
小学在校学生数	人	168677	108499	46055	54971	98018
医院、卫生院床位数	床	2528	2255	1679	2502	1886
各种社会福利收养性单位数	个	60	79	21	23	29
各种社会福利收养性单位床位数	床	4059	4712	889	2434	3385

2011 年县(市)社会经济主要指标

安徽省

指　　标	单位	灵璧县	泗　县	寿　县	霍邱县	舒城县
一、基本情况						
行政区域土地面积	平方公里	2054	1787	2948	3488	2100
乡(镇)个数	个	19	15	25	32	21
村民委员会个数	个	300	174	235	425	394
年末总户数	户	316516	252786	442631	555745	318248
其中:乡村户数	户	259080	208994	361848	439426	236648
年末总人口	万人	124	94	138	165	100
乡村人口	万人	109	85	135	155	88
年末单位从业人员数	人	24084	24361	30964	32020	28800
乡村从业人员数	人	624799	508053	728720	843550	507692
其中:农林牧渔业	人	344992	302713	421360	507424	189791
农业机械总动力	万千瓦特	154	158	186	145	73
固定电话用户	户	98135	121100	176024	176587	121622
二、综合经济						
第一产业增加值	万元	453513	402357	398353	408757	255387
第二产业增加值	万元	305234	406493	277330	859021	507802
地方财政一般预算收入	万元	31704	37545	37333	102341	53642
地方财政一般预算支出	万元	254968	203084	319362	366810	241786
城乡居民储蓄存款余额	万元	811299	574151	771690	918720	1003611
年末金融机构各项贷款余额	万元	269383	364390	448060	894199	907950
三、农业、工业及投资						
粮食总产量	吨					
棉花产量	吨	3087	4077	4290	1993	2824
油料产量	吨	59269	77171	19881	14237	35052
肉类总产量	吨	99055	105202	137445	151889	44927
规模以上工业企业个数	个	114	142	54	83	120
规模以上工业总产值(现价)	万元	1336528	1008048	554596	2065576	1387804
固定资产投资(不含农户)	万元	277285	329263	544820	703045	414878
四、教育、卫生和社会保障						
普通中学在校学生数	人	59737	52709	60180	85965	55098
小学在校学生数	人	85489	58128	78414	104700	48208
医院、卫生院床位数	床	2127	1690	1660	3572	1672
各种社会福利收养性单位数	个	34	18	64	89	49
各种社会福利收养性单位床位数	床	3070	1350	5215	7573	2969

2011年县(市)社会经济主要指标

安徽省

指　　标	单位	金寨县	霍山县	涡阳县	蒙城县	利辛县
一、基本情况						
行政区域土地面积	平方公里	3814	2043	2107	2091	1950
乡(镇)个数	个	23	16	21	15	23
村民委员会个数	个	216	123	377	255	346
年末总户数	户	208208	118291	362453	373049	477106
其中:乡村户数	户	157352	91306	348066	273227	338460
年末总人口	万人	67	37	150	132	158
乡村人口	万人	58	33	133	112	138
年末单位从业人员数	人	20913	59280	37667	38085	35527
乡村从业人员数	人	294123	173141	734587	633551	751615
其中:农林牧渔业	人	155944	95168	289771	344869	344447
农业机械总动力	万千瓦特	38	28	180	215	163
固定电话用户	户	167250	91476	166152	189805	137911
二、综合经济						
第一产业增加值	万元	147640	94835	358427	403593	393891
第二产业增加值	万元	325608	717058	685941	559027	317001
地方财政一般预算收入	万元	37400	66085	74783	77204	50561
地方财政一般预算支出	万元	218597	174102	309374	301037	317575
城乡居民储蓄存款余额	万元	486434	428769	1074607	884834	978596
年末金融机构各项贷款余额	万元	371182	585640	581498	544954	424390
三、农业、工业及投资						
粮食总产量	吨					
棉花产量	吨	20	370	1266	2733	1070
油料产量	吨	9313	4960	4997	23674	5409
肉类总产量	吨	26611	16777	55715	72384	93158
规模以上工业企业个数	个	51	104	131	86	85
规模以上工业总产值(现价)	万元	1068869	2059900	1535253	974836	515947
固定资产投资(不含农户)	万元	500349	538597	767017	568780	487732
四、教育、卫生和社会保障						
普通中学在校学生数	人	41796	20578	68912	79872	67441
小学在校学生数	人	46939	16651	117748	110759	128861
医院、卫生院床位数	床	905	1156	2546	2752	1781
各种社会福利收养性单位数	个	39	20	38	35	52
各种社会福利收养性单位床位数	床	2389	1812	4425	3754	4400

2011年县(市)社会经济主要指标

安徽省

指　　标	单位	东至县	石台县	青阳县	郎溪县	广德县
一、基本情况						
行政区域土地面积	平方公里	3256	1413	1101	1105	2165
乡(镇)个数	个	15	8	11	12	9
村民委员会个数	个	234	79	110	93	106
年末总户数	户	185607	35008	89493	111393	167220
其中:乡村户数	户	142595	27428	70106	81521	138571
年末总人口	万人	55	11	27	34	52
乡村人口	万人	50	10	23	28	46
年末单位从业人员数	人	16501	5595	12666	14625	12669
乡村从业人员数	人	323962	56645	134841	161519	288886
其中:农林牧渔业	人	176517	31996	67285	103333	129132
农业机械总动力	万千瓦特	37	11	24	27	52
固定电话用户	户	102438	28309	64912	53985	81269
二、综合经济						
第一产业增加值	万元	216488	30315	78525	116016	153084
第二产业增加值	万元	398648	65209	292676	453944	617872
地方财政一般预算收入	万元	62308	11532	62813	65716	100012
地方财政一般预算支出	万元	180999	66379	131593	157249	207000
城乡居民储蓄存款余额	万元	651031	158027	465828	368486	623741
年末金融机构各项贷款余额	万元	457245	98486	357349	407370	788945
三、农业、工业及投资						
粮食总产量	吨					
棉花产量	吨	21305	673	210	1379	310
油料产量	吨	40938	4770	7492	15763	16170
肉类总产量	吨	31041	3106	11069	11790	48553
规模以上工业企业个数	个	92	19	73	98	153
规模以上工业总产值(现价)	万元	824986	120917	647437	2713955	3844097
固定资产投资(不含农户)	万元	495288	40368	284855	803885	1068775
四、教育、卫生和社会保障						
普通中学在校学生数	人	33870	5929	16904	16957	24058
小学在校学生数	人	37392	5554	14978	19177	27862
医院、卫生院床位数	床	1175	238	755	826	1359
各种社会福利收养性单位数	个	27	16	15	12	12
各种社会福利收养性单位床位数	床	3146	905	1308	1191	2510

2011年县(市)社会经济主要指标

安徽省、福建省

指　　标	单位	泾　县	绩溪县	旌德县	宁国市	闽侯县
一、基本情况						
行政区域土地面积	平方公里	2055	1116	905	2487	2130
乡(镇)个数	个	11	11	10	13	14
村民委员会个数	个	132	76	68	103	296
年末总户数	户	132188	69002	46542	136689	200436
其中:乡村户数	户	97515	44691	36172	94618	164675
年末总人口	万人	36	18	15	39	65
乡村人口	万人	30	15	12	31	58
年末单位从业人员数	人	14332	7388	8851	28643	96263
乡村从业人员数	人	189947	84111	72356	191379	282586
其中:农林牧渔业	人	99962	45069	40696	94420	90576
农业机械总动力	万千瓦特	16	9	8	23	16
固定电话用户	户	80647	43772	35600	117508	88125
二、综合经济						
第一产业增加值	万元	131656	80476	55052	170927	276568
第二产业增加值	万元	248833	206119	119159	1041855	1821900
地方财政一般预算收入	万元	50334	43715	27079	160704	285955
地方财政一般预算支出	万元	142707	105986	77843	256007	322514
城乡居民储蓄存款余额	万元	525669	316742	212139	610518	1158774
年末金融机构各项贷款余额	万元	326835	283756	144981	1210089	1141048
三、农业、工业及投资						
粮食总产量	吨					73223
棉花产量	吨	933	29	150	175	
油料产量	吨	10756	9100	6910	13206	1212
肉类总产量	吨	23049	11215	9021	52976	41429
规模以上工业企业个数	个	84	62	27	177	295
规模以上工业总产值(现价)	万元	866533	827599	362557	3475672	4983672
固定资产投资(不含农户)	万元	456396	467965	138925	1304449	2945537
四、教育、卫生和社会保障						
普通中学在校学生数	人	12553	5986	3867	18448	27937
小学在校学生数	人	14108	6825	5283	17650	44031
医院、卫生院床位数	床	923	451	361	1576	720
各种社会福利收养性单位数	个	14	13	11	18	4
各种社会福利收养性单位床位数	床	1476	1472	719	1860	130

2011年县(市)社会经济主要指标

福建省

指标	单位	连江县	罗源县	闽清县	永泰县	平潭县
一、基本情况						
行政区域土地面积	平方公里	1186	1187	1467	2243	372
乡(镇)个数	个	23	11	16	21	15
村民委员会个数	个	242	188	271	254	192
年末总户数	户	185246	76288	95747	112350	114492
其中:乡村户数	户	165707	62996	78515	94522	102570
年末总人口	万人	64	26	31	36	41
乡村人口	万人	57	23	27	33	36
年末单位从业人员数	人	43283	16816	23492	12302	20569
乡村从业人员数	人	295562	99735	123657	183435	186288
其中:农林牧渔业	人	147574	45188	62456	66150	128811
农业机械总动力	万千瓦特	37	8	13	5	28
固定电话用户	户	118870	29731	48940	50103	82258
二、综合经济						
第一产业增加值	万元	773347	218974	177808	285630	301160
第二产业增加值	万元	920400	936500	537500	318300	317700
地方财政一般预算收入	万元	146923	61104	39919	28005	82300
地方财政一般预算支出	万元	226435	95563	95057	102680	444766
城乡居民储蓄存款余额	万元	1207491	295502	526651	356605	441042
年末金融机构各项贷款余额	万元	1042560	383066	281859	285706	755144
三、农业、工业及投资						
粮食总产量	吨	52307	43847	63170	112943	23290
棉花产量	吨					
油料产量	吨	1134	105	1007	3186	8845
肉类总产量	吨	10509	7727	12739	20920	7223
规模以上工业企业个数	个	93	90	86	55	9
规模以上工业总产值(现价)	万元	2584231	3205729	1213777	309305	304500
固定资产投资(不含农户)	万元	1199111	662661	219514	236065	1513959
四、教育、卫生和社会保障						
普通中学在校学生数	人	23594	14857	14048	11517	31211
小学在校学生数	人	33428	21374	20047	17238	29541
医院、卫生院床位数	床	670	589	972	691	721
各种社会福利收养性单位数	个	1	13	13	1	13
各种社会福利收养性单位床位数	床	45	150	287	25	405

2011年县(市)社会经济主要指标

福建省

指　　标	单位	福清市	长乐市	仙游县	明溪县	清流县
一、基本情况						
行政区域土地面积	平方公里	1518	658	1835	1709	1858
乡(镇)个数	个	17	14	17	9	13
村民委员会个数	个	438	235	299	88	111
年末总户数	户	382182	213654	307243	34022	42505
其中:乡村户数	户	330670	187568	245790	25671	30968
年末总人口	万人	128	69	109	12	15
乡村人口	万人	116	63	99	9	13
年末单位从业人员数	人	204585	50585	38056	8926	9987
乡村从业人员数	人	554740	278896	506990	53311	59228
其中:农林牧渔业	人	258907	74895	220565	29034	33701
农业机械总动力	万千瓦特	27	20	28	7	10
固定电话用户	户	339453	157269	171602	16311	20603
二、综合经济						
第一产业增加值	万元	755545	335246	239979	113611	116801
第二产业增加值	万元	2806500	2553100	812756	164310	239718
地方财政一般预算收入	万元	309111	186922	92532	13428	18480
地方财政一般预算支出	万元	397184	255220	214579	51960	36716
城乡居民储蓄存款余额	万元	3936296	1982502	1239200	228788	174301
年末金融机构各项贷款余额	万元	3140977	3151546	950153	143206	209392
三、农业、工业及投资						
粮食总产量	吨	126897	92956	139168	91650	89832
棉花产量	吨					
油料产量	吨	30261	1403	14072	2586	4139
肉类总产量	吨	122016	26797	31020	5428	8580
规模以上工业企业个数	个	298	350	190	74	67
规模以上工业总产值(现价)	万元	10824800	11361600	2071191	458522	356420
固定资产投资(不含农户)	万元	3252614	1654595	1059967	255747	316141
四、教育、卫生和社会保障						
普通中学在校学生数	人	77302	27481	67738	5024	6057
小学在校学生数	人	96422	42543	69752	5924	8171
医院、卫生院床位数	床	2200	1637	2157	322	462
各种社会福利收养性单位数	个	3	12	14	8	1
各种社会福利收养性单位床位数	床	215	797	205	278	94

2011年县(市)社会经济主要指标

福建省

指　　标	单位	宁化县	大田县	尤溪县	沙　县	将乐县
一、基本情况						
行政区域土地面积	平方公里	2407	2233	3463	1815	2246
乡(镇)个数	个	16	18	15	10	13
村民委员会个数	个	210	265	250	171	135
年末总户数	户	95441	100695	115495	75271	46388
其中:乡村户数	户	74969	86364	101913	52163	38940
年末总人口	万人	36	37	42	26	18
乡村人口	万人	31	33	38	20	15
年末单位从业人员数	人	97641	20760	17475	22015	10064
乡村从业人员数	人	141562	138371	190183	92999	92100
其中:农林牧渔业	人	76993	95941	102090	40717	51368
农业机械总动力	万千瓦特	15	15	19	10	7
固定电话用户	户	41000	35537	68239	74062	26043
二、综合经济						
第一产业增加值	万元	206987	211836	361505	207565	128609
第二产业增加值	万元	297012	577185	514820	673561	368879
地方财政一般预算收入	万元	29629	59071	47577	67222	37718
地方财政一般预算支出	万元	98302	112625	125115	106948	81247
城乡居民储蓄存款余额	万元	346375	351070	440278	500978	265677
年末金融机构各项贷款余额	万元	268518	422623	654992	1261473	423438
三、农业、工业及投资						
粮食总产量	吨	194515	114824	173223	89766	78972
棉花产量	吨	9		40		3
油料产量	吨	6447	1733	1530	2123	1416
肉类总产量	吨	16115	22137	18133	27144	8488
规模以上工业企业个数	个	117	152	177	184	95
规模以上工业总产值(现价)	万元	638845	1975800	1452784	3147814	1021355
固定资产投资(不含农户)	万元	466242	938039	619696	1018995	376529
四、教育、卫生和社会保障						
普通中学在校学生数	人	17455	17896	21594	12238	8210
小学在校学生数	人	16159	20917	20617	18992	9689
医院、卫生院床位数	床	782	512	1233	709	525
各种社会福利收养性单位数	个	13	17	17	15	1
各种社会福利收养性单位床位数	床	398	177	520	354	100

2011 年县(市)社会经济主要指标

福建省

指　　标	单位	泰宁县	建宁县	永安市	惠安县	安溪县
一、基本情况						
行政区域土地面积	平方公里	1539	1718	2932	484	3057
乡(镇)个数	个	9	9	11	12	24
村民委员会个数	个	111	92	228	206	436
年末总户数	户	37270	41209	96702	201904	300763
其中:乡村户数	户	28572	31305	50185	176766	288001
年末总人口	万人	13	15	33	97	112
乡村人口	万人	11	13	19	68	110
年末单位从业人员数	人	7683	8066	40575	228596	93427
乡村从业人员数	人	58469	57593	109476	369610	527125
其中:农林牧渔业	人	31840	38645	60393	90197	216907
农业机械总动力	万千瓦特	6	12	18	15	82
固定电话用户	户	17364	22510	84438	204900	193797
二、综合经济						
第一产业增加值	万元	120003	134027	229297	209504	284045
第二产业增加值	万元	235998	258225	1276448	1990846	2166557
地方财政一般预算收入	万元	18716	15030	121223	178106	131851
地方财政一般预算支出	万元	61157	58130	154776	239131	248785
城乡居民储蓄存款余额	万元	185837	177434	677103	1233751	1475668
年末金融机构各项贷款余额	万元	225134	169730	963546	1615628	1292576
三、农业、工业及投资						
粮食总产量	吨	65124	102974	110024	119170	127534
棉花产量	吨	11		5		
油料产量	吨	1551	527	1807	16988	1052
肉类总产量	吨	7378	7148	24762	29278	39323
规模以上工业企业个数	个	62	90	254	398	311
规模以上工业总产值(现价)	万元	446292	584100	3659925	4857473	5917286
固定资产投资(不含农户)	万元	255796	279197	830019	1420766	1043351
四、教育、卫生和社会保障						
普通中学在校学生数	人	4256	7094	17473	34746	50788
小学在校学生数	人	7175	8050	20242	45721	67979
医院、卫生院床位数	床	534	485	1522	2313	1929
各种社会福利收养性单位数	个	6	8	4	8	18
各种社会福利收养性单位床位数	床	360	81	40	254	576

2011年县(市)社会经济主要指标

福建省

指　　标	单位	永春县	德化县	金门县	石狮市	晋江市
一、基本情况						
行政区域土地面积	平方公里	1457	2232		160	642
乡(镇)个数	个	22	18		7	13
村民委员会个数	个	209	191		102	293
年末总户数	户	163997	89214		85563	288461
其中:乡村户数	户	123770	80941		66220	281149
年末总人口	万人	57	32		32	107
乡村人口	万人	44	28		25	111
年末单位从业人员数	人	50892	28920		159312	613018
乡村从业人员数	人	215512	159757		137757	729827
其中:农林牧渔业	人	102203	60510		28689	116224
农业机械总动力	万千瓦特	28	7		29	36
固定电话用户	户	99561	64490		355000	552525
二、综合经济						
第一产业增加值	万元	180045	88693		169321	174033
第二产业增加值	万元	1037484	697038		2481254	7390136
地方财政一般预算收入	万元	81016	61959		240012	639164
地方财政一般预算支出	万元	141264	117606		302586	701225
城乡居民储蓄存款余额	万元	778124	450264		2709323	5119632
年末金融机构各项贷款余额	万元	547956	513633		3317628	6290507
三、农业、工业及投资						
粮食总产量	吨	135737	88181		10297	57655
棉花产量	吨					
油料产量	吨	227	60		1345	8827
肉类总产量	吨	25013	26507		1164	24067
规模以上工业企业个数	个	204	247		402	1478
规模以上工业总产值(现价)	万元	2442005	1487198		7753566	24662129
固定资产投资(不含农户)	万元	405362	428573		1802686	4058375
四、教育、卫生和社会保障						
普通中学在校学生数	人	25222	15864		21910	76500
小学在校学生数	人	30643	18706		46533	160513
医院、卫生院床位数	床	1144	650		1360	3792
各种社会福利收养性单位数	个	11	12		2	16
各种社会福利收养性单位床位数	床	654	680		544	2012

2011年县(市)社会经济主要指标

福建省

指　　标	单位	南安市	云霄县	漳浦县	诏安县	长泰县
一、基本情况						
行政区域土地面积	平方公里	1985	1051	2146	1294	900
乡(镇)个数	个	23	9	21	15	5
村民委员会个数	个	383	162	290	217	57
年末总户数	户	396550	111933	230284	156535	57738
其中:乡村户数	户	267377	88964	209265	143190	45519
年末总人口	万人	151	44	86	61	20
乡村人口	万人	112	35	79	56	16
年末单位从业人员数	人	106915	24396	61615	29935	33121
乡村从业人员数	人	750206	173621	447890	326708	91881
其中:农林牧渔业	人	114478	102751	273908	206351	30551
农业机械总动力	万千瓦特	33	19	33	13	11
固定电话用户	户	405573	76192	141243	108008	43706
二、综合经济						
第一产业增加值	万元	215912	206360	495733	299353	141822
第二产业增加值	万元	3722400	364630	656539	472668	631826
地方财政一般预算收入	万元	284426	30918	96648	38922	63116
地方财政一般预算支出	万元	402827	102506	211087	127336	106092
城乡居民储蓄存款余额	万元	3366171	467272	636744	421413	349347
年末金融机构各项贷款余额	万元	4234980	294953	596691	274020	332639
三、农业、工业及投资						
粮食总产量	吨	190284	99751	199041	110226	37094
棉花产量	吨					
油料产量	吨	13015	4345	16550	5319	2295
肉类总产量	吨	61608	13017	36046	13211	21034
规模以上工业企业个数	个	993	110	138	123	121
规模以上工业总产值(现价)	万元	10226348	977569	1489548	1238632	1960516
固定资产投资(不含农户)	万元	2095188	479522	1307763	505181	1046971
四、教育、卫生和社会保障						
普通中学在校学生数	人	68393	22829	38867	30585	9211
小学在校学生数	人	93749	32121	51779	37735	12405
医院、卫生院床位数	床	4180	896	1602	829	483
各种社会福利收养性单位数	个	11		12	10	5
各种社会福利收养性单位床位数	床	550		440	230	200

2011年县(市)社会经济主要指标

福建省

指　　标	单位	东山县	南靖县	平和县	华安县	龙海市
一、基本情况						
行政区域土地面积	平方公里	248	1962	2310	1278	1315
乡(镇)个数	个	7	11	15	9	13
村民委员会个数	个	61	183	240	91	239
年末总户数	户	60298	96381	169695	50453	222843
其中:乡村户数	户	35399	83101	143126	41235	184176
年末总人口	万人	21	35	58	16	82
乡村人口	万人	14	31	55	14	71
年末单位从业人员数	人	18950	23921	20879	15255	89472
乡村从业人员数	人	80212	161068	277968	73125	397579
其中:农林牧渔业	人	31903	88475	150233	47963	142594
农业机械总动力	万千瓦特	22	19	31	8	41
固定电话用户	户	49652	68253	89382	30000	182955
二、综合经济						
第一产业增加值	万元	264144	348404	425334	149775	493073
第二产业增加值	万元	429154	632828	261192	275231	2513306
地方财政一般预算收入	万元	65000	54415	37800	31828	265932
地方财政一般预算支出	万元	151484	118796	122175	67864	353944
城乡居民储蓄存款余额	万元	315389	369188	514632	187278	1403462
年末金融机构各项贷款余额	万元	482163	441405	304606	207736	1535978
三、农业、工业及投资						
粮食总产量	吨	7173	47195	76259	15436	107233
棉花产量	吨					
油料产量	吨	3689	829	2460	528	3374
肉类总产量	吨	4528	45781	26281	12863	44412
规模以上工业企业个数	个	67	129	63	82	334
规模以上工业总产值(现价)	万元	1261258	1887118	644194	801645	8096361
固定资产投资(不含农户)	万元	672089	806243	447188	535416	2058237
四、教育、卫生和社会保障						
普通中学在校学生数	人	10960	16915	31546	5662	44190
小学在校学生数	人	12451	19413	50742	9221	56252
医院、卫生院床位数	床	480	629	915	430	1459
各种社会福利收养性单位数	个	5	13	14	8	18
各种社会福利收养性单位床位数	床	60	265	620	250	261

2011年县(市)社会经济主要指标

福建省

指　　标	单位	顺昌县	浦城县	光泽县	松溪县	政和县
一、基本情况						
行政区域土地面积	平方公里	1992	3376	2240	1040	1735
乡(镇)个数	个	11	17	8	8	9
村民委员会个数	个	130	286	85	102	124
年末总户数	户	72346	127404	45697	48821	65642
其中:乡村户数	户	48857	96756	33107	40836	52481
年末总人口	万人	24	43	16	16	23
乡村人口	万人	18	36	13	15	20
年末单位从业人员数	人	18284	18151	20832	8713	10438
乡村从业人员数	人	102888	193051	68145	75372	101479
其中:农林牧渔业	人	69631	101825	50988	50058	69700
农业机械总动力	万千瓦特	11	19	8	11	8
固定电话用户	户	44300	61237	91341	23449	35108
二、综合经济						
第一产业增加值	万元	155741	204987	191959	94607	94222
第二产业增加值	万元	232900	267000	150400	100400	96000
地方财政一般预算收入	万元	25666	32740	19988	14587	14665
地方财政一般预算支出	万元	72302	94323	66441	48325	56976
城乡居民储蓄存款余额	万元	319348	495661	195702	173900	175609
年末金融机构各项贷款余额	万元	310986	395265	206547	220300	136423
三、农业、工业及投资						
粮食总产量	吨	73850	245481	81041	66062	82899
棉花产量	吨					
油料产量	吨	1005	10629	1348	1214	503
肉类总产量	吨	8014	17225	140617	4695	4994
规模以上工业企业个数	个	76	84	48	65	83
规模以上工业总产值(现价)	万元	620596	469633	463586	225400	215377
固定资产投资(不含农户)	万元	198500	543616	195878	78500	100694
四、教育、卫生和社会保障						
普通中学在校学生数	人	12685	18317	8507	6759	11065
小学在校学生数	人	11569	25196	10311	8088	13084
医院、卫生院床位数	床	702	1062	443	470	665
各种社会福利收养性单位数	个	13	20	9	8	15
各种社会福利收养性单位床位数	床	620	1250	304	206	372

2011年县(市)社会经济主要指标

福建省

指　　标	单位	邵武市	武夷山市	建瓯市	建阳市	长汀县
一、基本情况						
行政区域土地面积	平方公里	2852	2814	4233	3378	3100
乡(镇)个数	个	15	7	14	11	18
村民委员会个数	个	133	115	217	194	290
年末总户数	户	92923	65047	162210	94319	149077
其中:乡村户数	户	56893	46415	127048	70805	99785
年末总人口	万人	30	23	54	34	51
乡村人口	万人	21	18	45	27	39
年末单位从业人员数	人	36177	23848	19430	19289	55621
乡村从业人员数	人	107530	101831	223798	139293	213102
其中:农林牧渔业	人	55824	68148	134881	86816	82427
农业机械总动力	万千瓦特	23	17	29	30	15
固定电话用户	户	65014	59157	78663	68220	80015
二、综合经济						
第一产业增加值	万元	247146	178952	373975	253494	224831
第二产业增加值	万元	616000	281500	438100	438600	523215
地方财政一般预算收入	万元	64580	60016	45751	55622	42875
地方财政一般预算支出	万元	132999	92891	123820	123678	157150
城乡居民储蓄存款余额	万元	609149	496021	542645	474704	442703
年末金融机构各项贷款余额	万元	777771	680207	788750	645434	540435
三、农业、工业及投资						
粮食总产量	吨	202920	135911	217986	219408	199554
棉花产量	吨	5				
油料产量	吨	5879	2342	3718	1349	6490
肉类总产量	吨	19273	11990	17087	10186	52886
规模以上工业企业个数	个	223	98	138	137	114
规模以上工业总产值(现价)	万元	1816659	464199	1027526	1283996	1260431
固定资产投资(不含农户)	万元	704234	874672	705172	612795	588263
四、教育、卫生和社会保障						
普通中学在校学生数	人	15205	10582	23013	17367	25533
小学在校学生数	人	16823	14454	30522	19910	28380
医院、卫生院床位数	床	1356	584	1244	1462	1539
各种社会福利收养性单位数	个	18	16	13	18	17
各种社会福利收养性单位床位数	床	821	313	366	270	235

2011 年县(市)社会经济主要指标

福建省

指　　　标	单位	永定县	上杭县	武平县	连城县	漳平市
一、基本情况						
行政区域土地面积	平方公里	2224	2859	2638	2576	2976
乡(镇)个数	个	24	22	17	17	14
村民委员会个数	个	261	331	214	232	173
年末总户数	户	143695	136694	106126	104366	82123
其中:乡村户数	户	126610	123035	87959	84581	65968
年末总人口	万人	48	49	37	33	28
乡村人口	万人	45	46	35	29	23
年末单位从业人员数	人	27527	36671	25967	18276	27577
乡村从业人员数	人	251380	259620	172751	153149	125385
其中:农林牧渔业	人	103556	103615	74409	72213	80598
农业机械总动力	万千瓦特	18	14	13	11	13
固定电话用户	户	117571	104728	67674	47362	55000
二、综合经济						
第一产业增加值	万元	222562	245291	228428	200485	175821
第二产业增加值	万元	757748	931294	370253	438779	577940
地方财政一般预算收入	万元	89319	107160	40536	26289	63150
地方财政一般预算支出	万元	180338	198598	123307	89241	135345
城乡居民储蓄存款余额	万元	518906	635762	327604	255464	355653
年末金融机构各项贷款余额	万元	572922	1081498	380437	286362	599261
三、农业、工业及投资						
粮食总产量	吨	130994	180678	208970	167149	81026
棉花产量	吨					
油料产量	吨	1607	1698	2882	3869	567
肉类总产量	吨	68679	73925	64569	36929	23577
规模以上工业企业个数	个	107	47	77	135	139
规模以上工业总产值(现价)	万元	1516160	2342462	659667	1076245	1170268
固定资产投资(不含农户)	万元	808733	787606	711909	467813	847033
四、教育、卫生和社会保障						
普通中学在校学生数	人	20413	26666	16432	15483	11149
小学在校学生数	人	24658	22438	18127	14660	15238
医院、卫生院床位数	床	1253	1368	1248	932	835
各种社会福利收养性单位数	个	25	23	20	17	18
各种社会福利收养性单位床位数	床	606	1411	807	492	589

2011年县(市)社会经济主要指标

福建省

指标	单位	霞浦县	古田县	屏南县	寿宁县	周宁县
一、基本情况						
行政区域土地面积	平方公里	1678	2403	1498	1425	1047
乡(镇)个数	个	12	12	11	14	9
村民委员会个数	个	292	275	151	196	140
年末总户数	户	156035	130018	54018	75666	57157
其中:乡村户数	户	112591	113084	41627	59666	43451
年末总人口	万人	53	43	19	27	20
乡村人口	万人	43	38	16	24	18
年末单位从业人员数	人	17844	17001	8991	9189	7456
乡村从业人员数	人	219272	205310	80320	110990	78045
其中:农林牧渔业	人	118070	137518	59536	66570	45476
农业机械总动力	万千瓦特	26	16	7	7	4
固定电话用户	户	91817	77800	25222	19906	24118
二、综合经济						
第一产业增加值	万元	314335	274684	94875	116410	60189
第二产业增加值	万元	368700	378500	167400	192800	162200
地方财政一般预算收入	万元	45602	37713	18923	16135	16135
地方财政一般预算支出	万元	150475	108935	59374	70616	57971
城乡居民储蓄存款余额	万元	292796	470870	146343	176503	112278
年末金融机构各项贷款余额	万元	567513	402931	297345	203028	206852
三、农业、工业及投资						
粮食总产量	吨	85691	147497	62284	63568	39101
棉花产量	吨					
油料产量	吨	2061	209		44	76
肉类总产量	吨	7824	8901	6680	5243	4663
规模以上工业企业个数	个	81	106	56	45	13
规模以上工业总产值(现价)	万元	738628	879602	432749	523886	412871
固定资产投资(不含农户)	万元	363253	51338	129324	152583	100529
四、教育、卫生和社会保障						
普通中学在校学生数	人	20699	16065	6863	12863	9109
小学在校学生数	人	25247	18306	8155	14213	8077
医院、卫生院床位数	床	1318	849	518	487	495
各种社会福利收养性单位数	个	17	8	8	12	9
各种社会福利收养性单位床位数	床	469	537	440	170	130

2011年县(市)社会经济主要指标

福建省、江西省

指　　标	单位	柘荣县	福安市	福鼎市	南昌县	新建县
一、基本情况						
行政区域土地面积	平方公里	544	1880	1526	1684	2338
乡(镇)个数	个	9	18	13	16	19
村民委员会个数	个	112	439	251	264	305
年末总户数	户	32807	189239	162323	286600	192700
其中:乡村户数	户	19525	117041	139616	192927	138050
年末总人口	万人	11	65	58	101	72
乡村人口	万人	8	47	48	68	52
年末单位从业人员数	人	7101	28331	22560	72897	33744
乡村从业人员数	人	36458	173264	258510	288977	225583
其中:农林牧渔业	人	26590	78642	120740	209306	195865
农业机械总动力	万千瓦特	4	18	19	155	113
固定电话用户	户	17000	168350	109000	143000	106298
二、综合经济						
第一产业增加值	万元	57171	291610	242880	403088	391892
第二产业增加值	万元	187100	1385300	974800	2542944	1137229
地方财政一般预算收入	万元	11596	121355	102936	258784	120477
地方财政一般预算支出	万元	45346	213796	188236	457103	262282
城乡居民储蓄存款余额	万元	90741	792454	642730	1444627	979241
年末金融机构各项贷款余额	万元	184960	1959402	2202505	1554122	957736
三、农业、工业及投资						
粮食总产量	吨	35942	104978	85630	1003760	630404
棉花产量	吨					214
油料产量	吨	824	1068	459	12634	30680
肉类总产量	吨	3888	19672	7300	130766	76519
规模以上工业企业个数	个	45	263	259	198	98
规模以上工业总产值(现价)	万元	598585	4797080	3324343	4780121	3030575
固定资产投资(不含农户)	万元	131552	618558	666786	3410895	1596887
四、教育、卫生和社会保障						
普通中学在校学生数	人	6007	34762	29453	56127	49835
小学在校学生数	人	5600	38997	30196	78655	75928
医院、卫生院床位数	床	448	1847	1532	1385	1383
各种社会福利收养性单位数	个	1	21	11	19	21
各种社会福利收养性单位床位数	床	10	1182	830	2240	4351

2011年县(市)社会经济主要指标

江西省

指　　　标	单位	安义县	进贤县	浮梁县	乐平市	莲花县
一、基本情况						
行政区域土地面积	平方公里	665	1955	2851	1974	1062
乡(镇)个数	个	10	21	18	16	13
村民委员会个数	个	105	263	158	299	157
年末总户数	户	91700	261500	101142	266749	83733
其中:乡村户数	户	53922	179399	69447	174414	51730
年末总人口	万人	29	83	29	90	27
乡村人口	万人	15	45	19	48	20
年末单位从业人员数	人	20031	22893	24454	45136	12213
乡村从业人员数	人	33037	110585	61539	165996	77243
其中:农林牧渔业	人	30865	49388	57060	109440	55097
农业机械总动力	万千瓦特	19	109	57	103	41
固定电话用户	户	52763	81498	45791	107000	31409
二、综合经济						
第一产业增加值	万元	79111	372060	125012	268742	65588
第二产业增加值	万元	362148	1180586	368728	1023898	163430
地方财政一般预算收入	万元	38531	68568	56828	141659	30253
地方财政一般预算支出	万元	114008	205615	112711	282088	102017
城乡居民储蓄存款余额	万元	478628	986328	254442	988402	315396
年末金融机构各项贷款余额	万元	466406	582866	191553	541953	137020
三、农业、工业及投资						
粮食总产量	吨	165503	501000	162147	411968	132648
棉花产量	吨	3305	245	177	1342	16
油料产量	吨	25414	46843	7170	23609	14238
肉类总产量	吨	21776	86933	12580	31962	15864
规模以上工业企业个数	个	54	88	107	105	56
规模以上工业总产值(现价)	万元	839218	1893548	1262182	2587145	625216
固定资产投资(不含农户)	万元	441708	626177	339927	1809596	210321
四、教育、卫生和社会保障						
普通中学在校学生数	人	15458	48112	13502	48343	14962
小学在校学生数	人	22504	78140	18956	83495	23099
医院、卫生院床位数	床	478	1345	628	1682	464
各种社会福利收养性单位数	个	16	22	17	23	16
各种社会福利收养性单位床位数	床	1586	2569	960	3060	1850

2011年县(市)社会经济主要指标

江西省

指 标	单位	上栗县	芦溪县	九江县	武宁县	修水县
一、基本情况						
行政区域土地面积	平方公里	725	968	917	3507	4503
乡(镇)个数	个	9	10	11	19	36
村民委员会个数	个	154	138	98	186	356
年末总户数	户	137024	93643	120576	113503	225390
其中:乡村户数	户	102094	62439	68773	79109	166120
年末总人口	万人	48	29	33	38	83
乡村人口	万人	41	17	22	24	58
年末单位从业人员数	人	11502	8085	21641	15773	27476
乡村从业人员数	人	191926	49722	73896	92068	193065
其中:农林牧渔业	人	80128	20427	56684	63219	137943
农业机械总动力	万千瓦特	35	33	30	38	55
固定电话用户	户	32004	24395	41421	87950	102311
二、综合经济						
第一产业增加值	万元	123611	117162	93205	109405	124868
第二产业增加值	万元	863715	605288	385495	324778	371417
地方财政一般预算收入	万元	87472	58846	48101	52515	65305
地方财政一般预算支出	万元	166358	122760	112987	132008	228645
城乡居民储蓄存款余额	万元			393997	436906	578405
年末金融机构各项贷款余额	万元	174586	182747	336506	340022	456952
三、农业、工业及投资						
粮食总产量	吨	151694	135039	60474	157104	216256
棉花产量	吨		2	22100	2314	491
油料产量	吨	1544	2330	19269	14053	14323
肉类总产量	吨	30208	41533	15705	21690	39774
规模以上工业企业个数	个	195	117	56	74	49
规模以上工业总产值(现价)	万元	1957789	1707888	1049438	1208948	1007835
固定资产投资(不含农户)	万元	943270	700898	421564	539900	618610
四、教育、卫生和社会保障						
普通中学在校学生数	人	29979	15994	20083	13321	44531
小学在校学生数	人	41478	26766	25468	25078	92452
医院、卫生院床位数	床	816	520	617	694	1679
各种社会福利收养性单位数	个	21	12	15	22	42
各种社会福利收养性单位床位数	床	2415	1642	2603	1488	6279

2011年县(市)社会经济主要指标

江西省

指　　标	单位	永修县	德安县	星子县	都昌县	湖口县
一、基本情况						
行政区域土地面积	平方公里	2035	863	719	1988	669
乡(镇)个数	个	15	13	10	24	12
村民委员会个数	个	145	83	73	267	123
年末总户数	户	138703	55933	76351	255848	90028
其中:乡村户数	户	73145	28692	50516	170074	56478
年末总人口	万人	39	17	26	82	30
乡村人口	万人	21	9	15	54	17
年末单位从业人员数	人	26826	12913	14684	36452	23888
乡村从业人员数	人	66822	34380	42763	185525	54273
其中:农林牧渔业	人	41831	27333	34531	127753	31625
农业机械总动力	万千瓦特	30	20	20	67	35
固定电话用户	户	57000	28600	38320	94298	37271
二、综合经济						
第一产业增加值	万元	109737	41822	51998	139854	80575
第二产业增加值	万元	486574	347414	209552	248510	665631
地方财政一般预算收入	万元	62360	46322	35673	43633	74509
地方财政一般预算支出	万元	176455	92693	96150	185387	143606
城乡居民储蓄存款余额	万元	445365	287171	252212	605384	341900
年末金融机构各项贷款余额	万元	498037	268745	227893	365355	337000
三、农业、工业及投资						
粮食总产量	吨	235094	40679	70536	394786	95694
棉花产量	吨	7970	7909	3663	7288	9727
油料产量	吨	17834	6134	11117	26167	25576
肉类总产量	吨	17181	9904	12252	19191	8637
规模以上工业企业个数	个	58	73	43	49	36
规模以上工业总产值(现价)	万元	1887002	1347221	225034	522200	2291800
固定资产投资(不含农户)	万元	885800	465219	351113	334922	1215000
四、教育、卫生和社会保障						
普通中学在校学生数	人	20165	9514	16608	62864	18972
小学在校学生数	人	31931	14912	29437	91981	25754
医院、卫生院床位数	床	803	563	741	1467	621
各种社会福利收养性单位数	个	24	11	12	27	13
各种社会福利收养性单位床位数	床	2798	412	486	4021	1063

2011年县(市)社会经济主要指标

江西省

指　　标	单位	彭泽县	瑞昌市	共青城市	分宜县	余江县
一、基本情况						
行政区域土地面积	平方公里	1542	1423	308	1389	937
乡(镇)个数	个	13	16	3	10	11
村民委员会个数	个	178	157	32	128	122
年末总户数	户	121918	146633	34454	108493	98490
其中:乡村户数	户	74971	85965	10996	64908	78830
年末总人口	万人	38	45	7	33	38
乡村人口	万人	20	26	4	18	18
年末单位从业人员数	人	19379	32605	19363	17036	21623
乡村从业人员数	人	57723	83884	20505	77550	32766
其中:农林牧渔业	人	39421	59506	10850	52532	20904
农业机械总动力	万千瓦特	46	31	11	35	29
固定电话用户	户	57568	62500	13000	31174	40000
二、综合经济						
第一产业增加值	万元	99354	99593	17234	135240	194470
第二产业增加值	万元	263207	604171	359707	840509	299600
地方财政一般预算收入	万元	43178	84905	41201	158086	56126
地方财政一般预算支出	万元	133731	163689	82909	223768	137733
城乡居民储蓄存款余额	万元	383290	473612	136934	456882	393538
年末金融机构各项贷款余额	万元	261823	480130	198293	472848	424566
三、农业、工业及投资						
粮食总产量	吨	99438	74225	17741	153765	235587
棉花产量	吨	32947	4661	1192	17	
油料产量	吨	43268	18455	1967	4538	14589
肉类总产量	吨	13725	26386	5363	24146	86511
规模以上工业企业个数	个	51	93	40	92	38
规模以上工业总产值(现价)	万元	828088	1981769	1346635	2493023	1284799
固定资产投资(不含农户)	万元	509440	909669	652889	577392	294377
四、教育、卫生和社会保障						
普通中学在校学生数	人	23693	22798	4145	13528	22849
小学在校学生数	人	31256	32395	7912	23428	35402
医院、卫生院床位数	床	678	1415	270	605	614
各种社会福利收养性单位数	个	18	21	2	14	21
各种社会福利收养性单位床位数	床	1417	1254	84	2746	1308

2011年县(市)社会经济主要指标

江西省

指标	单位	贵溪市	赣县	信丰县	大余县	上犹县
一、基本情况						
行政区域土地面积	平方公里	2493	2993	2878	1368	1544
乡(镇)个数	个	18	19	16	11	14
村民委员会个数	个	187	276	260	105	131
年末总户数	户	169510	169755	226873	115219	96757
其中:乡村户数	户	108650	123700	146842	55604	69558
年末总人口	万人	61	62	74	31	31
乡村人口	万人	35	40	46	18	19
年末单位从业人员数	人	39954	25915	36531	16229	15985
乡村从业人员数	人	128313	145907	171062	72378	68756
其中:农林牧渔业	人	84236	103267	129420	41757	45389
农业机械总动力	万千瓦特	51	43	61	33	25
固定电话用户	户	75900	60369	71404	39048	35548
二、综合经济						
第一产业增加值	万元	155044	161436	207577	96052	74836
第二产业增加值	万元	1874999	534410	443264	343224	142452
地方财政一般预算收入	万元	159422	55703	55460	37674	24488
地方财政一般预算支出	万元	248744	175604	166787	106681	103146
城乡居民储蓄存款余额	万元	705896	758553	782050	472106	367023
年末金融机构各项贷款余额	万元	999055	594348	480049	269494	245533
三、农业、工业及投资						
粮食总产量	吨	359757	197395	265405	84206	85498
棉花产量	吨					
油料产量	吨	6438	5548	12503	3492	2125
肉类总产量	吨	29670	38993	61901	27653	16211
规模以上工业企业个数	个	66	60	55	35	19
规模以上工业总产值(现价)	万元	11114600	1884433	1084118	583673	547413
固定资产投资(不含农户)	万元	1671774	610157	572697	491122	206989
四、教育、卫生和社会保障						
普通中学在校学生数	人	28846	33091	36751	14182	14940
小学在校学生数	人	47738	65970	67562	27480	27354
医院、卫生院床位数	床	1253	754	1220	852	630
各种社会福利收养性单位数	个	24	30	17	13	26
各种社会福利收养性单位床位数	床	1753	1435	1832	1509	2465

2011 年县(市)社会经济主要指标

江西省

指　　标	单位	崇义县	安远县	龙南县	定南县	全南县
一、基本情况						
行政区域土地面积	平方公里	2197	2375	1641	1317	1521
乡(镇)个数	个	16	18	13	7	9
村民委员会个数	个	124	151	94	119	86
年末总户数	户	64088	89016	96980	59850	61039
其中:乡村户数	户	43827	70612	66061	38855	34663
年末总人口	万人	21	38	32	21	19
乡村人口	万人	14	26	21	15	11
年末单位从业人员数	人	17414	14822	30233	14286	13213
乡村从业人员数	人	55078	108307	94550	65895	42756
其中:农林牧渔业	人	37574	69818	49300	35275	30004
农业机械总动力	万千瓦特	14	18	31	22	22
固定电话用户	户	27207	34598	42711	32204	27118
二、综合经济						
第一产业增加值	万元	71131	115505	88915	75795	56990
第二产业增加值	万元	288482	89092	408192	177009	160746
地方财政一般预算收入	万元	30999	20307	51302	31688	24288
地方财政一般预算支出	万元	91366	118280	131205	95210	81800
城乡居民储蓄存款余额	万元	351646	268185	527018	365763	266141
年末金融机构各项贷款余额	万元	331381	220294	306964	246362	158633
三、农业、工业及投资						
粮食总产量	吨	45743	99020	62886	54712	63956
棉花产量	吨	2				4
油料产量	吨	1578	639	2449	188	3958
肉类总产量	吨	8389	15054	23963	62719	10016
规模以上工业企业个数	个	21	22	76	24	32
规模以上工业总产值(现价)	万元	759654	206726	1538338	373989	581389
固定资产投资(不含农户)	万元	164952	67731	583969	222807	139246
四、教育、卫生和社会保障						
普通中学在校学生数	人	10220	25248	16325	12262	6840
小学在校学生数	人	14640	35562	23080	20797	15219
医院、卫生院床位数	床	407	731	566	725	546
各种社会福利收养性单位数	个	9	29	10	3	5
各种社会福利收养性单位床位数	床	1070	2699	775	702	612

2011年县(市)社会经济主要指标

江西省

指　　标	单位	宁都县	于都县	兴国县	会昌县	寻乌县
一、基本情况						
行政区域土地面积	平方公里	4053	2893	3215	2722	2311
乡(镇)个数	个	24	23	25	19	15
村民委员会个数	个	299	352	304	242	173
年末总户数	户	270487	271093	245354	143790	93885
其中:乡村户数	户	167921	187920	149447	99090	67734
年末总人口	万人	79	104	79	51	32
乡村人口	万人	56	64	50	34	24
年末单位从业人员数	人	22014	35533	24347	14727	11504
乡村从业人员数	人	223112	211702	185879	121631	111042
其中:农林牧渔业	人	141606	130611	117649	82609	72755
农业机械总动力	万千瓦特	56	45	53	19	31
固定电话用户	户	58367	93364	78075	48161	36502
二、综合经济						
第一产业增加值	万元	224510	183938	229718	130952	142120
第二产业增加值	万元	365179	552780	429240	221913	119215
地方财政一般预算收入	万元	47839	56538	41794	43269	21200
地方财政一般预算支出	万元	187558	221369	191282	148415	105288
城乡居民储蓄存款余额	万元	940210	941133	736565	474486	333054
年末金融机构各项贷款余额	万元	467752	460042	450038	236051	201246
三、农业、工业及投资						
粮食总产量	吨	393913	250186	278506	154805	97447
棉花产量	吨					
油料产量	吨	10265	16000	6641	903	2588
肉类总产量	吨	49737	41944	59341	30322	23409
规模以上工业企业个数	个	41	58	49	28	19
规模以上工业总产值(现价)	万元	489657	1390872	941777	673092	214824
固定资产投资(不含农户)	万元	272495	648167	410939	171926	132308
四、教育、卫生和社会保障						
普通中学在校学生数	人	38767	79372	49694	40609	21440
小学在校学生数	人	85212	125421	96682	61730	27980
医院、卫生院床位数	床	1231	2100	1322	1106	568
各种社会福利收养性单位数	个	30	28	28	28	15
各种社会福利收养性单位床位数	床	4860	4825	1254	4485	1028

2011年县(市)社会经济主要指标

江西省

指　　标	单位	石城县	瑞金市	南康市	吉安县	吉水县
一、基本情况						
行政区域土地面积	平方公里	1582	2448	1740	2117	2509
乡(镇)个数	个	10	17	18	19	18
村民委员会个数	个	131	223	278	316	249
年末总户数	户	91300	181533	280064	155415	178476
其中:乡村户数	户	59618	124432	173036	96819	123952
年末总人口	万人	32	68	82	48	52
乡村人口	万人	21	43	53	28	25
年末单位从业人员数	人	10855	22338	22789	16153	20552
乡村从业人员数	人	74139	157165	198381	91580	54288
其中:农林牧渔业	人	49118	105770	110186	71857	35899
农业机械总动力	万千瓦特	25	33	58	72	72
固定电话用户	户	29583	64267	103858	39614	47362
二、综合经济						
第一产业增加值	万元	94966	119246	186443	195896	163697
第二产业增加值	万元	79649	280235	570259	498324	351749
地方财政一般预算收入	万元	22781	57930	80086	82890	46419
地方财政一般预算支出	万元	91161	181169	205690	175798	157827
城乡居民储蓄存款余额	万元	352278	748437	1213857	619536	562463
年末金融机构各项贷款余额	万元	241920	558396	821398	370234	279005
三、农业、工业及投资						
粮食总产量	吨	91526	185615	262212	427246	553615
棉花产量	吨	1			2	
油料产量	吨	1501	11899	15646	23576	17548
肉类总产量	吨	12318	44232	69719	97360	39714
规模以上工业企业个数	个	17	47	69	65	54
规模以上工业总产值(现价)	万元	73815	499093	1612184	1716133	1115771
固定资产投资(不含农户)	万元	92947	253922	549266	637509	520863
四、教育、卫生和社会保障						
普通中学在校学生数	人	20275	41711	51694	25989	25844
小学在校学生数	人	33386	61874	83483	35093	44373
医院、卫生院床位数	床	801	1342	1685	929	759
各种社会福利收养性单位数	个	16	39	37	21	22
各种社会福利收养性单位床位数	床	1523	4425	3638	1261	2072

2011年县(市)社会经济主要指标

江西省

指　　标	单位	峡江县	新干县	永丰县	泰和县	遂川县
一、基本情况						
行政区域土地面积	平方公里	1287	1252	2680	2666	3102
乡(镇)个数	个	11	13	21	22	23
村民委员会个数	个	83	134	217	298	308
年末总户数	户	65118	112849	130423	143607	168045
其中:乡村户数	户	34415	72028	82854	114875	122936
年末总人口	万人	18	33	45	56	57
乡村人口	万人	11	17	23	33	37
年末单位从业人员数	人	9893	13247	21758	17851	16605
乡村从业人员数	人	43049	50633	43292	94464	145165
其中:农林牧渔业	人	30048	32818	25827	69284	101039
农业机械总动力	万千瓦特	27	56	51	73	30
固定电话用户	户	15285	43995	34397	57526	66254
二、综合经济						
第一产业增加值	万元	92867	147348	150231	200598	120743
第二产业增加值	万元	179875	365482	397036	485808	326995
地方财政一般预算收入	万元	33983	55598	51370	68043	52100
地方财政一般预算支出	万元	90692	145810	148198	172813	145852
城乡居民储蓄存款余额	万元	255514	505206	479110	744649	441845
年末金融机构各项贷款余额	万元	164800	354693	246975	419680	273017
三、农业、工业及投资						
粮食总产量	吨	227743	334328	341601	500110	250005
棉花产量	吨	89	174			
油料产量	吨	12840	20839	4889	19532	6071
肉类总产量	吨	10863	73326	23214	76809	25958
规模以上工业企业个数	个	33	60	66	65	53
规模以上工业总产值(现价)	万元	709266	1264734	1326477	1572360	773515
固定资产投资(不含农户)	万元	304777	554041	617131	613513	408528
四、教育、卫生和社会保障						
普通中学在校学生数	人	10399	19051	27541	26147	28551
小学在校学生数	人	17777	27560	37921	39429	47105
医院、卫生院床位数	床	359	699	795	1585	1473
各种社会福利收养性单位数	个	13	14	27	25	26
各种社会福利收养性单位床位数	床	1204	1758	2551	1913	2550

2011 年县(市)社会经济主要指标

江西省

指　　标	单位	万安县	安福县	永新县	井冈山市	奉新县
一、基本情况						
行政区域土地面积	平方公里	2047	2796	2200	1276	1642
乡(镇)个数	个	16	19	23	17	13
村民委员会个数	个	135	256	238	106	146
年末总户数	户	98526	125693	159961	47686	102619
其中:乡村户数	户	59863	75002	99639	26051	63349
年末总人口	万人	31	40	51	16	32
乡村人口	万人	21	24	32	9	14
年末单位从业人员数	人	13593	13994	14352	19280	25082
乡村从业人员数	人	76405	85226	110414	33352	18571
其中:农林牧渔业	人	48064	62395	71332	20650	10178
农业机械总动力	万千瓦特	39	45	50	8	53
固定电话用户	户	34650	46924	53313	21540	45338
二、综合经济						
第一产业增加值	万元	93443	163490	128931	38410	131568
第二产业增加值	万元	191808	431670	258969	153636	472932
地方财政一般预算收入	万元	37258	78439	34882	37857	60673
地方财政一般预算支出	万元	113268	162344	141877	109394	134426
城乡居民储蓄存款余额	万元	366568	562160	566693	274711	432661
年末金融机构各项贷款余额	万元	172250	265746	170670	108094	432661
三、农业、工业及投资						
粮食总产量	吨	262685	322985	286079	66254	304611
棉花产量	吨			1		1164
油料产量	吨	10459	21916	22411	1674	15176
肉类总产量	吨	16936	37538	28858	6699	12050
规模以上工业企业个数	个	35	37	32	23	60
规模以上工业总产值(现价)	万元	553210	1054138	837026	320323	2010324
固定资产投资(不含农户)	万元	301342	399716	433687	254654	509273
四、教育、卫生和社会保障						
普通中学在校学生数	人	17789	17284	32284	8370	14797
小学在校学生数	人	21793	24334	38343	12101	26358
医院、卫生院床位数	床	704	967	1009	450	687
各种社会福利收养性单位数	个	19	20	24	7	18
各种社会福利收养性单位床位数	床	1986	1499	1490	651	1615

2011年县(市)社会经济主要指标

江西省

指　　标	单位	万载县	上高县	宜丰县	靖安县	铜鼓县
一、基本情况						
行政区域土地面积	平方公里	1720	1350	1935	1378	1548
乡(镇)个数	个	16	13	12	11	9
村民委员会个数	个	181	186	212	75	102
年末总户数	户	151491	119853	97242	48144	53184
其中:乡村户数	户	118486	71480	57691	28975	26695
年末总人口	万人	53	36	29	15	14
乡村人口	万人	38	16	17	8	9
年末单位从业人员数	人	21589	43788	12755	12238	8289
乡村从业人员数	人	151237	26115	69258	28532	34697
其中:农林牧渔业	人	110932	16069	46738	20937	21395
农业机械总动力	万千瓦特	33	48	61	29	29
固定电话用户	户	49943	31915	129080	15000	28495
二、综合经济						
第一产业增加值	万元	116835	146871	127000	47321	44359
第二产业增加值	万元	426894	469398	365900	135034	103100
地方财政一般预算收入	万元	59654	68570	39531	28667	28560
地方财政一般预算支出	万元	163336	147668	125050	76733	87490
城乡居民储蓄存款余额	万元	469714	581400	451833	229137	121170
年末金融机构各项贷款余额	万元	281595	477600	299383	150109	83686
三、农业、工业及投资						
粮食总产量	吨	254081	284731	250639	78650	37715
棉花产量	吨	41	782	432	2445	
油料产量	吨	5744	14728	958	6702	261
肉类总产量	吨	37127	66556	21423	7133	6606
规模以上工业企业个数	个	73	95	76	20	16
规模以上工业总产值(现价)	万元	1029998	2030000	761505	338713	196354
固定资产投资(不含农户)	万元	274187	712962	327779	57635	115000
四、教育、卫生和社会保障						
普通中学在校学生数	人	34108	20967	10298	6050	5399
小学在校学生数	人	57993	24185	21593	9404	10756
医院、卫生院床位数	床	1423	1073	739	431	297
各种社会福利收养性单位数	个	18	15	19	11	10
各种社会福利收养性单位床位数	床	4798	2386	1443	970	1505

2011 年县(市)社会经济主要指标

江西省

指　　标	单位	丰城市	樟树市	高安市	南城县	黎川县
一、基本情况						
行政区域土地面积	平方公里	2845	1291	2439	1698	1729
乡(镇)个数	个	27	14	20	12	14
村民委员会个数	个	514	240	296	150	108
年末总户数	户	401875	184379	302476	86742	81859
其中:乡村户数	户	261960	112614	173541	62540	52691
年末总人口	万人	138	60	84	32	25
乡村人口	万人	87	28	50	21	16
年末单位从业人员数	人	55606	36769	25543	14359	13426
乡村从业人员数	人	307553	67842	201146	76539	56275
其中:农林牧渔业	人	211693	45068	139755	51235	35083
农业机械总动力	万千瓦特	109	97	125	46	23
固定电话用户	户	102477	78600	89605	35567	31931
二、综合经济						
第一产业增加值	万元	490334	247116	264982	121678	77607
第二产业增加值	万元	1544031	1090857	709503	325385	183457
地方财政一般预算收入	万元	221329	121850	99206	69617	51880
地方财政一般预算支出	万元	414299	226603	226659	137952	125090
城乡居民储蓄存款余额	万元	1611300	1010324	1098295	388306	270594
年末金融机构各项贷款余额	万元	1336500	757917	826991	261051	213232
三、农业、工业及投资						
粮食总产量	吨	1000269	547141	722072	278763	142883
棉花产量	吨	305	230	11181	159	
油料产量	吨	43328	51868	54844	3597	2551
肉类总产量	吨	85829	91296	141360	24525	20368
规模以上工业企业个数	个	113	99	103	59	47
规模以上工业总产值(现价)	万元	3709400	2692200	2572831	588575	518688
固定资产投资(不含农户)	万元	1526636	1071346	853968	662494	351441
四、教育、卫生和社会保障						
普通中学在校学生数	人	71336	27591	51157	19508	18138
小学在校学生数	人	137983	44811	59691	32978	23535
医院、卫生院床位数	床	3647	1124	2500	720	424
各种社会福利收养性单位数	个	31	22	27	15	16
各种社会福利收养性单位床位数	床	3348	3170	2899	1211	1318

2011年县（市）社会经济主要指标

江西省

指　　标	单位	南丰县	崇仁县	乐安县	宜黄县	金溪县
一、基本情况						
行政区域土地面积	平方公里	1909	1520	2412	1944	1358
乡(镇)个数	个	12	15	15	12	13
村民委员会个数	个	172	149	175	139	149
年末总户数	户	90808	97345	129372	68093	98177
其中:乡村户数	户	58121	67561	72011	48897	60776
年末总人口	万人	30	36	37	23	31
乡村人口	万人	13	22	22	16	18
年末单位从业人员数	人	12109	13405	14550	9353	11615
乡村从业人员数	人	23271	80179	78457	64861	62761
其中:农林牧渔业	人	21983	59315	55881	41472	43951
农业机械总动力	万千瓦特	35	18	28	21	41
固定电话用户	户	30000	37160	16088	12009	19422
二、综合经济						
第一产业增加值	万元	211378	179229	71996	64120	98639
第二产业增加值	万元	217678	314390	137516	187405	210410
地方财政一般预算收入	万元	58122	51494	36009	39570	44196
地方财政一般预算支出	万元	125800	129088	126088	97381	105615
城乡居民储蓄存款余额	万元	343121	391359	423219	243680	317169
年末金融机构各项贷款余额	万元	271540	208170	169261	177414	202989
三、农业、工业及投资						
粮食总产量	吨	222898	274463	250554	139070	301417
棉花产量	吨		1969		14	
油料产量	吨	5703	19052	1824	2041	5014
肉类总产量	吨	12701	76356	9769	7938	13971
规模以上工业企业个数	个	44	59	20	62	49
规模以上工业总产值(现价)	万元	347235	1053897	150525	559391	470938
固定资产投资(不含农户)	万元	348937	556186	146115	303952	257986
四、教育、卫生和社会保障						
普通中学在校学生数	人	15965	24150	16376	11818	14759
小学在校学生数	人	27006	35230	40863	21141	25081
医院、卫生院床位数	床	629	480	777	450	622
各种社会福利收养性单位数	个	14	18	17	16	14
各种社会福利收养性单位床位数	床	1500	980	2419	1280	1500

2011年县(市)社会经济主要指标

江西省

指　　标	单位	资溪县	东乡县	广昌县	上饶县	广丰县
一、基本情况						
行政区域土地面积	平方公里	1251	1264	1612	2246	1378
乡(镇)个数	个	7	13	11	22	20
村民委员会个数	个	70	141	129	220	159
年末总户数	户	38608	157737	77001	231919	236942
其中:乡村户数	户	23048	82049	49835	201699	179814
年末总人口	万人	11	46	24	79	91
乡村人口	万人	6	24	17	56	45
年末单位从业人员数	人	9963	29787	37784	28400	28799
乡村从业人员数	人	13997	79343	66822	156989	130459
其中:农林牧渔业	人	10198	51746	46561	111133	103726
农业机械总动力	万千瓦特	9	66	24	39	42
固定电话用户	户	14304	35600	20283	59777	91382
二、综合经济						
第一产业增加值	万元	28506	130621	50037	98186	173274
第二产业增加值	万元	98245	512700	128834	812356	953178
地方财政一般预算收入	万元	36444	100220	43367	66474	124115
地方财政一般预算支出	万元	76060	194268	107556	181491	225692
城乡居民储蓄存款余额	万元	188675	495118	274375	664657	585768
年末金融机构各项贷款余额	万元	125601	350067	197798	743395	619140
三、农业、工业及投资						
粮食总产量	吨	33000	267930	88449	163729	185432
棉花产量	吨				44	19
油料产量	吨	76	5795	327	5845	6892
肉类总产量	吨	2957	91644	5439	13953	51346
规模以上工业企业个数	个	23	80	27	60	93
规模以上工业总产值(现价)	万元	128393	1308400	413000	3253691	2700243
固定资产投资(不含农户)	万元	172997	755786	214347	956195	1113279
四、教育、卫生和社会保障						
普通中学在校学生数	人	8637	25880	13338	54319	59723
小学在校学生数	人	10085	43603	23500	84989	75670
医院、卫生院床位数	床	194	855	296	1544	767
各种社会福利收养性单位数	个	8	18	12	23	23
各种社会福利收养性单位床位数	床	378	2002	610	2055	2155

2011年县(市)社会经济主要指标

江西省

指　　　标	单位	玉山县	铅山县	横峰县	弋阳县	余干县
一、基本情况						
行政区域土地面积	平方公里	1728	2178	655	1580	2371
乡(镇)个数	个	16	17	9	16	20
村民委员会个数	个	189	186	63	137	365
年末总户数	户	174385	131807	66809	113219	304711
其中:乡村户数	户	128114	94996	45010	77072	190602
年末总人口	万人	59	46	22	40	104
乡村人口	万人	36	30	13	22	56
年末单位从业人员数	人	24196	14516	8058	14974	32613
乡村从业人员数	人	98864	104288	34335	58329	144086
其中:农林牧渔业	人	74140	76417	23823	42442	108591
农业机械总动力	万千瓦特	36	18	14	30	72
固定电话用户	户	73830	33117	24870	43621	91863
二、综合经济						
第一产业增加值	万元	118030	127495	55294	100136	284994
第二产业增加值	万元	403971	265742	372210	254603	314817
地方财政一般预算收入	万元	72208	59559	43925	32258	47556
地方财政一般预算支出	万元	166742	141881	96785	121473	232600
城乡居民储蓄存款余额	万元	634635	496739	257525	402229	767243
年末金融机构各项贷款余额	万元	535737	281830	237681	314350	430142
三、农业、工业及投资						
粮食总产量	吨	204545	159372	75523	201913	750009
棉花产量	吨	252		3	15	80
油料产量	吨	12379	2868	5065	6720	21208
肉类总产量	吨	18952	15000	15150	21599	31532
规模以上工业企业个数	个	56	26	28	48	24
规模以上工业总产值(现价)	万元	1422800	763507	1481536	812315	849804
固定资产投资(不含农户)	万元		624100	338075	358940	504187
四、教育、卫生和社会保障						
普通中学在校学生数	人	32523	22693	11356	17738	84785
小学在校学生数	人	53626	42474	21519	37587	113398
医院、卫生院床位数	床	1328	892	493	662	1058
各种社会福利收养性单位数	个	21	23	14	24	20
各种社会福利收养性单位床位数	床	1400	1526	762	1816	2575

2011年县(市)社会经济主要指标

江西省、山东省

指　　标	单位	鄱阳县	万年县	婺源县	德兴市	长清区
一、基本情况						
行政区域土地面积	平方公里	4215	1140	2948	2082	1178
乡(镇)个数	个	29	12	16	11	6
村民委员会个数	个	535	130	171	84	588
年末总户数	户	443502	120179	120695	114212	165583
其中:乡村户数	户	329591	70997	82186	57558	130362
年末总人口	万人	159	40	36	33	56
乡村人口	万人	97	22	24	16	45
年末单位从业人员数	人	67654	14786	18810	18737	91601
乡村从业人员数	人	259166	80803	90339	59273	231650
其中:农林牧渔业	人	210033	44576	73998	58058	99066
农业机械总动力	万千瓦特	122	17	30	21	50
固定电话用户	户	113676	41327	60061	53484	102217
二、综合经济						
第一产业增加值	万元	281579	105516	85656	83385	250634
第二产业增加值	万元	394027	354395	221403	627604	1248033
地方财政一般预算收入	万元	51795	47413	34009	132027	58568
地方财政一般预算支出	万元	339231	143969	118362	191495	140724
城乡居民储蓄存款余额	万元	965478	419843	472933	538177	
年末金融机构各项贷款余额	万元	513020	373638	337481	409261	
三、农业、工业及投资						
粮食总产量	吨	1010985	222203	104326	100937	
棉花产量	吨	5203	327	78	59	425
油料产量	吨	102258	7658	6412	5936	15971
肉类总产量	吨	32034	54910	14215	10494	28891
规模以上工业企业个数	个	34	46	17	43	214
规模以上工业总产值(现价)	万元	622743	1056895	259750	636400	4209518
固定资产投资(不含农户)	万元	690841	421765	345890	620962	847614
四、教育、卫生和社会保障						
普通中学在校学生数	人	96625	30050	19515	14368	26870
小学在校学生数	人	166731	45855	34472	29342	32566
医院、卫生院床位数	床	2700	978	887	870	1013
各种社会福利收养性单位数	个	35	24	17	15	14
各种社会福利收养性单位床位数	床	2800	1439	860	1436	2870

2011年县(市)社会经济主要指标

山东省

指　　标	单位	平阴县	济阳县	商河县	章丘市	胶州市
一、基本情况						
行政区域土地面积	平方公里	827	1076	1163	1855	1313
乡(镇)个数	个	6	8	11	14	18
村民委员会个数	个	337	814	948	907	811
年末总户数	户	136812	163508	182552	305713	249270
其中:乡村户数	户	85143	119317	133485	244048	192680
年末总人口	万人	37	56	63	102	81
乡村人口	万人	29	49	52	82	63
年末单位从业人员数	人	45566	51673	42887	151867	165681
乡村从业人员数	人	158557	279843	282149	478577	363165
其中:农林牧渔业	人	71372	108995	142027	123841	99350
农业机械总动力	万千瓦特	44	115	89	119	110
固定电话用户	户	91605	93600	82580	243567	125563
二、综合经济						
第一产业增加值	万元	243446	409475	361211	643625	449490
第二产业增加值	万元	1157512	1254178	424824	3420394	3771200
地方财政一般预算收入	万元	60005	80068	43922	305069	343026
地方财政一般预算支出	万元	137759	158385	153873	446810	460638
城乡居民储蓄存款余额	万元	575124	552217	477277	2095320	2115692
年末金融机构各项贷款余额	万元	486493	357264	437349	1906479	2384820
三、农业、工业及投资						
粮食总产量	吨					
棉花产量	吨	3836	5573	9437	8146	
油料产量	吨	10017	17561	651	5523	30388
肉类总产量	吨	43477	57809	80734	116146	57921
规模以上工业企业个数	个	133	233	114	402	853
规模以上工业总产值(现价)	万元	3454863	3850835	1066685	10397004	15283792
固定资产投资(不含农户)	万元	734410	870124	248365	1753710	3221368
四、教育、卫生和社会保障						
普通中学在校学生数	人	18971	30090	27018	58793	42851
小学在校学生数	人	20854	34515	41476	66875	58354
医院、卫生院床位数	床	1204	1149	1169	4587	3065
各种社会福利收养性单位数	个	7	9	12	33	19
各种社会福利收养性单位床位数	床	915	3500	1972	2920	2770

2011年县(市)社会经济主要指标

山东省

指　　标	单位	即墨市	平度市	胶南市	莱西市	桓台县
一、基本情况						
行政区域土地面积	平方公里	1780	3167	1846	1568	509
乡(镇)个数	个	23	30	17	17	7
村民委员会个数	个	1033	1785	961	861	335
年末总户数	户	341361	423884	267437	250600	159902
其中:乡村户数	户	296691	375317	219541	197960	129381
年末总人口	万人	113	138	84	74	50
乡村人口	万人	96	123	70	64	43
年末单位从业人员数	人	156892	80773	194590	106498	74023
乡村从业人员数	人	561591	715968	366312	367995	245278
其中:农林牧渔业	人	170031	376600	137971	182577	109558
农业机械总动力	万千瓦特	120	310	76	125	61
固定电话用户	户	261000	235753	164541	130100	90592
二、综合经济						
第一产业增加值	万元	535225	840800	488633	497700	166920
第二产业增加值	万元	3734300	3170900	3818600	2345200	2609860
地方财政一般预算收入	万元	361000	271459	363567	232370	215735
地方财政一般预算支出	万元	483900	414439	462734	257697	259455
城乡居民储蓄存款余额	万元	2675800	2303796	1742292	1379651	1172571
年末金融机构各项贷款余额	万元	3325400	1504213	2082987	1099340	2377598
三、农业、工业及投资						
粮食总产量	吨					
棉花产量	吨		3917			1343
油料产量	吨	85470	143340	91703	88676	75
肉类总产量	吨	76764	182157	68036	197211	16579
规模以上工业企业个数	个	652	649	742	667	358
规模以上工业总产值(现价)	万元	15450004	11245721	14040000	7418436	14297441
固定资产投资(不含农户)	万元	3023415	2407738	3152679	1903371	1257795
四、教育、卫生和社会保障						
普通中学在校学生数	人	61899	68170	41768	40891	36087
小学在校学生数	人	74911	80769	53141	36031	27911
医院、卫生院床位数	床	4494	3446	2157	3458	2897
各种社会福利收养性单位数	个	32	31	21	34	17
各种社会福利收养性单位床位数	床	3851	1785	1406	2775	1979

2011年县(市)社会经济主要指标

山东省

指　　标	单位	高青县	沂源县	滕州市	垦利县	利津县
一、基本情况						
行政区域土地面积	平方公里	831	1636	1496	2231	1666
乡(镇)个数	个	7	11	21	7	6
村民委员会个数	个	759	626	1039	333	512
年末总户数	户	105284	206615	526394	73474	88171
其中:乡村户数	户	89313	162969	347795	55254	77481
年末总人口	万人	37	57	169	23	30
乡村人口	万人	32	49	127	18	26
年末单位从业人员数	人	139476	63637	294256	31345	17256
乡村从业人员数	人	184525	351047	744347	86578	147092
其中:农林牧渔业	人	77828	191703	381059	47190	69231
农业机械总动力	万千瓦特	62	40	146	45	41
固定电话用户	户	72988	77539	233129	41840	26431
二、综合经济						
第一产业增加值	万元	193881	229318	619252	156450	240013
第二产业增加值	万元	666925	942686	3862100	1630842	942974
地方财政一般预算收入	万元	76018	121223	401506	120188	61336
地方财政一般预算支出	万元	141412	201509	586167	193108	139569
城乡居民储蓄存款余额	万元	454734	729220	2141366	901926	382360
年末金融机构各项贷款余额	万元	587930	865467	3731441	1902676	659142
三、农业、工业及投资						
粮食总产量	吨					
棉花产量	吨	6527	679	1651	37139	47825
油料产量	吨	3344	15227	36137	566	1594
肉类总产量	吨	34500	36929	121427	24978	73683
规模以上工业企业个数	个	129	125	625	154	153
规模以上工业总产值(现价)	万元	2372690	3891498	13988931	12652355	7634574
固定资产投资(不含农户)	万元	378868	584065	2037269	1272251	870803
四、教育、卫生和社会保障						
普通中学在校学生数	人	24177	40620	87163	16057	11567
小学在校学生数	人	20985	28089	95307	13341	18315
医院、卫生院床位数	床	920	1768	5085	888	898
各种社会福利收养性单位数	个	9	16	23	7	6
各种社会福利收养性单位床位数	床	915	1085	6298	724	815

2011年县(市)社会经济主要指标

山东省

指　　标	单位	广饶县	长岛县	龙口市	莱阳市	莱州市
一、基本情况						
行政区域土地面积	平方公里	1166	56	893	1731	1878
乡(镇)个数	个	9	8	8	18	17
村民委员会个数	个	557	40	611	784	981
年末总户数	户	154381	15812	241566	290535	270699
其中:乡村户数	户	132025	9667	186483	239532	245549
年末总人口	万人	50	4	64	87	86
乡村人口	万人	43	3	49	75	69
年末单位从业人员数	人	74231	5306	94582	83263	107295
乡村从业人员数	人	274834	12704	275228	422886	385751
其中:农林牧渔业	人	94957	7408	129368	241753	155163
农业机械总动力	万千瓦特	93	7	82	136	141
固定电话用户	户	104473	14589	142274	152000	234349
二、综合经济						
第一产业增加值	万元	354465	330694	287319	368180	550135
第二产业增加值	万元	3858765	49165	4828931	1980950	3038614
地方财政一般预算收入	万元	221186	12118	475668	93536	303737
地方财政一般预算支出	万元	306313	42573	526337	172267	388687
城乡居民储蓄存款余额	万元	1158158	201391	2867765	1635402	2868275
年末金融机构各项贷款余额	万元	4339671	117915	3723320	1368387	1734856
三、农业、工业及投资						
粮食总产量	吨					
棉花产量	吨	21135			48	313
油料产量	吨			9744	85738	54496
肉类总产量	吨	85469	95	38109	85243	80141
规模以上工业企业个数	个	221	8	310	260	397
规模以上工业总产值(现价)	万元	26232900	36690	21801019	6342308	13121823
固定资产投资(不含农户)	万元	2700180	44192	4025000	1025187	2008623
四、教育、卫生和社会保障						
普通中学在校学生数	人	28700	2918	41042	40227	44051
小学在校学生数	人	33167	1581	29628	33556	35740
医院、卫生院床位数	床	2549	234	4160	4153	5072
各种社会福利收养性单位数	个	8	4	18	25	18
各种社会福利收养性单位床位数	床	1378	110	2598	2549	2317

2011年县(市)社会经济主要指标

山东省

指标	单位	蓬莱市	招远市	栖霞市	海阳市	临朐县
一、基本情况						
行政区域土地面积	平方公里	1129	1432	2016	1887	1831
乡(镇)个数	个	12	14	15	14	10
村民委员会个数	个	584	724	953	732	317
年末总户数	户	171297	207117	248849	245087	290744
其中:乡村户数	户	143359	162516	200824	220525	223414
年末总人口	万人	45	57	63	67	88
乡村人口	万人	37	45	55	59	77
年末单位从业人员数	人	87740	84489	40986	38502	44143
乡村从业人员数	人	200596	224260	303734	357513	418149
其中:农林牧渔业	人	102231	120164	250094	183943	196459
农业机械总动力	万千瓦特	71	82	133	94	53
固定电话用户	户	143008	130544	119720	114462	115919
二、综合经济						
第一产业增加值	万元	244809	300332	402660	482459	273786
第二产业增加值	万元	2260496	2999950	859095	1199906	796156
地方财政一般预算收入	万元	200675	285300	50577	162008	55709
地方财政一般预算支出	万元	255498	344468	139473	246639	170146
城乡居民储蓄存款余额	万元	1590073	1886357	1163746	1397047	1368072
年末金融机构各项贷款余额	万元	1764515	1903020	827208	1203011	1185972
三、农业、工业及投资						
粮食总产量	吨					
棉花产量	吨					744
油料产量	吨	42580	69228	63579	79105	11572
肉类总产量	吨	48543	43353	22221	42449	161984
规模以上工业企业个数	个	283	320	260	301	298
规模以上工业总产值(现价)	万元	12324488	12617741	2328398	3843971	3522744
固定资产投资(不含农户)	万元	2160944	1878624	222488	2561350	1236010
四、教育、卫生和社会保障						
普通中学在校学生数	人	24774	33119	29159	32790	38186
小学在校学生数	人	17466	23618	19697	23638	43708
医院、卫生院床位数	床	3324	3100	1670	3587	2415
各种社会福利收养性单位数	个	17	20	17	18	10
各种社会福利收养性单位床位数	床	1900	2477	1383	2469	2000

2011年县(市)社会经济主要指标

山东省

指　　标	单位	昌乐县	青州市	诸城市	寿光市	安丘市
一、基本情况						
行政区域土地面积	平方公里	1101	1569	2183	1990	1712
乡(镇)个数	个	9	12	13	14	12
村民委员会个数	个	369	1002	1329	968	870
年末总户数	户	191966	281440	316675	324286	284622
其中:乡村户数	户	150983	172467	259580	253850	230330
年末总人口	万人	62	92	109	105	95
乡村人口	万人	53	60	89	88	81
年末单位从业人员数	人	37459	55340	66573	84545	108195
乡村从业人员数	人	260099	215845	452518	412470	432613
其中:农林牧渔业	人	127361	124756	186698	239397	291970
农业机械总动力	万千瓦特	64	179	127	139	169
固定电话用户	户	82320	144271	195580	168500	107614
二、综合经济						
第一产业增加值	万元	284722	362246	490549	726957	379365
第二产业增加值	万元	991903	2224200	3165400	2805705	958115
地方财政一般预算收入	万元	128732	217576	400618	416006	77820
地方财政一般预算支出	万元	199806	229398	416172	440376	207212
城乡居民储蓄存款余额	万元	975295	2587511	2096494	2810319	1471608
年末金融机构各项贷款余额	万元	1460732	2550255	2848351	4189861	1351676
三、农业、工业及投资						
粮食总产量	吨					
棉花产量	吨	1438	206	1553	18852	5800
油料产量	吨	43303	35	63601	438	51397
肉类总产量	吨	120303	99070	327182	153788	105228
规模以上工业企业个数	个	268	527	669	472	289
规模以上工业总产值(现价)	万元	6393124	11141995	16494924	12887696	3052642
固定资产投资(不含农户)	万元	932592	2558399	2965910	2971628	522562
四、教育、卫生和社会保障						
普通中学在校学生数	人	37813	55710	62111	67619	46414
小学在校学生数	人	34308	57638	72643	67949	56527
医院、卫生院床位数	床	2302	5030	4911	5404	3173
各种社会福利收养性单位数	个	12	13	19	3	16
各种社会福利收养性单位床位数	床	747	2580	3127	2270	2698

2011年县(市)社会经济主要指标

山东省

指　　标	单位	高密市	昌邑市	微山县	鱼台县	金乡县
一、基本情况						
行政区域土地面积	平方公里	1527	1628	1790	654	888
乡(镇)个数	个	10	9	13	9	13
村民委员会个数	个	883	691	523	386	651
年末总户数	户	293458	184739	184796	131587	165873
其中:乡村户数	户	236736	151535	165759	106449	155811
年末总人口	万人	87	58	72	47	64
乡村人口	万人	79	50	62	41	57
年末单位从业人员数	人	70440	39297	53994	29330	20014
乡村从业人员数	人	417821	267848	364369	245269	354592
其中:农林牧渔业	人	172381	111870	163846	121683	164159
农业机械总动力	万千瓦特	168	195	83	145	91
固定电话用户	户	145190	132398	71797	76674	73300
二、综合经济						
第一产业增加值	万元	406742	294178	311000	268913	371059
第二产业增加值	万元	2311380	1585878	1387400	469100	387900
地方财政一般预算收入	万元	230918	158136	169466	50987	51166
地方财政一般预算支出	万元	302442	221078	223916	105008	157926
城乡居民储蓄存款余额	万元	1452611	1710471	771116	478800	940817
年末金融机构各项贷款余额	万元	1830380	1479920	711963	283000	623156
三、农业、工业及投资						
粮食总产量	吨					
棉花产量	吨	4016	11429	935	17496	62257
油料产量	吨	52517	18562	2369		162
肉类总产量	吨	193315	111102	80356	31701	42175
规模以上工业企业个数	个	647	320	85	34	144
规模以上工业总产值(现价)	万元	11798839	7320934	2672703	691833	1162997
固定资产投资(不含农户)	万元	1943857	1863499	835215	503568	546108
四、教育、卫生和社会保障						
普通中学在校学生数	人	48826	36240	27226	26070	12151
小学在校学生数	人	56538	32814	37316	31397	26645
医院、卫生院床位数	床	3392	2077	1669	1066	1344
各种社会福利收养性单位数	个	14	11	16	10	13
各种社会福利收养性单位床位数	床	2355	1311	2173	1429	1300

2011年县(市)社会经济主要指标

山东省

指　　标	单位	嘉祥县	汶上县	泗水县	梁山县	曲阜市
一、基本情况						
行政区域土地面积	平方公里	966	877	1118	961	815
乡(镇)个数	个	14	13	11	12	12
村民委员会个数	个	703	480	572	619	405
年末总户数	户	207149	213030	178172	234296	188747
其中:乡村户数	户	202223	181649	159975	186930	148851
年末总人口	万人	87	78	62	79	64
乡村人口	万人	74	71	56	66	53
年末单位从业人员数	人	37081	26801	22606	32743	66124
乡村从业人员数	人	459201	423931	308513	385096	300338
其中:农林牧渔业	人	193687	119259	151159	192921	161674
农业机械总动力	万千瓦特	113	92	37	106	70
固定电话用户	户	2457	77923	88160	104164	83503
二、综合经济						
第一产业增加值	万元	257300	312968	288200	359758	263933
第二产业增加值	万元	966800	929300	472100	928130	1062000
地方财政一般预算收入	万元	76800	71006	40017	50609	127766
地方财政一般预算支出	万元	164200	152692	129744	145658	216188
城乡居民储蓄存款余额	万元	1031854	875455	591687	997401	1018720
年末金融机构各项贷款余额	万元	620345	572862	440596	498539	713413
三、农业、工业及投资						
粮食总产量	吨					
棉花产量	吨	23826	4799	2781	11117	1414
油料产量	吨	2674	44028	62059	17470	9705
肉类总产量	吨	61876	88200	80399	90467	77658
规模以上工业企业个数	个	68	183	50	176	131
规模以上工业总产值(现价)	万元	1292000	1631000	850600	2118791	1773439
固定资产投资(不含农户)	万元	490200	823742	385613	652491	663610
四、教育、卫生和社会保障						
普通中学在校学生数	人	27511	23100	11687	22173	30762
小学在校学生数	人	69907	44614	37088	44310	31520
医院、卫生院床位数	床	1999	1255	631	1514	566
各种社会福利收养性单位数	个	15	14	14	14	15
各种社会福利收养性单位床位数	床	1595	1280	1777	1274	1468

2011年县(市)社会经济主要指标

山东省

指　　标	单位	兖州市	邹城市	宁阳县	东平县	新泰市
一、基本情况						
行政区域土地面积	平方公里	664	1610	1125	1340	1933
乡(镇)个数	个	7	13	13	14	18
村民委员会个数	个	496	863	560	716	887
年末总户数	户	187208	346218	249633	256910	492683
其中:乡村户数	户	125776	233791	184215	190379	310689
年末总人口	万人	64	116	83	80	140
乡村人口	万人	46	84	67	69	103
年末单位从业人员数	人	56927	172274	153459	44223	187198
乡村从业人员数	人	261117	456638	384784	383802	636309
其中:农林牧渔业	人	117761	237334	138274	196748	140859
农业机械总动力	万千瓦特	69	79	93	93	96
固定电话用户	户	197860	151600	102970	75655	177568
二、综合经济						
第一产业增加值	万元	379414	413700	414900	317571	491409
第二产业增加值	万元	2691300	3239200	1111500	1194000	3821951
地方财政一般预算收入	万元	274290	356660	69556	64341	369019
地方财政一般预算支出	万元	273583	408419	183709	170892	497622
城乡居民储蓄存款余额	万元	1573516	2181994	847967	847456	2029052
年末金融机构各项贷款余额	万元	1616800	2933489	634361	748196	2092239
三、农业、工业及投资						
粮食总产量	吨					
棉花产量	吨	563	2101	745	5164	433
油料产量	吨	6344	70601	73659	18768	94457
肉类总产量	吨	104321	98552	94277	49383	140897
规模以上工业企业个数	个	167	135	295	292	329
规模以上工业总产值(现价)	万元	10272844	6317421	5480061	5759900	14117883
固定资产投资(不含农户)	万元	1907767	1079478	1411267	1279899	3425653
四、教育、卫生和社会保障						
普通中学在校学生数	人	25626	53932	38912	30598	95916
小学在校学生数	人	39637	61428	50661	51744	67516
医院、卫生院床位数	床	2995	5178	2460	1990	5935
各种社会福利收养性单位数	个	14	24	16	14	29
各种社会福利收养性单位床位数	床	1405	4016	3500	2300	4203

2011年县(市)社会经济主要指标

山东省

指标	单位	肥城市	文登市	荣成市	乳山市	五莲县
一、基本情况						
行政区域土地面积	平方公里	1277	1829	1526	1654	1496
乡(镇)个数	个	14	17	22	15	12
村民委员会个数	个	586	808	826	601	621
年末总户数	户	323243	247620	239324	212792	182827
其中:乡村户数	户	211173	189785	188799	184517	144860
年末总人口	万人	98	64	67	57	52
乡村人口	万人	72	47	45	47	43
年末单位从业人员数	人	129576	107437	151099	53519	35866
乡村从业人员数	人	388677	279480	233337	266627	246673
其中:农林牧渔业	人	110835	101466	93147	154794	156562
农业机械总动力	万千瓦特	91	205	191	101	53
固定电话用户	户	258080	401306	290012	266062	78472
二、综合经济						
第一产业增加值	万元	402300	479784	667736	296044	164009
第二产业增加值	万元	3221800	3453753	3698045	1884540	909700
地方财政一般预算收入	万元	274536	342329	360589	172678	43012
地方财政一般预算支出	万元	371360	393274	579736	264063	145290
城乡居民储蓄存款余额	万元	1660803	2115751	2645592	1576312	836508
年末金融机构各项贷款余额	万元	1822991	1774382	2938622	1692263	727869
三、农业、工业及投资						
粮食总产量	吨					
棉花产量	吨	1489				1311
油料产量	吨	9000	88489	70412	76588	61009
肉类总产量	吨	72862	51058	34437	63952	44801
规模以上工业企业个数	个	313	454	472	382	135
规模以上工业总产值(现价)	万元	12413000	10974647	18176739	5003470	3190000
固定资产投资(不含农户)	万元	2846338	1279462	3262822	966669	666649
四、教育、卫生和社会保障						
普通中学在校学生数	人	53136	31060	36446	23631	26918
小学在校学生数	人	66771	20509	26280	13893	29698
医院、卫生院床位数	床	3842	4426	5954	3611	1068
各种社会福利收养性单位数	个	25	18	25	17	14
各种社会福利收养性单位床位数	床	2115	5282	4890	4100	1548

2011年县(市)社会经济主要指标

山东省

指　　标	单位	莒　县	沂南县	郯城县	沂水县	苍山县
一、基本情况						
行政区域土地面积	平方公里	1952	1719	1195	2414	1724
乡(镇)个数	个	21	15	13	18	17
村民委员会个数	个	1260	574	616	1063	1024
年末总户数	户	401698	309097	254245	380652	317423
其中:乡村户数	户	346742	260302	222868	322601	300957
年末总人口	万人	114	91	94	114	131
乡村人口	万人	102	81	83	99	110
年末单位从业人员数	人	52491	33252	30319	44392	31950
乡村从业人员数	人	598551	477134	516511	566525	650683
其中:农林牧渔业	人	401507	243969	305811	357766	350769
农业机械总动力	万千瓦特	112	73	80	87	112
固定电话用户	户	89750	72491	79830	125936	90503
二、综合经济						
第一产业增加值	万元	405496	288480	224833	290798	432412
第二产业增加值	万元	1108900	650400	928300	1210300	803400
地方财政一般预算收入	万元	59356	57500	53906	106120	60173
地方财政一般预算支出	万元	230262	184966	183100	238658	203860
城乡居民储蓄存款余额	万元	1311428	1048178	973918	1523580	1082500
年末金融机构各项贷款余额	万元	1232495	575696	641743	1216261	715544
三、农业、工业及投资						
粮食总产量	吨					
棉花产量	吨	937	2694	311	3590	1359
油料产量	吨	93137	76054	15977	89132	56619
肉类总产量	吨	87127	154434	49417	101748	39081
规模以上工业企业个数	个	176	256	244	403	189
规模以上工业总产值(现价)	万元	3770900	2669823	3223619	5837557	2263638
固定资产投资(不含农户)	万元	920415	472727	638320	1067394	710445
四、教育、卫生和社会保障						
普通中学在校学生数	人	47270	47720	51217	48489	56546
小学在校学生数	人	74779	63580	57865	60725	131767
医院、卫生院床位数	床	2396	2436	2212	4965	3199
各种社会福利收养性单位数	个	21	17	14	19	18
各种社会福利收养性单位床位数	床	2500	2248	1800	3511	5260

2011年县(市)社会经济主要指标

山东省

指　　标	单位	费　县	平邑县	莒南县	蒙阴县	临沭县
一、基本情况						
行政区域土地面积	平方公里	1660	1823	1751	1602	1010
乡(镇)个数	个	12	14	16	10	10
村民委员会个数	个	475	708	732	464	287
年末总户数	户	252921	314103	363003	176815	193345
其中:乡村户数	户	217103	261502	317111	145526	172867
年末总人口	万人	83	102	102	57	63
乡村人口	万人	73	89	92	44	56
年末单位从业人员数	人	37801	79112	34301	29572	30532
乡村从业人员数	人	444294	559526	550195	272572	342743
其中:农林牧渔业	人	208671	329728	354889	164326	175604
农业机械总动力	万千瓦特	63	69	88	78	69
固定电话用户	户	98794	100654	105389	66901	71645
二、综合经济						
第一产业增加值	万元	269201	300296	316311	242279	162304
第二产业增加值	万元	875300	839000	882700	538100	780800
地方财政一般预算收入	万元	62806	53267	65150	41651	54566
地方财政一般预算支出	万元	171959	197105	199526	138769	144246
城乡居民储蓄存款余额	万元	1001524	907989	1232949	671119	768324
年末金融机构各项贷款余额	万元	949955	776045	938229	524002	861574
三、农业、工业及投资						
粮食总产量	吨					
棉花产量	吨	1617	688	66	1737	115
油料产量	吨	83893	88522	141092	41223	173786
肉类总产量	吨	46783	70036	125623	24209	53856
规模以上工业企业个数	个	306	246	203	175	169
规模以上工业总产值(现价)	万元	4206120	2388964	2823270	2093699	3463431
固定资产投资(不含农户)	万元	354441	696788	1276320	549018	915088
四、教育、卫生和社会保障						
普通中学在校学生数	人	42483	57652	53386	29678	35929
小学在校学生数	人	54688	66769	60341	34587	47038
医院、卫生院床位数	床	2385	2766	2683	1500	1478
各种社会福利收养性单位数	个	15	15	16	12	10
各种社会福利收养性单位床位数	床	2801	2489	2878	1852	1735

2011年县(市)社会经济主要指标

山东省

指　　标	单位	陵　县	宁津县	庆云县	临邑县	齐河县
一、基本情况						
行政区域土地面积	平方公里	1213	833	502	1016	1411
乡(镇)个数	个	11	10	8	9	13
村民委员会个数	个	402	856	381	178	173
年末总户数	户	175990	143900	87754	153129	190899
其中:乡村户数	户	136868	115197	70471	117203	144066
年末总人口	万人	59	47	31	54	63
乡村人口	万人	48	42	29	44	51
年末单位从业人员数	人	29336	16759	20019	27144	41479
乡村从业人员数	人	245216	240050	120385	250443	296724
其中:农林牧渔业	人	145371	106876	82498	158132	180438
农业机械总动力	万千瓦特	144	202	47	184	225
固定电话用户	户	72498	64000	62390	63864	66082
二、综合经济						
第一产业增加值	万元	258728	198830	92957	248820	285704
第二产业增加值	万元	912300	835270	512900	943400	1399500
地方财政一般预算收入	万元	51819	34066	28508	70441	110168
地方财政一般预算支出	万元	142465	112050	58790	150150	200294
城乡居民储蓄存款余额	万元	627648	846267	351400	729284	733551
年末金融机构各项贷款余额	万元	711944	545046	373800	594392	814665
三、农业、工业及投资						
粮食总产量	吨					
棉花产量	吨	15878	6582	3185	4915	5405
油料产量	吨		2757		43	8300
肉类总产量	吨	77299	29936	11745	122622	113680
规模以上工业企业个数	个	185	271	189	352	416
规模以上工业总产值(现价)	万元	4204319	4108640	2806600	4797730	5636977
固定资产投资(不含农户)	万元	861444	924700	533989	941933	940603
四、教育、卫生和社会保障						
普通中学在校学生数	人	15400	18919	14899	13124	26040
小学在校学生数	人	41751	37760	26262	35130	42676
医院、卫生院床位数	床	1734	1060	1400	1791	1475
各种社会福利收养性单位数	个	14	15	11	11	15
各种社会福利收养性单位床位数	床	1003	1578	600	1387	1578

2011 年县(市)社会经济主要指标

山东省

指　　标	单位	平原县	夏津县	武城县	乐陵市	禹城市
一、基本情况						
行政区域土地面积	平方公里	1047	872	748	1172	990
乡(镇)个数	个	10	12	7	12	10
村民委员会个数	个	851	310	189	484	383
年末总户数	户	148936	152042	116852	214281	167994
其中:乡村户数	户	106606	133095	93770	151619	118387
年末总人口	万人	48	53	39	70	53
乡村人口	万人	38	46	33	59	43
年末单位从业人员数	人	31860	17115	29655	23833	34360
乡村从业人员数	人	206535	251302	180140	292415	237261
其中:农林牧渔业	人	129423	159036	101762	165578	100374
农业机械总动力	万千瓦特	140	103	64	93	128
固定电话用户	户	86530	61210	52435	81300	106000
二、综合经济						
第一产业增加值	万元	220843	190513	167717	252417	265203
第二产业增加值	万元	782300	775205	757500	893000	996600
地方财政一般预算收入	万元	39206	40188	35867	35006	75003
地方财政一般预算支出	万元	116839	103435	110398	152000	158403
城乡居民储蓄存款余额	万元	613334	579250	615533	720283	613770
年末金融机构各项贷款余额	万元	507110	558667	512584	726551	1017798
三、农业、工业及投资						
粮食总产量	吨					
棉花产量	吨	2744	49882	21188	15507	10093
油料产量	吨	350	3686	174	355	2847
肉类总产量	吨	72679	32488	14808	75956	81288
规模以上工业企业个数	个	200	339	372	245	239
规模以上工业总产值(现价)	万元	4046100	4107198	4106700	3994500	5137596
固定资产投资(不含农户)	万元	991832	661372	758177	961747	1014243
四、教育、卫生和社会保障						
普通中学在校学生数	人	22891	20913	20629	30990	17152
小学在校学生数	人	34511	48117	35403	55568	37950
医院、卫生院床位数	床	1100	889	835	1938	1412
各种社会福利收养性单位数	个	15	15	7	18	12
各种社会福利收养性单位床位数	床	1200	1195	936	1350	995

2011年县(市)社会经济主要指标

山东省

指　　标	单位	阳谷县	莘　县	茌平县	东阿县	冠　县
一、基本情况						
行政区域土地面积	平方公里	1066	1416	1003	729	1161
乡(镇)个数	个	15	20	11	8	15
村民委员会个数	个	857	1154	732	507	644
年末总户数	户	232498	313777	191279	131393	251749
其中:乡村户数	户	198724	245413	126652	93998	192901
年末总人口	万人	81	103	55	40	81
乡村人口	万人	72	91	45	34	69
年末单位从业人员数	人	31162	35822	53025	41332	34385
乡村从业人员数	人	420268	553661	274193	214259	427201
其中:农林牧渔业	人	161637	423549	139457	118944	266292
农业机械总动力	万千瓦特	126	235	110	77	137
固定电话用户	户	101490	61661	75162	73836	48254
二、综合经济						
第一产业增加值	万元	326200	398468	374519	149700	340000
第二产业增加值	万元	1190500	1047600	2026300	770300	982200
地方财政一般预算收入	万元	51390	42398	146796	42337	44246
地方财政一般预算支出	万元	166177	192169	234405	103310	150326
城乡居民储蓄存款余额	万元	1088434	956114	711981	577430	739897
年末金融机构各项贷款余额	万元	1493862	617156	1540701	571132	813817
三、农业、工业及投资						
粮食总产量	吨					
棉花产量	吨	5023	5361	8869	3066	9589
油料产量	吨	11903	30863	24219	454	48295
肉类总产量	吨	69053	141626	64707	23901	73684
规模以上工业企业个数	个	189	188	343	136	218
规模以上工业总产值(现价)	万元	6351499	3760600	8532504	2683300	5316300
固定资产投资(不含农户)	万元	818540	808222	1204405	441007	787007
四、教育、卫生和社会保障						
普通中学在校学生数	人	38893	36032	21810	16528	15540
小学在校学生数	人	53392	69640	38201	22353	48024
医院、卫生院床位数	床	1537	2145	1688	1232	1789
各种社会福利收养性单位数	个	7	18	8	8	5
各种社会福利收养性单位床位数	床	3050	2129	2200	1631	2275

2011年县(市)社会经济主要指标

山东省

指　　标	单位	高唐县	临清市	惠民县	阳信县	无棣县
一、基本情况						
行政区域土地面积	平方公里	949	950	1363	799	1984
乡(镇)个数	个	9	12	15	10	12
村民委员会个数	个	160	436	1120	857	592
年末总户数	户	183468	242710	183447	146773	156320
其中:乡村户数	户	117263	162999	153094	114030	133816
年末总人口	万人	50	77	64	45	46
乡村人口	万人	41	59	55	40	37
年末单位从业人员数	人	51271	42572	38364	34263	37204
乡村从业人员数	人	233101	360950	339535	200419	243749
其中:农林牧渔业	人	152293	235376	160069	95776	107768
农业机械总动力	万千瓦特	100	117	91	77	82
固定电话用户	户	49291	135600	91524	76234	93450
二、综合经济						
第一产业增加值	万元	282700	188858	269468	196518	325966
第二产业增加值	万元	1764100	1679900	563500	453144	1136740
地方财政一般预算收入	万元	90520	88670	51709	40600	96872
地方财政一般预算支出	万元	159020	160221	178357	124116	178504
城乡居民储蓄存款余额	万元	578403	1168554	572519	370468	568615
年末金融机构各项贷款余额	万元	990803	1293814	690964	476728	1079663
三、农业、工业及投资						
粮食总产量	吨					
棉花产量	吨	16569	13566	31048	6346	45584
油料产量	吨	12766	2394	5147		404
肉类总产量	吨	45092	21046	65382	83644	103721
规模以上工业企业个数	个	353	366	110	106	82
规模以上工业总产值(现价)	万元	9589591	9309100	1484511	1756936	2866922
固定资产投资(不含农户)	万元	1302010	1049529	940528	833645	1309265
四、教育、卫生和社会保障						
普通中学在校学生数	人	18500	27743	27539	20948	20769
小学在校学生数	人	32509	55119	42690	30195	30233
医院、卫生院床位数	床	1256	2264	2218	676	1786
各种社会福利收养性单位数	个	13	9	15	9	12
各种社会福利收养性单位床位数	床	2020	1970	2112	998	1300

2011 年县(市)社会经济主要指标

山东省

指　　标	单位	沾化县	博兴县	邹平县	曹　县	单　县
一、基本情况						
行政区域土地面积	平方公里	2116	900	1250	1974	1670
乡(镇)个数	个	11	12	16	27	22
村民委员会个数	个	438	448	858	1169	502
年末总户数	户	137829	155677	202116	417980	332508
其中:乡村户数	户	105202	124203	170524	312188	282391
年末总人口	万人	39	49	73	159	123
乡村人口	万人	35	41	61	130	108
年末单位从业人员数	人	30847	60133	203024	36713	36926
乡村从业人员数	人	218040	224197	380681	697161	554761
其中:农林牧渔业	人	158919	114258	99063	378064	262770
农业机械总动力	万千瓦特	46	140	110	220	229
固定电话用户	户	61711	109602	205948	111523	82617
二、综合经济						
第一产业增加值	万元	301878	189756	309689	314802	324496
第二产业增加值	万元	516164	1276823	4066950	967265	908501
地方财政一般预算收入	万元	70108	180016	446010	113338	125211
地方财政一般预算支出	万元	155520	243681	491452	289643	246697
城乡居民储蓄存款余额	万元	334243	1005740	1299314	1122656	1044544
年末金融机构各项贷款余额	万元	571637	1810798	4320764	758539	782260
三、农业、工业及投资						
粮食总产量	吨					
棉花产量	吨	39377	13944	4892	10841	28304
油料产量	吨	1238	244	1166	20504	38462
肉类总产量	吨	51968	44275	81972	79286	107497
规模以上工业企业个数	个	85	166	194	341	321
规模以上工业总产值(现价)	万元	1919737	7453812	24307958	4221598	3995452
固定资产投资(不含农户)	万元	913079	1378593	1683624	261270	625109
四、教育、卫生和社会保障						
普通中学在校学生数	人	16893	29676	42693	84620	73093
小学在校学生数	人	23179	36852	53646	157860	105111
医院、卫生院床位数	床	1725	2612	3606	3738	3316
各种社会福利收养性单位数	个	11	10	22	32	23
各种社会福利收养性单位床位数	床	1101	1353	2028	5254	4078

2011 年县(市)社会经济主要指标

山东省

指　　标	单位	成武县	巨野县	郓城县	鄄城县	定陶县
一、基本情况						
行政区域土地面积	平方公里	998	1308	1643	1032	846
乡(镇)个数	个	13	17	22	17	12
村民委员会个数	个	475	888	1025	456	360
年末总户数	户	208079	298493	353551	241378	179547
其中:乡村户数	户	158224	229964	281644	192890	145137
年末总人口	万人	70	102	124	87	68
乡村人口	万人	57	84	99	72	55
年末单位从业人员数	人	26669	35153	47038	27530	23238
乡村从业人员数	人	286072	456542	521333	397919	309926
其中:农林牧渔业	人	133137	235316	235197	213274	183471
农业机械总动力	万千瓦特	106	209	154	115	82
固定电话用户	户	55485	60803	117302	55792	40448
二、综合经济						
第一产业增加值	万元	201605	240857	311717	211398	200646
第二产业增加值	万元	584535	832516	973083	455276	431061
地方财政一般预算收入	万元	58900	128666	133903	48011	43689
地方财政一般预算支出	万元	150706	254374	258523	170206	131142
城乡居民储蓄存款余额	万元	630380	991257	1402110	825554	593822
年末金融机构各项贷款余额	万元	489981	1007784	1100482	469167	412993
三、农业、工业及投资						
粮食总产量	吨					
棉花产量	吨	35725	68785	25591	7232	9662
油料产量	吨	575	9116	29939	61803	4788
肉类总产量	吨	50354	48179	86552	43654	72039
规模以上工业企业个数	个	171	231	273	239	165
规模以上工业总产值(现价)	万元	2392959	3442268	3917668	2463365	1940368
固定资产投资(不含农户)	万元	384861	733789	464598	323138	218233
四、教育、卫生和社会保障						
普通中学在校学生数	人	37103	54415	72211	48358	30266
小学在校学生数	人	66882	87197	123287	80883	60876
医院、卫生院床位数	床	1763	2742	3269	2037	1371
各种社会福利收养性单位数	个	16	19	22	17	14
各种社会福利收养性单位床位数	床	3353	3696	3643	4004	1339

2011年县(市)社会经济主要指标

山东省、河南省

指　　标	单位	东明县	中牟县	巩义市	荥阳市	新密市
一、基本情况						
行政区域土地面积	平方公里	1370	1417	1041	943	1001
乡(镇)个数	个	14	16	15	12	13
村民委员会个数	个	400	427	289	288	303
年末总户数	户	223279	176120	218215	177044	212311
其中:乡村户数	户	168522	156051	164852	132956	158049
年末总人口	万人	81	80	82	66	80
乡村人口	万人	66	65	64	49	60
年末单位从业人员数	人	39855	67105	60710	62893	69566
乡村从业人员数	人	271754	400254	326155	313999	325150
其中:农林牧渔业	人	143656	263329	84287	117381	85376
农业机械总动力	万千瓦特	134	102	57	76	91
固定电话用户	户	42493	91188	142639	104450	175930
二、综合经济						
第一产业增加值	万元	203515	468775	88159	203337	140284
第二产业增加值	万元	978080	2419538	3396152	3111724	3652807
地方财政一般预算收入	万元	105399	192177	223216	140843	201294
地方财政一般预算支出	万元	202266	303832	336199	224610	292135
城乡居民储蓄存款余额	万元	739045	900445	1469678	1012390	1787061
年末金融机构各项贷款余额	万元	854313	813348	1351245	901581	932929
三、农业、工业及投资						
粮食总产量	吨		350163	152852	327783	198908
棉花产量	吨	34057	2086	428	548	42
油料产量	吨	54981	96979	4865	12933	10492
肉类总产量	吨	37836	62791	23227	43245	19058
规模以上工业企业个数	个	111	234	351	323	497
规模以上工业总产值(现价)	万元	4638881	5436687	12477826	9665869	8861503
固定资产投资(不含农户)	万元	397192	2478288	2466793	2462396	2496440
四、教育、卫生和社会保障						
普通中学在校学生数	人	45370	38769	39171	30811	46648
小学在校学生数	人	82464	70928	50323	37468	67930
医院、卫生院床位数	床	1513	1742	2911	1416	3117
各种社会福利收养性单位数	个	13	18	21	19	17
各种社会福利收养性单位床位数	床	2884	1198	912	4407	1816

2011年县(市)社会经济主要指标

河南省

指　　标	单位	新郑市	登封市	杞　县	通许县	尉氏县
一、基本情况						
行政区域土地面积	平方公里	885	1217	1248	767	1307
乡(镇)个数	个	12	12	21	12	17
村民委员会个数	个	294	303	588	304	516
年末总户数	户	175750	176583	342850	176905	254387
其中:乡村户数	户	123231	141142	305122	117205	206324
年末总人口	万人	64	67	120	68	100
乡村人口	万人	46	57	108	49	80
年末单位从业人员数	人	69549	62367	40382	33869	67237
乡村从业人员数	人	294929	335921	632454	331528	467861
其中:农林牧渔业	人	147714	143876	95864	275857	185095
农业机械总动力	万千瓦特	91	58	170	96	125
固定电话用户	户	119783	182150	58846	35010	61860
二、综合经济						
第一产业增加值	万元	189163	103060	665263	395430	435668
第二产业增加值	万元	3462843	3267663	641026	575126	1252795
地方财政一般预算收入	万元	215666	202267	43001	23628	51166
地方财政一般预算支出	万元	299665	289029	190269	132768	190085
城乡居民储蓄存款余额	万元	1037191	1380459	700509	496537	602326
年末金融机构各项贷款余额	万元	981956	741435	309965	180821	389580
三、农业、工业及投资						
粮食总产量	吨	283032	170699	597046	350770	521759
棉花产量	吨	46	435	17552	5580	13871
油料产量	吨	41655	4437	70176	36110	104808
肉类总产量	吨	47219	22865	95383	56903	81478
规模以上工业企业个数	个	296	264	146	128	239
规模以上工业总产值(现价)	万元	8947433	8201732	1861304	1439262	3892636
固定资产投资(不含农户)	万元	2186764	2085130	291953	490000	773835
四、教育、卫生和社会保障						
普通中学在校学生数	人	40670	35744	58856	36924	47297
小学在校学生数	人	46749	60742	122266	78066	85134
医院、卫生院床位数	床	1652	2378	1635	1747	1642
各种社会福利收养性单位数	个	15	14	24	14	17
各种社会福利收养性单位床位数	床	1406	1904	2586	1400	1795

2011年县(市)社会经济主要指标

河南省

指标	单位	开封县	兰考县	孟津县	新安县	栾川县
一、基本情况						
行政区域土地面积	平方公里	1290	1116	759	1164	2477
乡(镇)个数	个	15	16	10	11	14
村民委员会个数	个	335	459	228	294	208
年末总户数	户	209229	256383	116662	146542	96348
其中:乡村户数	户	157200	163878	105904	113171	77340
年末总人口	万人	79	91	45	52	34
乡村人口	万人	68	68	40	43	30
年末单位从业人员数	人	39650	37735	26776	33591	29132
乡村从业人员数	人	489370	447827	219036	286646	206603
其中:农林牧渔业	人	202043	213350	99799	155529	88483
农业机械总动力	万千瓦特	154	92	34	45	28
固定电话用户	户	58098	68012	46838	28256	24000
二、综合经济						
第一产业增加值	万元	432963	295703	188867	182000	123855
第二产业增加值	万元	511349	692466	851922	2397493	1312699
地方财政一般预算收入	万元	35608	51355	66070	130557	150058
地方财政一般预算支出	万元	152068	192237	145440	205777	179989
城乡居民储蓄存款余额	万元	451466	569215	514879	565844	617658
年末金融机构各项贷款余额	万元	199806	211859	422503	612940	364031
三、农业、工业及投资						
粮食总产量	吨	539257	486258	216066	212908	68242
棉花产量	吨	7503	6602	143	221	8
油料产量	吨	123767	67231	3936	6117	455
肉类总产量	吨	73632	45437	21309	19744	7692
规模以上工业企业个数	个	161	240	195	215	67
规模以上工业总产值(现价)	万元	1500332	1678310	2706994	7037836	2372070
固定资产投资(不含农户)	万元	598890	50475	1058350	2138983	784835
四、教育、卫生和社会保障						
普通中学在校学生数	人	42624	49412	26850	35038	18783
小学在校学生数	人	79585	88353	32952	49805	26054
医院、卫生院床位数	床	975	2638	1315	1601	1191
各种社会福利收养性单位数	个	20	17	10	12	14
各种社会福利收养性单位床位数	床	2327	1556	943	1368	1863

2011年县(市)社会经济主要指标

河南省

指标	单位	嵩县	汝阳县	宜阳县	洛宁县	伊川县
一、基本情况						
行政区域土地面积	平方公里	3009	1332	1651	2306	1238
乡(镇)个数	个	15	13	16	18	14
村民委员会个数	个	318	214	357	387	369
年末总户数	户	167925	124188	187438	137843	193249
其中:乡村户数	户	151898	102161	137556	114568	169320
年末总人口	万人	59	47	71	51	76
乡村人口	万人	50	40	59	47	70
年末单位从业人员数	人	19411	16639	25291	21028	30396
乡村从业人员数	人	319716	256763	371068	275014	427504
其中:农林牧渔业	人	209028	139738	223037	166873	232456
农业机械总动力	万千瓦特	55	39	56	39	72
固定电话用户	户	35550	50801	37889	49642	83385
二、综合经济						
第一产业增加值	万元	264627	117628	265060	266864	266000
第二产业增加值	万元	655544	589021	785179	586969	1970626
地方财政一般预算收入	万元	46869	38905	50668	43999	90972
地方财政一般预算支出	万元	162699	126663	180199	144558	218226
城乡居民储蓄存款余额	万元	426205	347014	437449	312335	585213
年末金融机构各项贷款余额	万元	138163	183656	251265	123507	825132
三、农业、工业及投资						
粮食总产量	吨	209673	168343	346383	252828	348170
棉花产量	吨	309	156	667	72	1260
油料产量	吨	9138	8289	79675	7910	11493
肉类总产量	吨	30285	10623	44790	26056	42601
规模以上工业企业个数	个	39	59	116	38	123
规模以上工业总产值(现价)	万元	1012410	773836	1796862	1258864	4858464
固定资产投资(不含农户)	万元	1581719	566157	1673227	1225635	2118651
四、教育、卫生和社会保障						
普通中学在校学生数	人	43843	27413	41525	25213	48234
小学在校学生数	人	63022	54667	68677	47849	89942
医院、卫生院床位数	床	1568	1453	1589	1495	1880
各种社会福利收养性单位数	个	17	16	16	19	15
各种社会福利收养性单位床位数	床	1288	1408	1067	1245	1400

2011年县(市)社会经济主要指标

河南省

指　　标	单位	偃师市	宝丰县	叶　县	鲁山县	郏　县
一、基本情况						
行政区域土地面积	平方公里	949	722	1387	2409	737
乡(镇)个数	个	16	11	18	20	13
村民委员会个数	个	332	303	569	527	355
年末总户数	户	243323	151000	249000	264000	176000
其中:乡村户数	户	176901	115657	207020	194875	139109
年末总人口	万人	87	52	89	93	62
乡村人口	万人	66	43	77	77	54
年末单位从业人员数	人	35559	27280	31317	32415	20199
乡村从业人员数	人	408073	278170	514216	479180	356873
其中:农林牧渔业	人	124561	153090	316547	281126	244862
农业机械总动力	万千瓦特	78	44	59	33	48
固定电话用户	户	82021	24946	29295	46216	30901
二、综合经济						
第一产业增加值	万元	242707	146604	346147	165747	200375
第二产业增加值	万元	2372817	1398204	897321	398150	709052
地方财政一般预算收入	万元	109544	80284	43968	51756	53800
地方财政一般预算支出	万元	219468	155430	166555	181726	161618
城乡居民储蓄存款余额	万元	1329842	567068	609760	767151	485354
年末金融机构各项贷款余额	万元	788170	356026	337296	431048	316178
三、农业、工业及投资						
粮食总产量	吨	377824	217220	589317	201141	316015
棉花产量	吨	169	328	456	5	525
油料产量	吨	4792	22022	43096	17558	17372
肉类总产量	吨	38912	39507	108496	26433	53848
规模以上工业企业个数	个	265	114	54	59	125
规模以上工业总产值(现价)	万元	5409184	2681200	2934850	1223820	1798120
固定资产投资(不含农户)	万元	2028595	1384285	1331941	771772	937959
四、教育、卫生和社会保障						
普通中学在校学生数	人	49996	23297	39636	40064	29514
小学在校学生数	人	66613	44249	67410	74766	58890
医院、卫生院床位数	床	1996	1770	1743	2026	1517
各种社会福利收养性单位数	个	63	13	38	24	14
各种社会福利收养性单位床位数	床	1424	763	2924	1966	1095

2011 年县(市)社会经济主要指标

河南省

指　　标	单位	舞钢市	汝州市	安阳县	汤阴县	滑　县
一、基本情况						
行政区域土地面积	平方公里	641	957	1193	637	1781
乡(镇)个数	个	8	15	21	9	21
村民委员会个数	个	190	437	590	298	1019
年末总户数	户	103000	270000	251500	136200	329605
其中:乡村户数	户	72766	214551	233222	102477	322864
年末总人口	万人	34	106	101	49	144
乡村人口	万人	26	85	86	39	125
年末单位从业人员数	人	37250	56536	60938	35840	50690
乡村从业人员数	人	168441	517058	555696	251460	807917
其中:农林牧渔业	人	94392	262580	269881	138637	484892
农业机械总动力	万千瓦特	27	132	78	57	245
固定电话用户	户	42365	53920	122495	58632	138319
二、综合经济						
第一产业增加值	万元	100200	326322	299272	210367	561222
第二产业增加值	万元	738509	1641721	2179942	727224	623031
地方财政一般预算收入	万元	78550	113998	113366	40050	37972
地方财政一般预算支出	万元	119600	235516	234420	128526	263565
城乡居民储蓄存款余额	万元	508213	816960	1130281	396940	958261
年末金融机构各项贷款余额	万元	556817	711069	723970	247231	507593
三、农业、工业及投资						
粮食总产量	吨	143947	443243	676757	402718	1328692
棉花产量	吨	413	612	3380	3485	5879
油料产量	吨	7078	37925	6165	9250	139951
肉类总产量	吨	41907	87112	30441	28548	45840
规模以上工业企业个数	个	52	130	178	86	106
规模以上工业总产值(现价)	万元	2831321	2203246	6968432	2721895	1732847
固定资产投资(不含农户)	万元	899936	1289312	2260100	430100	681100
四、教育、卫生和社会保障						
普通中学在校学生数	人	15968	45877	46812	22483	60466
小学在校学生数	人	26265	103098	96075	51858	126907
医院、卫生院床位数	床	1291	3350	2010	1157	2775
各种社会福利收养性单位数	个	8	23	26	15	26
各种社会福利收养性单位床位数	床	735	1861	1022	705	1281

2011年县(市)社会经济主要指标

河南省

指标	单位	内黄县	林州市	浚县	淇县	新乡县
一、基本情况						
行政区域土地面积	平方公里	1145	2062	922	581	375
乡(镇)个数	个	16	16	8	5	7
村民委员会个数	个	532	542	456	174	178
年末总户数	户	179294	294300	194535	84995	88741
其中:乡村户数	户	172728	256049	147392	57790	74395
年末总人口	万人	76	107	73	29	35
乡村人口	万人	68	86	60	24	32
年末单位从业人员数	人	32111	108087	22554	25338	32679
乡村从业人员数	人	464897	535097	358843	145259	188082
其中:农林牧渔业	人	242102	208910	187892	68973	29654
农业机械总动力	万千瓦特	105	54	157	30	47
固定电话用户	户	73587	117222	89950	50029	92010
二、综合经济						
第一产业增加值	万元	405152	197975	279340	170855	115017
第二产业增加值	万元	467841	2509354	645323	1008827	1655310
地方财政一般预算收入	万元	30121	102531	27040	34606	70034
地方财政一般预算支出	万元	160717	227679	179658	112191	135393
城乡居民储蓄存款余额	万元	443436	1737702	418013	363736	704063
年末金融机构各项贷款余额	万元	257789	1019899	483779	612871	999053
三、农业、工业及投资						
粮食总产量	吨	445128	337037	683369	292692	254857
棉花产量	吨	1370	965	280	65	1976
油料产量	吨	82885	4162	49386	2137	13110
肉类总产量	吨	33421	68373	106489	114089	17016
规模以上工业企业个数	个	75	252	90	119	129
规模以上工业总产值(现价)	万元	1266731	8293152	2348375	3783902	6233292
固定资产投资(不含农户)	万元	498100	2365800	551753	691949	922585
四、教育、卫生和社会保障						
普通中学在校学生数	人	34925	50912	45395	16534	18954
小学在校学生数	人	62236	86569	85042	42021	34154
医院、卫生院床位数	床	1779	2963	1460	1265	1053
各种社会福利收养性单位数	个	22	38	13	7	7
各种社会福利收养性单位床位数	床	1072	1508	1454	363	438

2011 年县(市)社会经济主要指标

河南省

指　　　　标	单位	获嘉县	原阳县	延津县	封丘县	长垣县
一、基本情况						
行政区域土地面积	平方公里	470	1323	886	1220	1051
乡(镇)个数	个	11	17	12	19	14
村民委员会个数	个	222	580	345	608	601
年末总户数	户	119739	179927	132137	209249	252834
其中:乡村户数	户	83032	139944	104571	173836	163594
年末总人口	万人	43	75	50	80	93
乡村人口	万人	35	55	42	70	66
年末单位从业人员数	人	31314	29672	25590	26514	31544
乡村从业人员数	人	215347	343961	240760	395111	403447
其中:农林牧渔业	人	100207	168363	142048	182435	214311
农业机械总动力	万千瓦特	68	125	84	103	109
固定电话用户	户	102109	118742	93691	174913	189174
二、综合经济						
第一产业增加值	万元	135308	227545	206506	316641	266689
第二产业增加值	万元	401559	481099	528574	331416	961130
地方财政一般预算收入	万元	22036	26578	35099	21219	63169
地方财政一般预算支出	万元	100419	147541	143069	161999	202486
城乡居民储蓄存款余额	万元	413802	416166	329174	532559	1227040
年末金融机构各项贷款余额	万元	226553	279647	280824	204843	1030718
三、农业、工业及投资						
粮食总产量	吨	309909	689799	411889	591519	574144
棉花产量	吨	942	850	4714	3670	1344
油料产量	吨	1353	49960	115503	50656	61952
肉类总产量	吨	27427	32625	28051	75699	37578
规模以上工业企业个数	个	88	130	99	60	103
规模以上工业总产值(现价)	万元	1133223	1461022	1731899	654929	3019031
固定资产投资(不含农户)	万元	411750	1047859	564236	894339	1304016
四、教育、卫生和社会保障						
普通中学在校学生数	人	24143	43184	30393	51081	48744
小学在校学生数	人	44944	76207	57358	80255	92247
医院、卫生院床位数	床	1296	1640	1387	2040	2411
各种社会福利收养性单位数	个	11	17	14	26	19
各种社会福利收养性单位床位数	床	440	975	1348	2486	1807

2011年县（市）社会经济主要指标

河南省

指　　标	单位	卫辉市	辉县市	修武县	博爱县	武陟县
一、基本情况						
行政区域土地面积	平方公里	859	2007	678	492	860
乡(镇)个数	个	13	20	8	10	14
村民委员会个数	个	344	533	223	233	367
年末总户数	户	155769	250513	82182	123910	197728
其中:乡村户数	户	96506	182817	59866	91649	148329
年末总人口	万人	52	84	31	45	74
乡村人口	万人	39	69	23	38	62
年末单位从业人员数	人	41845	54921	23819	22643	40366
乡村从业人员数	人	220923	357186	128593	195844	356356
其中:农林牧渔业	人	166438	184393	80103	114187	237855
农业机械总动力	万千瓦特	57	77	46	37	115
固定电话用户	户	96226	184510	42000	57858	71707
二、综合经济						
第一产业增加值	万元	192274	332858	128153	180786	306264
第二产业增加值	万元	419859	1860486	648927	1328282	1523854
地方财政一般预算收入	万元	45210	166018	56166	53780	63669
地方财政一般预算支出	万元	149605	258736	113618	116655	165028
城乡居民储蓄存款余额	万元	456437	995271	346313	528095	648306
年末金融机构各项贷款余额	万元	281452	894059	281055	391549	448276
三、农业、工业及投资						
粮食总产量	吨	346601	540210	229918	232781	540231
棉花产量	吨	1011	98	178	120	283
油料产量	吨	19887	20540	3490	1811	46028
肉类总产量	吨	53416	85684	33653	23665	60479
规模以上工业企业个数	个	91	195	70	136	193
规模以上工业总产值(现价)	万元	1437455	5614995	1155608	4175719	5245412
固定资产投资(不含农户)	万元	743324	2005683	742849	1005185	1440475
四、教育、卫生和社会保障						
普通中学在校学生数	人	28323	43592	20209	26972	48146
小学在校学生数	人	83189	70211	24710	39836	68087
医院、卫生院床位数	床	3192	2099	700	1309	1594
各种社会福利收养性单位数	个	14	18	9	12	14
各种社会福利收养性单位床位数	床	670	901	762	525	960

2011 年县(市)社会经济主要指标

河南省

指　　标	单位	温　县	沁阳市	孟州市	清丰县	南乐县
一、基本情况						
行政区域土地面积	平方公里	481	624	542	878	621
乡(镇)个数	个	10	9	7	17	12
村民委员会个数	个	262	307	274	503	322
年末总户数	户	142244	109160	112403	183522	127327
其中:乡村户数	户	97521	96515	84303	150086	115546
年末总人口	万人	47	50	38	73	56
乡村人口	万人	40	40	32	62	46
年末单位从业人员数	人	25075	27476	38959	25525	18691
乡村从业人员数	人	233756	245499	197305	382784	276369
其中:农林牧渔业	人	128911	109339	68472	235674	137116
农业机械总动力	万千瓦特	51	57	46	79	73
固定电话用户	户	62138	77100	60291	41912	35154
二、综合经济						
第一产业增加值	万元	178389	153343	161596	337530	256643
第二产业增加值	万元	1248528	1962036	1631778	685414	557964
地方财政一般预算收入	万元	38066	100487	72188	21986	15955
地方财政一般预算支出	万元	115570	180547	136296	146072	116848
城乡居民储蓄存款余额	万元	481875	676016	498746	473980	332643
年末金融机构各项贷款余额	万元	307560	429614	367546	193535	158078
三、农业、工业及投资						
粮食总产量	吨	297129	331461	301130	538106	439739
棉花产量	吨	743	212	1326	425	961
油料产量	吨	15100	3589	14032	65331	32010
肉类总产量	吨	24792	24591	20310	50938	61351
规模以上工业企业个数	个	166	191	200	126	82
规模以上工业总产值(现价)	万元	3945720	6024195	5653584	2348345	2129617
固定资产投资(不含农户)	万元	917199	1805124	1410614	1028560	729219
四、教育、卫生和社会保障						
普通中学在校学生数	人	26060	32729	18889	40232	29378
小学在校学生数	人	36798	39891	24568	81659	64040
医院、卫生院床位数	床	1594	1065	875	1154	1260
各种社会福利收养性单位数	个	9	10	10	18	13
各种社会福利收养性单位床位数	床	666	590	769	2010	1412

2011年县(市)社会经济主要指标

河南省

指　　标	单位	范　县	台前县	濮阳县	许昌县	鄢陵县
一、基本情况						
行政区域土地面积	平方公里	590	393	1445	1002	872
乡(镇)个数	个	12	9	20	16	12
村民委员会个数	个	587	372	995	350	376
年末总户数	户	158815	95269	296102	207300	151342
其中:乡村户数	户	109508	80591	227732	146100	114739
年末总人口	万人	58	40	120	88	67
乡村人口	万人	43	35	94	56	48
年末单位从业人员数	人	18551	16948	38627	44380	29498
乡村从业人员数	人	273166	217820	595296	355227	286942
其中:农林牧渔业	人	171788	106520	398760	168442	134328
农业机械总动力	万千瓦特	67	37	131	78	75
固定电话用户	户	31561	38451	54329	79351	93471
二、综合经济						
第一产业增加值	万元	133010	79402	331415	360800	479400
第二产业增加值	万元	599050	418796	1429340	1112607	953086
地方财政一般预算收入	万元	20146	11006	48283	51560	42027
地方财政一般预算支出	万元	129317	98881	231640	173535	163502
城乡居民储蓄存款余额	万元	443782	337296	774285	751278	603712
年末金融机构各项贷款余额	万元	162129	152817	369126	626166	517171
三、农业、工业及投资						
粮食总产量	吨	343466	179895	883552	658610	527688
棉花产量	吨	172	32	3822	3013	2032
油料产量	吨	8961	2490	34338	51767	2127
肉类总产量	吨	27088	15683	61978	78206	80285
规模以上工业企业个数	个	112	73	135	174	149
规模以上工业总产值(现价)	万元	2174444	1300037	5374114	3114928	3022293
固定资产投资(不含农户)	万元	709525	326255	1378424	1189100	1087761
四、教育、卫生和社会保障						
普通中学在校学生数	人	39261	33406	55695	42342	41137
小学在校学生数	人	67859	55224	139806	65533	59496
医院、卫生院床位数	床	1338	649	2267	982	1796
各种社会福利收养性单位数	个	12	9	20	27	34
各种社会福利收养性单位床位数	床	1177	669	3275	2353	1039

2011 年县(市)社会经济主要指标

河南省

指　　标	单位	襄城县	禹州市	长葛市	郾城区	舞阳县
一、基本情况						
行政区域土地面积	平方公里	920	1461	650	413	776
乡(镇)个数	个	16	22	12	8	14
村民委员会个数	个	435	650	363	160	397
年末总户数	户	249923	368422	212450	150918	176256
其中:乡村户数	户	179104	251479	148395	85079	141792
年末总人口	万人	85	128	69	53	61
乡村人口	万人	67	93	54	34	53
年末单位从业人员数	人	33458	61627	47866	41829	32126
乡村从业人员数	人	492765	623859	351756	217050	319263
其中:农林牧渔业	人	345637	302505	141042	100034	212487
农业机械总动力	万千瓦特	75	78	52	43	62
固定电话用户	户	89052	114713	107730	40719	33086
二、综合经济						
第一产业增加值	万元	336400	289919	219971	178786	210095
第二产业增加值	万元	1676235	2764429	2496804	1036129	723851
地方财政一般预算收入	万元	73288	207866	101286	22667	33202
地方财政一般预算支出	万元	181599	318203	208559	110536	127107
城乡居民储蓄存款余额	万元	765513	1259597	907514	728524	471424
年末金融机构各项贷款余额	万元	589686	881609	1031505	916866	301037
三、农业、工业及投资						
粮食总产量	吨	537913	526163	531105	263548	503129
棉花产量	吨	559	2705	441	3201	1286
油料产量	吨	9420	12241	9528	5862	9622
肉类总产量	吨	72363	74204	61252	61085	61284
规模以上工业企业个数	个	116	393	292	136	69
规模以上工业总产值(现价)	万元	4458131	6800915	8952175	3201431	2099951
固定资产投资(不含农户)	万元	1114961	2390194	1462560	816800	821900
四、教育、卫生和社会保障						
普通中学在校学生数	人	40310	62811	36570	39188	23594
小学在校学生数	人	79398	118910	66791	48213	35908
医院、卫生院床位数	床	1968	2970	1645	1491	1444
各种社会福利收养性单位数	个	37	106	12	17	14
各种社会福利收养性单位床位数	床	2996	4856	2182	1544	2522

2011年县(市)社会经济主要指标

河南省

指　　标	单位	临颍县	渑池县	陕　县	卢氏县	义马市
一、基本情况						
行政区域土地面积	平方公里	821	1421	1763	4004	112
乡(镇)个数	个	15	12	13	19	
村民委员会个数	个	367	235	262	352	
年末总户数	户	203668	124819	117012	128550	44444
其中:乡村户数	户	163340	74049	81730	88921	12954
年末总人口	万人	74	35	34	36	17
乡村人口	万人	66	28	29	33	5
年末单位从业人员数	人	48249	23914	21013	17521	75736
乡村从业人员数	人	403869	167780	162429	180039	24350
其中:农林牧渔业	人	213632	76669	111785	141255	6419
农业机械总动力	万千瓦特	97	36	35	22	3
固定电话用户	户	47155	34963	32413	39978	24706
二、综合经济						
第一产业增加值	万元	310055	154014	151503	122986	7517
第二产业增加值	万元	1509879	1257145	632886	208865	1383075
地方财政一般预算收入	万元	40735	121212	79028	35069	75832
地方财政一般预算支出	万元	156532	182838	140549	129566	108935
城乡居民储蓄存款余额	万元	565944	515202	435526	395593	443999
年末金融机构各项贷款余额	万元	284329	307736	433316	180273	678979
三、农业、工业及投资						
粮食总产量	吨	509181	175981	107205	105690	5930
棉花产量	吨	6206	140	190	27	10
油料产量	吨	3662	19291	2926	478	550
肉类总产量	吨	73163	34603	13878	7277	2270
规模以上工业企业个数	个	115	132	56	44	79
规模以上工业总产值(现价)	万元	5343834	4327336	2307709	392876	3864904
固定资产投资(不含农户)	万元	970000	1244587	1011549	330738	1008824
四、教育、卫生和社会保障						
普通中学在校学生数	人	45291	19767	20664	24265	6527
小学在校学生数	人	70371	32486	28569	21830	10748
医院、卫生院床位数	床	1562	884	927	994	1406
各种社会福利收养性单位数	个	15	15	13	19	2
各种社会福利收养性单位床位数	床	2992	638	542	1204	94

2011 年县(市)社会经济主要指标

河南省

指　　标	单位	灵宝市	南召县	方城县	西峡县	镇平县
一、基本情况						
行政区域土地面积	平方公里	3011	2933	2542	3447	1490
乡(镇)个数	个	15	16	16	16	19
村民委员会个数	个	441	333	561	287	410
年末总户数	户	221504	220621	344176	165568	301925
其中:乡村户数	户	155639	137451	257702	107665	227344
年末总人口	万人	74	66	112	48	107
乡村人口	万人	63	53	97	38	88
年末单位从业人员数	人	48797	27327	42366	57262	57199
乡村从业人员数	人	373780	338313	634358	268426	475320
其中:农林牧渔业	人	270802	232565	390471	181319	247308
农业机械总动力	万千瓦特	69	29	107	14	79
固定电话用户	户	90686	88550	142560	58564	131215
二、综合经济						
第一产业增加值	万元	345277	148798	319338	230613	253376
第二产业增加值	万元	2902860	664680	521032	1143814	931168
地方财政一般预算收入	万元	107988	30001	46000	68006	45666
地方财政一般预算支出	万元	230575	176847	202420	157578	171666
城乡居民储蓄存款余额	万元	1217240	443230	600954	555660	927422
年末金融机构各项贷款余额	万元	957751	231185	406744	615786	499868
三、农业、工业及投资						
粮食总产量	吨	213084	186442	571135	99796	503927
棉花产量	吨	1406		2878		4467
油料产量	吨	7181	50549	196499	5952	61679
肉类总产量	吨	20917	23299	30577	28134	32104
规模以上工业企业个数	个	223	71	95	80	127
规模以上工业总产值(现价)	万元	12166430	805564	1107889	2819702	1965196
固定资产投资(不含农户)	万元	1303889	691000	842400	1412100	1204500
四、教育、卫生和社会保障						
普通中学在校学生数	人	45895	30292	47965	28486	39313
小学在校学生数	人	54429	69515	92090	54455	94380
医院、卫生院床位数	床	1963	1485	2370	2015	1230
各种社会福利收养性单位数	个	17	17	55	18	55
各种社会福利收养性单位床位数	床	1388	3058	3463	1910	2288

2011年县(市)社会经济主要指标

河南省

指　　标	单位	内乡县	淅川县	社旗县	唐河县	新野县
一、基本情况						
行政区域土地面积	平方公里	2301	2818	1152	2497	1056
乡(镇)个数	个	16	15	15	19	13
村民委员会个数	个	288	488	248	521	270
年末总户数	户	229549	228397	227620	423710	230513
其中:乡村户数	户	154588	145379	156517	301054	172532
年末总人口	万人	71	76	75	143	84
乡村人口	万人	54	56	63	120	70
年末单位从业人员数	人	36936	44058	35034	49916	46965
乡村从业人员数	人	303962	313896	402744	634215	449575
其中:农林牧渔业	人	157572	195775	259419	390401	259564
农业机械总动力	万千瓦特	63	51	67	180	139
固定电话用户	户	65300	55049	71542	227400	112503
二、综合经济						
第一产业增加值	万元	287595	291000	290471	587209	368082
第二产业增加值	万元	529779	849274	415863	934896	1168756
地方财政一般预算收入	万元	35000	96018	23600	56916	35019
地方财政一般预算支出	万元	156119	249481	151038	255772	152756
城乡居民储蓄存款余额	万元	542210	683580	400298	920688	668027
年末金融机构各项贷款余额	万元	382553	511803	294582	493856	535331
三、农业、工业及投资						
粮食总产量	吨	296542	247577	505950	1141715	505929
棉花产量	吨	1071	608	8000	10181	9550
油料产量	吨	67147	112525	70128	111281	99590
肉类总产量	吨	86179	57532	72283	113260	45486
规模以上工业企业个数	个	71	46	85	150	151
规模以上工业总产值(现价)	万元	883312	1977621	915465	1450102	3149711
固定资产投资(不含农户)	万元	980300	1288100	608900	1037200	1140500
四、教育、卫生和社会保障						
普通中学在校学生数	人	32116	41453	33717	55871	44397
小学在校学生数	人	63114	79466	73449	111752	80832
医院、卫生院床位数	床	1247	1380	1305	1819	1030
各种社会福利收养性单位数	个	70	18	15	22	53
各种社会福利收养性单位床位数	床	2092	3714	3853	4354	3345

2011年县(市)社会经济主要指标

河南省

指　　标	单位	桐柏县	邓州市	民权县	睢　县	宁陵县
一、基本情况						
行政区域土地面积	平方公里	1915	2360	1238	920	797
乡(镇)个数	个	16	24	18	20	14
村民委员会个数	个	209	547	529	551	359
年末总户数	户	165435	508599	273728	236160	172931
其中:乡村户数	户	96507	365098	193284	182339	149817
年末总人口	万人	50	174	97	88	67
乡村人口	万人	36	152	76	71	59
年末单位从业人员数	人	27249	65686	30689	28942	31076
乡村从业人员数	人	211194	885069	445512	476601	335522
其中:农林牧渔业	人	123520	485644	246408	274426	200370
农业机械总动力	万千瓦特	81	174	116	112	94
固定电话用户	户	33695	163500	51932	41852	45180
二、综合经济						
第一产业增加值	万元	170687	795988	362016	380106	196083
第二产业增加值	万元	790581	1170065	451513	402964	295060
地方财政一般预算收入	万元	41690	62026	26766	20096	16686
地方财政一般预算支出	万元	138705	313395	191266	170016	150369
城乡居民储蓄存款余额	万元	455186	1103438	571589	617792	412850
年末金融机构各项贷款余额	万元	284043	683238	453338	250074	353199
三、农业、工业及投资						
粮食总产量	吨	222434	1060103	646492	601482	436409
棉花产量	吨	143	19637	15325	17313	3431
油料产量	吨	67725	236597	94901	65994	86769
肉类总产量	吨	26179	136057	53120	50571	37487
规模以上工业企业个数	个	75	129	75	53	37
规模以上工业总产值(现价)	万元	1140449	2889213	1336106	969203	833507
固定资产投资(不含农户)	万元	840000	1335800	877369	818452	508468
四、教育、卫生和社会保障						
普通中学在校学生数	人	25859	90223	70703	65972	54896
小学在校学生数	人	42607	205692	110699	98584	82417
医院、卫生院床位数	床	757	4452	2332	1884	1185
各种社会福利收养性单位数	个	39	38	20	25	19
各种社会福利收养性单位床位数	床	1712	1218	1600	1824	1221

2011年县(市)社会经济主要指标

河南省

指　　标	单位	柘城县	虞城县	夏邑县	永城市	罗山县
一、基本情况						
行政区域土地面积	平方公里	1042	1544	1486	2021	2081
乡(镇)个数	个	21	26	24	29	19
村民委员会个数	个	494	646	723	738	298
年末总户数	户	287142	346910	373316	432628	225900
其中:乡村户数	户	208820	264690	293566	341451	177054
年末总人口	万人	102	123	120	151	77
乡村人口	万人	78	101	108	131	65
年末单位从业人员数	人	29563	32219	29752	122822	34885
乡村从业人员数	人	445021	631086	591536	816348	368620
其中:农林牧渔业	人	272961	364068	212385	315667	202930
农业机械总动力	万千瓦特	113	172	169	173	61
固定电话用户	户	42497	52072	75428	127562	47860
二、综合经济						
第一产业增加值	万元	390106	421001	420682	518226	295768
第二产业增加值	万元	377697	608458	501962	2266912	420539
地方财政一般预算收入	万元	23819	30618	25388	200106	24416
地方财政一般预算支出	万元	200816	259888	230369	326534	186198
城乡居民储蓄存款余额	万元	655948	730530	954020	1393131	833387
年末金融机构各项贷款余额	万元	266491	306770	437000	1340999	374012
三、农业、工业及投资						
粮食总产量	吨	637817	882765	944131	1136959	712533
棉花产量	吨	9601	17765	4730	4240	201
油料产量	吨	11419	48560	18160	30819	55907
肉类总产量	吨	54309	72758	75930	83604	44297
规模以上工业企业个数	个	77	89	85	85	91
规模以上工业总产值(现价)	万元	944511	1724137	1217771	5763518	1059500
固定资产投资(不含农户)	万元	778259	894143	907030	1354043	1015683
四、教育、卫生和社会保障						
普通中学在校学生数	人	91517	83619	99528	104047	52537
小学在校学生数	人	122950	162935	141772	183022	71638
医院、卫生院床位数	床	2738	2025	2024	4417	1108
各种社会福利收养性单位数	个	19	32	27	38	51
各种社会福利收养性单位床位数	床	2400	3622	4200	4820	3703

2011年县(市)社会经济主要指标

河南省

指标	单位	光山县	新县	商城县	固始县	潢川县
一、基本情况						
行政区域土地面积	平方公里	1855	1559	2117	2999	1635
乡(镇)个数	个	17	14	18	30	21
村民委员会个数	个	324	193	363	562	271
年末总户数	户	291200	146400	232330	538900	252740
其中:乡村户数	户	170279	82310	163293	399630	173919
年末总人口	万人	92	39	77	174	87
乡村人口	万人	70	29	66	149	67
年末单位从业人员数	人	34949	24140	34287	60838	44936
乡村从业人员数	人	416113	180068	352610	864831	448962
其中:农林牧渔业	人	226338	157179	157179	405385	228294
农业机械总动力	万千瓦特	38	19	34	77	38
固定电话用户	户	49921	25275	53248	92105	61041
二、综合经济						
第一产业增加值	万元	318757	157571	281050	715700	430866
第二产业增加值	万元	443310	301732	392748	680385	505448
地方财政一般预算收入	万元	29148	16799	22428	50056	30919
地方财政一般预算支出	万元	182827	114353	186500	294706	182276
城乡居民储蓄存款余额	万元	848769	422536	699009	1428782	748319
年末金融机构各项贷款余额	万元	442240	232953	335844	637692	1022036
三、农业、工业及投资						
粮食总产量	吨	590235	121113	360559	1204223	663218
棉花产量	吨	267	55	121	200	53
油料产量	吨	66762	24362	45150	139728	48113
肉类总产量	吨	43355	19911	40146	143023	133307
规模以上工业企业个数	个	94	49	88	162	113
规模以上工业总产值(现价)	万元	1171928	751627	876944	1445024	1372686
固定资产投资(不含农户)	万元	988858	668595	776567	1205530	989000
四、教育、卫生和社会保障						
普通中学在校学生数	人	65503	25278	71676	109959	57139
小学在校学生数	人	103982	39100	99850	153836	96837
医院、卫生院床位数	床	1378	467	1100	2028	1001
各种社会福利收养性单位数	个	80	24	20	57	30
各种社会福利收养性单位床位数	床	5120	1675	2555	5368	1999

2011 年县(市)社会经济主要指标

河南省

指　　标	单位	淮滨县	息　县	扶沟县	西华县	商水县
一、基本情况						
行政区域土地面积	平方公里	1209	1899	1173	1194	1263
乡(镇)个数	个	17	19	14	18	20
村民委员会个数	个	289	336	411	430	572
年末总户数	户	225730	319433	224899	276284	329346
其中:乡村户数	户	152757	208566	159569	199995	261586
年末总人口	万人	75	109	77	101	128
乡村人口	万人	62	90	66	84	106
年末单位从业人员数	人	40827	36089	29636	41028	36607
乡村从业人员数	人	379895	496763	372929	504922	652998
其中:农林牧渔业	人	188855	273537	243580	360240	273675
农业机械总动力	万千瓦特	62	113	104	120	117
固定电话用户	户	35076	38142	43344	65700	56440
二、综合经济						
第一产业增加值	万元	260232	351830	320093	431546	455262
第二产业增加值	万元	360088	516815	500043	469993	388711
地方财政一般预算收入	万元	18650	21415	26839	25627	28300
地方财政一般预算支出	万元	167530	211533	181789	166941	210509
城乡居民储蓄存款余额	万元	540692	902297	701928	689232	793295
年末金融机构各项贷款余额	万元	285088	370905	415787	316654	289308
三、农业、工业及投资						
粮食总产量	吨	554442	933500	524940	624830	1029000
棉花产量	吨	567	1217	18076	15540	6373
油料产量	吨	48370	13660	26978	33750	45346
肉类总产量	吨	48929	52073	51772	79240	84250
规模以上工业企业个数	个	77	107	97	110	96
规模以上工业总产值(现价)	万元	873078	1301931	1500384	1397482	984546
固定资产投资(不含农户)	万元	655242	987611	713900	663900	689600
四、教育、卫生和社会保障						
普通中学在校学生数	人	60705	66302	50963	71194	101157
小学在校学生数	人	98441	113997	80877	112273	179697
医院、卫生院床位数	床	1134	901	1365	1892	1881
各种社会福利收养性单位数	个	38	24	15	22	25
各种社会福利收养性单位床位数	床	2491	2408	1838	2040	3256

2011年县(市)社会经济主要指标

河南省

指　　标	单位	沈丘县	郸城县	淮阳县	太康县	鹿邑县
一、基本情况						
行政区域土地面积	平方公里	1081	1471	1414	1360	1248
乡(镇)个数	个	19	19	19	23	20
村民委员会个数	个	558	488	495	777	552
年末总户数	户	349301	439192	388600	407574	364486
其中:乡村户数	户	259010	264753	304656	301263	271345
年末总人口	万人	136	158	149	157	136
乡村人口	万人	115	112	128	121	109
年末单位从业人员数	人	37628	51335	35901	38271	33026
乡村从业人员数	人	686366	771661	679316	751672	671346
其中:农林牧渔业	人	392560	428736	433407	504598	340079
农业机械总动力	万千瓦特	86	154	121	172	114
固定电话用户	户	78907	97130	83430	63016	91964
二、综合经济						
第一产业增加值	万元	355577	430002	545802	474546	465805
第二产业增加值	万元	648528	822749	626841	558971	832291
地方财政一般预算收入	万元	44575	41893	35423	35016	45669
地方财政一般预算支出	万元	230850	251986	230748	255916	246369
城乡居民储蓄存款余额	万元	939750	875053	892335	936671	827829
年末金融机构各项贷款余额	万元	745810	530686	313701	322906	481448
三、农业、工业及投资						
粮食总产量	吨	777246	823000	869700	1093860	887100
棉花产量	吨	3928	19985	20112	11626	9271
油料产量	吨	25742	23695	128985	23248	17088
肉类总产量	吨	83598	55336	96160	100328	68537
规模以上工业企业个数	个	103	82	144	124	25
规模以上工业总产值(现价)	万元	1700343	2708779	1640208	1485508	2263210
固定资产投资(不含农户)	万元	824100	667300	699400	586400	690000
四、教育、卫生和社会保障						
普通中学在校学生数	人	95630	107020	102639	87145	109687
小学在校学生数	人	138507	185267	175362	175741	173373
医院、卫生院床位数	床	2421	2247	2495	3221	2381
各种社会福利收养性单位数	个	21	22	20	21	22
各种社会福利收养性单位床位数	床	3827	2887	4134	3049	2360

2011年县(市)社会经济主要指标

河南省

指　　标	单位	项城市	西平县	上蔡县	平舆县	正阳县
一、基本情况						
行政区域土地面积	平方公里	1083	1090	1529	1282	1903
乡(镇)个数	个	15	17	24	16	19
村民委员会个数	个	462	212	444	210	281
年末总户数	户	394735	255430	369010	256080	214174
其中:乡村户数	户	257587	191707	306567	211866	188925
年末总人口	万人	136	87	143	98	79
乡村人口	万人	110	77	130	87	69
年末单位从业人员数	人	45264	49960	40920	35504	29801
乡村从业人员数	人	593047	555660	796993	588567	508057
其中:农林牧渔业	人	212400	124766	531395	351253	236708
农业机械总动力	万千瓦特	80	123	152	160	205
固定电话用户	户	121000	72796	45910	20000	66581
二、综合经济						
第一产业增加值	万元	344509	403246	338023	319321	427171
第二产业增加值	万元	1010797	490826	544969	518604	345808
地方财政一般预算收入	万元	44748	31372	27166	39489	22099
地方财政一般预算支出	万元	234791	174962	240540	202652	175488
城乡居民储蓄存款余额	万元	1072282	783181	1094699	828627	745583
年末金融机构各项贷款余额	万元	330110	329089	421289	258212	315762
三、农业、工业及投资						
粮食总产量	吨	765793	866475	964218	716239	785537
棉花产量	吨	7304	59	1034	366	711
油料产量	吨	28742	63662	37207	51160	325287
肉类总产量	吨	52767	104248	74530	73455	91149
规模以上工业企业个数	个	118	126	141	140	103
规模以上工业总产值(现价)	万元	2675835	1204422	1197129	1336237	965435
固定资产投资(不含农户)	万元	644900	559209	540776	624191	530050
四、教育、卫生和社会保障						
普通中学在校学生数	人	101961	61284	89091	69893	56278
小学在校学生数	人	140297	81160	171999	122223	88628
医院、卫生院床位数	床	2213	1974	1950	3188	1518
各种社会福利收养性单位数	个	16	24	41	19	23
各种社会福利收养性单位床位数	床	1680	1635	3230	2068	1575

2011年县(市)社会经济主要指标

河南省

指　　标	单位	确山县	泌阳县	汝南县	遂平县	新蔡县
一、基本情况						
行政区域土地面积	平方公里	1711	2356	1504	1063	1447
乡(镇)个数	个	12	21	14	11	22
村民委员会个数	个	202	354	274	173	349
年末总户数	户	153972	234890	213025	153620	277800
其中:乡村户数	户	122412	182825	182300	120512	250200
年末总人口	万人	52	90	81	55	108
乡村人口	万人	47	75	70	47	100
年末单位从业人员数	人	23788	34734	29962	33000	25135
乡村从业人员数	人	292375	506307	464000	308912	650200
其中:农林牧渔业	人	166882	384915	293220	192641	350200
农业机械总动力	万千瓦特	105	155	133	96	149
固定电话用户	户	38905	63661	69800	78615	30966
二、综合经济						
第一产业增加值	万元	260522	406518	369099	256752	420584
第二产业增加值	万元	437939	513042	377702	518269	435195
地方财政一般预算收入	万元	29266	34576	25220	30169	24120
地方财政一般预算支出	万元	134461	219000	171861	145586	200699
城乡居民储蓄存款余额	万元	588511	624239	705409	533954	767951
年末金融机构各项贷款余额	万元	194027	312279	259115	301634	355252
三、农业、工业及投资						
粮食总产量	吨	546516	558238	683006	575479	769046
棉花产量	吨	79	2606	1032	115	7800
油料产量	吨	54529	102946	144111	43049	86425
肉类总产量	吨	69762	84880	81080	73507	101700
规模以上工业企业个数	个	124	141	136	150	160
规模以上工业总产值(现价)	万元	1123431	1533718	1051598	1357725	1071636
固定资产投资(不含农户)	万元	560138	591769	564398	651728	549101
四、教育、卫生和社会保障						
普通中学在校学生数	人	32863	53616	52898	35234	63540
小学在校学生数	人	65506	101595	96174	47268	136547
医院、卫生院床位数	床	1640	1944	1634	1970	1485
各种社会福利收养性单位数	个	18	30	25	15	23
各种社会福利收养性单位床位数	床	2246	1965	2230	1470	2700

2011年县(市)社会经济主要指标

河南省、湖北省

指　　标	单位	济源市	阳新县	大冶市	郧　县	郧西县
一、基本情况						
行政区域土地面积	平方公里	1894	2783	1566	3863	3509
乡(镇)个数	个	11	16	11	19	16
村民委员会个数	个	455	392	368	338	338
年末总户数	户	203162	302936	268463	161247	142200
其中:乡村户数	户	119524	168500	133071	124567	116929
年末总人口	万人	69	102	95	63	51
乡村人口	万人	46	80	66	50	43
年末单位从业人员数	人	90063	62269	74707	31836	20400
乡村从业人员数	人	264386	426900	369100	314630	239573
其中:农林牧渔业	人	154595	108600	119700	114187	78277
农业机械总动力	万千瓦特	108	43	34	11	11
固定电话用户	户	152300	142158	135741	32558	51708
二、综合经济						
第一产业增加值	万元	183624	331423	322400	168443	140631
第二产业增加值	万元	2781140	469900	2091600	203300	105500
地方财政一般预算收入	万元	255169	57000	186938	82161	51764
地方财政一般预算支出	万元	398858	267587	381236	250082	10053
城乡居民储蓄存款余额	万元	1146448	737055	1123001	498982	449792
年末金融机构各项贷款余额	万元	1571976	346847	1071410	235129	180030
三、农业、工业及投资						
粮食总产量	吨	215467	334772	268156	194600	178029
棉花产量	吨	194	3545	3120	48	12
油料产量	吨	2818	42827	37892	15501	14408
肉类总产量	吨	47383	41503	76839	33694	26082
规模以上工业企业个数	个	226	67	195	43	34
规模以上工业总产值(现价)	万元	11909157	870104	5252000	603420	200908
固定资产投资(不含农户)	万元	2284300	644778	1973705	591976	180226
四、教育、卫生和社会保障						
普通中学在校学生数	人	40755	91046	57057	25443	30638
小学在校学生数	人	51639	130125	77090	38627	34949
医院、卫生院床位数	床	2694	1808	1973	569	1408
各种社会福利收养性单位数	个	8	19	16	28	33
各种社会福利收养性单位床位数	床	828	2686	1378	3360	1570

2011年县(市)社会经济主要指标

湖北省

指　　标	单位	竹山县	竹溪县	房　县	丹江口市	夷陵区
一、基本情况						
行政区域土地面积	平方公里	3586	3311	5110	3121	3424
乡(镇)个数	个	17	15	19	12	11
村民委员会个数	个	254	336	305	222	176
年末总户数	户	148588	128125	174600	160107	197533
其中:乡村户数	户	110300	84164	105729	82211	138867
年末总人口	万人	47	37	49	46	52
乡村人口	万人	42	30	40	29	41
年末单位从业人员数	人	242000	26511	19070	44191	296100
乡村从业人员数	人	173000	160000	232858	179635	214739
其中:农林牧渔业	人	63000	69100	83740	82471	109701
农业机械总动力	万千瓦特	22	2	12	27	28
固定电话用户	户	26328	24500	51485	69324	58100
二、综合经济						
第一产业增加值	万元	129915	139624	166721	164575	369640
第二产业增加值	万元	141274	182041	128857	548239	1766174
地方财政一般预算收入	万元	51537	22287	25499	157918	247292
地方财政一般预算支出	万元	175388	173997	181600	329081	270503
城乡居民储蓄存款余额	万元	328162	326701	425850	859068	921016
年末金融机构各项贷款余额	万元	385655	170218	268244	853804	1135854
三、农业、工业及投资						
粮食总产量	吨	222090	222300	140066	113941	209014
棉花产量	吨			42	47	15
油料产量	吨	39083	23233	15355	8884	25017
肉类总产量	吨	20690	24012	28862	46345	98864
规模以上工业企业个数	个	17	29	45	77	131
规模以上工业总产值(现价)	万元	220906	338955	303072	1566600	5040074
固定资产投资(不含农户)	万元	532124	354536	563928	698792	773021
四、教育、卫生和社会保障						
普通中学在校学生数	人	20789	19950	25774	26078	20287
小学在校学生数	人	33026	26490	36808	29772	20861
医院、卫生院床位数	床	1771	974	1574	2118	1235
各种社会福利收养性单位数	个	101	34	45	47	16
各种社会福利收养性单位床位数	床	3004	2558	3000	3161	1927

2011年县(市)社会经济主要指标

湖北省

指　　标	单位	远安县	兴山县	秭归县	长阳土家族自治县	五峰土家族自治县
一、基本情况						
行政区域土地面积	平方公里	1752	2327	2427	3430	2072
乡(镇)个数	个	7	8	12	11	8
村民委员会个数	个	102	89	186	154	97
年末总户数	户	78878	68354	143807	149350	73198
其中:乡村户数	户	53082	42333	106212	107011	57336
年末总人口	万人	19	18	38	41	21
乡村人口	万人	15	13	32	31	19
年末单位从业人员数	人	97100	17866	38196	186500	15846
乡村从业人员数	人	96488	81800	197140	220400	103515
其中:农林牧渔业	人	32806	51265	98116	86694	64133
农业机械总动力	万千瓦特	21	10	19	18	13
固定电话用户	户	37226	15324	38506	25637	18000
二、综合经济						
第一产业增加值	万元	124830	93011	150484	234963	130037
第二产业增加值	万元	679934	301269	246100	222473	100200
地方财政一般预算收入	万元	50888	32018	69879	34008	13048
地方财政一般预算支出	万元	119796	118316	160048	164593	112668
城乡居民储蓄存款余额	万元	356274	229740	394854	439614	200535
年末金融机构各项贷款余额	万元	213170	393900	295635	346807	119123
三、农业、工业及投资						
粮食总产量	吨	98440	54817	82765	97853	76649
棉花产量	吨					
油料产量	吨	12644	7238	14861	13907	5502
肉类总产量	吨	25718	26404	44311	65311	29239
规模以上工业企业个数	个	46	5	47	24	14
规模以上工业总产值(现价)	万元	1997417	1019589	618903	395500	222428
固定资产投资(不含农户)	万元	760663	90056	427390	337907	141273
四、教育、卫生和社会保障						
普通中学在校学生数	人	8781	7572	13507	15036	6444
小学在校学生数	人	7177	6193	14106	15624	6809
医院、卫生院床位数	床	756	653	960	1314	510
各种社会福利收养性单位数	个	8	6	22	14	9
各种社会福利收养性单位床位数	床	643	324	2169	1196	575

2011年县(市)社会经济主要指标

湖北省

指　　标	单位	宜都市	当阳市	枝江市	襄州区	南漳县
一、基本情况						
行政区域土地面积	平方公里	1357	2159	1310	2394	3859
乡(镇)个数	个	9	7	8	11	10
村民委员会个数	个	123	158	198	439	282
年末总户数	户	149997	194940	196150	345706	197244
其中:乡村户数	户	94345	108300	100507	185098	114114
年末总人口	万人	40	49	50	106	59
乡村人口	万人	29	35	34	77	41
年末单位从业人员数	人	64896	36985	68543	289266	30183
乡村从业人员数	人	178481	199200	200266	433038	237918
其中:农林牧渔业	人	41036	88100	79349	159762	78611
农业机械总动力	万千瓦特	19	51	73	115	58
固定电话用户	户	71701	68200	66727	97187	182796
二、综合经济						
第一产业增加值	万元	275168	480100	463578	516442	320048
第二产业增加值	万元	1691411	1259300	1279900	1259712	466800
地方财政一般预算收入	万元	142735	103496	100205	85010	38318
地方财政一般预算支出	万元	258448	248900	212785	287083	198009
城乡居民储蓄存款余额	万元	684557	884172	849372	958042	617393
年末金融机构各项贷款余额	万元	957773	658977	103718	471114	338771
三、农业、工业及投资						
粮食总产量	吨	104578	507400	321743	1334000	420917
棉花产量	吨	33	10520	23176	16295	476
油料产量	吨	18908	66721	53841	103976	8418
肉类总产量	吨	75658	96564	86900	190265	92821
规模以上工业企业个数	个	174	176	169	132	73
规模以上工业总产值(现价)	万元	4918370	3754421	3802415	3651452	941189
固定资产投资(不含农户)	万元	1123096	1417361	1234905	1928305	620805
四、教育、卫生和社会保障						
普通中学在校学生数	人	17845	18133	20195	45777	13063
小学在校学生数	人	12693	18485	16268	64373	27446
医院、卫生院床位数	床	1636	1212	1387	3163	1548
各种社会福利收养性单位数	个	19	13	20	61	20
各种社会福利收养性单位床位数	床	1803	1456	1683	3698	2675

2011年县(市)社会经济主要指标

湖北省

指　　标	单位	谷城县	保康县	老河口市	枣阳市	宜城市
一、基本情况						
行政区域土地面积	平方公里	2553	3222	1032	3277	2115
乡(镇)个数	个	10	11	8	12	8
村民委员会个数	个	257	261	217	520	190
年末总户数	户	216849	80994	183873	426063	189490
其中:乡村户数	户	114674	62800	76651	189282	108798
年末总人口	万人	59	28	53	112	57
乡村人口	万人	32	23	29	72	41
年末单位从业人员数	人	252100	60800	45703	55620	33596
乡村从业人员数	人	212203	142864	182916	399620	238087
其中:农林牧渔业	人	74263	68877	79746	122801	125015
农业机械总动力	万千瓦特	27	32	60	134	63
固定电话用户	户	52190	40000	35965	102310	55000
二、综合经济						
第一产业增加值	万元	228930	137379	294878	614456	349068
第二产业增加值	万元	1002248	233350	925416	1432332	885659
地方财政一般预算收入	万元	60003	39500	77041	105108	75113
地方财政一般预算支出	万元	185969	88686	228758	337610	235101
城乡居民储蓄存款余额	万元	818330	266781	675258	1266515	677400
年末金融机构各项贷款余额	万元	441725	205418	557345	662030	502000
三、农业、工业及投资						
粮食总产量	吨	263179	128943	350753	1337000	677841
棉花产量	吨	16		6228	12533	10801
油料产量	吨	13243	10372	26780	24305	88928
肉类总产量	吨	63419	26042	67612	194348	76389
规模以上工业企业个数	个	129	37	156	227	138
规模以上工业总产值(现价)	万元	3415600	369860	2965151	4254816	2750600
固定资产投资(不含农户)	万元	849303	428416	834324	1366402	
四、教育、卫生和社会保障						
普通中学在校学生数	人	24570	7969	24199	50303	25399
小学在校学生数	人	38097	10807	34588	68833	27799
医院、卫生院床位数	床	1837	1022	1358	3011	1364
各种社会福利收养性单位数	个	1	16	16	41	35
各种社会福利收养性单位床位数	床	346	1598	1840	3676	2776

2011年县(市)社会经济主要指标

湖北省

指　　标	单位	京山县	沙洋县	钟祥市	孝昌县	大悟县
一、基本情况						
行政区域土地面积	平方公里	3520	2044	4488	1217	1985
乡(镇)个数	个	14	13	16	12	17
村民委员会个数	个	405	250	495	445	362
年末总户数	户	211644	201920	344937	198101	179865
其中:乡村户数	户	116386	127014	179106	135500	134914
年末总人口	万人	66	62	107	68	64
乡村人口	万人	44	48	70	58	53
年末单位从业人员数	人	35990	29660	472500	30339	37721
乡村从业人员数	人	238587	272241	365604	311900	310825
其中:农林牧渔业	人	80511	76227	116378	66800	148067
农业机械总动力	万千瓦特	85	60	150	25	19
固定电话用户	户	75007	52106	80407	55143	115000
二、综合经济						
第一产业增加值	万元	438200	476000	480200	221839	230372
第二产业增加值	万元	1103100	642500	1329000	238261	232039
地方财政一般预算收入	万元	62374	31008	81500	40144	41093
地方财政一般预算支出	万元	216761	184748	353042	114923	137240
城乡居民储蓄存款余额	万元	1015738	717418	1601050	514196	594014
年末金融机构各项贷款余额	万元	668608	330760	667185	167295	246983
三、农业、工业及投资						
粮食总产量	吨	690973	770406	839200	258900	275800
棉花产量	吨	10655	12287	16082	1255	278
油料产量	吨	41709	127576	120233	29617	54999
肉类总产量	吨	89383	99421	117621	67114	46277
规模以上工业企业个数	个	180	114	183	61	48
规模以上工业总产值(现价)	万元	3763903	1666868	4502656	490812	483099
固定资产投资(不含农户)	万元	1405691	685048	1529322	712732	663450
四、教育、卫生和社会保障						
普通中学在校学生数	人	24803	17569	44744	49277	42393
小学在校学生数	人	23336	19099	50124	42965	44861
医院、卫生院床位数	床	1282	1135	2748	835	976
各种社会福利收养性单位数	个	18	13	26	22	22
各种社会福利收养性单位床位数	床	1521	1860	2461	2959	2950

2011年县(市)社会经济主要指标

湖北省

指　　标	单位	云梦县	应城市	安陆市	汉川市	公安县
一、基本情况						
行政区域土地面积	平方公里	604	1103	1355	1659	2257
乡(镇)个数	个	12	10	13	20	16
村民委员会个数	个	286	416	379	564	328
年末总户数	户	188618	213538	205244	342075	338597
其中:乡村户数	户	116100	159354	117937	210219	184766
年末总人口	万人	58	68	63	113	106
乡村人口	万人	46	48	48	83	75
年末单位从业人员数	人	47456	71584	58640	135253	45711
乡村从业人员数	人	309819	321318	269379	489352	405636
其中:农林牧渔业	人	103983	111095	122025	184691	211472
农业机械总动力	万千瓦特	24	28	31	58	71
固定电话用户	户	51975	55647	83525	97827	73088
二、综合经济						
第一产业增加值	万元	248348	334600	264021	420355	450843
第二产业增加值	万元	661977	817500	423952	1540239	541676
地方财政一般预算收入	万元	52058	70610	41610	86108	44483
地方财政一般预算支出	万元	111770	198831	184419	200330	85056
城乡居民储蓄存款余额	万元	707741	885771	822966	1028389	1184059
年末金融机构各项贷款余额	万元	308913	589524	483922	1042790	592578
三、农业、工业及投资						
粮食总产量	吨	211400	343100	323600	519000	595808
棉花产量	吨	3296	5732	963	24546	37792
油料产量	吨	17700	28833	18400	40850	103489
肉类总产量	吨	64651	60972	76200	85873	71826
规模以上工业企业个数	个	160	154	55	303	77
规模以上工业总产值(现价)	万元	2330586	3097083	1266375	4894185	1554699
固定资产投资(不含农户)	万元	893317	729284	861307	1224874	875542
四、教育、卫生和社会保障						
普通中学在校学生数	人	34990	43448	34141	43952	46572
小学在校学生数	人	37410	40780	39617	52902	47280
医院、卫生院床位数	床	2249	1611	1301	1859	2231
各种社会福利收养性单位数	个	19	25	19	29	18
各种社会福利收养性单位床位数	床	2160	2700	1970	2279	3927

2011年县(市)社会经济主要指标

湖北省

指　　标	单位	监利县	江陵县	石首市	洪湖市	松滋市
一、基本情况						
行政区域土地面积	平方公里	3460	1048	1427	2519	2177
乡(镇)个数	个	21	9	12	15	16
村民委员会个数	个	769	199	276	449	238
年末总户数	户	345140	120283	224771	293776	287395
其中:乡村户数	户	253157	62886	117117	163815	179289
年末总人口	万人	156	41	65	94	77
乡村人口	万人	108	28	48	65	66
年末单位从业人员数	人	55235	36340	39989	47466	42684
乡村从业人员数	人	555151	147212	251765	362958	361173
其中:农林牧渔业	人	227859	84075	107582	202241	154840
农业机械总动力	万千瓦特	125	44	39	98	41
固定电话用户	户	95081	35672	40040	68542	97065
二、综合经济						
第一产业增加值	万元	678565	164745	247701	422125	293011
第二产业增加值	万元	478300	120677	403199	387824	544600
地方财政一般预算收入	万元	23181	11007	31016	32706	51190
地方财政一般预算支出	万元	313618	118635	169625	86540	220532
城乡居民储蓄存款余额	万元	1089800	339032	796885	800340	1088951
年末金融机构各项贷款余额	万元	599141	184849	332312	527169	378007
三、农业、工业及投资						
粮食总产量	吨	1339147	251510	202400	655602	316113
棉花产量	吨	33095	11494	18681	11831	16561
油料产量	吨	112870	66276	57894	81967	67337
肉类总产量	吨	100687	34787	45449	32464	105189
规模以上工业企业个数	个	58	28	79	59	96
规模以上工业总产值(现价)	万元	1401175	281276	1186066	879575	1337596
固定资产投资(不含农户)	万元	726500	183502	613332	613800	889367
四、教育、卫生和社会保障						
普通中学在校学生数	人	74553	23827	32780	44406	38196
小学在校学生数	人	127761	23742	29400	59567	38035
医院、卫生院床位数	床	1955	919	1409	1817	1487
各种社会福利收养性单位数	个	25	12	26	35	25
各种社会福利收养性单位床位数	床	2557	928	3200	3480	3579

2011年县(市)社会经济主要指标

湖北省

指　　标	单位	团风县	红安县	罗田县	英山县	浠水县
一、基本情况						
行政区域土地面积	平方公里	833	1796	2129	1449	1949
乡(镇)个数	个	10	11	12	11	13
村民委员会个数	个	290	398	413	307	649
年末总户数	户	127285	214598	210772	141836	349200
其中:乡村户数	户	89858	138714	130628	97218	222700
年末总人口	万人	38	66	61	40	103
乡村人口	万人	32	55	41	33	79
年末单位从业人员数	人	23182	360100	30051	21254	44641
乡村从业人员数	人	112500	264968	285942	200049	442300
其中:农林牧渔业	人	65800	113734	104536	93263	205100
农业机械总动力	万千瓦特	19	23	22	26	33
固定电话用户	户	34427	78457	61564	57536	96086
二、综合经济						
第一产业增加值	万元	116400	196100	192995	268800	398986
第二产业增加值	万元	271600	330600	299023	113100	453900
地方财政一般预算收入	万元	25507	40777	27717	18218	43882
地方财政一般预算支出	万元	171727	221121	182556	86330	321400
城乡居民储蓄存款余额	万元	327400	568460	638737	473403	1062004
年末金融机构各项贷款余额	万元	233136	209256	334347	215962	439430
三、农业、工业及投资						
粮食总产量	吨	124400	223508	230408	130510	469400
棉花产量	吨	5601	3271	286	109	13460
油料产量	吨	20927	100382	25019	15521	70516
肉类总产量	吨	17112	34000	26742	20183	99775
规模以上工业企业个数	个	31	30	48	31	94
规模以上工业总产值(现价)	万元	544091	392900	479121	310694	1057700
固定资产投资(不含农户)	万元	456500	588323	653206	302920	703502
四、教育、卫生和社会保障						
普通中学在校学生数	人	24702	44003	40049	23514	74585
小学在校学生数	人	32444	38773	45165	32640	75508
医院、卫生院床位数	床	915	1217	1440	930	2140
各种社会福利收养性单位数	个	14	20	17	63	80
各种社会福利收养性单位床位数	床	1580	5259	850	2598	3249

2011年县(市)社会经济主要指标

湖北省

指　　　标	单位	蕲春县	黄梅县	麻城市	武穴市	嘉鱼县
一、基本情况						
行政区域土地面积	平方公里	2398	1701	3747	1246	1017
乡(镇)个数	个	14	16	16	8	8
村民委员会个数	个	578	484	715	314	79
年末总户数	户	299265	320245	391355	252772	116812
其中:乡村户数	户	200193	183541	255911	145681	68416
年末总人口	万人	100	99	116	79	37
乡村人口	万人	80	63	95	62	26
年末单位从业人员数	人	41892	481000	95425	44412	26162
乡村从业人员数	人	415445	308000	521800	304859	140519
其中:农林牧渔业	人	132533	125200	231500	133293	60800
农业机械总动力	万千瓦特	32	38	29	23	26
固定电话用户	户	121208	114500	138000	92815	55722
二、综合经济						
第一产业增加值	万元	320365	309500	442000	432900	269000
第二产业增加值	万元	487500	467429	648300	734300	718000
地方财政一般预算收入	万元	57858	52200	62911	72321	44123
地方财政一般预算支出	万元	115492	168440	292712	220879	134217
城乡居民储蓄存款余额	万元	1129328	1048240	1030711	876514	316355
年末金融机构各项贷款余额	万元	417552	428986	979558	520274	288882
三、农业、工业及投资						
粮食总产量	吨	470300	450029	536600	303800	127400
棉花产量	吨	7815	21510	12748	9324	1334
油料产量	吨	48127	58896	98089	68828	9438
肉类总产量	吨	76499	73488	100949	71686	19941
规模以上工业企业个数	个	218	115	125	86	147
规模以上工业总产值(现价)	万元	1290365	968500	1393789	1325292	2445400
固定资产投资(不含农户)	万元	1017350	736300	1280600	985917	851466
四、教育、卫生和社会保障						
普通中学在校学生数	人	71174	68560	68358	45271	24434
小学在校学生数	人	81190	81567	83592	57709	22889
医院、卫生院床位数	床	1913	2260	1717	1394	793
各种社会福利收养性单位数	个	115	72	23	72	16
各种社会福利收养性单位床位数	床	3664	4100	2753	2894	1337

2011年县(市)社会经济主要指标

湖北省

指　　标	单位	通城县	崇阳县	通山县	赤壁市	随　县
一、基本情况						
行政区域土地面积	平方公里	1172	1968	2680	1723	5763
乡(镇)个数	个	11	12	12	11	19
村民委员会个数	个	167	186	186	151	358
年末总户数	户	144987	133009	117014	155324	312807
其中:乡村户数	户	95956	89269	81591	84249	201362
年末总人口	万人	50	48	47	52	98
乡村人口	万人	41	38	36	35	77
年末单位从业人员数	人	19430	22302	25654	54122	87785
乡村从业人员数	人	193061	187192	181000	157665	417939
其中:农林牧渔业	人	70658	76023	73000	71831	171017
农业机械总动力	万千瓦特	24	17	14	44	108
固定电话用户	户	66763	67803	57623	55900	50000
二、综合经济						
第一产业增加值	万元	160981	179300	92791	274390	487876
第二产业增加值	万元	322700	220600	158700	929500	509000
地方财政一般预算收入	万元	29158	24604	27628	80000	11337
地方财政一般预算支出	万元	151841	155422	150060	213542	215035
城乡居民储蓄存款余额	万元	466428	468350	315490	646325	917410
年末金融机构各项贷款余额	万元	171154	167500	258854	426710	246408
三、农业、工业及投资						
粮食总产量	吨	150200	250297	68296	253475	876103
棉花产量	吨		400		1683	7857
油料产量	吨	4128	9038	4605	24094	21715
肉类总产量	吨	56458	49790	19031	26781	114121
规模以上工业企业个数	个	44	46	41	189	158
规模以上工业总产值(现价)	万元	812195	434887	376600	2749850	1671214
固定资产投资(不含农户)	万元	536953	530972	576491	1171390	972900
四、教育、卫生和社会保障						
普通中学在校学生数	人	22782	16385	31411	16662	35228
小学在校学生数	人	42225	44400	54856	37421	50100
医院、卫生院床位数	床	1220	1150	1138	1235	1311
各种社会福利收养性单位数	个	13	14	12	17	40
各种社会福利收养性单位床位数	床	980	1030	424	2245	3378

2011年县(市)社会经济主要指标

湖北省

指　　　标	单位	广水市	恩施市	利川市	建始县	巴东县
一、基本情况						
行政区域土地面积	平方公里	2641	3972	4607	2666	3354
乡(镇)个数	个	14	13	12	10	12
村民委员会个数	个	366	172	565	394	473
年末总户数	户	308685	269997	303373	165368	177589
其中:乡村户数	户	199700	179700	225500	127800	127500
年末总人口	万人	95	81	91	51	49
乡村人口	万人	80	63	82	46	43
年末单位从业人员数	人	43148	56502	28586	28069	36610
乡村从业人员数	人	467063	327800	423000	243500	246500
其中:农林牧渔业	人	185433	167300	216600	110000	115200
农业机械总动力	万千瓦特	34	37	28	25	28
固定电话用户	户	129100	95655	17600	19128	32951
二、综合经济						
第一产业增加值	万元	378138	214300	254477	152520	140439
第二产业增加值	万元	808000	390600	149300	130700	229900
地方财政一般预算收入	万元	49261	78669	57069	29200	38472
地方财政一般预算支出	万元	235026	247828	313485	179714	218474
城乡居民储蓄存款余额	万元	1143670	889615	586905	312936	368918
年末金融机构各项贷款余额	万元	399525	1586305	360249	211695	229667
三、农业、工业及投资						
粮食总产量	吨	416200	208300	359500	220400	207100
棉花产量	吨	6450	37			
油料产量	吨	37606	14853	11835	15121	19014
肉类总产量	吨	69656	87009	78508	61299	69649
规模以上工业企业个数	个	145	44	32	36	30
规模以上工业总产值(现价)	万元	2194100	698371	286885	181724	289393
固定资产投资(不含农户)	万元	1116200	512273	369423	365010	389381
四、教育、卫生和社会保障						
普通中学在校学生数	人	45123	43956	42482	21482	25259
小学在校学生数	人	66955	46331	57251	28384	27205
医院、卫生院床位数	床	1776	4513	2429	1968	1431
各种社会福利收养性单位数	个	43	25	18	13	13
各种社会福利收养性单位床位数	床	2973	3323	950	1477	1980

2011年县(市)社会经济主要指标

湖北省

指　　标	单位	宣恩县	咸丰县	来凤县	鹤峰县	仙桃市
一、基本情况						
行政区域土地面积	平方公里	2737	2550	1342	2872	2538
乡(镇)个数	个	9	10	8	9	15
村民委员会个数	个	279	263	185	205	638
年末总户数	户	120133	139972	100741	80092	443769
其中:乡村户数	户	85839	97100	70580	60400	272900
年末总人口	万人	36	39	33	22	155
乡村人口	万人	32	34	27	20	115
年末单位从业人员数	人	8114	16832	9118	7584	232897
乡村从业人员数	人	177105	188600	174134	119600	652986
其中:农林牧渔业	人	85532	84600	64333	45000	217400
农业机械总动力	万千瓦特	19	19	14	21	121
固定电话用户	户	25276	36001	18741	27335	180335
二、综合经济						
第一产业增加值	万元	115073	130843	94921	79953	650378
第二产业增加值	万元	88156	112130	92629	120423	1936200
地方财政一般预算收入	万元	14800	19428	14719	16402	131288
地方财政一般预算支出	万元	133898	141435	131226	125198	419759
城乡居民储蓄存款余额	万元	201818	278403	248739	195736	1907309
年末金融机构各项贷款余额	万元	113090	174198	200469	212415	943491
三、农业、工业及投资						
粮食总产量	吨	124000	204000	121100	87100	770263
棉花产量	吨					30830
油料产量	吨	5854	10390	6944	5355	117555
肉类总产量	吨	36354	53504	27923	22671	98636
规模以上工业企业个数	个	27	31	29	33	306
规模以上工业总产值(现价)	万元	127999	199083	185690	256568	6351400
固定资产投资(不含农户)	万元	170789	210644	220010	235564	1729343
四、教育、卫生和社会保障						
普通中学在校学生数	人	16681	15576	12775	9689	79455
小学在校学生数	人	21385	23751	23087	10391	75220
医院、卫生院床位数	床	1024	1478	1231	579	2971
各种社会福利收养性单位数	个	13	14	17	9	29
各种社会福利收养性单位床位数	床	960	1575	1440	622	4256

2011 年县(市)社会经济主要指标

湖北省、湖南省

指　　标	单位	潜江市	天门市	神农架林区	望城区	长沙县
一、基本情况						
行政区域土地面积	平方公里	2004	2622	3253	951	1997
乡(镇)个数	个	10	22	8	15	19
村民委员会个数	个	355	778	67	125	218
年末总户数	户	335179	392281	32024	174600	249800
其中:乡村户数	户	147400	309370	13322	150000	245100
年末总人口	万人	103	165	8	55	80
乡村人口	万人	53	129	5	51	79
年末单位从业人员数	人	161920	97474	21511	76914	178799
乡村从业人员数	人	274504	589381	27964	285800	473700
其中:农林牧渔业	人	78099	203960	14645	130000	225800
农业机械总动力	万千瓦特	88	149	9	57	128
固定电话用户	户	117200	144400	17730	118258	137133
二、综合经济						
第一产业增加值	万元	552700	636568	14871	263150	522854
第二产业增加值	万元	2176000	1363900	60100	2419242	5780897
地方财政一般预算收入	万元	125015	79023	17687	169448	419527
地方财政一般预算支出	万元	376800	385138	49740	297811	600963
城乡居民储蓄存款余额	万元	1881295	1979193	107352	1067330	1964631
年末金融机构各项贷款余额	万元	809979	790975	60455	873510	3278012
三、农业、工业及投资						
粮食总产量	吨	451800	678028	20089	351200	567300
棉花产量	吨	47990	52253			20
油料产量	吨	109643	110805	424	5127	11493
肉类总产量	吨	111850	86607	5866	77743	152584
规模以上工业企业个数	个	179	222	7		284
规模以上工业总产值(现价)	万元	6765076	4348326	66162		13705120
固定资产投资(不含农户)	万元	1596414	1470864	153730	2637987	3693736
四、教育、卫生和社会保障						
普通中学在校学生数	人	51941	85837	1605	19731	37575
小学在校学生数	人	56663	84108	3141	26069	54244
医院、卫生院床位数	床	3144	4208	234	1345	3231
各种社会福利收养性单位数	个	24	42	8	18	20
各种社会福利收养性单位床位数	床	2040	4600	438	2200	1415

2011年县(市)社会经济主要指标

湖南省

指　　标	单位	宁乡县	浏阳市	株洲县	攸　县	茶陵县
一、基本情况						
行政区域土地面积	平方公里	2912	4998	1053	2650	2507
乡(镇)个数	个	33	33	16	19	20
村民委员会个数	个	375	318	248	258	359
年末总户数	户	442900	412700	101500	227000	172700
其中:乡村户数	户	365400	369300	82300	198900	139100
年末总人口	万人	137	142	34	80	61
乡村人口	万人	121	129	29	72	53
年末单位从业人员数	人	65264	139159	25937	29225	23348
乡村从业人员数	人	780500	740500	246000	432000	299000
其中:农林牧渔业	人	328800	318100	143700	258100	154000
农业机械总动力	万千瓦特	155	124	36	73	55
固定电话用户	户	113020	131280	40850	130586	53700
二、综合经济						
第一产业增加值	万元	752563	634853	145663	361356	238951
第二产业增加值	万元	4343880	4945238	351001	1169151	407719
地方财政一般预算收入	万元	203771	177068	35240	124387	50110
地方财政一般预算支出	万元	363528	345178	110022	231478	138427
城乡居民储蓄存款余额	万元	1575971	1768168	410718	842315	695799
年末金融机构各项贷款余额	万元	1455828	2102722	231562	530518	308096
三、农业、工业及投资						
粮食总产量	吨	852200	541200	314849	455956	313213
棉花产量	吨	519	630	429	654	916
油料产量	吨	11575	49359	5243	12757	11554
肉类总产量	吨	221545	166448	55758	89963	64633
规模以上工业企业个数	个	548	713	72	259	98
规模以上工业总产值(现价)	万元	9104368	7592881	544973	2629588	731627
固定资产投资(不含农户)	万元	3933504	3317047	342300	1171000	467900
四、教育、卫生和社会保障						
普通中学在校学生数	人	68248	55283	11973	31587	19466
小学在校学生数	人	83866	88163	12576	41206	32460
医院、卫生院床位数	床	3434	5587	1024	1952	1256
各种社会福利收养性单位数	个	33	45	20	22	20
各种社会福利收养性单位床位数	床	1750	4969	1300	1162	1800

2011年县(市)社会经济主要指标

湖南省

指　　标	单位	炎陵县	醴陵市	湘潭县	湘乡市	韶山市
一、基本情况						
行政区域土地面积	平方公里	2031	2157	2154	2011	210
乡(镇)个数	个	15	26	19	18	7
村民委员会个数	个	202	342	644	705	61
年末总户数	户	58300	283300	307900	305800	32100
其中:乡村户数	户	46000	229500	238400	245400	26700
年末总人口	万人	20	104	99	93	11
乡村人口	万人	16	89	88	80	9
年末单位从业人员数	人	11852	62253	49332	52109	7494
乡村从业人员数	人	94000	510200	546100	496000	51900
其中:农林牧渔业	人	51600	211800	346800	332500	28100
农业机械总动力	万千瓦特	14	65	138	92	14
固定电话用户	户	22358	197300	186028	80521	27852
二、综合经济						
第一产业增加值	万元	59490	350917	435130	396810	37246
第二产业增加值	万元	186255	2161194	955709	1031870	217884
地方财政一般预算收入	万元	30482	197032	86690	74166	19151
地方财政一般预算支出	万元	84235	312719	254273	225200	46096
城乡居民储蓄存款余额	万元	211182	1069729	1351060	995100	217715
年末金融机构各项贷款余额	万元	168430	712270	973000	677100	121642
三、农业、工业及投资						
粮食总产量	吨	91703	502130	803700	527100	58700
棉花产量	吨	28	62	109	46	8
油料产量	吨	2318	6471	4244	12778	888
肉类总产量	吨	10564	95636	163520	146760	19970
规模以上工业企业个数	个	67	479	173	174	47
规模以上工业总产值(现价)	万元	473929	4628530	2457632	3204295	779339
固定资产投资(不含农户)	万元	418800	1434700	743800	722300	330200
四、教育、卫生和社会保障						
普通中学在校学生数	人	6730	32928	53713	40104	3112
小学在校学生数	人	10436	52786	47483	50052	5237
医院、卫生院床位数	床	525	2723	1840	2485	352
各种社会福利收养性单位数	个	14	32	48	24	9
各种社会福利收养性单位床位数	床	725	2558	2015	1591	239

2011年县(市)社会经济主要指标

湖南省

指　　标	单位	衡阳县	衡南县	衡山县	衡东县	祁东县
一、基本情况						
行政区域土地面积	平方公里	2559	2633	935	1926	1871
乡(镇)个数	个	26	26	17	24	23
村民委员会个数	个	891	741	319	561	867
年末总户数	户	364600	350300	122900	208300	350800
其中:乡村户数	户	247700	271500	100500	176200	285400
年末总人口	万人	122	111	44	74	107
乡村人口	万人	91	104	41	61	94
年末单位从业人员数	人	62336	58580	24464	25542	34980
乡村从业人员数	人	489300	501700	260100	305900	518600
其中:农林牧渔业	人	306800	353800	157600	216800	304900
农业机械总动力	万千瓦特	69	74	32	48	62
固定电话用户	户	292605	110114	61580	181327	261580
二、综合经济						
第一产业增加值	万元	503724	478120	204072	298799	444431
第二产业增加值	万元	773252	908285	293566	622781	632449
地方财政一般预算收入	万元	45983	62565	38955	42838	36935
地方财政一般预算支出	万元	218930	240500	120180	158097	198695
城乡居民储蓄存款余额	万元	1217052	319350	492563	709128	703510
年末金融机构各项贷款余额	万元	478153	297938	202066	390942	346870
三、农业、工业及投资						
粮食总产量	吨	599448	592842	201891	399532	441455
棉花产量	吨	11074	5728	664	293	183
油料产量	吨	73068	58515	14724	31514	39608
肉类总产量	吨	171525	153098	63796	91015	112633
规模以上工业企业个数	个	121	121	84	93	125
规模以上工业总产值(现价)	万元	2143899	2278471	938112	2385091	3013898
固定资产投资(不含农户)	万元	800650	695231	355281	486019	553370
四、教育、卫生和社会保障						
普通中学在校学生数	人	64845	55693	20322	33920	52803
小学在校学生数	人	94483	80729	30068	52084	90218
医院、卫生院床位数	床	2212	2122	966	1267	1800
各种社会福利收养性单位数	个	22	26	2	23	24
各种社会福利收养性单位床位数	床	210	1416	40	609	600

2011 年县(市)社会经济主要指标

湖南省

指　　标	单位	耒阳市	常宁市	邵东县	新邵县	邵阳县
一、基本情况						
行政区域土地面积	平方公里	2656	2064	1776	1763	1997
乡(镇)个数	个	31	22	25	15	22
村民委员会个数	个	623	708	975	651	634
年末总户数	户	382400	284200	346100	220400	250100
其中:乡村户数	户	279600	210300	299800	211100	246500
年末总人口	万人	142	97	129	81	104
乡村人口	万人	111	79	109	75	93
年末单位从业人员数	人	66162	46950	39249	23588	29196
乡村从业人员数	人	550800	412200	556100	463900	563200
其中:农林牧渔业	人	403800	272000	319300	264300	384900
农业机械总动力	万千瓦特	67	50	66	23	42
固定电话用户	户	118140	103640	125600	46000	50286
二、综合经济						
第一产业增加值	万元	458753	347761	359473	213764	238548
第二产业增加值	万元	1387667	795671	991010	296404	305490
地方财政一般预算收入	万元	121505	67132	56058	30237	29385
地方财政一般预算支出	万元	342189	226876	217383	184716	207148
城乡居民储蓄存款余额	万元	1455742	902113	1378730	606427	694203
年末金融机构各项贷款余额	万元	686254	381829	585154	330935	208260
三、农业、工业及投资						
粮食总产量	吨	500120	401247	439000	302400	444600
棉花产量	吨	1174	509	172	28	54
油料产量	吨	48086	35463	27502	5286	19267
肉类总产量	吨	130447	111898	90087	70356	76765
规模以上工业企业个数	个	156	123	129	79	62
规模以上工业总产值(现价)	万元	5464984	3265092	2410882	914867	701152
固定资产投资(不含农户)	万元	1420582	567148	885710	600706	525202
四、教育、卫生和社会保障						
普通中学在校学生数	人	53538	42156	59822	38232	46220
小学在校学生数	人	110316	80639	98431	70578	76753
医院、卫生院床位数	床	2380	3681	2323	1410	1500
各种社会福利收养性单位数	个	12	24	18	13	1
各种社会福利收养性单位床位数	床	157	1000	940	530	10

2011年县(市)社会经济主要指标

湖南省

指　　标	单位	隆回县	洞口县	绥宁县	新宁县	城步苗族自治县
一、基本情况						
行政区域土地面积	平方公里	2871	2196	2927	2751	2647
乡(镇)个数	个	26	22	25	18	12
村民委员会个数	个	957	566	348	474	271
年末总户数	户	326500	249400	102400	168500	76100
其中:乡村户数	户	297900	216600	86200	145500	59500
年末总人口	万人	121	85	38	62	28
乡村人口	万人	106	77	31	56	23
年末单位从业人员数	人	27429	27970	16418	20191	14096
乡村从业人员数	人	597400	489200	203700	335800	120400
其中:农林牧渔业	人	435500	261100	145000	225100	94300
农业机械总动力	万千瓦特	30	56	31	43	14
固定电话用户	户	136500	73319	38000	46200	28472
二、综合经济						
第一产业增加值	万元	276374	366499	132811	168050	84921
第二产业增加值	万元	272164	293338	237346	142664	80089
地方财政一般预算收入	万元	33711	28078	17567	30392	12164
地方财政一般预算支出	万元	209861	166898	102028	144589	86168
城乡居民储蓄存款余额	万元	999800	803583	366965	493218	216672
年末金融机构各项贷款余额	万元	378600	312332	143206	212670	101551
三、农业、工业及投资						
粮食总产量	吨	441300	419800	141900	295400	75300
棉花产量	吨	38	35			
油料产量	吨	9195	25247	5045	10373	3336
肉类总产量	吨	76681	149123	43175	31865	15453
规模以上工业企业个数	个	80	78	60	34	14
规模以上工业总产值(现价)	万元	750645	909612	968172	309883	196173
固定资产投资(不含农户)	万元	660863	634345	263570	438009	140830
四、教育、卫生和社会保障						
普通中学在校学生数	人	53412	44027	14916	24488	8680
小学在校学生数	人	91288	68269	27072	42968	19431
医院、卫生院床位数	床	2531	1363	712	1259	582
各种社会福利收养性单位数	个	16	42	12	17	12
各种社会福利收养性单位床位数	床	287	1000	440	787	330

2011年县(市)社会经济主要指标

湖南省

指　　标	单位	武冈市	岳阳县	华容县	湘阴县	平江县
一、基本情况						
行政区域土地面积	平方公里	1549	2716	1449	1542	4125
乡(镇)个数	个	17	20	20	19	27
村民委员会个数	个	479	558	408	405	773
年末总户数	户	228500	203600	204000	213400	300200
其中:乡村户数	户	187000	150700	169300	190700	268100
年末总人口	万人	82	73	73	76	108
乡村人口	万人	71	57	65	65	103
年末单位从业人员数	人	30147	27096	38323	44520	39180
乡村从业人员数	人	400500	291200	346900	379400	503300
其中:农林牧渔业	人	271300	174000	235100	181800	271200
农业机械总动力	万千瓦特	48	73	78	74	64
固定电话用户	户	64735	57010	171055	52000	142396
二、综合经济						
第一产业增加值	万元	323730	380880	466187	389390	326542
第二产业增加值	万元	171383	824832	1053145	1061106	675782
地方财政一般预算收入	万元	36915	28960	30313	41212	37036
地方财政一般预算支出	万元	168581	98846	124520	186990	247257
城乡居民储蓄存款余额	万元	722044	415946	498722	442650	733145
年末金融机构各项贷款余额	万元	324964	282447	291030	403335	427989
三、农业、工业及投资						
粮食总产量	吨	440400	500100	532600	573000	415500
棉花产量	吨	5	8218	28665	1082	1187
油料产量	吨	15550	26264	67579	17750	25011
肉类总产量	吨	114416	101647	66002	71860	82023
规模以上工业企业个数	个	49	158	165	155	135
规模以上工业总产值(现价)	万元	419634	2909089	4026358	3980822	2102392
固定资产投资(不含农户)	万元	538984	1089945	1069737	1058395	769681
四、教育、卫生和社会保障						
普通中学在校学生数	人	40269	32169	27807	30645	42138
小学在校学生数	人	70290	41656	33708	48219	76524
医院、卫生院床位数	床	1958	1301	1306	1144	1800
各种社会福利收养性单位数	个	18	24	39	26	39
各种社会福利收养性单位床位数	床	600	1225	1285	1992	1860

2011年县(市)社会经济主要指标

湖南省

指　　标	单位	汨罗市	临湘市	安乡县	汉寿县	澧　县
一、基本情况						
行政区域土地面积	平方公里	1562	1744	1087	2089	2075
乡(镇)个数	个	34	18	19	32	32
村民委员会个数	个	437	277	244	524	427
年末总户数	户	212800	147600	212100	282900	340100
其中:乡村户数	户	193700	132500	134400	201500	251800
年末总人口	万人	76	53	61	88	94
乡村人口	万人	66	47	50	75	75
年末单位从业人员数	人	105033	22880	30502	33679	34227
乡村从业人员数	人	303800	206700	266900	406700	412000
其中:农林牧渔业	人	103100	98100	94900	135400	121800
农业机械总动力	万千瓦特	87	68	53	81	69
固定电话用户	户	88850	47661	67000	68000	100082
二、综合经济						
第一产业增加值	万元	378119	223155	287182	358166	457723
第二产业增加值	万元	1628877	804018	357433	469764	706117
地方财政一般预算收入	万元	88103	26004	21873	31146	53688
地方财政一般预算支出	万元	214496	152299	118655	176978	215122
城乡居民储蓄存款余额	万元	474928	478269	373106	651300	1108400
年末金融机构各项贷款余额	万元	333062	335362	248112	365400	548900
三、农业、工业及投资						
粮食总产量	吨	481400	310700	303400	621700	491700
棉花产量	吨	1344	3733	29668	15044	28662
油料产量	吨	13784	19052	86145	69523	91179
肉类总产量	吨	114730	51498	31674	74181	97013
规模以上工业企业个数	个	280	126	54	87	87
规模以上工业总产值(现价)	万元	6025424	3093537	803653	1134551	1606762
固定资产投资(不含农户)	万元	1143756	776106	338800	602500	1144000
四、教育、卫生和社会保障						
普通中学在校学生数	人	32872	25316	18761	33986	35784
小学在校学生数	人	43197	37188	19962	41215	40341
医院、卫生院床位数	床	965	1282	1268	1742	1218
各种社会福利收养性单位数	个	28	22	17	61	47
各种社会福利收养性单位床位数	床	1500	1037	180	1453	1980

2011年县(市)社会经济主要指标

湖南省

指　　　　标	单位	临澧县	桃源县	石门县	津市市	慈利县
一、基本情况						
行政区域土地面积	平方公里	1204	4458	3970	557	3480
乡(镇)个数	个	17	40	19	7	31
村民委员会个数	个	310	827	664	85	638
年末总户数	户	163300	333000	238200	108600	234600
其中:乡村户数	户	157200	274000	184100	43700	174200
年末总人口	万人	46	98	69	28	69
乡村人口	万人	45	89	59	13	58
年末单位从业人员数	人	16887	38332	32703	23623	26703
乡村从业人员数	人	253700	483100	327300	82100	334500
其中:农林牧渔业	人	95000	148000	88900	38700	323000
农业机械总动力	万千瓦特	33	95	57	17	48
固定电话用户	户	56000	132656	82900	37229	81500
二、综合经济						
第一产业增加值	万元	209864	551573	329912	144811	182759
第二产业增加值	万元	361398	627598	615711	373142	361528
地方财政一般预算收入	万元	29788	50625	50721	28565	39898
地方财政一般预算支出	万元	40272	215219	189929	99711	198604
城乡居民储蓄存款余额	万元	56200	983507	696171	386472	627900
年末金融机构各项贷款余额	万元	34700	416469	543896	218683	529366
三、农业、工业及投资						
粮食总产量	吨	324200	755200	255200	137500	293953
棉花产量	吨	9909	20705	4857	7144	1250
油料产量	吨	52082	114213	45032	27689	33450
肉类总产量	吨	58619	135166	89133	32800	43627
规模以上工业企业个数	个	96	49	106	69	68
规模以上工业总产值(现价)	万元	931680	1737358	1468946	1223226	839690
固定资产投资(不含农户)	万元	545700	606400	758500	332800	362700
四、教育、卫生和社会保障						
普通中学在校学生数	人	19797	36636	27786	8801	28290
小学在校学生数	人	22937	44901	32350	9657	34283
医院、卫生院床位数	床	1100	2319	2473	240	1720
各种社会福利收养性单位数	个	21	49	31	3	29
各种社会福利收养性单位床位数	床	840	2799	1436	55	1100

2011年县(市)社会经济主要指标

湖南省

指　　标	单位	桑植县	南　县	桃江县	安化县	沅江市
一、基本情况						
行政区域土地面积	平方公里	3474	1406	2062	4944	1797
乡(镇)个数	个	38	16	15	23	12
村民委员会个数	个	532	380	284	517	233
年末总户数	户	146400	264800	269500	305300	288500
其中:乡村户数	户	125400	199700	207100	233100	160200
年末总人口	万人	47	80	88	102	75
乡村人口	万人	43	69	74	86	59
年末单位从业人员数	人	17241	26062	30509	33445	37483
乡村从业人员数	人	224800	360200	407200	438400	337500
其中:农林牧渔业	人	144500	223600	190000	338500	202400
农业机械总动力	万千瓦特	17	79	68	63	78
固定电话用户	户	48500	55898	64500	79812	54800
二、综合经济						
第一产业增加值	万元	68281	473485	282086	281624	409116
第二产业增加值	万元	120918	419482	609080	443673	611172
地方财政一般预算收入	万元	20249	24897	32813	36822	38767
地方财政一般预算支出	万元	151068	224341	180225	221963	189818
城乡居民储蓄存款余额	万元	318046	670537	707538	916042	624788
年末金融机构各项贷款余额	万元	229130	343468	413966	366282	518507
三、农业、工业及投资						
粮食总产量	吨	138190	572000	358500	238300	445122
棉花产量	吨	5	43361	322		22070
油料产量	吨	13100	82260	30086	30253	55842
肉类总产量	吨	18444	63714	73607	75986	62268
规模以上工业企业个数	个	27	86	159	92	99
规模以上工业总产值(现价)	万元	206455	1087735	1584207	933570	1852297
固定资产投资(不含农户)	万元	305300	252689	658905	516911	772174
四、教育、卫生和社会保障						
普通中学在校学生数	人	18423	32396	33310	32286	28927
小学在校学生数	人	30148	36592	48255	53891	35359
医院、卫生院床位数	床	1990	1639	2245	2882	2011
各种社会福利收养性单位数	个	13	55	89	33	34
各种社会福利收养性单位床位数	床	335	2454	1911	2197	1785

2011年县(市)社会经济主要指标

湖南省

指　　标	单位	桂阳县	宜章县	永兴县	嘉禾县	临武县
一、基本情况						
行政区域土地面积	平方公里	2958	2118	1979	699	1375
乡(镇)个数	个	39	27	25	17	22
村民委员会个数	个	491	347	342	242	289
年末总户数	户	267100	181600	193200	122000	111000
其中:乡村户数	户	209100	141600	145600	106200	85300
年末总人口	万人	87	62	66	41	38
乡村人口	万人	76	53	50	37	32
年末单位从业人员数	人	35406	25099	26109	16654	16244
乡村从业人员数	人	438900	298500	312600	205100	187400
其中:农林牧渔业	人	237600	139900	133600	81600	88600
农业机械总动力	万千瓦特	48	87	21	34	46
固定电话用户	户	90800	42239	69108	44191	25940
二、综合经济						
第一产业增加值	万元	322572	155627	199141	128582	96919
第二产业增加值	万元	1027481	535834	1209590	436612	374871
地方财政一般预算收入	万元	102728	61512	108542	35938	39137
地方财政一般预算支出	万元	242909	168313	209628	113518	134173
城乡居民储蓄存款余额	万元	841600	702885	595500	462091	520820
年末金融机构各项贷款余额	万元	366900	294837	255700	161731	155092
三、农业、工业及投资						
粮食总产量	吨	284624	237117	230545	132229	123113
棉花产量	吨		16	53		
油料产量	吨	14123	11312	17976	10546	6646
肉类总产量	吨	71668	56036	58521	52280	26338
规模以上工业企业个数	个	116	166	168	96	71
规模以上工业总产值(现价)	万元	3056010	1723747	4705975	1278260	626263
固定资产投资(不含农户)	万元	1200405	734661	996606	360956	422575
四、教育、卫生和社会保障						
普通中学在校学生数	人	38704	24906	21626	18406	13660
小学在校学生数	人	81594	64958	58177	42202	48509
医院、卫生院床位数	床	2237	2034	1570	719	894
各种社会福利收养性单位数	个	37	9	19	8	21
各种社会福利收养性单位床位数	床	1629	326	1610	455	1291

2011年县(市)社会经济主要指标

湖南省

指　　标	单位	汝城县	桂东县	安仁县	资兴市	祁阳县
一、基本情况						
行政区域土地面积	平方公里	2401	1452	1462	2747	2538
乡(镇)个数	个	23	18	21	26	28
村民委员会个数	个	309	145	217	266	901
年末总户数	户	111300	58200	113100	144400	296300
其中:乡村户数	户	100700	57400	117600	82000	252400
年末总人口	万人	40	21	43	38	106
乡村人口	万人	36	21	39	24	91
年末单位从业人员数	人	11758	8412	12603	42363	60520
乡村从业人员数	人	201800	124400	241900	173100	483800
其中:农林牧渔业	人	128800	61600	87900	75500	259000
农业机械总动力	万千瓦特	32	9	18	28	80
固定电话用户	户	47175	25213	32163	85143	83668
二、综合经济						
第一产业增加值	万元	82201	34728	135414	168322	346692
第二产业增加值	万元	129299	54841	149818	1365156	615884
地方财政一般预算收入	万元	29583	9000	16993	116005	41643
地方财政一般预算支出	万元	132666	90535	120845	226932	219066
城乡居民储蓄存款余额	万元	391599	187436	378449	694871	1221091
年末金融机构各项贷款余额	万元	218840	110048	192386	452021	579471
三、农业、工业及投资						
粮食总产量	吨	196327	62762	267380	123379	647500
棉花产量	吨	122		11	49	529
油料产量	吨	6324	1064	21355	5345	35754
肉类总产量	吨	23017	9537	29869	49487	88499
规模以上工业企业个数	个	42	13	27	151	101
规模以上工业总产值(现价)	万元	471138	105337	377510	4416042	1383717
固定资产投资(不含农户)	万元	279400	186830	463432	1086932	1069500
四、教育、卫生和社会保障						
普通中学在校学生数	人	15103	6851	16182	15042	44896
小学在校学生数	人	32786	13349	32210	22138	72060
医院、卫生院床位数	床	1005	597	1038	1443	2138
各种社会福利收养性单位数	个	21	14	19	21	32
各种社会福利收养性单位床位数	床	740	673	649	1040	933

2011 年县（市）社会经济主要指标

湖南省

指　　标	单位	东安县	双牌县	道　县	江永县	宁远县
一、基本情况						
行政区域土地面积	平方公里	2211	1739	2441	1633	2489
乡(镇)个数	个	16	14	21	12	17
村民委员会个数	个	489	195	564	230	687
年末总户数	户	186800	60100	191300	78500	218500
其中:乡村户数	户	162400	38500	156100	60200	157500
年末总人口	万人	62	18	75	27	84
乡村人口	万人	58	15	63	25	63
年末单位从业人员数	人	23757	11499	22968	12508	25220
乡村从业人员数	人	288700	68200	342100	131700	385100
其中:农林牧渔业	人	181000	46400	179300	95300	157900
农业机械总动力	万千瓦特	45	17	38	16	84
固定电话用户	户	45286	11426	33332	14984	37543
二、综合经济						
第一产业增加值	万元	255244	103758	288277	148092	220846
第二产业增加值	万元	413131	149560	280542	101941	276040
地方财政一般预算收入	万元	32029	19586	37376	15502	37557
地方财政一般预算支出	万元	145702	74469	170367	81129	192398
城乡居民储蓄存款余额	万元	539208	164397	597913	249026	621275
年末金融机构各项贷款余额	万元	271824	187839	227363	87287	358350
三、农业、工业及投资						
粮食总产量	吨	382100	71100	384400	120400	298700
棉花产量	吨	87	263	21	146	71
油料产量	吨	8769	1650	9959	12408	5254
肉类总产量	吨	81083	17661	90688	29832	78600
规模以上工业企业个数	个	83	35	46	25	61
规模以上工业总产值(现价)	万元	1070454	427345	540463	233192	513840
固定资产投资(不含农户)	万元	677900	269700	595700	298700	563100
四、教育、卫生和社会保障						
普通中学在校学生数	人	20297	7549	32734	12282	41124
小学在校学生数	人	41853	12303	66511	24145	85145
医院、卫生院床位数	床	1273	380	1327	685	1753
各种社会福利收养性单位数	个	16	9	33	12	25
各种社会福利收养性单位床位数	床	610	266	1167	492	1027

2011年县(市)社会经济主要指标

湖南省

指　　标	单位	蓝山县	新田县	江华瑶族自治县	中方县	沅陵县
一、基本情况						
行政区域土地面积	平方公里	1807	1022	3216	1524	5825
乡(镇)个数	个	15	19	22	22	23
村民委员会个数	个	358	372	499	213	465
年末总户数	户	96400	119100	129400	84100	215300
其中:乡村户数	户	90700	106600	115200	70900	155800
年末总人口	万人	39	42	49	28	66
乡村人口	万人	33	37	45	26	58
年末单位从业人员数	人	21219	14467	16740	13925	27426
乡村从业人员数	人	198900	214800	269400	153000	336900
其中:农林牧渔业	人	131700	116900	189100	89400	210200
农业机械总动力	万千瓦特	33	33	32	20	34
固定电话用户	户	23633	24743	31672	19356	56826
二、综合经济						
第一产业增加值	万元	117329	132301	174707	83783	131314
第二产业增加值	万元	234806	118242	162643	368865	793504
地方财政一般预算收入	万元	23775	20167	22596	25282	47056
地方财政一般预算支出	万元	99536	99890	128995	80184	180858
城乡居民储蓄存款余额	万元	352062	313456	390014	106022	533600
年末金融机构各项贷款余额	万元	130385	110598	267822	79925	227200
三、农业、工业及投资						
粮食总产量	吨	124900	160500	204500	112200	217400
棉花产量	吨	655		47	288	22
油料产量	吨	11619	3618	7898	13110	23531
肉类总产量	吨	66269	39226	38554	21077	28125
规模以上工业企业个数	个	55	43	32	50	64
规模以上工业总产值(现价)	万元	602755	311856	328954	998384	2128927
固定资产投资(不含农户)	万元	294900	251400	333800	501372	402969
四、教育、卫生和社会保障						
普通中学在校学生数	人	18516	20189	22733	8504	21711
小学在校学生数	人	34705	42038	37311	12695	33726
医院、卫生院床位数	床	779	1103	1349	592	2487
各种社会福利收养性单位数	个	12	11	15	10	24
各种社会福利收养性单位床位数	床	421	546	550	390	600

2011 年县(市)社会经济主要指标

湖南省

指　　　标	单位	辰溪县	溆浦县	会同县	麻阳苗族自治县	新晃侗族自治县
一、基本情况						
行政区域土地面积	平方公里	1977	3440	2248	1568	1508
乡(镇)个数	个	30	43	25	23	23
村民委员会个数	个	422	653	345	307	296
年末总户数	户	163500	271300	111900	115300	89700
其中:乡村户数	户	106000	211000	101200	87200	71200
年末总人口	万人	53	91	36	39	27
乡村人口	万人	44	84	36	35	23
年末单位从业人员数	人	28190	32018	13338	14303	9794
乡村从业人员数	人	224600	550000	209600	185200	126600
其中:农林牧渔业	人	174800	293000	142700	148000	103000
农业机械总动力	万千瓦特	24	44	22	15	12
固定电话用户	户	43256	110000	31060	30753	23766
二、综合经济						
第一产业增加值	万元	110233	219612	86849	106004	47603
第二产业增加值	万元	290835	322254	97442	142005	162145
地方财政一般预算收入	万元	31957	34602	20793	14809	11552
地方财政一般预算支出	万元	145659	157088	97579	89315	88480
城乡居民储蓄存款余额	万元	456980	600200	364525	235800	195092
年末金融机构各项贷款余额	万元	305259	321868	104039	145200	104784
三、农业、工业及投资						
粮食总产量	吨	179100	336500	117600	107200	77300
棉花产量	吨	581	180	20	24	
油料产量	吨	19943	21217	10048	12988	3340
肉类总产量	吨	27047	76506	16788	22737	21374
规模以上工业企业个数	个	53	67	26	34	37
规模以上工业总产值(现价)	万元	827340	952533	243364	420207	496954
固定资产投资(不含农户)	万元	446842	470025	180124	200315	150093
四、教育、卫生和社会保障						
普通中学在校学生数	人	16997	28384	13331	16199	8272
小学在校学生数	人	33776	56739	19892	25404	15869
医院、卫生院床位数	床	2407	1780	1084	975	999
各种社会福利收养性单位数	个	20	20	13	17	12
各种社会福利收养性单位床位数	床	770	850	398	562	466

2011年县(市)社会经济主要指标

湖南省

指　　标	单位	芷江侗族自治县	靖州苗族侗族自治县	通道侗族自治县	洪江市	双峰县
一、基本情况						
行政区域土地面积	平方公里	2099	2211	2239	2289	1715
乡(镇)个数	个	28	13	21	28	16
村民委员会个数	个	299	186	242	336	894
年末总户数	户	125400	82400	63000	146800	315000
其中:乡村户数	户	94200	56000	48400	123700	246100
年末总人口	万人	38	27	23	44	95
乡村人口	万人	35	23	20	39	88
年末单位从业人员数	人	16119	12765	9283	27382	36178
乡村从业人员数	人	195000	112200	107000	230200	479700
其中:农林牧渔业	人	116000	86000	80300	131500	304000
农业机械总动力	万千瓦特	32	28	23	34	88
固定电话用户	户	40020	29412	22270	53047	103375
二、综合经济						
第一产业增加值	万元	146659	92932	51177	148878	451791
第二产业增加值	万元	258358	156559	81475	480409	497966
地方财政一般预算收入	万元	24552	15870	11189	33068	36198
地方财政一般预算支出	万元	116712	83700	79305	176386	209048
城乡居民储蓄存款余额	万元	344038	297222	217587	569102	958808
年末金融机构各项贷款余额	万元	188579	134576	85839	318466	329650
三、农业、工业及投资						
粮食总产量	吨	204400	120800	79600	175600	534900
棉花产量	吨	36		158	14	354
油料产量	吨	14261	8659	4117	7193	14921
肉类总产量	吨	37085	20196	11088	31376	120717
规模以上工业企业个数	个	59	35	26	81	124
规模以上工业总产值(现价)	万元	800537	511153	270558	1419711	1427473
固定资产投资(不含农户)	万元	202751	150319	110221	535296	566238
四、教育、卫生和社会保障						
普通中学在校学生数	人	15310	10933	7583	20204	42535
小学在校学生数	人	23969	18614	15728	26167	60965
医院、卫生院床位数	床	935	828	642	1142	1792
各种社会福利收养性单位数	个	12	9	12	34	17
各种社会福利收养性单位床位数	床	445	310	483	1012	545

2011年县(市)社会经济主要指标

湖南省

指标	单位	新化县	冷水江市	涟源市	吉首市	泸溪县
一、基本情况						
行政区域土地面积	平方公里	3642	439	1895	1058	1565
乡(镇)个数	个	26	12	19	12	15
村民委员会个数	个	1146	153	908	139	134
年末总户数	户	399800	147200	401800	96600	84800
其中:乡村户数	户	313500	56600	292900	46300	69000
年末总人口	万人	140	37	117	29	31
乡村人口	万人	127	20	106	18	28
年末单位从业人员数	人	40037	61484	51334	47586	10017
乡村从业人员数	人	678800	100800	587600	96000	148400
其中:农林牧渔业	人	451900	61500	339900	62400	81300
农业机械总动力	万千瓦特	66	21	70	15	14
固定电话用户	户	115625	46516	93000	77000	26000
二、综合经济						
第一产业增加值	万元	384721	70772	345263	45776	55088
第二产业增加值	万元	390460	1292731	746480	305691	308762
地方财政一般预算收入	万元	41856	86137	54336	39993	40945
地方财政一般预算支出	万元	244426	81512	247268	135354	131853
城乡居民储蓄存款余额	万元	1025444	401312	681321	804512	248719
年末金融机构各项贷款余额	万元	577481	390693	605583	716938	149617
三、农业、工业及投资						
粮食总产量	吨	458800	44000	458300	48729	75102
棉花产量	吨			126		97
油料产量	吨	11592	1530	11000	7232	12557
肉类总产量	吨	109761	24836	87251	7404	11896
规模以上工业企业个数	个	112	109	143	42	41
规模以上工业总产值(现价)	万元	1107637	3303312	2014167	626962	833628
固定资产投资(不含农户)	万元	474632	705553	667677	422300	139500
四、教育、卫生和社会保障						
普通中学在校学生数	人	59421	19965	62265	21286	17789
小学在校学生数	人	99411	29560	90490	25376	25336
医院、卫生院床位数	床	1397	1382	2485	3732	975
各种社会福利收养性单位数	个	25	8	22	16	18
各种社会福利收养性单位床位数	床	989	130	975	710	832

2011年县(市)社会经济主要指标

湖南省

指　　标	单位	凤凰县	花垣县	保靖县	古丈县	永顺县
一、基本情况						
行政区域土地面积	平方公里	1744	1108	1753	1297	3810
乡(镇)个数	个	24	18	16	12	30
村民委员会个数	个	340	288	196	140	300
年末总户数	户	103600	76100	76300	44000	137000
其中:乡村户数	户	80400	59800	69900	31300	113200
年末总人口	万人	40	31	30	14	53
乡村人口	万人	36	26	27	13	47
年末单位从业人员数	人	12842	13817	9909	5968	16334
乡村从业人员数	人	195200	149700	145500	73900	258500
其中:农林牧渔业	人	152000	94800	116300	56700	195700
农业机械总动力	万千瓦特	17	14	13	10	27
固定电话用户	户	32800	25200	22700	11100	36000
二、综合经济						
第一产业增加值	万元	67849	47023	61300	28784	111823
第二产业增加值	万元	74246	367092	195094	33484	97987
地方财政一般预算收入	万元	26019	29701	15317	7370	14783
地方财政一般预算支出	万元	125388	130635	115288	74895	170989
城乡居民储蓄存款余额	万元	322530	318562	204809	135700	365000
年末金融机构各项贷款余额	万元	329360	173289	113678	63600	202100
三、农业、工业及投资						
粮食总产量	吨	123328	88115	87584	35703	201341
棉花产量	吨				11	9
油料产量	吨	12156	6079	9211	3472	21734
肉类总产量	吨	12239	13316	11480	4861	17765
规模以上工业企业个数	个	12	95	18	6	21
规模以上工业总产值(现价)	万元	95048	928746	437431	38875	92988
固定资产投资(不含农户)	万元	221200	249700	80600	78100	180800
四、教育、卫生和社会保障						
普通中学在校学生数	人	17640	15090	12034	6391	26229
小学在校学生数	人	33276	26191	19745	8866	44091
医院、卫生院床位数	床	1093	1240	838	381	1806
各种社会福利收养性单位数	个	19	18	19	14	32
各种社会福利收养性单位床位数	床	430	860	690	560	1200

2011年县(市)社会经济主要指标

湖南省、广东省

指　　标	单位	龙山县	增城市	从化市	曲江区	始兴县
一、基本情况						
行政区域土地面积	平方公里	3131	1616	1975	1626	2174
乡(镇)个数	个	31	6	5	9	10
村民委员会个数	个	434	282	221	85	113
年末总户数	户	164800	221341	176469	98950	72094
其中:乡村户数	户	125500	218367	128460	47450	57795
年末总人口	万人	58	85	59	32	25
乡村人口	万人	51	88	49	19	20
年末单位从业人员数	人	18031	99801	67595	40289	109230
乡村从业人员数	人	266200	520190	261431	97798	114445
其中:农林牧渔业	人	169500	162490	114215	54070	58627
农业机械总动力	万千瓦特	25	38	19	16	16
固定电话用户	户	41200	297908	110000	74000	41403
二、综合经济						
第一产业增加值	万元	126108	449518	197891	123100	132730
第二产业增加值	万元	100656	4835364	1047656	745000	160465
地方财政一般预算收入	万元	17931	466573	236285	48900	21588
地方财政一般预算支出	万元	172453	562773	363566	91200	79346
城乡居民储蓄存款余额	万元	436144	4458261	1448542	631400	401806
年末金融机构各项贷款余额	万元	198440	4698232	1436441	322400	148457
三、农业、工业及投资						
粮食总产量	吨	177458	155212	117480	85937	86044
棉花产量	吨					
油料产量	吨	15351	4861	8434	17673	9804
肉类总产量	吨	17892	82665	36348	20315	12699
规模以上工业企业个数	个	20	1060	165	51	38
规模以上工业总产值(现价)	万元	106664	15518403	3981750	3324600	458050
固定资产投资(不含农户)	万元	208600	1999572	435035	755572	318657
四、教育、卫生和社会保障						
普通中学在校学生数	人	32069	69801	43017	16819	14427
小学在校学生数	人	45170	71926	40010	17029	15455
医院、卫生院床位数	床	1161	2862	1895	1133	557
各种社会福利收养性单位数	个	35	10	12	1	10
各种社会福利收养性单位床位数	床	1913	700	758	148	430

2011年县(市)社会经济主要指标

广东省

指　　标	单位	仁化县	翁源县	乳源瑶族自治县	新丰县	乐昌市
一、基本情况						
行政区域土地面积	平方公里	2223	2175	2299	2012	2421
乡(镇)个数	个	11	7	8	7	16
村民委员会个数	个	109	156	102	141	195
年末总户数	户	69206	127772	60168	82116	161014
其中:乡村户数	户	55678	82844	40958	45359	87680
年末总人口	万人	23	40	22	26	53
乡村人口	万人	18	34	17	20	29
年末单位从业人员数	人	18547	21429	22568	16678	26981
乡村从业人员数	人	99662	151299	85403	95082	185013
其中:农林牧渔业	人	54350	90907	48866	42709	112273
农业机械总动力	万千瓦特	12	19	5	4	18
固定电话用户	户	36400	53600	25000	37900	58300
二、综合经济						
第一产业增加值	万元	136935	158247	54011	80958	160719
第二产业增加值	万元	383473	154279	236205	157600	293461
地方财政一般预算收入	万元	40426	21744	34256	18362	38210
地方财政一般预算支出	万元	85596	88243	88577	67690	126122
城乡居民储蓄存款余额	万元	376907	503751	255230	283728	684100
年末金融机构各项贷款余额	万元	154890	216549	158990	106620	258700
三、农业、工业及投资						
粮食总产量	吨	103000	105543	57886	56257	122120
棉花产量	吨					
油料产量	吨	27644	14305	4290	3935	12478
肉类总产量	吨	16318	12302	5750	8020	21731
规模以上工业企业个数	个	23	38	38	46	35
规模以上工业总产值(现价)	万元	699290	350970	849382	356000	519900
固定资产投资(不含农户)	万元	309945	245582	294152	201541	551266
四、教育、卫生和社会保障						
普通中学在校学生数	人	12633	22370	11357	16656	27321
小学在校学生数	人	13796	22958	13354	15836	33643
医院、卫生院床位数	床	676	872	450	601	2167
各种社会福利收养性单位数	个	12	10	1	10	18
各种社会福利收养性单位床位数	床	356	540	102	105	1170

2011年县(市)社会经济主要指标

广东省

指　　标	单位	南雄市	斗门区	潮阳区	澄海区	南澳县
、基本情况						
行政区域土地面积	平方公里	2326	675	663	345	112
乡(镇)个数	个	18	5	13	11	3
村民委员会个数	个	208	101	179	172	33
年末总户数	户	135089	94225	348215	184130	21865
其中:乡村户数	户	104960	78865	246948	152550	15756
年末总人口	万人	47	34	168	75	7
乡村人口	万人	39	32	130	58	6
年末单位从业人员数	人	26321	131301	69675	26842	4919
乡村从业人员数	人	174048	211366	564670	362132	24021
其中:农林牧渔业	人	99223	55466	217557	148297	14450
农业机械总动力	万千瓦特	28	14	7	12	8
固定电话用户	户	48320	118600	257302	194558	18593
二、综合经济						
第一产业增加值	万元	199194	258260	171016	253812	32039
第二产业增加值	万元	237471	992774	1536639	1672096	47490
地方财政一般预算收入	万元	34015	156155	105301	131595	12506
地方财政一般预算支出	万元	126074	182695	143767	222144	57262
城乡居民储蓄存款余额	万元	512627	1439101	2303200	2356635	125544
年末金融机构各项贷款余额	万元	187371	1139422	833100	872272	35645
三、农业、工业及投资						
粮食总产量	吨	222356	36698	170309	91161	4232
棉花产量	吨					
油料产量	吨	22259	503	392	478	87
肉类总产量	吨	34733	31520	25970	44325	3791
规模以上工业企业个数	个	66	159		382	6
规模以上工业总产值(现价)	万元	477208	7447320		3914323	37609
固定资产投资(不含农户)	万元	581882	1022359	692980	452789	77238
四、教育、卫生和社会保障						
普通中学在校学生数	人	28697	25584	169392	57607	4780
小学在校学生数	人	28168	25584	176389	57942	2868
医院、卫生院床位数	床	1100	929	2207	1239	143
各种社会福利收养性单位数	个	18	7	17	19	1
各种社会福利收养性单位床位数	床	423	502	659	283	28

2011年县(市)社会经济主要指标

广东省

指　　标	单位	禅城区	南海区	顺德区	三水区	高明区
一、基本情况						
行政区域土地面积	平方公里	154	1073	806	874	938
乡(镇)个数	个	4	7	10	7	3
村民委员会个数	个	54	165	179	48	58
年末总户数	户	189137	382843	352450	125347	83918
其中:乡村户数	户	57063	303657	272405	103561	52928
年末总人口	万人	61	121	124	40	30
乡村人口	万人	18	120	99	44	19
年末单位从业人员数	人	208329	75881	198130	69446	55058
乡村从业人员数	人	85927	937888	567081	281571	101177
其中:农林牧渔业	人	4815	87087	60956	66974	33029
农业机械总动力	万千瓦特	1	32	31	31	19
固定电话用户	户	493300	920817	880004	134347	100725
二、综合经济						
第一产业增加值	万元	6585	379346	386241	264842	150364
第二产业增加值	万元	6133763	12918163	13894116	5049523	4196244
地方财政一般预算收入	万元	642214	1152868	1220590	234317	167363
地方财政一般预算支出	万元	966246	1160700	1305034	257826	182244
城乡居民储蓄存款余额	万元	10831867	16301524	16031029	2496266	1371619
年末金融机构各项贷款余额	万元	19132626	14044826	18731321	2435839	1458567
三、农业、工业及投资						
粮食总产量	吨		7002	888	35119	54401
棉花产量	吨					
油料产量	吨		256	11	2549	2192
肉类总产量	吨	2856	64823	52061	108580	49969
规模以上工业企业个数	个	750	2228	2032	854	516
规模以上工业总产值(现价)	万元	18014477	38760566	55657300	22020686	22404658
固定资产投资(不含农户)	万元	1574367		2951456	2818544	943470
四、教育、卫生和社会保障						
普通中学在校学生数	人	36671	116595	112311	32640	18560
小学在校学生数	人	67938	145113	161053	47581	23733
医院、卫生院床位数	床	7448	6801	7180	1561	1563
各种社会福利收养性单位数	个	7	20	18	8	7
各种社会福利收养性单位床位数	床	1645	2435	3221	1521	520

2011年县(市)社会经济主要指标

广东省

指　　标	单位	新会区	台山市	开平市	鹤山市	恩平市
一、基本情况						
行政区域土地面积	平方公里	1387	3285	1659	1083	1698
乡(镇)个数	个	10	16	13	9	11
村民委员会个数	个	193	277	226	112	174
年末总户数	户	239031	288490	205347	108694	161834
其中:乡村户数	户	167598	242533	174555	70068	96528
年末总人口	万人	76	99	69	37	50
乡村人口	万人	56	85	61	23	33
年末单位从业人员数	人	104471	50583	93888	39141	63576
乡村从业人员数	人	334047	494121	334697	200773	187140
其中:农林牧渔业	人	125830	244972	175636	74340	103427
农业机械总动力	万千瓦特	34	47	33	17	17
固定电话用户	户	215681	230415	182645	183500	92000
二、综合经济						
第一产业增加值	万元	312567	417970	233845	148699	158737
第二产业增加值	万元	3187583	1747010	1323396	1083534	422700
地方财政一般预算收入	万元	228908	155605	142949	140783	59668
地方财政一般预算支出	万元	270471	250305	235632	160669	151650
城乡居民储蓄存款余额	万元	3664081	2729758	2624153	1578803	1291198
年末金融机构各项贷款余额	万元	2239114	1547224	1068683	1417246	199402
三、农业、工业及投资						
粮食总产量	吨	146119	400024	221969	82747	129302
棉花产量	吨					
油料产量	吨	761	11598	6245	5106	5787
肉类总产量	吨	51549	36651	68727	53570	23912
规模以上工业企业个数	个	713	328	383	350	136
规模以上工业总产值(现价)	万元	15687092	6826700	4913578	3918925	1259139
固定资产投资(不含农户)	万元	343840	1516673	561228	894824	474398
四、教育、卫生和社会保障						
普通中学在校学生数	人	51281	50700	57794	24360	30334
小学在校学生数	人	60470	48985	56739	30413	31553
医院、卫生院床位数	床	2619	2566	1917	935	992
各种社会福利收养性单位数	个	12	20	16	12	12
各种社会福利收养性单位床位数	床	1068	858	895	612	700

2011年县(市)社会经济主要指标

广东省

指　　标	单位	遂溪县	徐闻县	廉江市	雷州市	吴川市
一、基本情况						
行政区域土地面积	平方公里	2007	1862	2840	3662	876
乡(镇)个数	个	15	14	21	18	10
村民委员会个数	个	229	172	335	418	152
年末总户数	户	277428	181831	428926	446762	265573
其中:乡村户数	户	214586	130638	336872	323117	185528
年末总人口	万人	107	74	172	171	112
乡村人口	万人	93	59	135	153	86
年末单位从业人员数	人	40875	40356	60474	54439	49357
乡村从业人员数	人	448321	316107	697022	688642	535839
其中:农林牧渔业	人	348001	276636	310251	494142	300813
农业机械总动力	万千瓦特	78	112	73	119	26
固定电话用户	户	61357	47000	129105	79116	133912
二、综合经济						
第一产业增加值	万元	737879	496488	711187	704454	216630
第二产业增加值	万元	557261	133459	825297	248244	520385
地方财政一般预算收入	万元	43107	27826	56065	45018	41228
地方财政一般预算支出	万元	163094	125298	227329	198389	141159
城乡居民储蓄存款余额	万元	909011	760946	1387434	1055290	1056617
年末金融机构各项贷款余额	万元	435445	365204	613262	559496	341407
三、农业、工业及投资						
粮食总产量	吨	242447	130459	425475	341915	164733
棉花产量	吨					
油料产量	吨	31951	9697	33614	40432	21337
肉类总产量	吨	90479	18463	127020	50450	44987
规模以上工业企业个数	个	80	24	198	27	92
规模以上工业总产值(现价)	万元	1651815	271023	1998281	416262	838606
固定资产投资(不含农户)	万元	241460	77047	511310	106766	369745
四、教育、卫生和社会保障						
普通中学在校学生数	人	89910	57001	138902	156469	110407
小学在校学生数	人	79260	59103	145076	167245	98954
医院、卫生院床位数	床	2207	2008	3643	3867	1448
各种社会福利收养性单位数	个	77	93	217	281	33
各种社会福利收养性单位床位数	床	1381	1310	3019	1545	371

2011 年县(市)社会经济主要指标

广东省

指　　标	单位	电白县	高州市	化州市	信宜市	广宁县
一、基本情况						
行政区域土地面积	平方公里	1873	3276	2354	3081	2458
乡(镇)个数	个	17	23	23	18	17
村民委员会个数	个	292	438	334	352	156
年末总户数	户	363680	432131	426013	401993	177491
其中:乡村户数	户	261002	326531	259326	285904	137147
年末总人口	万人	146	173	165	142	57
乡村人口	万人	119	139	114	102	45
年末单位从业人员数	人	58600	61297	61305	41527	18311
乡村从业人员数	人	564313	659572	526190	503214	264694
其中:农林牧渔业	人	306728	397507	313191	306443	162087
农业机械总动力	万千瓦特	45	42	31	18	13
固定电话用户	户	136580	201820	101195	138600	81076
二、综合经济						
第一产业增加值	万元	659787	832545	661278	668063	227754
第二产业增加值	万元	929898	1006582	902407	806762	247449
地方财政一般预算收入	万元	80778	78845	67251	56647	55901
地方财政一般预算支出	万元	242572	282189	233479	200952	126520
城乡居民储蓄存款余额	万元	1455011	1852122	1397005	1276864	518028
年末金融机构各项贷款余额	万元	713571	786810	535454	608958	322233
三、农业、工业及投资						
粮食总产量	吨	260798	384935	334786	325280	152234
棉花产量	吨					
油料产量	吨	34734	21959	26959	13376	6504
肉类总产量	吨	108471	151252	133148	147881	25386
规模以上工业企业个数	个	81	127	110	137	88
规模以上工业总产值(现价)	万元	1229880	677726	769681	919800	1051000
固定资产投资(不含农户)	万元	121514	146227	197675	186065	89040
四、教育、卫生和社会保障						
普通中学在校学生数	人	123195	148551	140411	132371	20479
小学在校学生数	人	123631	125558	154711	117726	29399
医院、卫生院床位数	床	2366	4975	2344	2092	759
各种社会福利收养性单位数	个	22	34	23	20	18
各种社会福利收养性单位床位数	床	466	1550	979	424	493

2011年县(市)社会经济主要指标

广东省

指　　标	单位	怀集县	封开县	德庆县	高要市	四会市
一、基本情况						
行政区域土地面积	平方公里	3573	2723	2257	2186	1263
乡(镇)个数	个	19	16	12	16	11
村民委员会个数	个	300	193	175	324	122
年末总户数	户	235450	130613	120256	219995	148334
其中:乡村户数	户	198011	114406	99496	197086	92992
年末总人口	万人	106	51	38	78	45
乡村人口	万人	66	46	31	67	31
年末单位从业人员数	人	26744	21410	22897	23743	92137
乡村从业人员数	人	379118	229407	169393	479462	146580
其中:农林牧渔业	人	285187	147943	148785	279926	89537
农业机械总动力	万千瓦特	37	13	15	43	16
固定电话用户	户	93904	48400	51036	119077	107121
二、综合经济						
第一产业增加值	万元	470690	287203	204775	541707	401750
第二产业增加值	万元	381968	249031	280488	1406430	2037736
地方财政一般预算收入	万元	205201	50099	54127	165390	249839
地方财政一般预算支出	万元	197375	119472	119453	240002	335447
城乡居民储蓄存款余额	万元	551154	456155	470423	1305425	1439277
年末金融机构各项贷款余额	万元	271318	297303	310449	883039	2265052
三、农业、工业及投资						
粮食总产量	吨	264981	200525	121287	233253	122492
棉花产量	吨					
油料产量	吨	10687	16942	8945	13001	13097
肉类总产量	吨	97665	33181	17347	84756	117658
规模以上工业企业个数	个	55	26	84	254	335
规模以上工业总产值(现价)	万元	1260630	787915	1510408	5965766	9349573
固定资产投资(不含农户)	万元	450948	302566	360433	447015	1424247
四、教育、卫生和社会保障						
普通中学在校学生数	人	87711	41783	29061	56227	35262
小学在校学生数	人	113337	44210	28407	45441	36572
医院、卫生院床位数	床	1606	837	674	1338	1393
各种社会福利收养性单位数	个	22	19	13	26	13
各种社会福利收养性单位床位数	床	801	585	592	722	779

2011 年县(市)社会经济主要指标

广东省

指　　标	单位	惠阳区	博罗县	惠东县	龙门县	梅　县
一、基本情况						
行政区域土地面积	平方公里	1205	2858	3396	2267	2755
乡(镇)个数	个	6	17	13	9	20
村民委员会个数	个	130	331	245	155	384
年末总户数	户	210549	217271	200307	103731	168014
其中:乡村户数	户	86276	197083	121654	61927	152547
年末总人口	万人	77	85	85	35	63
乡村人口	万人	47	94	56	23	59
年末单位从业人员数	人	474340	139308	61182	22914	29939
乡村从业人员数	人	324104	512817	373688	145530	224028
其中:农林牧渔业	人	42726	170311	129501	90898	116837
农业机械总动力	万千瓦特	11	52	26	21	25
固定电话用户	户	137172	349376	227543	55194	147800
二、综合经济						
第一产业增加值	万元	116773	363530	319879	157232	337410
第二产业增加值	万元	4980339	1857080	1516157	319665	754541
地方财政一般预算收入	万元	355477	183584	134282	51421	100132
地方财政一般预算支出	万元	477039	300542	280719	168645	131254
城乡居民储蓄存款余额	万元	2295965	2063972	1635175	435378	1076618
年末金融机构各项贷款余额	万元	2355443	1021493	1073120	192803	464714
三、农业、工业及投资						
粮食总产量	吨	44353	160979	198416	97680	200708
棉花产量	吨					
油料产量	吨	5605	15540	15905	5999	9320
肉类总产量	吨	11823	85208	37840	9936	43339
规模以上工业企业个数	个	304	360	180	51	90
规模以上工业总产值(现价)	万元	18716129	6559172	1896944	725428	1750776
固定资产投资(不含农户)	万元	2593328	1139296	1214092	305207	401020
四、教育、卫生和社会保障						
普通中学在校学生数	人	69371	64737	72601	13372	34959
小学在校学生数	人	77147	85676	94492	20712	28008
医院、卫生院床位数	床	2090	2364	1574	919	1038
各种社会福利收养性单位数	个	12	18	20	16	24
各种社会福利收养性单位床位数	床	485	912	580	776	700

2011年县(市)社会经济主要指标

广东省

指　　标	单位	大埔县	丰顺县	五华县	平远县	蕉岭县
一、基本情况						
行政区域土地面积	平方公里	2468	2710	3226	1381	957
乡(镇)个数	个	15	17	16	12	8
村民委员会个数	个	246	263	411	136	111
年末总户数	户	160824	172878	283735	76196	72724
其中:乡村户数	户	129090	132182	230444	54632	58718
年末总人口	万人	55	70	132	26	23
乡村人口	万人	43	45	93	12	17
年末单位从业人员数	人	16982	27556	34775	23846	15104
乡村从业人员数	人	184372	269530	491089	106878	86943
其中:农林牧渔业	人	90637	104631	293470	48029	50492
农业机械总动力	万千瓦特	7	14	22	7	10
固定电话用户	户	58952	88000	213890	40100	39870
二、综合经济						
第一产业增加值	万元	144750	176196	241851	96496	97388
第二产业增加值	万元	221740	378664	210405	206592	268545
地方财政一般预算收入	万元	35267	30013	22238	23276	30252
地方财政一般预算支出	万元	138913	153859	231772	91115	86055
城乡居民储蓄存款余额	万元	488178	648058	882814	327189	360849
年末金融机构各项贷款余额	万元	209436	321374	320556	144666	206933
三、农业、工业及投资						
粮食总产量	吨	98925	124618	310926	89317	65621
棉花产量	吨					
油料产量	吨	2661	4870	5906	3860	3422
肉类总产量	吨	20871	46110	54143	13883	21854
规模以上工业企业个数	个	30	45	19	36	19
规模以上工业总产值(现价)	万元	216212	609336	320300	147593	324542
固定资产投资(不含农户)	万元	185148	145029	151747	109123	135678
四、教育、卫生和社会保障						
普通中学在校学生数	人	26592	27972	77667	17955	13414
小学在校学生数	人	24872	39049	101365	12020	10618
医院、卫生院床位数	床	722	954	1836	538	474
各种社会福利收养性单位数	个	16	17	23	13	9
各种社会福利收养性单位床位数	床	558	695	750	370	394

2011年县(市)社会经济主要指标

广东省

指标	单位	兴宁市	海丰县	陆河县	陆丰市	紫金县
、基本情况						
行政区域土地面积	平方公里	2104	1750	986	1541	3621
乡(镇)个数	个	20	16	8	20	18
村民委员会个数	个	427	240	117	300	273
年末总户数	户	318288	207422	77398	341733	202673
其中:乡村户数	户	215196	156573	52434	223014	159188
年末总人口	万人	117	82	34	180	82
乡村人口	万人	94	68	24	112	66
年末单位从业人员数	人	43486	40587	12632	48407	116472
乡村从业人员数	人	459757	396620	132215	623864	345430
其中:农林牧渔业	人	169473	136003	69221	297311	171782
农业机械总动力	万千瓦特	35	34	9	32	8
固定电话用户	户	139857	146450	42500	202550	119982
二、综合经济						
第一产业增加值	万元	310903	277818	80933	386839	201888
第二产业增加值	万元	425218	793873	109468	695858	291186
地方财政一般预算收入	万元	37762	90038	20456	97010	30268
地方财政一般预算支出	万元	195006	179445	76003	253493	156298
城乡居民储蓄存款余额	万元	1225001	944617	231370	722622	503648
年末金融机构各项贷款余额	万元	561447	294231	82179	232922	285027
三、农业、工业及投资						
粮食总产量	吨	327480	176433	61631	202939	218971
棉花产量	吨					
油料产量	吨	4133	5783	3203	14078	16102
肉类总产量	吨	55786	22686	17174	54276	28357
规模以上工业企业个数	个	35	90	13	90	33
规模以上工业总产值(现价)	万元	495958	1566492	73100	1292400	967998
固定资产投资(不含农户)	万元	194728	1300163	55187	903080	152898
四、教育、卫生和社会保障						
普通中学在校学生数	人	78240	74004	32639	154752	38460
小学在校学生数	人	54757	65848	27010	187790	56761
医院、卫生院床位数	床	1884	2302	566	2328	1408
各种社会福利收养性单位数	个	25	19	8	4	19
各种社会福利收养性单位床位数	床	1006	761	246	182	563

2011 年县(市)社会经济主要指标

广东省

指　　标	单位	龙川县	连平县	和平县	东源县	阳西县
一、基本情况						
行政区域土地面积	平方公里	3080	2276	2310	4070	1451
乡(镇)个数	个	24	13	17	21	8
村民委员会个数	个	315	159	216	258	149
年末总户数	户	263255	107612	136273	142602	131448
其中:乡村户数	户	179831	82159	103962	128187	96628
年末总人口	万人	99	41	54	59	52
乡村人口	万人	85	34	47	52	42
年末单位从业人员数	人	40983	20691	16180	29838	283579
乡村从业人员数	人	357354	208030	252084	269913	238177
其中:农林牧渔业	人	188312	115129	109132	111050	104319
农业机械总动力	万千瓦特	17	11	9	9	27
固定电话用户	户	127899	50714	65201	54128	52400
二、综合经济						
第一产业增加值	万元	197089	76252	113151	123578	399631
第二产业增加值	万元	551096	581139	192639	400257	380868
地方财政一般预算收入	万元	30706	38569	20210	40021	28641
地方财政一般预算支出	万元	199898	124594	129359	173153	126737
城乡居民储蓄存款余额	万元	779152	352280	381073	372523	489642
年末金融机构各项贷款余额	万元	543213	204394	219959	310385	234783
三、农业、工业及投资						
粮食总产量	吨	272033	104430	131921	169430	145806
棉花产量	吨					
油料产量	吨	12076	12710	4879	18521	9868
肉类总产量	吨	29198	13192	17084	20359	31296
规模以上工业企业个数	个	70	30	34	61	43
规模以上工业总产值(现价)	万元	1919065	1589684	662754	1026960	656290
固定资产投资(不含农户)	万元	190070	53364	55229	185261	314244
四、教育、卫生和社会保障						
普通中学在校学生数	人	58872	24210	27602	28046	24402
小学在校学生数	人	68284	23665	28555	42084	31439
医院、卫生院床位数	床	1988	875	718	802	939
各种社会福利收养性单位数	个	28	13	18	23	1
各种社会福利收养性单位床位数	床	626	302	552	480	200

2011年县(市)社会经济主要指标

广东省

指　　标	单位	阳东县	阳春市	佛冈县	阳山县	连山壮族瑶族自治县
、基本情况						
行政区域土地面积	平方公里	1703	4054	1295	3418	1265
乡(镇)个数	个	11	15	6	13	7
村民委员会个数	个	157	309	78	159	47
年末总户数	户	140879	313241	85078	133189	32272
其中:乡村户数	户	129412	223183	68858	116333	23459
年末总人口	万人	49	115	33	54	12
乡村人口	万人	47	88	19	49	10
年末单位从业人员数	人	29593	57847	26039	17279	6005
乡村从业人员数	人	262809	501266	155024	254564	48301
其中:农林牧渔业	人	98930	195003	84744	111471	35422
农业机械总动力	万千瓦特	21	24	11	8	4
固定电话用户	户	81485	156012	55822	65584	20568
二、综合经济						
第一产业增加值	万元	320313	555717	75886	174910	53753
第二产业增加值	万元	855131	1047340	1014130	202313	69859
地方财政一般预算收入	万元	71678	70372	78071	45259	10432
地方财政一般预算支出	万元	151261	216090	124820	110191	46812
城乡居民储蓄存款余额	万元	651130	1251843	517325	405874	112337
年末金融机构各项贷款余额	万元	447401	705307	345861	205758	88423
三、农业、工业及投资						
粮食总产量	吨	157353	297015	60174	109079	41827
棉花产量	吨					
油料产量	吨	14638	23180	2899	15084	3573
肉类总产量	吨	36803	93711	7543	34742	6900
规模以上工业企业个数	个	183	117	76	50	6
规模以上工业总产值(现价)	万元	2657729	2994900	4788868	405500	123983
固定资产投资(不含农户)	万元	547257	554933	151156		54202
四、教育、卫生和社会保障						
普通中学在校学生数	人	32406	67499	22174	28279	7443
小学在校学生数	人	29263	61555	19091	27694	8238
医院、卫生院床位数	床	880	2058	719	1237	273
各种社会福利收养性单位数	个	1	21	7	14	7
各种社会福利收养性单位床位数	床	150	739	407	640	210

2011年县(市)社会经济主要指标

广东省

指　标	单位	连南瑶族自治县	清新县	英德市	连州市	潮安县
一、基本情况						
行政区域土地面积	平方公里	1241	2318	5634	2668	1239
乡(镇)个数	个	7	8	23	12	18
村民委员会个数	个	69	179	296	163	461
年末总户数	户	44660	195487	316300	153688	292731
其中:乡村户数	户	34809	130029	230699	104395	236182
年末总人口	万人	17	69	112	53	125
乡村人口	万人	14	60	92	44	53
年末单位从业人员数	人	8537	54596	50749	19063	36130
乡村从业人员数	人	76180	325808	484911	187500	519544
其中:农林牧渔业	人	45549	174243	317515	128158	161850
农业机械总动力	万千瓦特	4	22	24	13	11
固定电话用户	户	16304	79316	94417	56954	229032
二、综合经济						
第一产业增加值	万元	39838	235302	388874	217993	158729
第二产业增加值	万元	103959	1546477	1427929	544950	1793358
地方财政一般预算收入	万元	18218	105570	143079	55151	80753
地方财政一般预算支出	万元	74590	218492	322670	148040	213715
城乡居民储蓄存款余额	万元	158412	857892	1337772	636095	1741277
年末金融机构各项贷款余额	万元	86800	767049	839057	374185	547799
三、农业、工业及投资						
粮食总产量	吨	35860	133340	215555	122448	130327
棉花产量	吨					
油料产量	吨	2783	12322	31659	13489	1164
肉类总产量	吨	4637	48769	32820	41713	22115
规模以上工业企业个数	个	10	130	119	24	399
规模以上工业总产值(现价)	万元	132572	2909295	3930191	607207	3683200
固定资产投资(不含农户)	万元	47990	594347	1059659	58603	187932
四、教育、卫生和社会保障						
普通中学在校学生数	人	10297	44569	71130	21170	88807
小学在校学生数	人	11731	45243	67874	23381	87218
医院、卫生院床位数	床	277	1076	2414	1378	1784
各种社会福利收养性单位数	个	7	2	24	12	17
各种社会福利收养性单位床位数	床	173	140	880	240	450

2011年县(市)社会经济主要指标

广东省

指　　标	单位	饶平县	揭东县	揭西县	惠来县	普宁市
一、基本情况						
行政区域土地面积	平方公里	1694	850	1365	1253	1636
乡(镇)个数	个	21	15	17	14	20
村民委员会个数	个	355	227	318	290	527
年末总户数	户	245549	300378	249824	259180	524734
其中:乡村户数	户	207916	271157	161723	242666	380618
年末总人口	万人	102	130	98	134	236
乡村人口	万人	89	120	73	121	190
年末单位从业人员数	人	30171	47908	31140	39817	61102
乡村从业人员数	人	435063	601852	416533	402366	783110
其中:农林牧渔业	人	204760	197407	130625	127987	284251
农业机械总动力	万千瓦特	18	19	8	13	17
固定电话用户	户	171000	186400	128000	121900	302500
二、综合经济						
第一产业增加值	万元	285063	334228	251855	386880	281433
第二产业增加值	万元	694896	1809930	768846	819117	2347465
地方财政一般预算收入	万元	34323	80587	26347	36377	124622
地方财政一般预算支出	万元	183733	210319	164813	193456	299851
城乡居民储蓄存款余额	万元	918900	1324779	1033992	670891	2842130
年末金融机构各项贷款余额	万元	417003	811843	378235	325833	1192096
三、农业、工业及投资						
粮食总产量	吨	143556	257052	173047	203716	216536
棉花产量	吨					
油料产量	吨	2897	10882	2424	8202	1227
肉类总产量	吨	47651	38906	49033	38133	44634
规模以上工业企业个数	个	85	446	116	238	361
规模以上工业总产值(现价)	万元	1819965	6376391	1010917	3270830	6972541
固定资产投资(不含农户)	万元	212900	1319846	429122	1496347	1720471
四、教育、卫生和社会保障						
普通中学在校学生数	人	68247	100691	83760	95291	224076
小学在校学生数	人	60789	75766	72699	175091	219742
医院、卫生院床位数	床	856	2135	1062	1122	2975
各种社会福利收养性单位数	个	21	16	17	21	27
各种社会福利收养性单位床位数	床	524	795	1544	1588	2756

2011年县(市)社会经济主要指标

广东省、广西壮族自治区

指　　标	单位	新兴县	郁南县	云安县	罗定市	邕宁区
一、基本情况						
行政区域土地面积	平方公里	1522	1966	1203	2327	1255
乡(镇)个数	个	12	15	8	17	5
村民委员会个数	个	161	177	111	306	65
年末总户数	户	123163	150311	86009	340071	102246
其中:乡村户数	户	102053	125137	79428	220402	79800
年末总人口	万人	48	52	33	123	34
乡村人口	万人	40	45	28	79	29
年末单位从业人员数	人	40996	24909	11546	52042	14205
乡村从业人员数	人	275711	223134	186295	529370	203700
其中:农林牧渔业	人	118654	139937	110203	352400	133400
农业机械总动力	万千瓦特	35	21	10	28	17
固定电话用户	户	113270	52326	35000	175378	482
二、综合经济						
第一产业增加值	万元	430863	211698	142398	306527	198691
第二产业增加值	万元	637962	271886	287694	416943	144234
地方财政一般预算收入	万元	70184	31562	32826	52354	11343
地方财政一般预算支出	万元	159430	110702	86191	194881	83743
城乡居民储蓄存款余额	万元	835923	582525	244701	1088214	
年末金融机构各项贷款余额	万元	501507	339801	211323	480395	
三、农业、工业及投资						
粮食总产量	吨	142006	143925	95173	251533	135110
棉花产量	吨					
油料产量	吨	6990	10738	7558	18944	10903
肉类总产量	吨	185159	26652	15931	40833	54386
规模以上工业企业个数	个	129	65	46	68	11
规模以上工业总产值(现价)	万元	1767324	456900	585524	840107	138182
固定资产投资(不含农户)	万元	462849	176957	445348	332915	383754
四、教育、卫生和社会保障						
普通中学在校学生数	人	36247	30261	19233	89646	13798
小学在校学生数	人	33328	27355	17262	86299	23808
医院、卫生院床位数	床	1105	801	229	2578	809
各种社会福利收养性单位数	个	15	18	8	24	8
各种社会福利收养性单位床位数	床	640	758	492	864	299

2011年县(市)社会经济主要指标

广西壮族自治区

指　　标	单位	武鸣县	隆安县	马山县	上林县	宾阳县
一、基本情况						
行政区域土地面积	平方公里	3378	2277	2345	1869	2298
乡(镇)个数	个	13	10	11	11	16
村民委员会个数	个	198	118	145	115	193
年末总户数	户	232172	110296	151068	142649	310530
其中:乡村户数	户	151600	68400	118100	92400	205500
年末总人口	万人	69	41	55	49	104
乡村人口	万人	57	36	51	42	89
年末单位从业人员数	人	38015	16806	14212	25419	43196
乡村从业人员数	人	368000	213500	303100	188100	525900
其中:农林牧渔业	人	194100	113900	135100	145200	313700
农业机械总动力	万千瓦特	74	26	23	46	64
固定电话用户	户	89528	45700	69488	52159	138501
二、综合经济						
第一产业增加值	万元	579448	193334	129209	160428	357612
第二产业增加值	万元	920422	170822	136370	106591	565307
地方财政一般预算收入	万元	46452	18102	17065	16495	65071
地方财政一般预算支出	万元	169489	105449	128417	121646	230631
城乡居民储蓄存款余额	万元	724018	308844	266011	309433	787557
年末金融机构各项贷款余额	万元	609471	247562	159954	154129	448578
三、农业、工业及投资						
粮食总产量	吨	340482	145015	159133	159114	340028
棉花产量	吨	34	19			1
油料产量	吨	30712	3531	2076	6334	15363
肉类总产量	吨	149369	41090	37577	35702	60660
规模以上工业企业个数	个	171	31	21	18	71
规模以上工业总产值(现价)	万元	2136445	418601	193738	221166	851688
固定资产投资(不含农户)	万元	1557476	524185	309024	311720	1095865
四、教育、卫生和社会保障						
普通中学在校学生数	人	28951	14955	24305	23213	60573
小学在校学生数	人	35163	27996	37152	27862	70093
医院、卫生院床位数	床	1763	1182	917	731	2151
各种社会福利收养性单位数	个	17	12	15	15	18
各种社会福利收养性单位床位数	床	599	321	437	393	539

2011 年县(市)社会经济主要指标

广西壮族自治区

指　　标	单位	横　县	柳江县	柳城县	鹿寨县	融安县
一、基本情况						
行政区域土地面积	平方公里	3465	2539	2114	3004	2900
乡(镇)个数	个	17	12	12	9	12
村民委员会个数	个	276	127	121	111	137
年末总户数	户	362133	156407	125166	143057	107480
其中:乡村户数	户	267600	121000	91000	79800	66000
年末总人口	万人	121	56	42	50	33
乡村人口	万人	106	48	32	32	27
年末单位从业人员数	人	47060	30712	18730	26290	13242
乡村从业人员数	人	626300	262800	205400	203700	162800
其中:农林牧渔业	人	406400	185700	165700	145400	115900
农业机械总动力	万千瓦特	55	33	32	36	17
固定电话用户	户	154546	39353	24480	37714	31808
二、综合经济						
第一产业增加值	万元	534026	308887	298496	237830	130008
第二产业增加值	万元	698445	751799	307843	631033	195308
地方财政一般预算收入	万元	63355	42962	23253	31801	15378
地方财政一般预算支出	万元	233256	136604	116796	136489	106329
城乡居民储蓄存款余额	万元	970270	576495	329625	539657	255871
年末金融机构各项贷款余额	万元	691542	660417	326595	533496	195030
三、农业、工业及投资						
粮食总产量	吨	394978	160137	150949	157687	97264
棉花产量	吨		4	10	22	12
油料产量	吨	13210	3136	5949	7918	1062
肉类总产量	吨	80294	46152	36054	28448	19814
规模以上工业企业个数	个	83	95	33	38	34
规模以上工业总产值(现价)	万元	1567890	1716580	517577	800521	281441
固定资产投资(不含农户)	万元	1336263	1060801	559097	2492370	452956
四、教育、卫生和社会保障						
普通中学在校学生数	人	54850	19399	13695	12190	13842
小学在校学生数	人	72121	32459	20354	23171	19470
医院、卫生院床位数	床	1781	984	841	1227	1044
各种社会福利收养性单位数	个	20	16	16	12	13
各种社会福利收养性单位床位数	床	614	347	288	262	336

2011 年县(市)社会经济主要指标

广西壮族自治区

指标	单位	融水苗族自治县	三江侗族自治县	阳朔县	临桂县	灵川县
一、基本情况						
行政区域土地面积	平方公里	4624	2430	1436	2247	2302
乡(镇)个数	个	20	15	9	11	11
村民委员会个数	个	198	160	99	161	129
年末总户数	户	135131	103405	92510	135832	117173
其中:乡村户数	户	103300	81400	69700	96700	78600
年末总人口	万人	51	38	32	49	38
乡村人口	万人	44	35	27	42	31
年末单位从业人员数	人	16506	11154	12889	26183	17400
乡村从业人员数	人	238100	171900	160500	227700	168200
其中:农林牧渔业	人	179100	119700	105500	134700	137700
农业机械总动力	万千瓦特	19	24	22	25	41
固定电话用户	户	26082	16175	28537	24337	32000
二、综合经济						
第一产业增加值	万元	134239	109050	163440	287444	240646
第二产业增加值	万元	222042	120701	240786	795765	416435
地方财政一般预算收入	万元	20962	14312	43408	89955	61663
地方财政一般预算支出	万元	164527	116877	132743	187408	156423
城乡居民储蓄存款余额	万元	354759	226114	394603	561768	646761
年末金融机构各项贷款余额	万元	278199	147087	299202	712572	530330
三、农业、工业及投资						
粮食总产量	吨	113772	62692	113048	243133	169774
棉花产量	吨	7	345	106	11	57
油料产量	吨	1897	1113	4709	1038	1648
肉类总产量	吨	26859	18532	27503	90669	46198
规模以上工业企业个数	个	29	17	25	55	71
规模以上工业总产值(现价)	万元	226534	75240	288784	1949633	957603
固定资产投资(不含农户)	万元	325099	272320	886916	1652575	865035
四、教育、卫生和社会保障						
普通中学在校学生数	人	21106	14815	11514	20584	12973
小学在校学生数	人	38281	29442	15792	27279	22356
医院、卫生院床位数	床	1038	685	464	662	983
各种社会福利收养性单位数	个	22	16	9	13	10
各种社会福利收养性单位床位数	床	488	436	177	275	275

2011年县(市)社会经济主要指标

广西壮族自治区

指　　标	单位	全州县	兴安县	永福县	灌阳县	龙胜各族自治县
一、基本情况						
行政区域土地面积	平方公里	3979	2348	2777	1837	2538
乡(镇)个数	个	18	10	9	9	10
村民委员会个数	个	273	115	93	138	119
年末总户数	户	260264	130436	80501	99453	50806
其中:乡村户数	户	206100	88900	59400	71900	38400
年末总人口	万人	83	38	29	29	18
乡村人口	万人	68	31	24	24	15
年末单位从业人员数	人	20865	16883	12923	7889	10821
乡村从业人员数	人	359200	167700	124200	131800	76100
其中:农林牧渔业	人	243300	134900	103400	102000	61600
农业机械总动力	万千瓦特	51	43	21	24	21
固定电话用户	户	50964	34040	21735	21907	12667
二、综合经济						
第一产业增加值	万元	356334	237193	168801	133139	72708
第二产业增加值	万元	525566	603500	469131	232363	171416
地方财政一般预算收入	万元	34267	59502	26152	13990	15136
地方财政一般预算支出	万元	183601	158291	102701	103391	96925
城乡居民储蓄存款余额	万元	746376	560249	270545	289395	182340
年末金融机构各项贷款余额	万元	473063	511779	282805	191648	191061
三、农业、工业及投资						
粮食总产量	吨	397069	210716	138408	135699	60671
棉花产量	吨	103	21		18	22
油料产量	吨	11247	5546	1514	2645	215
肉类总产量	吨	70195	44103	35826	28762	10706
规模以上工业企业个数	个	48	55	56	26	18
规模以上工业总产值(现价)	万元	940013	1109802	855365	486974	240385
固定资产投资(不含农户)	万元	732903	940585	531354	233259	193449
四、教育、卫生和社会保障						
普通中学在校学生数	人	29585	11801	9192	9694	6196
小学在校学生数	人	46463	16217	14405	13818	8945
医院、卫生院床位数	床	1212	885	664	769	350
各种社会福利收养性单位数	个	21	12	8	9	12
各种社会福利收养性单位床位数	床	467	225	173	232	366

2011年县(市)社会经济主要指标

广西壮族自治区

指　　标	单位	资源县	平乐县	荔蒲县	恭城瑶族自治县	苍梧县
一、基本情况						
行政区域土地面积	平方公里	1954	1919	1759	2149	3475
乡(镇)个数	个	7	10	13	9	12
村民委员会个数	个	71	134	122	117	193
年末总户数	户	58454	146104	115398	90683	172757
其中:乡村户数	户	41500	106600	94100	67000	155500
年末总人口	万人	17	45	39	30	61
乡村人口	万人	15	37	32	25	56
年末单位从业人员数	人	6441	12577	12783	12153	26903
乡村从业人员数	人	81300	219400	194300	132100	352400
其中:农林牧渔业	人	48900	125700	141400	113700	198100
农业机械总动力	万千瓦特	21	39	33	45	33
固定电话用户	户	15416	32567	49419	29036	55902
二、综合经济						
第一产业增加值	万元	72500	261019	207971	185065	190587
第二产业增加值	万元	149323	258512	383472	285058	889561
地方财政一般预算收入	万元	10280	19100	26325	22546	56899
地方财政一般预算支出	万元	77168	125780	122366	108942	179920
城乡居民储蓄存款余额	万元	195425	372962	442430	258160	479249
年末金融机构各项贷款余额	万元	174107	255381	415410	221360	416140
三、农业、工业及投资						
粮食总产量	吨	52120	152225	116429	76373	198449
棉花产量	吨	9		3	76	
油料产量	吨	929	9612	4129	10177	10908
肉类总产量	吨	9300	30993	46618	22168	34956
规模以上工业企业个数	个	33	22	48	26	66
规模以上工业总产值(现价)	万元	241088	489257	714941	630677	1441288
固定资产投资(不含农户)	万元	235288	377053	468033	417000	1285573
四、教育、卫生和社会保障						
普通中学在校学生数	人	6184	15469	14676	12711	38923
小学在校学生数	人	9724	23642	19434	16534	62211
医院、卫生院床位数	床	335	799	924	569	992
各种社会福利收养性单位数	个	8	13	15	8	16
各种社会福利收养性单位床位数	床	161	432	257	174	318

2011年县(市)社会经济主要指标

广西壮族自治区

指　　标	单位	藤　县	蒙山县	岑溪市	合浦县	上思县
一、基本情况						
行政区域土地面积	平方公里	3946	1282	2770	2380	2816
乡(镇)个数	个	16	9	14	15	8
村民委员会个数	个	266	78	256	245	83
年末总户数	户	285429	73824	273590	263192	65020
其中:乡村户数	户	218700	59000	213100	153400	47800
年末总人口	万人	103	22	91	105	24
乡村人口	万人	92	19	77	63	19
年末单位从业人员数	人	24458	7996	25759	45525	19000
乡村从业人员数	人	503800	115000	430500	346900	103600
其中:农林牧渔业	人	279700	75000	227600	188600	89500
农业机械总动力	万千瓦特	30	11	24	65	26
固定电话用户	户	80956	19000	83620	111303	
二、综合经济						
第一产业增加值	万元	339349	87561	266451	593579	183086
第二产业增加值	万元	806791	297923	1173539	459597	255291
地方财政一般预算收入	万元	67394	18263	68059	41328	24211
地方财政一般预算支出	万元	228615	84598	241491	254839	100346
城乡居民储蓄存款余额	万元	642418	176295	700936	1039538	189696
年末金融机构各项贷款余额	万元	426028	140180	559856	626330	183496
三、农业、工业及投资						
粮食总产量	吨	275847	62226	218546	304135	42802
棉花产量	吨					
油料产量	吨	9670	3155	9545	25343	1329
肉类总产量	吨	51716	15471	76622	88620	10221
规模以上工业企业个数	个	98	32	84	55	22
规模以上工业总产值(现价)	万元	1696412	606823	2666151	806404	605168
固定资产投资(不含农户)	万元	914513	358975	1236171	879496	518289
四、教育、卫生和社会保障						
普通中学在校学生数	人	64533	10951	61075	60347	11305
小学在校学生数	人	101579	14628	83577	93163	22360
医院、卫生院床位数	床	1548	787	1568	2315	441
各种社会福利收养性单位数	个	19	6	17	36	10
各种社会福利收养性单位床位数	床	540	170	444	663	196

2011 年县（市）社会经济主要指标

广西壮族自治区

指　　标	单位	东兴市	灵山县	浦北县	平南县	桂平市
、基本情况						
行政区域土地面积	平方公里	590	3550	2521	2989	4074
乡(镇)个数	个	3	18	16	21	26
村民委员会个数	个	31	389	260	259	411
年末总户数	户	37461	405524	247319	430966	543768
其中:乡村户数	户	25400	347800	193600	301700	430800
年末总人口	万人	13	158	91	147	190
乡村人口	万人	9	142	80	128	168
年末单位从业人员数	人	8186	34494	29307	44633	43888
乡村从业人员数	人	54800	849600	429300	613300	835900
其中:农林牧渔业	人	33600	477700	248900	349600	480200
农业机械总动力	万千瓦特	10	40	38	64	99
固定电话用户	户	16793		108500	111479	150404
二、综合经济						
第一产业增加值	万元	97398	462485	308790	398418	446107
第二产业增加值	万元	200840	501811	366533	550901	1033192
地方财政一般预算收入	万元	55972	34356	28041	44566	47793
地方财政一般预算支出	万元	114610	267555	173506	263567	316202
城乡居民储蓄存款余额	万元	513640	888148	560085	981246	1321159
年末金融机构各项贷款余额	万元	331959	468824	319744	538071	775157
三、农业、工业及投资						
粮食总产量	吨	25102	375322	230359	343908	519716
棉花产量	吨		102	9		92
油料产量	吨	532	3471	3959	20172	31858
肉类总产量	吨	6798	89030	60161	105921	111999
规模以上工业企业个数	个	28	57	71	101	100
规模以上工业总产值(现价)	万元	521278	554350	580330	916943	2064473
固定资产投资(不含农户)	万元	648148	601884	493894	758254	1133697
四、教育、卫生和社会保障						
普通中学在校学生数	人	7965	82654	46883	92311	124172
小学在校学生数	人	16441	160344	80425	131580	181231
医院、卫生院床位数	床	338	2781	1816	2368	2622
各种社会福利收养性单位数	个	5	20	17	26	28
各种社会福利收养性单位床位数	床	150	586	375	931	894

2011 年县(市)社会经济主要指标

广西壮族自治区

指　　标	单位	容　县	陆川县	博白县	兴业县	北流市
一、基本情况						
行政区域土地面积	平方公里	2253	1551	3836	1487	2457
乡(镇)个数	个	15	14	28	13	22
村民委员会个数	个	218	154	316	210	278
年末总户数	户	276249	304796	482977	216800	395708
其中:乡村户数	户	188700	170600	306500	144700	260100
年末总人口	万人	82	106	178	75	140
乡村人口	万人	71	81	150	63	115
年末单位从业人员数	人	27851	36961	38846	16021	75506
乡村从业人员数	人	401900	473900	896200	359400	623700
其中:农林牧渔业	人	227400	292300	536800	218900	346400
农业机械总动力	万千瓦特	48	45	61	40	52
固定电话用户	户	110892	124634	185282	81271	199963
二、综合经济						
第一产业增加值	万元	271004	277746	643809	312544	339944
第二产业增加值	万元	564986	790122	728938	353381	1078709
地方财政一般预算收入	万元	43334	48308	55134	37203	65791
地方财政一般预算支出	万元	182691	207089	333812	144583	255229
城乡居民储蓄存款余额	万元	819321	705446	1060929	431672	1208578
年末金融机构各项贷款余额	万元	437483	451733	641977	251184	795134
三、农业、工业及投资						
粮食总产量	吨	235068	260968	462830	217741	350792
棉花产量	吨				28	
油料产量	吨	2534	4312	9837	3595	10289
肉类总产量	吨	82955	112727	200967	165163	90031
规模以上工业企业个数	个	95	110	127	18	159
规模以上工业总产值(现价)	万元	1096179	1818145	1432373	499822	1927458
固定资产投资(不含农户)	万元	819419	972163	1149826	547111	1174588
四、教育、卫生和社会保障						
普通中学在校学生数	人	46234	59040	111668	29381	85808
小学在校学生数	人	67201	97620	175798	57453	138215
医院、卫生院床位数	床	1645	1632	2801	994	2574
各种社会福利收养性单位数	个	17	17	35	15	15
各种社会福利收养性单位床位数	床	415	377	1562	360	438

2011年县(市)社会经济主要指标

广西壮族自治区

指　　标	单位	右江区	田阳县	田东县	平果县	德保县
一、基本情况						
行政区域土地面积	平方公里	3718	2373	2811	2457	2575
乡(镇)个数	个	7	10	10	12	12
村民委员会个数	个	107	152	161	171	180
年末总户数	户	91534	103434	113258	145095	105041
其中:乡村户数	户	53600	76200	83200	85800	72800
年末总人口	万人	35	35	43	51	37
乡村人口	万人	22	29	35	37	30
年末单位从业人员数	人	57767	12782	17569	20918	13915
乡村从业人员数	人	130600	190600	232900	226900	170400
其中:农林牧渔业	人	114100	139200	170200	139300	121700
农业机械总动力	万千瓦特	21	33	29	30	17
固定电话用户	户	55410	34459	41289	30000	30854
二、综合经济						
第一产业增加值	万元	185565	171413	198537	118353	82624
第二产业增加值	万元	787251	231407	563369	625140	347865
地方财政一般预算收入	万元	26690	29182	47011	89046	31857
地方财政一般预算支出	万元	96827	131330	157808	182999	128353
城乡居民储蓄存款余额	万元	785907	292394	382828	454404	200682
年末金融机构各项贷款余额	万元	1348653	364042	522269	931401	426552
三、农业、工业及投资						
粮食总产量	吨	79002	108001	110450	109036	97018
棉花产量	吨	8			3	
油料产量	吨	1268	1084	808	634	856
肉类总产量	吨	29260	27619	28958	31987	17587
规模以上工业企业个数	个	39	21	15	30	15
规模以上工业总产值(现价)	万元	1423605	384171	1180911	1247811	620625
固定资产投资(不含农户)	万元	1150710	689349	873250	1209282	589641
四、教育、卫生和社会保障						
普通中学在校学生数	人	13011	11955	16518	24638	13217
小学在校学生数	人	27018	18887	30509	33925	23993
医院、卫生院床位数	床	3029	820	1303	1043	753
各种社会福利收养性单位数	个	14	15	14	11	14
各种社会福利收养性单位床位数	床	390	368	505	114	606

2011年县(市)社会经济主要指标

广西壮族自治区

指　　标	单位	靖西县	那坡县	凌云县	乐业县	田林县
一、基本情况						
行政区域土地面积	平方公里	3326	2223	2047	2633	5524
乡(镇)个数	个	19	9	8	8	14
村民委员会个数	个	282	127	105	84	165
年末总户数	户	164923	61505	58807	47120	66983
其中:乡村户数	户	126300	42500	43200	36600	53200
年末总人口	万人	65	21	22	17	26
乡村人口	万人	57	18	18	15	23
年末单位从业人员数	人	17906	6878	6226	6768	9921
乡村从业人员数	人	316800	113900	92500	77700	138200
其中:农林牧渔业	人	197800	91900	61300	67700	85000
农业机械总动力	万千瓦特	23	18	9	12	21
固定电话用户	户	38526	14500	21655	8896	21846
二、综合经济						
第一产业增加值	万元	117597	51676	50848	45515	98325
第二产业增加值	万元	591786	23221	64700	38115	68421
地方财政一般预算收入	万元	58212	6102	6840	6871	13370
地方财政一般预算支出	万元	200163	99263	87711	73823	101595
城乡居民储蓄存款余额	万元	321167	109615	104884	87328	171755
年末金融机构各项贷款余额	万元	265405	89669	83515	84750	137813
三、农业、工业及投资						
粮食总产量	吨	201210	57349	45877	49604	89515
棉花产量	吨					7
油料产量	吨	1276	130	1090	1516	284
肉类总产量	吨	27665	11803	11844	9294	20010
规模以上工业企业个数	个	21	6	13	1	8
规模以上工业总产值(现价)	万元	1512582	30366	92535	3206	106399
固定资产投资(不含农户)	万元	999191	148464	180495	218947	242825
四、教育、卫生和社会保障						
普通中学在校学生数	人	26095	6822	12668	9636	11018
小学在校学生数	人	45789	15128	21202	20600	25253
医院、卫生院床位数	床	1104	469	435	296	552
各种社会福利收养性单位数	个	22	10	8	9	15
各种社会福利收养性单位床位数	床	724	133	200	340	626

2011年县(市)社会经济主要指标

广西壮族自治区

指　　标	单位	西林县	隆林各族自治县	八步区	昭平县	钟山县
一、基本情况						
行政区域土地面积	平方公里	2997	3518	5517	3224	1472
乡(镇)个数	个	8	16	21	12	12
村民委员会个数	个	94	175	305	152	113
年末总户数	户	40263	102707	320732	123392	103693
其中:乡村户数	户	28800	73900	246700	90100	84800
年末总人口	万人	16	42	114	44	43
乡村人口	万人	13	34	97	38	39
年末单位从业人员数	人	6347	10249	47994	16203	14039
乡村从业人员数	人	75000	193200	519900	184000	219300
其中:农林牧渔业	人	67700	151900	359900	137900	136300
农业机械总动力	万千瓦特	16	24	49	21	18
固定电话用户	户	14900	21800	68931	38400	31100
二、综合经济						
第一产业增加值	万元	58173	78043	379889	143933	125410
第二产业增加值	万元	28049	212979	1050719	181795	278529
地方财政一般预算收入	万元	5915	14792	55231	13752	16250
地方财政一般预算支出	万元	76033	119521	244340	126876	117498
城乡居民储蓄存款余额	万元	80492	192750	987549	246324	319564
年末金融机构各项贷款余额	万元	73448	193577	1100615	198125	215512
三、农业、工业及投资						
粮食总产量	吨	53753	80885	307494	130650	136015
棉花产量	吨			60	4	30
油料产量	吨	1349	1589	10706	1219	3756
肉类总产量	吨	10453	18592	72586	24256	32956
规模以上工业企业个数	个	5	11	74	19	28
规模以上工业总产值(现价)	万元	19080	87525	1584508	156309	327697
固定资产投资(不含农户)	万元	130433	152976	2197181	456546	664536
四、教育、卫生和社会保障						
普通中学在校学生数	人	7606	18998	51702	19153	24437
小学在校学生数	人	18304	42137	94333	31501	31511
医院、卫生院床位数	床	439	709	2208	721	967
各种社会福利收养性单位数	个	12	20	24	15	16
各种社会福利收养性单位床位数	床	250	558	618	379	694

2011年县(市)社会经济主要指标

广西壮族自治区

指　　标	单位	富川瑶族自治县	金城江区	南丹县	天峨县	凤山县
一、基本情况						
行政区域土地面积	平方公里	1540	2346	3916	3196	1738
乡(镇)个数	个	12	11	11	9	9
村民委员会个数	个	137	111	125	91	96
年末总户数	户	84354	110829	95872	47921	59045
其中:乡村户数	户	64100	51900	58100	33400	41500
年末总人口	万人	33	34	31	17	22
乡村人口	万人	28	19	23	15	18
年末单位从业人员数	人	12626	47559	18487	8511	10382
乡村从业人员数	人	156600	110000	159900	72500	92000
其中:农林牧渔业	人	105500	69100	112600	56600	59600
农业机械总动力	万千瓦特	16	29	20	18	18
固定电话用户	户	22965	56749	14500	11593	13189
二、综合经济						
第一产业增加值	万元	139968	90993	88525	55191	44344
第二产业增加值	万元	155902	526144	517274	256574	67882
地方财政一般预算收入	万元	18168	16094	38633	15337	6263
地方财政一般预算支出	万元	119243	82215	118322	81714	87858
城乡居民储蓄存款余额	万元	275458	782996	364869	138399	96262
年末金融机构各项贷款余额	万元	208551	875964	357177	439741	78115
三、农业、工业及投资						
粮食总产量	吨	125436	64689	84011	63382	40079
棉花产量	吨		68	24	113	
油料产量	吨	9997	527	1435	167	282
肉类总产量	吨	25074	12648	16651	10708	9112
规模以上工业企业个数	个	28	33	22	10	16
规模以上工业总产值(现价)	万元	303911	1060934	861115	261476	81082
固定资产投资(不含农户)	万元	601939	810280	498918	200353	108384
四、教育、卫生和社会保障						
普通中学在校学生数	人	18244	21088	14856	9626	12003
小学在校学生数	人	20338	22460	27781	19836	19264
医院、卫生院床位数	床	615	1808	800	313	470
各种社会福利收养性单位数	个	16	13	13	7	13
各种社会福利收养性单位床位数	床	428	253	333	192	277

2011 年县(市)社会经济主要指标

广西壮族自治区

指　　标	单位	东兰县	罗城仫佬族自治县	环江毛南族自治县	巴马瑶族自治县	都安瑶族自治县
一、基本情况						
行政区域土地面积	平方公里	2415	2658	4553	1971	4095
乡(镇)个数	个	14	11	12	10	19
村民委员会个数	个	147	125	127	103	239
年末总户数	户	81619	111753	118167	76108	198434
其中:乡村户数	户	65900	82900	89100	53200	168900
年末总人口	万人	30	38	38	28	71
乡村人口	万人	28	34	32	25	65
年末单位从业人员数	人	9051	13778	15607	10198	17187
乡村从业人员数	人	147400	188900	170700	124700	359800
其中:农林牧渔业	人	88200	159300	115100	87000	227800
农业机械总动力	万千瓦特	32	22	32	13	37
固定电话用户	户	16500	18656	7551	20644	54781
二、综合经济						
第一产业增加值	万元	50486	130674	146818	81484	113513
第二产业增加值	万元	59999	133595	117915	122910	75436
地方财政一般预算收入	万元	5501	10396	14154	10191	14540
地方财政一般预算支出	万元	110515	122613	125699	100017	161394
城乡居民储蓄存款余额	万元	139146	280553	259388	148670	272412
年末金融机构各项贷款余额	万元	90865	163694	180015	96727	237133
三、农业、工业及投资						
粮食总产量	吨	53255	110156	118694	56485	118655
棉花产量	吨	155	65		4	
油料产量	吨	524	1767	327	783	124
肉类总产量	吨	12566	20052	21271	17313	37710
规模以上工业企业个数	个	11	28	17	19	14
规模以上工业总产值(现价)	万元	54802	211656	213182	179581	87337
固定资产投资(不含农户)	万元	141403	216487	216328	199500	250506
四、教育、卫生和社会保障						
普通中学在校学生数	人	13149	15019	16462	12622	35871
小学在校学生数	人	24515	21165	24129	25501	59035
医院、卫生院床位数	床	627	718	666	455	1101
各种社会福利收养性单位数	个	16	14	12	13	22
各种社会福利收养性单位床位数	床	395	390	185	259	732

2011年县(市)社会经济主要指标

广西壮族自治区

指　　标	单位	大化瑶族自治县	宜州市	兴宾区	忻城县	象州县
一、基本情况						
行政区域土地面积	平方公里	2716	3869	4364	2541	1898
乡(镇)个数	个	16	16	20	12	11
村民委员会个数	个	155	180	241	123	112
年末总户数	户	132134	201315	293811	130479	105856
其中:乡村户数	户	94600	148100	183600	101300	91000
年末总人口	万人	46	66	109	42	37
乡村人口	万人	37	54	91	38	32
年末单位从业人员数	人	13155	25969	57616	17842	12813
乡村从业人员数	人	223500	335000	470100	240000	195700
其中:农林牧渔业	人	134600	231000	376100	150000	144200
农业机械总动力	万千瓦特	17	49	56	20	30
固定电话用户	户	40606	61341	76061	18558	31317
二、综合经济						
第一产业增加值	万元	72797	323246	505494	154021	233894
第二产业增加值	万元	159181	276767	1426062	165764	388655
地方财政一般预算收入	万元	25944	36056	46409	21553	26811
地方财政一般预算支出	万元	140003	157431	172871	136356	117729
城乡居民储蓄存款余额	万元	201961	578495	759226	189178	279794
年末金融机构各项贷款余额	万元	182483	495353	1352490	150568	222872
三、农业、工业及投资						
粮食总产量	吨	70743	218509	274524	96501	175532
棉花产量	吨	91	192		37	
油料产量	吨	380	2246	14042	1840	4154
肉类总产量	吨	26475	25590	61294	19154	19562
规模以上工业企业个数	个	10	43	41	8	52
规模以上工业总产值(现价)	万元	160026	493974	2668369	222550	743301
固定资产投资(不含农户)	万元	212757	500209	2045514	248301	377804
四、教育、卫生和社会保障						
普通中学在校学生数	人	21992	30052	43600	16361	14779
小学在校学生数	人	39616	41428	84193	22925	21510
医院、卫生院床位数	床	847	2342	2250	847	718
各种社会福利收养性单位数	个	17	18	25	14	13
各种社会福利收养性单位床位数	床	340	588	583	273	311

2011 年县(市)社会经济主要指标

广西壮族自治区

指　　标	单位	武宣县	金秀瑶族自治县	合山市	江洲区	扶绥县
一、基本情况						
行政区域土地面积	平方公里	1739	2469	350	2951	2836
乡(镇)个数	个	10	10	3	9	11
村民委员会个数	个	142	77	29	98	119
年末总户数	户	137794	50170	43615	107027	148711
其中:乡村户数	户	95800	33800	20200	74100	100800
年末总人口	万人	44	16	14	37	45
乡村人口	万人	38	13	8	29	35
年末单位从业人员数	人	16252	11739	14853	34485	23196
乡村从业人员数	人	226900	73400	49800	201900	212300
其中:农林牧渔业	人	174900	56900	32900	154100	179000
农业机械总动力	万千瓦特	27	10	8	30	35
固定电话用户	户	19300	17998	15265	33456	22373
二、综合经济						
第一产业增加值	万元	214839	64892	30586	263884	384398
第二产业增加值	万元	336393	72668	153052	428637	379207
地方财政一般预算收入	万元	28068	7378	16115	34590	58489
地方财政一般预算支出	万元	123056	74110	102235	86070	162689
城乡居民储蓄存款余额	万元	294551	130101	149071	401400	413555
年末金融机构各项贷款余额	万元	223083	111100	121405	663451	318642
三、农业、工业及投资						
粮食总产量	吨	118603	43303	26717	41140	61193
棉花产量	吨	17	1			
油料产量	吨	7762	788	923	2319	7214
肉类总产量	吨	37867	8174	5185	8071	15635
规模以上工业企业个数	个	50	14	9	29	21
规模以上工业总产值(现价)	万元	709184	85894	326842	930575	830126
固定资产投资(不含农户)	万元	353509	124825	279922	781299	633972
四、教育、卫生和社会保障						
普通中学在校学生数	人	21048	5742	4527	7847	16580
小学在校学生数	人	30154	9040	7210	22567	29681
医院、卫生院床位数	床	980	555	487	818	940
各种社会福利收养性单位数	个	12	13	4	12	13
各种社会福利收养性单位床位数	床	316	296	110	261	312

2011年县(市)社会经济主要指标

广西壮族自治区

指　　标	单位	宁明县	龙州县	大新县	天等县	凭祥市
一、基本情况						
行政区域土地面积	平方公里	3705	2318	2742	2165	650
乡(镇)个数	个	13	12	14	13	4
村民委员会个数	个	142	117	129	118	31
年末总户数	户	116570	80563	100181	120672	33322
其中:乡村户数	户	88700	55200	77500	83400	19200
年末总人口	万人	44	27	37	45	11
乡村人口	万人	37	22	33	38	8
年末单位从业人员数	人	17149	25742	20312	12483	11284
乡村从业人员数	人	225000	149800	224900	266100	50100
其中:农林牧渔业	人	166900	103800	131600	137400	36200
农业机械总动力	万千瓦特	32	19	43	30	5
固定电话用户	户	28000	23324	27115		13910
二、综合经济						
第一产业增加值	万元	257794	190511	191973	117380	43833
第二产业增加值	万元	312851	204935	400529	166431	94307
地方财政一般预算收入	万元	33396	28270	41976	23947	45981
地方财政一般预算支出	万元	130016	118136	136957	133968	102812
城乡居民储蓄存款余额	万元	326562	262887	275323	247873	344323
年末金融机构各项贷款余额	万元	205709	218094	251322	197179	175118
三、农业、工业及投资						
粮食总产量	吨	66749	43726	109120	134572	16269
棉花产量	吨			87	19	
油料产量	吨	2502	1750	710	1413	112
肉类总产量	吨	19373	8221	29152	32204	5270
规模以上工业企业个数	个	18	10	22	14	9
规模以上工业总产值(现价)	万元	713268	368780	644633	223485	108564
固定资产投资(不含农户)	万元	396826	391683	461005	357844	465291
四、教育、卫生和社会保障						
普通中学在校学生数	人	12913	8831	11327	14508	4154
小学在校学生数	人	30485	14992	20831	29524	8625
医院、卫生院床位数	床	706	861	677	812	213
各种社会福利收养性单位数	个	15	14	16	15	3
各种社会福利收养性单位床位数	床	529	434	604	384	120

2011 年县(市)社会经济主要指标

海南省

指　　标	单位	五指山市	琼海市	儋州市	文昌市	万宁市
一、基本情况						
行政区域土地面积	平方公里	1129	1710	3343	2485	1884
乡(镇)个数	个	7	12	17	17	12
村民委员会个数	个	59	189	240	255	207
年末总户数	户	35614	150529	252426	179262	183554
其中:乡村户数	户	15744	90769	131427	117269	103225
年末总人口	万人	11	50	104	59	61
乡村人口	万人	6	36	64	46	44
年末单位从业人员数	人	9645	45680	36030	65232	89041
乡村从业人员数	人	32724	191635	320346	233782	207013
其中:农林牧渔业	人	26866	133396	231363	170975	129169
农业机械总动力	万千瓦特	6	29	31	39	31
固定电话用户	户	17325	105875	105350	120136	68672
二、综合经济						
第一产业增加值	万元	39800	567147	837743	591598	323444
第二产业增加值	万元	25942	211370	207910	322587	306040
地方财政一般预算收入	万元	25334	126265	71437	85278	82185
地方财政一般预算支出	万元	104631	304820	376197	304715	275873
城乡居民储蓄存款余额	万元	183501	1040114	900061	1084000	712677
年末金融机构各项贷款余额	万元	132664	561067	420933	465200	285852
三、农业、工业及投资						
粮食总产量	吨	24917	142350	210174	155396	101136
棉花产量	吨					
油料产量	吨	734	3617	18124	9682	4620
肉类总产量	吨	4585	73276	91789	77651	49279
规模以上工业企业个数	个	4	12	20	35	10
规模以上工业总产值(现价)	万元	15655	109099	365171	212771	64645
固定资产投资(不含农户)	万元	75983	818400	495257	1040398	896752
四、教育、卫生和社会保障						
普通中学在校学生数	人	7625	31761	76803	32381	27948
小学在校学生数	人	8176	36228	85786	40991	42721
医院、卫生院床位数	床	789	1401	2202	1340	1481
各种社会福利收养性单位数	个	2	20	6	27	8
各种社会福利收养性单位床位数	床	28	450	110	560	47

2011年县(市)社会经济主要指标

海南省

指　　标	单位	东方市	定安县	屯昌县	澄迈县	临高县
一、基本情况						
行政区域土地面积	平方公里	2256	1196	1232	2076	1317
乡(镇)个数	个	10	10	8	11	10
村民委员会个数	个	185	109	119	177	154
年末总户数	户	136277	107798	87905	163385	143019
其中:乡村户数	户	77476	60158	44591	91299	95705
年末总人口	万人	47	34	31	57	50
乡村人口	万人	34	26	20	42	43
年末单位从业人员数	人	25137	31321	33005	122094	15989
乡村从业人员数	人	172563	123506	92331	240068	198125
其中:农林牧渔业	人	139225	90780	74254	150368	138456
农业机械总动力	万千瓦特	12	9	6	24	39
固定电话用户	户	42923	36013	30133	41315	37225
二、综合经济						
第一产业增加值	万元	250767	180014	201679	376425	548832
第二产业增加值	万元	498378	79023	45216	692239	73840
地方财政一般预算收入	万元	62235	36732	26030	125833	30515
地方财政一般预算支出	万元	229457	141852	145983	490903	176868
城乡居民储蓄存款余额	万元	373766	346431	261342	468422	321372
年末金融机构各项贷款余额	万元	169754	159396	131714	468681	190367
三、农业、工业及投资						
粮食总产量	吨	114050	92800	93153	148148	130052
棉花产量	吨					
油料产量	吨	11552	7274	4645	4421	2646
肉类总产量	吨	21912	46120	27812	62505	34608
规模以上工业企业个数	个	9	10	4	45	7
规模以上工业总产值(现价)	万元	888365	71369	23750	1536080	106432
固定资产投资(不含农户)	万元	319602	247630	125928	1225176	185608
四、教育、卫生和社会保障						
普通中学在校学生数	人	31817	12554	14331	25297	26042
小学在校学生数	人	45288	22442	22769	43689	41531
医院、卫生院床位数	床	1185	855	800	1137	815
各种社会福利收养性单位数	个	30	13	12	6	6
各种社会福利收养性单位床位数	床	222	430	250	162	100

2011 年县(市)社会经济主要指标

海南省

指标	单位	白沙黎族自治县	昌江黎族自治县	乐东黎族自治县	陵水黎族自治县	保亭黎族苗族自治县
一、基本情况						
行政区域土地面积	平方公里	2117	1620	2766	1128	1161
乡(镇)个数	个	11	8	11	11	9
村民委员会个数	个	74	73	188	114	60
年末总户数	户	58782	72328	150454	90476	54177
其中:乡村户数	户	39054	34191	96204	64142	16789
年末总人口	万人	20	27	54	38	17
乡村人口	万人	16	17	44	29	9
年末单位从业人员数	人	24918	20124	35688	14160	8971
乡村从业人员数	人	66786	89457	240977	138269	48830
其中:农林牧渔业	人	63295	79006	163767	106130	40418
农业机械总动力	万千瓦特	10	14	53	10	3
固定电话用户	户	16924	32000	32252	25600	18500
二、综合经济						
第一产业增加值	万元	162321	176621	352958	420082	67312
第二产业增加值	万元	39872	423005	72734	138446	22385
地方财政一般预算收入	万元	12201	71286	57371	167626	23014
地方财政一般预算支出	万元	138337	165755	240823	288816	128613
城乡居民储蓄存款余额	万元	192974	296353	451286	397049	240597
年末金融机构各项贷款余额	万元	55097	150173	104588	328461	61841
三、农业、工业及投资						
粮食总产量	吨	38886	52525	149890	101084	30047
棉花产量	吨					
油料产量	吨	387	2268	11030	7067	786
肉类总产量	吨	14540	13987	22505	16912	7886
规模以上工业企业个数	个	7	15	3	2	2
规模以上工业总产值(现价)	万元	53818	752382	58279	27285	15072
固定资产投资(不含农户)	万元	73674	621158	227156	900291	173792
四、教育、卫生和社会保障						
普通中学在校学生数	人	9615	15330	33788	19457	6146
小学在校学生数	人	15943	19847	46844	27089	7721
医院、卫生院床位数	床	448	626	907	623	323
各种社会福利收养性单位数	个	4	8	9	9	6
各种社会福利收养性单位床位数	床	69	130	228	35	80

2011年县(市)社会经济主要指标

海南省、重庆市

指　　标	单位	琼中黎族苗族自治县	西沙群岛	南沙群岛	中沙群岛的岛礁及其海域	綦江区
一、基本情况						
行政区域土地面积	平方公里	2704				2747
乡(镇)个数	个	10				25
村民委员会个数	个	100				365
年末总户数	户	73619				486535
其中:乡村户数	户	21863				363417
年末总人口	万人	23				121
乡村人口	万人	10				99
年末单位从业人员数	人	14157				65129
乡村从业人员数	人	54210				537380
其中:农林牧渔业	人	44298				216752
农业机械总动力	万千瓦特	11				48
固定电话用户	户	11055				155918
二、综合经济						
第一产业增加值	万元	136808				366164
第二产业增加值	万元	27573				1344528
地方财政一般预算收入	万元	14187				249851
地方财政一般预算支出	万元	141841				574530
城乡居民储蓄存款余额	万元	252755				1776210
年末金融机构各项贷款余额	万元	102702				1654978
三、农业、工业及投资						
粮食总产量	吨	46105				342221
棉花产量	吨					
油料产量	吨	3717				7418
肉类总产量	吨	10186				67670
规模以上工业企业个数	个	4				202
规模以上工业总产值(现价)	万元	34465				3159204
固定资产投资(不含农户)	万元	22960				2305226
四、教育、卫生和社会保障						
普通中学在校学生数	人	6930				65632
小学在校学生数	人	13912				61269
医院、卫生院床位数	床	769				4115
各种社会福利收养性单位数	个	10				42
各种社会福利收养性单位床位数	床	252				2814

2011年县(市)社会经济主要指标

重庆市

指标	单位	大足区	长寿区	江津区	合川区	永川区
一、基本情况						
行政区域土地面积	平方公里	1436	1424	3219	2343	1576
乡(镇)个数	个	24	14	23	23	16
村民委员会个数	个	220	226	184	331	208
年末总户数	户	314949	339595	605499	582158	379000
其中:乡村户数	户	185647	230175	375025	384676	224429
年末总人口	万人	103	91	150	156	113
乡村人口	万人	74	66	116	119	73
年末单位从业人员数	人	76231	82755	104505	88600	90221
乡村从业人员数	人	399862	426213	694762	753638	367394
其中:农林牧渔业	人	247930	153248	265834	355114	114551
农业机械总动力	万千瓦特	49	36	33	45	20
固定电话用户	户	110000	285000	198000	164022	175000
二、综合经济						
第一产业增加值	万元	286570	276840	552668	468583	359170
第二产业增加值	万元	1369091	1929025	2308613	1464981	2186478
地方财政一般预算收入	万元	210332	242079	287769	256994	291076
地方财政一般预算支出	万元	708285	438667	596636	461027	532664
城乡居民储蓄存款余额	万元	1054294	1860768	2600825	2638108	2157505
年末金融机构各项贷款余额	万元	799685	1792360	1868169	1853884	1844602
三、农业、工业及投资						
粮食总产量	吨	441494	365881	647618	711842	487576
棉花产量	吨					
油料产量	吨	26122	8619	10950	17989	15320
肉类总产量	吨	59687	63355	91697	90599	104177
规模以上工业企业个数	个	283	215	223	228	323
规模以上工业总产值(现价)	万元	3558465	5569766	6160931	2530534	5401837
固定资产投资(不含农户)	万元	1624680	3107800	2959611	2278475	359318
四、教育、卫生和社会保障						
普通中学在校学生数	人	51989	43544	65449	71226	49810
小学在校学生数	人	48591	42583	74287	62570	65347
医院、卫生院床位数	床	3065	2810	4908	3310	4417
各种社会福利收养性单位数	个	103	28	59	54	26
各种社会福利收养性单位床位数	床	2416	997	6423	5217	2969

2011 年县(市)社会经济主要指标

重庆市

指　　标	单位	南川区	潼南县	铜梁县	荣昌县	璧山县
一、基本情况						
行政区域土地面积	平方公里	2602	1583	1341	1075	915
乡(镇)个数	个	31	20	25	15	9
村民委员会个数	个	185	281	269	92	149
年末总户数	户	250733	293561	296148	290519	240538
其中:乡村户数	户	195644	237948	217718	158448	165364
年末总人口	万人	68	96	84	84	64
乡村人口	万人	62	82	66	62	46
年末单位从业人员数	人	34302	22880	34949	41123	229963
乡村从业人员数	人	349547	491562	407553	419935	331221
其中:农林牧渔业	人	144379	233036	138898	178572	112416
农业机械总动力	万千瓦特	5	43	5	18	27
固定电话用户	户	72519	65484	98800	91123	93455
二、综合经济						
第一产业增加值	万元	281243	335165	263650	321936	148705
第二产业增加值	万元	835468	608832	1104671	1237261	1360282
地方财政一般预算收入	万元	120065	86541	145776	198680	250145
地方财政一般预算支出	万元	313110	284453	277852	348229	417085
城乡居民储蓄存款余额	万元	916900	1018321	1455266	1093687	1487735
年末金融机构各项贷款余额	万元	1146200	407775	846149	936816	1436809
三、农业、工业及投资						
粮食总产量	吨	329994	359005	346410	292860	172953
棉花产量	吨					
油料产量	吨	18220	33135	9412	20881	3305
肉类总产量	吨	63260	56914	85317	68530	70361
规模以上工业企业个数	个	50	47	240	311	226
规模以上工业总产值(现价)	万元	903871	688121	1994614	3723247	3888808
固定资产投资(不含农户)	万元	1333647	884300	1734024	1559960	2152057
四、教育、卫生和社会保障						
普通中学在校学生数	人	37088	52348	47310	38616	31966
小学在校学生数	人	36633	62168	37328	48989	33144
医院、卫生院床位数	床	2405	1695	2304	2348	1668
各种社会福利收养性单位数	个	37	94	83	101	33
各种社会福利收养性单位床位数	床	1395	2411	3475	3281	2780

2011年县(市)社会经济主要指标

重庆市

指　　标	单位	梁平县	城口县	丰都县	垫江县	武隆县
一、基本情况						
行政区域土地面积	平方公里	1890	3289	2904	1518	2901
乡(镇)个数	个	31	23	28	25	26
村民委员会个数	个	316	184	277	243	186
年末总户数	户	315157	86868	274668	331664	139475
其中:乡村户数	户	223665	67135	192450	215207	110921
年末总人口	万人	92	25	84	97	41
乡村人口	万人	80	22	66	75	37
年末单位从业人员数	人	55714	12278	36477	73177	23932
乡村从业人员数	人	474169	110381	464701	503851	232144
其中:农林牧渔业	人	199625	51850	195615	223828	118988
农业机械总动力	万千瓦特	33	20	28	35	22
固定电话用户	户	88898	25278	94500	90278	54035
二、综合经济						
第一产业增加值	万元	242912	51831	202264	253856	134621
第二产业增加值	万元	645603	220724	435422	748419	317695
地方财政一般预算收入	万元	93544	20868	64617	85250	73306
地方财政一般预算支出	万元	319645	146575	256726	276096	262625
城乡居民储蓄存款余额	万元	1318113	241329	1054686	1116315	530555
年末金融机构各项贷款余额	万元	352859	192058	561516	576737	900005
三、农业、工业及投资						
粮食总产量	吨	374961	99565	335966	380033	166359
棉花产量	吨					
油料产量	吨	13157	3000	17930	15750	7296
肉类总产量	吨	68418	23431	58050	64603	38446
规模以上工业企业个数	个	84	23	41	46	17
规模以上工业总产值(现价)	万元	776336	280321	625556	827829	244100
固定资产投资(不含农户)	万元	703559	400834	1597786	576392	733922
四、教育、卫生和社会保障						
普通中学在校学生数	人	49456	12299	46709	53771	23167
小学在校学生数	人	50049	18758	63274	73339	25136
医院、卫生院床位数	床	2007	768	2235	2867	1292
各种社会福利收养性单位数	个	32	35	29	29	26
各种社会福利收养性单位床位数	床	1102	870	1657	1742	1430

2011年县(市)社会经济主要指标

重庆市

指　　标	单位	忠　县	开　县	云阳县	奉节县	巫山县
一、基本情况						
行政区域土地面积	平方公里	2187	3963	3649	4087	2958
乡(镇)个数	个	28	33	38	30	24
村民委员会个数	个	318	435	396	332	308
年末总户数	户	341417	554585	440332	308964	231338
其中:乡村户数	户	239644	418311	270079	253341	161306
年末总人口	万人	101	165	134	106	64
乡村人口	万人	78	141	102	90	53
年末单位从业人员数	人	21589	72307	33819	31626	21309
乡村从业人员数	人	491513	786301	491800	438787	304090
其中:农林牧渔业	人	165128	305328	295900	186926	141164
农业机械总动力	万千瓦特	37	46	40	30	26
固定电话用户	户	113217	183400	115836	85200	56593
二、综合经济						
第一产业增加值	万元	254713	375974	288019	261639	141795
第二产业增加值	万元	592923	900835	371885	459477	225654
地方财政一般预算收入	万元	85025	96719	63346	95338	50451
地方财政一般预算支出	万元	324436	454986	371421	369799	244710
城乡居民储蓄存款余额	万元	1440063	1905406	1265649	803892	526161
年末金融机构各项贷款余额	万元	506626	721285	572565	430593	301972
三、农业、工业及投资						
粮食总产量	吨	400273	590372	427623	445199	233926
棉花产量	吨					93
油料产量	吨	28086	23558	15431	19216	13696
肉类总产量	吨	61980	96449	73820	59713	40816
规模以上工业企业个数	个	41	55	30	39	25
规模以上工业总产值(现价)	万元	590992	1161133	385420	257533	159061
固定资产投资(不含农户)	万元	1087467	1299679	716671	1257140	345438
四、教育、卫生和社会保障						
普通中学在校学生数	人	51701	100449	88558	66367	38305
小学在校学生数	人	53375	118657	85151	72562	51273
医院、卫生院床位数	床	1647	3952	4604	2547	1234
各种社会福利收养性单位数	个	54	60	54	33	26
各种社会福利收养性单位床位数	床	2800	4756	2639	1760	950

2011 年县(市)社会经济主要指标

重庆市

指　　标	单位	巫溪县	石柱土家族自治县	秀山土家族苗族自治县	酉阳土家族苗族自治县	彭水苗族土家族自治县
一、基本情况						
行政区域土地面积	平方公里	4030	3001	2450	5173	3903
乡(镇)个数	个	30	32	24	38	36
村民委员会个数	个	292	214	235	270	274
年末总户数	户	193669	190283	211525	272433	222643
其中:乡村户数	户	131293	121095	131340	221870	160000
年末总人口	万人	54	54	65	84	69
乡村人口	万人	45	39	46	73	59
年末单位从业人员数	人	27551	26917	21790	30275	23258
乡村从业人员数	人	268007	274305	344281	453119	356377
其中:农林牧渔业	人	118620	193741	152173	303589	183212
农业机械总动力	万千瓦特	28	26	27	41	24
固定电话用户	户	82600	89368	46687	55000	91370
二、综合经济						
第一产业增加值	万元	109000	164312	137558	173837	160398
第二产业增加值	万元	171776	345468	498385	334378	306734
地方财政一般预算收入	万元	40218	55591	130856	69062	120870
地方财政一般预算支出	万元	250166	231094	305494	325698	252300
城乡居民储蓄存款余额	万元	454478	658822	468474	623724	542582
年末金融机构各项贷款余额	万元	236801	355705	597320	428931	797277
三、农业、工业及投资						
粮食总产量	吨	207700	259649	306928	356321	300029
棉花产量	吨					1
油料产量	吨	9633	9895	27462	23088	18313
肉类总产量	吨	45457	36952	40264	59861	48599
规模以上工业企业个数	个	17	52	81	37	19
规模以上工业总产值(现价)	万元	124694	579797	476400	299328	344368
固定资产投资(不含农户)	万元	837415	1058121	437057	1120810	806204
四、教育、卫生和社会保障						
普通中学在校学生数	人	29590	35205	38405	58755	46254
小学在校学生数	人	32418	40822	43079	66441	58600
医院、卫生院床位数	床	905	1690	1462	1738	1276
各种社会福利收养性单位数	个	32	28	59	23	66
各种社会福利收养性单位床位数	床	1270	1210	2464	1048	2308

2011年县(市)社会经济主要指标

四川省

指　　标	单位	新都区	温江区	金堂县	双流县	郫　县
一、基本情况						
行政区域土地面积	平方公里	497	277	1156	1032	438
乡(镇)个数	个	11	3	21	21	14
村民委员会个数	个	127	35	222	218	156
年末总户数	户	271004	145440	334798	338949	203801
其中:乡村户数	户	188061	73957	254753	232686	142273
年末总人口	万人	69	38	89	94	57
乡村人口	万人	50	20	74	73	41
年末单位从业人员数	人	400263	63998	39110	110038	61621
乡村从业人员数	人	317960	96528	419414	439764	232741
其中:农林牧渔业	人	96697	41551	203923	119691	69467
农业机械总动力	万千瓦特	25	14	21	32	20
固定电话用户	户	137000	125536	100090	218000	186502
二、综合经济						
第一产业增加值	万元	211744	144574	349963	314619	180962
第二产业增加值	万元	2550032	1409674	695295	3111789	1732892
地方财政一般预算收入	万元	312672	234653	95832	441687	367044
地方财政一般预算支出	万元	341244	276446	235395	585232	391513
城乡居民储蓄存款余额	万元	2559767	1745976	1113351	4519624	2253596
年末金融机构各项贷款余额	万元	1874527	1809738	861843	4638411	2296350
三、农业、工业及投资						
粮食总产量	吨					
棉花产量	吨					
油料产量	吨	20676	5056	42765	26691	10073
肉类总产量	吨	50288	19684	102443	100016	24866
规模以上工业企业个数	个	384	220	86	378	474
规模以上工业总产值(现价)	万元	7153049	4276705	990004	8779500	12585700
固定资产投资(不含农户)	万元	3084442	2391078	1666679	4884088	3900481
四、教育、卫生和社会保障						
普通中学在校学生数	人	40001	20848	38067	60291	29944
小学在校学生数	人	47360	21879	47807	57163	34867
医院、卫生院床位数	床	3064	3278	2683	4043	2797
各种社会福利收养性单位数	个	4	5	23	21	10
各种社会福利收养性单位床位数	床	1290	707	1040	2938	1720

2011 年县(市)社会经济主要指标

四川省

指标	单位	大邑县	蒲江县	新津县	都江堰市	彭州市
一、基本情况						
行政区域土地面积	平方公里	1284	580	330	1208	1421
乡(镇)个数	个	20	12	12	19	20
村民委员会个数	个	197	126	102	187	321
年末总户数	户	203053	115809	140223	240803	294100
其中:乡村户数	户	135111	71920	105150	139648	203108
年末总人口	万人	52	26	31	61	81
乡村人口	万人	44	23	25	41	54
年末单位从业人员数	人	37908	14803	38267	103739	92640
乡村从业人员数	人	262629	134481	162202	255914	300993
其中:农林牧渔业	人	87323	56946	53692	73187	204453
农业机械总动力	万千瓦特	21	13	16	22	33
固定电话用户	户	64470	120955	47130	95101	76800
二、综合经济						
第一产业增加值	万元	254092	144627	135109	207553	372060
第二产业增加值	万元	469243	331844	842009	640890	929640
地方财政一般预算收入	万元	72889	31961	110358	182227	102631
地方财政一般预算支出	万元	148388	110393	163098	356779	261733
城乡居民储蓄存款余额	万元	1047720	500556	893844	2090622	1739974
年末金融机构各项贷款余额	万元	590526	315891	1013701	2450739	1308093
三、农业、工业及投资						
粮食总产量	吨					
棉花产量	吨					
油料产量	吨	15130	18645	11328	19188	17214
肉类总产量	吨	114028	79816	57481	71328	97431
规模以上工业企业个数	个	98	71	121	84	115
规模以上工业总产值(现价)	万元	1227662	690927	3001900	1068837	2471396
固定资产投资(不含农户)	万元	1196119	696378	1609464	1616959	1713123
四、教育、卫生和社会保障						
普通中学在校学生数	人	23732	13235	16423	31280	35359
小学在校学生数	人	20204	9366	13935	27647	31367
医院、卫生院床位数	床	2833	765	1633	4308	3484
各种社会福利收养性单位数	个	9	5	5	14	17
各种社会福利收养性单位床位数	床	1979	556	990	1950	2212

2011年县(市)社会经济主要指标

四川省

指　　标	单位	邛崃市	崇州市	荣　县	富顺县	米易县
一、基本情况						
行政区域土地面积	平方公里	1384	1090	1606	1333	2153
乡(镇)个数	个	24	25	27	26	12
村民委员会个数	个	255	231	296	319	88
年末总户数	户	232336	256365	236000	318310	66073
其中:乡村户数	户	187873	180194	192921	251076	54669
年末总人口	万人	66	67	70	108	22
乡村人口	万人	58	58	59	92	19
年末单位从业人员数	人	33566	29939	12814	34770	9130
乡村从业人员数	人	343767	367052	325334	559079	109059
其中:农林牧渔业	人	131960	137331	188685	229081	86050
农业机械总动力	万千瓦特	30	36	34	24	20
固定电话用户	户	58780	132812	125595	173862	29125
二、综合经济						
第一产业增加值	万元	269778	262362	310059	306116	90202
第二产业增加值	万元	576647	658542	630227	763574	492365
地方财政一般预算收入	万元	70168	88039	38266	45568	62557
地方财政一般预算支出	万元	187684	190901	187445	231968	132968
城乡居民储蓄存款余额	万元	1156526	1549609	854840	1150434	314575
年末金融机构各项贷款余额	万元	912977	1038924	357090	490613	343134
三、农业、工业及投资						
粮食总产量	吨					
棉花产量	吨					
油料产量	吨	40759	22074	14304	11609	1096
肉类总产量	吨	149815	111885	101822	114152	18189
规模以上工业企业个数	个	137	103	69	93	29
规模以上工业总产值(现价)	万元	1743575	1858248	1600119	1695931	667787
固定资产投资(不含农户)	万元	1496640	1404222	491904	661239	620590
四、教育、卫生和社会保障						
普通中学在校学生数	人	32780	26186	28821	51976	12905
小学在校学生数	人	24159	26056	26444	68119	18226
医院、卫生院床位数	床	2503	3636	1659	2062	637
各种社会福利收养性单位数	个	9	17	30	37	9
各种社会福利收养性单位床位数	床	1820	3894	3375	2330	884

2011 年县(市)社会经济主要指标

四川省

指　　标	单位	盐边县	泸　县	合江县	叙永县	古蔺县
一、基本情况						
行政区域土地面积	平方公里	3269	1525	2414	2973	3184
乡(镇)个数	个	16	19	27	25	26
村民委员会个数	个	164	251	284	231	269
年末总户数	户	64120	312114	280729	197823	201842
其中:乡村户数	户	49062	275699	226093	163433	174129
年末总人口	万人	21	109	90	72	85
乡村人口	万人	19	98	78	62	73
年末单位从业人员数	人	10155	34609	35318	17864	22018
乡村从业人员数	人	105582	616870	466502	353477	443850
其中:农林牧渔业	人	68134	257592	237410	217801	256820
农业机械总动力	万千瓦特	15	45	27	28	12
固定电话用户	户	18342	84843	79501	69719	66430
二、综合经济						
第一产业增加值	万元	71837	356092	263359	158695	156584
第二产业增加值	万元	693256	990527	475031	308872	550514
地方财政一般预算收入	万元	61165	61314	48390	31008	100108
地方财政一般预算支出	万元	125494	244960	214215	178066	261380
城乡居民储蓄存款余额	万元	323456	1165619	918548	406950	330995
年末金融机构各项贷款余额	万元	321551	501147	457431	262165	435595
三、农业、工业及投资						
粮食总产量	吨					
棉花产量	吨					
油料产量	吨	1405	10349	3627	3698	13270
肉类总产量	吨	22168	128709	96963	61543	67955
规模以上工业企业个数	个	46	133	67	50	35
规模以上工业总产值(现价)	万元	1392663	2290031	713262	673830	1506553
固定资产投资(不含农户)	万元	371598	872602	732801	254424	511409
四、教育、卫生和社会保障						
普通中学在校学生数	人	11865	66569	44212	37261	53557
小学在校学生数	人	18466	71758	70126	63781	86547
医院、卫生院床位数	床	651	2033	2560	1331	1420
各种社会福利收养性单位数	个	11	38	29	21	29
各种社会福利收养性单位床位数	床	1182	4167	3153	1476	2200

2011年县(市)社会经济主要指标

四川省

指　　标	单位	中江县	罗江县	广汉市	什邡市	绵竹市
一、基本情况						
行政区域土地面积	平方公里	2200	448	549	820	1246
乡(镇)个数	个	45	10	18	14	21
村民委员会个数	个	760	107	182	124	155
年末总户数	户	504853	92275	226561	175302	232564
其中:乡村户数	户	377787	73736	170882	128861	157520
年末总人口	万人	143	25	61	44	51
乡村人口	万人	125	21	47	35	40
年末单位从业人员数	人	23018	8941	26350	40982	36511
乡村从业人员数	人	819384	133444	286268	221649	247956
其中:农林牧渔业	人	369319	65391	143223	95022	113707
农业机械总动力	万千瓦特	52	20	23	23	25
固定电话用户	户	77581	24130	111849	64509	59039
二、综合经济						
第一产业增加值	万元	619250	148220	305469	207174	217737
第二产业增加值	万元	824956	344085	1333437	1043012	915061
地方财政一般预算收入	万元	36468	21096	102059	114610	113667
地方财政一般预算支出	万元	297516	93971	207113	202888	212966
城乡居民储蓄存款余额	万元	1293735	351958	1638624	1007349	953858
年末金融机构各项贷款余额	万元	645267	291010	1141175	998957	963114
三、农业、工业及投资						
粮食总产量	吨					
棉花产量	吨	160				
油料产量	吨	72235	31310	28427	12594	13898
肉类总产量	吨	192489	46418	76180	40998	56708
规模以上工业企业个数	个	143	78	252	118	106
规模以上工业总产值(现价)	万元	1641033	1010648	4935119	3047101	3563798
固定资产投资(不含农户)	万元	670208	710248	930694	960064	930145
四、教育、卫生和社会保障						
普通中学在校学生数	人	57731	9433	24370	17566	17771
小学在校学生数	人	64656	9064	24491	16350	18737
医院、卫生院床位数	床	2909	730	2257	2248	2565
各种社会福利收养性单位数	个	43	11	19	21	21
各种社会福利收养性单位床位数	床	323	1375	1963	1285	2963

2011年县(市)社会经济主要指标

四川省

指　　标	单位	三台县	盐亭县	安　县	梓潼县	北川羌族自治县
一、基本情况						
行政区域土地面积	平方公里	2661	1648	1189	1442	3084
乡(镇)个数	个	63	36	18	32	23
村民委员会个数	个	933	463	234	329	311
年末总户数	户	498058	213067	178578	142712	82868
其中:乡村户数	户	397345	164596	128412	97373	61257
年末总人口	万人	147	60	44	38	24
乡村人口	万人	130	54	38	33	19
年末单位从业人员数	人	41314	11061	15929	13549	10781
乡村从业人员数	人	784337	284359	244217	158071	114778
其中:农林牧渔业	人	360989	144469	114965	82700	53438
农业机械总动力	万千瓦特	47	27	30	28	8
固定电话用户	户	91486	27421	37904	32250	15685
二、综合经济						
第一产业增加值	万元	513584	282242	205563	187105	72389
第二产业增加值	万元	629454	240245	344476	272214	117137
地方财政一般预算收入	万元	46024	14508	32002	14500	20804
地方财政一般预算支出	万元	292962	161477	137797	104826	245307
城乡居民储蓄存款余额	万元	1311829	568460	586659	366346	383980
年末金融机构各项贷款余额	万元	747453	229117	562134	246359	747001
三、农业、工业及投资						
粮食总产量	吨					
棉花产量	吨	520	162		5	
油料产量	吨	115011	31742	32340	42007	5270
肉类总产量	吨	181062	100596	57535	56860	17758
规模以上工业企业个数	个	106	50	60	45	16
规模以上工业总产值(现价)	万元	1308727	472209	1055444	724181	155351
固定资产投资(不含农户)	万元	575081	432980	628884	456268	302663
四、教育、卫生和社会保障						
普通中学在校学生数	人	71677	26321	18978	14998	11241
小学在校学生数	人	68053	31715	19254	13016	10837
医院、卫生院床位数	床	3356	1358	1381	788	731
各种社会福利收养性单位数	个	66	49	22	17	6
各种社会福利收养性单位床位数	床	6272	3646	2274	1682	490

2011 年县(市)社会经济主要指标

四川省

指　　标	单位	平武县	江油市	旺苍县	青川县	剑阁县
一、基本情况						
行政区域土地面积	平方公里	5974	2719	2987	3215	3204
乡(镇)个数	个	25	40	35	36	57
村民委员会个数	个	248	364	352	268	544
年末总户数	户	61923	315768	172962	94292	242371
其中:乡村户数	户	48572	203609	102814	64025	168085
年末总人口	万人	19	88	46	24	69
乡村人口	万人	16	64	37	21	59
年末单位从业人员数	人	6902	43784	18860	9184	15719
乡村从业人员数	人	93802	390036	205529	104531	321097
其中:农林牧渔业	人	63460	163835	94219	80124	214783
农业机械总动力	万千瓦特	10	50	24	8	62
固定电话用户	户	12173	133675	63804	22331	60347
二、综合经济						
第一产业增加值	万元	57109	301687	124464	54350	202179
第二产业增加值	万元	124979	1076021	301629	76611	197625
地方财政一般预算收入	万元	18001	90761	23349	10408	26714
地方财政一般预算支出	万元	84826	259601	175503	111978	195593
城乡居民储蓄存款余额	万元	214409	1553874	492619	231655	576130
年末金融机构各项贷款余额	万元	456800	926361	200848	240215	288458
三、农业、工业及投资						
粮食总产量	吨					
棉花产量	吨					
油料产量	吨	5534	40069	14095	7306	98030
肉类总产量	吨	14609	82529	48942	19822	87201
规模以上工业企业个数	个	24	169	51	26	46
规模以上工业总产值(现价)	万元	183000	2823732	723953	124196	476393
固定资产投资(不含农户)	万元	482941	1122617	357662	265859	392411
四、教育、卫生和社会保障						
普通中学在校学生数	人	8321	39104	26512	14471	35515
小学在校学生数	人	8524	34531	28780	12926	25697
医院、卫生院床位数	床	546	4915	1581	650	1593
各种社会福利收养性单位数	个	6	25	14	12	31
各种社会福利收养性单位床位数	床	290	2891	1319	1230	1930

2011年县(市)社会经济主要指标

四川省

指　　标	单位	苍溪县	蓬溪县	射洪县	大英县	威远县
一、基本情况						
行政区域土地面积	平方公里	2332	1251	1496	703	1289
乡(镇)个数	个	39	31	30	11	20
村民委员会个数	个	718	495	591	296	322
年末总户数	户	266294	259074	369841	186323	303312
其中:乡村户数	户	187013	174757	231644	125771	193218
年末总人口	万人	79	74	102	56	75
乡村人口	万人	65	56	76	45	57
年末单位从业人员数	人	20486	40240	47719	12714	38176
乡村从业人员数	人	362756	306082	451209	235472	304480
其中:农林牧渔业	人	229486	140254	166601	122426	130926
农业机械总动力	万千瓦特	67	19	25	20	31
固定电话用户	户	102521	46709	107508	37163	92319
二、综合经济						
第一产业增加值	万元	231774	292075	377671	197390	279794
第二产业增加值	万元	258810	279003	1192134	497432	1535538
地方财政一般预算收入	万元	23525	17275	56127	26010	60307
地方财政一般预算支出	万元	256986	191673	246221	150319	200619
城乡居民储蓄存款余额	万元	848914	660918	1141996	519846	919790
年末金融机构各项贷款余额	万元	434279	298721	786850	365526	666914
三、农业、工业及投资						
粮食总产量	吨					
棉花产量	吨		29	4875	3010	
油料产量	吨	45569	45744	26807	21366	17770
肉类总产量	吨	89630	88704	128052	64306	77325
规模以上工业企业个数	个	30	60	101	72	117
规模以上工业总产值(现价)	万元	418288	712725	2561295	2136859	5645357
固定资产投资(不含农户)	万元	786070	595522	912237	835640	792095
四、教育、卫生和社会保障						
普通中学在校学生数	人	56373	24074	46744	28148	33716
小学在校学生数	人	48266	34858	47203	28501	34662
医院、卫生院床位数	床	2003	1571	2206	878	2248
各种社会福利收养性单位数	个	21	26	23	17	22
各种社会福利收养性单位床位数	床	1882	3185	3265	1479	2406

2011年县(市)社会经济主要指标

四川省

指　　标	单位	资中县	隆昌县	犍为县	井研县	夹江县
一、基本情况						
行政区域土地面积	平方公里	1734	794	1375	841	749
乡(镇)个数	个	33	18	30	27	22
村民委员会个数	个	782	365	347	203	234
年末总户数	户	448717	306049	200869	152312	126582
其中:乡村户数	户	336262	206140	126287	113561	94796
年末总人口	万人	131	79	57	42	35
乡村人口	万人	114	64	45	35	30
年末单位从业人员数	人	40063	50171	27782	13068	21065
乡村从业人员数	人	564814	377390	237344	222536	187633
其中:农林牧渔业	人	270707	223415	128992	112140	107962
农业机械总动力	万千瓦特	37	25	26	21	34
固定电话用户	户	89859	95978	74728	59731	79715
二、综合经济						
第一产业增加值	万元	465111	214909	177878	161608	150209
第二产业增加值	万元	866424	993925	527339	286040	501230
地方财政一般预算收入	万元	44359	37168	34047	15522	34119
地方财政一般预算支出	万元	275336	182506	149612	115340	98009
城乡居民储蓄存款余额	万元	1225688	1019589	625658	507961	686095
年末金融机构各项贷款余额	万元	560845	460879	401805	403564	400082
三、农业、工业及投资						
粮食总产量	吨					
棉花产量	吨				3	
油料产量	吨	33368	9307	10338	7959	13080
肉类总产量	吨	134446	73931	76252	69433	44153
规模以上工业企业个数	个	121	118	62	64	85
规模以上工业总产值(现价)	万元	2389745	3030867	1594978	1079950	1426992
固定资产投资(不含农户)	万元	701081	587770	360196	180133	418244
四、教育、卫生和社会保障						
普通中学在校学生数	人	55054	32762	23495	15300	13453
小学在校学生数	人	67124	41404	22547	16521	13628
医院、卫生院床位数	床	2563	1945	1659	1042	1161
各种社会福利收养性单位数	个	62	33	28	16	11
各种社会福利收养性单位床位数	床	5540	2503	1895	2464	573

2011年县(市)社会经济主要指标

四川省

指　　标	单位	沐川县	峨边彝族自治县	马边彝族自治县	峨眉山市	南部县
一、基本情况						
行政区域土地面积	平方公里	1401	2395	2383	1168	2229
乡(镇)个数	个	19	19	20	18	71
村民委员会个数	个	196	129	118	245	1042
年末总户数	户	81949	47008	64481	158585	451831
其中:乡村户数	户	69597	32737	51691	98007	316324
年末总人口	万人	26	15	21	44	131
乡村人口	万人	23	12	19	30	112
年末单位从业人员数	人	12160	12970	7462	44142	33241
乡村从业人员数	人	143043	73635	94499	176977	734011
其中:农林牧渔业	人	70792	48265	55381	109411	381183
农业机械总动力	万千瓦特	10	9	1	22	32
固定电话用户	户	26075	15489	15307	123680	110838
二、综合经济						
第一产业增加值	万元	94636	35306	59570	136820	401365
第二产业增加值	万元	216174	156463	99724	886100	1030960
地方财政一般预算收入	万元	21703	23471	35973	103559	47071
地方财政一般预算支出	万元	87260	71886	95606	162465	319458
城乡居民储蓄存款余额	万元	204530	166969	130622	1092231	1150994
年末金融机构各项贷款余额	万元	211166	217731	160883	1073388	523107
三、农业、工业及投资						
粮食总产量	吨					
棉花产量	吨					366
油料产量	吨	5244	1398	2065	11811	70864
肉类总产量	吨	25787	12221	18554	39515	119670
规模以上工业企业个数	个	44	25	20	83	69
规模以上工业总产值(现价)	万元	562958	392149	153655	2753695	1758959
固定资产投资(不含农户)	万元	182422	121820	185020	761499	1143667
四、教育、卫生和社会保障						
普通中学在校学生数	人	11479	6657	8154	20132	79846
小学在校学生数	人	14867	8912	21762	18675	94274
医院、卫生院床位数	床	472	346	389	1830	2161
各种社会福利收养性单位数	个	21	7	6	4	47
各种社会福利收养性单位床位数	床	1170	530	565	1848	4600

2011年县(市)社会经济主要指标

四川省

指　　标	单位	营山县	蓬安县	仪陇县	西充县	阆中市
一、基本情况						
行政区域土地面积	平方公里	1633	1334	1771	1108	1877
乡(镇)个数	个	53	39	57	44	50
村民委员会个数	个	657	597	880	590	440
年末总户数	户	289182	252216	373878	261185	320607
其中:乡村户数	户	238642	172036	281802	182229	204862
年末总人口	万人	94	71	112	66	87
乡村人口	万人	83	59	101	55	63
年末单位从业人员数	人	22991	20856	20336	19352	21022
乡村从业人员数	人	398399	298298	540530	333045	360606
其中:农林牧渔业	人	233300	192363	331068	169420	179163
农业机械总动力	万千瓦特	26	25	26	18	31
固定电话用户	户	84924	65032	81454	41593	121872
二、综合经济						
第一产业增加值	万元	275589	272925	377962	200476	300310
第二产业增加值	万元	465860	454529	391602	269295	599575
地方财政一般预算收入	万元	22957	23970	28699	21630	42993
地方财政一般预算支出	万元	245961	194238	271764	180953	279544
城乡居民储蓄存款余额	万元	1009485	743121	854093	608156	1062960
年末金融机构各项贷款余额	万元	382473	382501	467955	253771	654830
三、农业、工业及投资						
粮食总产量	吨					
棉花产量	吨			38	1378	
油料产量	吨	44235	39109	58134	35824	38170
肉类总产量	吨	108835	75643	132302	75231	94351
规模以上工业企业个数	个	30	52	39	48	42
规模以上工业总产值(现价)	万元	1027883	1691128	863504	796373	679766
固定资产投资(不含农户)	万元	269896	452723	840057	381930	1020085
四、教育、卫生和社会保障						
普通中学在校学生数	人	52349	36304	70970	36812	43533
小学在校学生数	人	62923	42357	90346	37183	35534
医院、卫生院床位数	床	2984	1653	2501	1246	2373
各种社会福利收养性单位数	个	96	80	63	47	64
各种社会福利收养性单位床位数	床	3602	3139	3572	4818	2980

2011年县(市)社会经济主要指标

四川省

指标	单位	仁寿县	彭山县	洪雅县	丹棱县	青神县
一、基本情况						
行政区域土地面积	平方公里	2606	465	1948	449	387
乡(镇)个数	个	60	13	15	7	10
村民委员会个数	个	570	89	142	71	76
年末总户数	户	563467	118295	114765	53167	66076
其中:乡村户数	户	406530	77411	93058	41367	56004
年末总人口	万人	160	34	35	16	20
乡村人口	万人	146	25	31	13	17
年末单位从业人员数	人	48769	28518	13056	5692	6422
乡村从业人员数	人	744838	160164	183050	77182	111516
其中:农林牧渔业	人	437325	76990	109913	36942	70631
农业机械总动力	万千瓦特	67	24	25	17	17
固定电话用户	户	172750	92768	50600	24588	19800
二、综合经济						
第一产业增加值	万元	528601	103480	118240	75015	65189
第二产业增加值	万元	1174793	489421	407346	169944	255845
地方财政一般预算收入	万元	67500	50003	37418	11797	16601
地方财政一般预算支出	万元	363900	126943	128318	72095	81734
城乡居民储蓄存款余额	万元	1781031	615702	532087	238703	321447
年末金融机构各项贷款余额	万元	803599	329743	441084	115135	158704
三、农业、工业及投资						
粮食总产量	吨					
棉花产量	吨	900				
油料产量	吨	35363	9880	9824	6894	7530
肉类总产量	吨	183118	41560	34333	23395	23855
规模以上工业企业个数	个	144	88	33	41	47
规模以上工业总产值(现价)	万元	2767400	1976178	554725	505903	712367
固定资产投资(不含农户)	万元	1153592	839000	456064	269000	269500
四、教育、卫生和社会保障						
普通中学在校学生数	人	85494	11712	15707	6287	8204
小学在校学生数	人	89650	12439	13450	5821	6420
医院、卫生院床位数	床	3365	891	955	390	619
各种社会福利收养性单位数	个	118	11	13	16	11
各种社会福利收养性单位床位数	床	15320	1374	1370	2009	1308

2011年县(市)社会经济主要指标

四川省

指　　标	单位	南溪区	宜宾县	江安县	长宁县	高　县
一、基本情况						
行政区域土地面积	平方公里	704	2940	894	996	1320
乡(镇)个数	个	15	26	18	18	19
村民委员会个数	个	214	535	297	269	285
年末总户数	户	142702	322591	172085	141478	164389
其中:乡村户数	户	101542	247598	137639	109167	132247
年末总人口	万人	43	102	55	45	53
乡村人口	万人	37	89	52	38	47
年末单位从业人员数	人	32201	54980	20794	23013	12033
乡村从业人员数	人	212700	490116	312935	238725	296393
其中:农林牧渔业	人	129943	270335	152224	132378	163908
农业机械总动力	万千瓦特	18	43	16	18	12
固定电话用户	户	43644	76592	40909	40207	43807
二、综合经济						
第一产业增加值	万元	157214	320723	171206	173186	157936
第二产业增加值	万元	401584	724521	483776	417034	489490
地方财政一般预算收入	万元	25202	47518	27531	21659	26088
地方财政一般预算支出	万元	129965	221398	140658	124431	123014
城乡居民储蓄存款余额	万元	393441	883374	464651	332504	388447
年末金融机构各项贷款余额	万元	371917	771120	317473	254944	233152
三、农业、工业及投资						
粮食总产量	吨					
棉花产量	吨					
油料产量	吨	6165	28777	5241	8451	7347
肉类总产量	吨	52741	134090	55502	58064	60645
规模以上工业企业个数	个	47	70	47	42	53
规模以上工业总产值(现价)	万元	1278597	1656375	1715506	1290721	1271001
固定资产投资(不含农户)	万元	585851	1160642	670505	533226	572976
四、教育、卫生和社会保障						
普通中学在校学生数	人	23388	51527	26358	20926	22871
小学在校学生数	人	23270	63633	32212	28130	31609
医院、卫生院床位数	床	1028	2410	1038	1380	1253
各种社会福利收养性单位数	个	16	35	31	19	22
各种社会福利收养性单位床位数	床	1698	2964	2600	1999	1048

2011 年县(市)社会经济主要指标

四川省

指　　标	单位	珙　县	筠连县	兴文县	屏山县	岳池县
一、基本情况						
行政区域土地面积	平方公里	1145	1256	1380	1504	1457
乡(镇)个数	个	17	18	15	15	43
村民委员会个数	个	262	243	322	261	827
年末总户数	户	141136	113243	133359	86898	387271
其中:乡村户数	户	86581	93066	110909	69126	276320
年末总人口	万人	43	42	47	31	119
乡村人口	万人	32	36	42	27	106
年末单位从业人员数	人	29722	14767	23754	9020	25410
乡村从业人员数	人	220343	193002	261474	170609	560732
其中:农林牧渔业	人	109447	122443	169275	108266	374569
农业机械总动力	万千瓦特	18	12	14	12	35
固定电话用户	户	50753	34194	41005	20742	67760
二、综合经济						
第一产业增加值	万元	117392	122204	132452	100997	300129
第二产业增加值	万元	595859	671183	253412	97946	559468
地方财政一般预算收入	万元	34071	39484	28027	18298	44129
地方财政一般预算支出	万元	120773	126115	130069	95771	250098
城乡居民储蓄存款余额	万元	376092	254375	254731	298633	1244028
年末金融机构各项贷款余额	万元	368119	185575	208564	158420	462414
三、农业、工业及投资						
粮食总产量	吨					
棉花产量	吨					
油料产量	吨	6468	2021	2551	5613	26434
肉类总产量	吨	45498	44578	47110	30371	107473
规模以上工业企业个数	个	60	62	47	20	65
规模以上工业总产值(现价)	万元	1149520	1632043	517163	224544	1318862
固定资产投资(不含农户)	万元	509714	300864	351332	411081	656015
四、教育、卫生和社会保障						
普通中学在校学生数	人	19677	23389	26791	13826	57675
小学在校学生数	人	30175	36779	42932	20727	77729
医院、卫生院床位数	床	1728	811	1080	508	2132
各种社会福利收养性单位数	个	17	18	10	16	44
各种社会福利收养性单位床位数	床	1184	1465	5041	794	2702

2011 年县(市)社会经济主要指标

四川省

指　　标	单位	武胜县	邻水县	华蓥市	达　县	宣汉县
一、基本情况						
行政区域土地面积	平方公里	966	1919	466	2693	4271
乡(镇)个数	个	31	45	13	64	54
村民委员会个数	个	515	475	111	758	492
年末总户数	户	301791	333866	140737	496298	406807
其中:乡村户数	户	222811	222917	84557	355840	289898
年末总人口	万人	85	103	36	137	131
乡村人口	万人	73	78	27	122	109
年末单位从业人员数	人	15143	18254	16485	47894	39417
乡村从业人员数	人	382995	427369	143791	671755	512422
其中:农林牧渔业	人	200106	210050	72508	338288	288019
农业机械总动力	万千瓦特	20	36	14	42	31
固定电话用户	户	56861	74103	45546	137661	102121
二、综合经济						
第一产业增加值	万元	281744	287438	88817	437944	446732
第二产业增加值	万元	620237	613239	583886	1033822	805181
地方财政一般预算收入	万元	42847	41409	27140	57756	61567
地方财政一般预算支出	万元	202256	233933	131043	285771	335818
城乡居民储蓄存款余额	万元	959699	871466	606676	909712	1091624
年末金融机构各项贷款余额	万元	409674	388594	312848	647006	510083
三、农业、工业及投资						
粮食总产量	吨					
棉花产量	吨					
油料产量	吨	21492	35042	2237	59641	82442
肉类总产量	吨	111199	98655	30337	140002	131025
规模以上工业企业个数	个	66	72	80	103	57
规模以上工业总产值(现价)	万元	1884722	1428710	1647499	1885022	1554764
固定资产投资(不含农户)	万元	613590	813129	636021	1209772	1116942
四、教育、卫生和社会保障						
普通中学在校学生数	人	47712	64495	20617	62496	70154
小学在校学生数	人	51956	68251	22953	98096	106943
医院、卫生院床位数	床	1685	2093	984	2804	2417
各种社会福利收养性单位数	个	32	38	14	25	40
各种社会福利收养性单位床位数	床	2046	2085	851	490	3950

2011年县(市)社会经济主要指标

四川省

指　　标	单位	开江县	大竹县	渠　县	万源市	名山县
一、基本情况						
行政区域土地面积	平方公里	1033	2077	2018	4066	614
乡(镇)个数	个	20	50	60	52	20
村民委员会个数	个	194	382	492	371	192
年末总户数	户	237458	394469	513983	239098	88733
其中:乡村户数	户	139889	283934	338796	144588	74965
年末总人口	万人	60	111	148	60	28
乡村人口	万人	50	94	123	55	25
年末单位从业人员数	人	22631	34058	39568	15478	8523
乡村从业人员数	人	272916	477416	560786	256544	142531
其中:农林牧渔业	人	125834	199620	230137	129185	89675
农业机械总动力	万千瓦特	25	28	30	20	22
固定电话用户	户	48333	95911	126783	60100	27974
二、综合经济						
第一产业增加值	万元	239442	421572	458375	218459	130934
第二产业增加值	万元	329916	1090790	759774	380574	194088
地方财政一般预算收入	万元	25724	61686	41992	21633	11041
地方财政一般预算支出	万元	160973	276288	333316	198389	79056
城乡居民储蓄存款余额	万元	591367	1335954	1401549	482920	294403
年末金融机构各项贷款余额	万元	215697	541342	515561	276076	241769
三、农业、工业及投资						
粮食总产量	吨					
棉花产量	吨					
油料产量	吨	34237	40705	50355	24522	9124
肉类总产量	吨	79215	143196	145164	74565	48160
规模以上工业企业个数	个	44	100	62	43	42
规模以上工业总产值(现价)	万元	443489	1868350	1370744	660096	577639
固定资产投资(不含农户)	万元	510130	1170786	1113662	624317	357036
四、教育、卫生和社会保障						
普通中学在校学生数	人	36277	53525	86511	35484	7466
小学在校学生数	人	51233	76916	118179	39902	13018
医院、卫生院床位数	床	969	2297	3187	1588	537
各种社会福利收养性单位数	个	23	47	1	37	7
各种社会福利收养性单位床位数	床	1850	4472	587	2540	434

2011年县(市)社会经济主要指标

四川省

指　　标	单位	荥经县	汉源县	石棉县	天全县	芦山县
一、基本情况						
行政区域土地面积	平方公里	1781	2388	2678	2491	1166
乡(镇)个数	个	21	40	16	15	9
村民委员会个数	个	105	210	92	138	40
年末总户数	户	63205	108934	44948	50848	41724
其中:乡村户数	户	45467	93189	28774	38807	32067
年末总人口	万人	15	33	12	15	12
乡村人口	万人	13	30	9	13	11
年末单位从业人员数	人	11600	9219	7120	9071	5062
乡村从业人员数	人	70502	176533	52237	75020	58314
其中:农林牧渔业	人	34708	114805	32198	36652	35018
农业机械总动力	万千瓦特	16	22	12	11	14
固定电话用户	户	111401	32808	19105	16153	17557
二、综合经济						
第一产业增加值	万元	52276	96202	43125	52626	41817
第二产业增加值	万元	277788	207598	364522	205987	138218
地方财政一般预算收入	万元	15302	37059	37213	10611	6019
地方财政一般预算支出	万元	64411	108956	92667	61382	55662
城乡居民储蓄存款余额	万元	280451	422160	236988	212254	157419
年末金融机构各项贷款余额	万元	192372	239434	319819	310659	93734
三、农业、工业及投资						
粮食总产量	吨					
棉花产量	吨					
油料产量	吨	5993	1720	2579	5020	4258
肉类总产量	吨	12936	31798	12902	20802	13285
规模以上工业企业个数	个	70	14	39	41	40
规模以上工业总产值(现价)	万元	770188	479968	748933	308309	325012
固定资产投资(不含农户)	万元	280343	399700	430082	226404	251362
四、教育、卫生和社会保障						
普通中学在校学生数	人	5115	16104	5942	8362	5099
小学在校学生数	人	9580	18582	9236	9132	8536
医院、卫生院床位数	床	674	881	990	938	363
各种社会福利收养性单位数	个	4	4	4	6	4
各种社会福利收养性单位床位数	床	312	613	527	300	250

2011年县(市)社会经济主要指标

四川省

指　　标	单位	宝兴县	通江县	南江县	平昌县	安岳县
一、基本情况						
行政区域土地面积	平方公里	3114	4125	3383	2227	2690
乡(镇)个数	个	9	49	48	43	69
村民委员会个数	个	55	524	522	528	926
年末总户数	户	18560	250183	221955	337072	538259
其中:乡村户数	户	14590	164311	150915	204326	391722
年末总人口	万人	6	77	69	107	161
乡村人口	万人	5	67	57	85	138
年末单位从业人员数	人	5130	27309	38073	34579	38423
乡村从业人员数	人	28050	340127	294305	438902	794175
其中:农林牧渔业	人	16033	216686	178562	276478	473185
农业机械总动力	万千瓦特	9	25	28	36	50
固定电话用户	户	7656	74300	70165	52477	98187
二、综合经济						
第一产业增加值	万元	26076	183798	168790	223695	625546
第二产业增加值	万元	124054	250509	351392	335276	777336
地方财政一般预算收入	万元	10011	14172	26368	23018	60240
地方财政一般预算支出	万元	47253	277589	249800	328399	348267
城乡居民储蓄存款余额	万元	91943	551453	644199	646606	1451354
年末金融机构各项贷款余额	万元	81912	268575	290447	363549	682536
三、农业、工业及投资						
粮食总产量	吨					
棉花产量	吨					193
油料产量	吨	509	33478	19433	39032	68010
肉类总产量	吨	8898	108968	95823	107248	203539
规模以上工业企业个数	个	25	32	23	26	162
规模以上工业总产值(现价)	万元	228339	379520	725001	1179468	2454067
固定资产投资(不含农户)	万元	246708	592317	799980	807000	797273
四、教育、卫生和社会保障						
普通中学在校学生数	人	2391	56489	48511	66395	57633
小学在校学生数	人	3943	67922	60492	94423	89504
医院、卫生院床位数	床	174	1620	1458	2791	4050
各种社会福利收养性单位数	个	2	2	22	7	70
各种社会福利收养性单位床位数	床	120	94	1851	186	4765

2011 年县(市)社会经济主要指标

四川省

指　　标	单位	乐至县	简阳市	汶川县	理　县	茂　县
一、基本情况						
行政区域土地面积	平方公里	1424	2215	4083	4318	4075
乡(镇)个数	个	25	55	13	13	21
村民委员会个数	个	602	796	117	81	149
年末总户数	户	304109	497417	38285	15410	35385
其中:乡村户数	户	237144	410306	19139	9357	24855
年末总人口	万人	86	148	10	5	11
乡村人口	万人	71	131	7	4	10
年末单位从业人员数	人	19243	49076	14156	3986	6217
乡村从业人员数	人	378483	600215	37653	25209	54332
其中:农林牧渔业	人	147871	181788	21766	20020	34350
农业机械总动力	万千瓦特	28	47	6	4	4
固定电话用户	户	50280	132282	10444	5959	10443
二、综合经济						
第一产业增加值	万元	305653	523980	19137	12876	29353
第二产业增加值	万元	584491	1488061	290705	91591	142002
地方财政一般预算收入	万元	40096	100013	30118	8291	14166
地方财政一般预算支出	万元	194886	350000	121989	59059	85932
城乡居民储蓄存款余额	万元	880469	1791860	208870	61268	151992
年末金融机构各项贷款余额	万元	403031	961439	222565	112065	146722
三、农业、工业及投资						
粮食总产量	吨					
棉花产量	吨	286	600			
油料产量	吨	44806	56301	639	36	832
肉类总产量	吨	128719	194813	3689	2200	8098
规模以上工业企业个数	个	99	183	25	11	11
规模以上工业总产值(现价)	万元	2069178	5065835	669055	113959	231280
固定资产投资(不含农户)	万元	703496	1528485	564924	241185	509220
四、教育、卫生和社会保障						
普通中学在校学生数	人	30313	68914	7101	1975	6731
小学在校学生数	人	37749	77395	4959	2691	8413
医院、卫生院床位数	床	1607	4179	394	171	304
各种社会福利收养性单位数	个	54	71	2	2	2
各种社会福利收养性单位床位数	床	2189	4620	420	304	430

2011年县(市)社会经济主要指标

四川省

指　　标	单位	松潘县	九寨沟县	金川县	小金县	黑水县
一、基本情况						
行政区域土地面积	平方公里	8486	5286	5524	5571	4154
乡(镇)个数	个	25	17	23	21	17
村民委员会个数	个	143	120	109	134	124
年末总户数	户	21911	20921	24276	26390	18673
其中:乡村户数	户	15135	13411	16475	18887	13617
年末总人口	万人	8	7	7	8	6
乡村人口	万人	6	5	6	7	5
年末单位从业人员数	人	4658	7509	3782	4582	3778
乡村从业人员数	人	35486	28830	34755	43369	28955
其中:农林牧渔业	人	26867	21021	22906	30228	19477
农业机械总动力	万千瓦特	5	8	6	11	6
固定电话用户	户	10245	23224	5181	5510	4861
二、综合经济						
第一产业增加值	万元	22243	13559	17264	17834	13600
第二产业增加值	万元	33677	46800	17568	24852	67410
地方财政一般预算收入	万元	8396	13580	2824	4107	7817
地方财政一般预算支出	万元	77255	71703	71339	63152	59921
城乡居民储蓄存款余额	万元	84844	116508	61140	82738	70150
年末金融机构各项贷款余额	万元	103192	323558	24389	104078	150884
三、农业、工业及投资						
粮食总产量	吨					
棉花产量	吨					
油料产量	吨	416	412	106	1085	
肉类总产量	吨	6913	4287	5838	6304	4433
规模以上工业企业个数	个	3	4		5	6
规模以上工业总产值(现价)	万元	19567	34743		30906	55885
固定资产投资(不含农户)	万元	417692	232446	113233	150680	279291
四、教育、卫生和社会保障						
普通中学在校学生数	人	4016	4757	3473	4745	2434
小学在校学生数	人	5653	5445	4732	5757	6079
医院、卫生院床位数	床	232	300	230	276	161
各种社会福利收养性单位数	个	2	2	5	3	1
各种社会福利收养性单位床位数	床	300	300	378	320	190

2011年县(市)社会经济主要指标

四川省

指　　标	单位	马尔康县	壤塘县	阿坝县	若尔盖县	红原县
一、基本情况						
行政区域土地面积	平方公里	6639	6836	10435	10437	8398
乡(镇)个数	个	14	12	19	17	11
村民委员会个数	个	105	60	83	96	34
年末总户数	户	19868	12039	16000	18200	13666
其中:乡村户数	户	8085	7382	11573	11868	7987
年末总人口	万人	6	4	8	8	5
乡村人口	万人	3	4	6	6	3
年末单位从业人员数	人	11447	2597	3481	4039	2903
乡村从业人员数	人	18326	21516	28486	42209	18488
其中:农林牧渔业	人	12762	18295	25953	38282	17573
农业机械总动力	万千瓦特	8	4	3	6	1
固定电话用户	户	14361	2138	3867	3982	3628
二、综合经济						
第一产业增加值	万元	16154	18127	24557	48769	25123
第二产业增加值	万元	20241	7549	7153	15260	15419
地方财政一般预算收入	万元	7512	1203	1680	2782	1803
地方财政一般预算支出	万元	71812	81360	94966	89956	73911
城乡居民储蓄存款余额	万元	137899	26269	50667	53494	33539
年末金融机构各项贷款余额	万元	176004	13005	23590	50005	66925
三、农业、工业及投资						
粮食总产量	吨					
棉花产量	吨					
油料产量	吨		134		1335	18
肉类总产量	吨	6287	5837	10299	25233	9724
规模以上工业企业个数	个	3			2	3
规模以上工业总产值(现价)	万元	9332			16004	26001
固定资产投资(不含农户)	万元	143844	84091	65393	134368	99977
四、教育、卫生和社会保障						
普通中学在校学生数	人	4802	1589	2459	5691	2166
小学在校学生数	人	4137	3986	10258	10420	5567
医院、卫生院床位数	床	406	121	204	168	154
各种社会福利收养性单位数	个	3	5	3	2	4
各种社会福利收养性单位床位数	床	341	761	340	400	350

2011年县(市)社会经济主要指标

四川省

指　　标	单位	康定县	泸定县	丹巴县	九龙县	雅江县
一、基本情况						
行政区域土地面积	平方公里	11486	2165	4656	6766	7558
乡(镇)个数	个	21	12	15	18	17
村民委员会个数	个	235	145	181	63	113
年末总户数	户	32414	29210	17314	20366	11682
其中:乡村户数	户	17063	22229	12235	13819	8513
年末总人口	万人	11	9	6	7	5
乡村人口	万人	7	7	5	5	4
年末单位从业人员数	人	4325	4648	4082	4306	2595
乡村从业人员数	人	44802	31126	34503	33066	24326
其中:农林牧渔业	人	36428	26376	29040	31034	23810
农业机械总动力	万千瓦特	8	5	6	6	7
固定电话用户	户	30102	11343	3823	4693	3208
二、综合经济						
第一产业增加值	万元	34728	21923	23691	18617	18084
第二产业增加值	万元	186520	45370	32021	153641	16452
地方财政一般预算收入	万元	42677	18478	10618	24335	8276
地方财政一般预算支出	万元	102192	74104	63687	68855	63483
城乡居民储蓄存款余额	万元	275431	156961	65893	46284	34252
年末金融机构各项贷款余额	万元	565632	245606	73570	178151	68865
三、农业、工业及投资						
粮食总产量	吨					
棉花产量	吨		1			
油料产量	吨	287	2062	431	209	24
肉类总产量	吨	7615	6417	4907	4488	3664
规模以上工业企业个数	个	10	7	4	7	
规模以上工业总产值(现价)	万元	114922	53325	12904	169093	
固定资产投资(不含农户)	万元	610074	400207	177898	152091	220505
四、教育、卫生和社会保障						
普通中学在校学生数	人	8000	5947	3222	3774	2029
小学在校学生数	人	28479	14843	9069	12285	7953
医院、卫生院床位数	床	832	256	184	167	113
各种社会福利收养性单位数	个	4	2	4	1	4
各种社会福利收养性单位床位数	床	230	140	150	104	127

2011年县(市)社会经济主要指标

四川省

指　　标	单位	道孚县	炉霍县	甘孜县	新龙县	德格县
一、基本情况						
行政区域土地面积	平方公里	7053	4601	7303	8570	11025
乡(镇)个数	个	22	16	22	19	26
村民委员会个数	个	158	171	219	149	171
年末总户数	户	14748	12168	16707	10147	21981
其中:乡村户数	户	9863	8698	11392	7626	19661
年末总人口	万人	6	5	7	5	8
乡村人口	万人	5	4	6	4	8
年末单位从业人员数	人	3888	2886	3030	2827	3934
乡村从业人员数	人	26598	22757	33939	18277	47593
其中:农林牧渔业	人	22679	20542	31773	16280	45165
农业机械总动力	万千瓦特	6	3	5	6	1
固定电话用户	户	3110	3083	3508	1530	2317
二、综合经济						
第一产业增加值	万元	15516	16765	28651	21855	21823
第二产业增加值	万元	6025	3804	4045	5116	6295
地方财政一般预算收入	万元	4100	1340	2351	2199	1716
地方财政一般预算支出	万元	68131	71728	78805	53163	68644
城乡居民储蓄存款余额	万元	24237	26159	45523	17674	23814
年末金融机构各项贷款余额	万元	13877	8835	5040	3590	5590
三、农业、工业及投资						
粮食总产量	吨					
棉花产量	吨					
油料产量	吨	1060	508	1300	143	
肉类总产量	吨	4875	4370	6736	5528	6868
规模以上工业企业个数	个					
规模以上工业总产值(现价)	万元					
固定资产投资(不含农户)	万元	30683	26065	34201	15538	43052
四、教育、卫生和社会保障						
普通中学在校学生数	人	1300	1919	3771	1786	3255
小学在校学生数	人	6548	7303	10703	6394	11222
医院、卫生院床位数	床	113	112	169	109	122
各种社会福利收养性单位数	个	3	8	3	10	2
各种社会福利收养性单位床位数	床	150	165	130	188	115

2011 年县(市)社会经济主要指标

四川省

指　　标	单位	白玉县	石渠县	色达县	理塘县	巴塘县
一、基本情况						
行政区域土地面积	平方公里	10386	24944	9332	13677	7852
乡(镇)个数	个	17	22	17	24	19
村民委员会个数	个	156	165	134	214	122
年末总户数	户	12326	30721	12864	15828	12383
其中:乡村户数	户	9224	21347	8950	11668	8906
年末总人口	万人	5	11	5	7	5
乡村人口	万人	5	8	4	6	5
年末单位从业人员数	人	2855	3046	2350	3136	3733
乡村从业人员数	人	29050	35123	26640	33613	28492
其中:农林牧渔业	人	28515	33986	25182	30300	25890
农业机械总动力	万千瓦特	4	1	1	7	2
固定电话用户	户	1987	1418	3350	3244	3273
二、综合经济						
第一产业增加值	万元	21011	30219	19732	25064	18476
第二产业增加值	万元	51320	2994	3345	10419	30275
地方财政一般预算收入	万元	8171	1497	3242	3048	4830
地方财政一般预算支出	万元	63699	98468	67722	87161	54207
城乡居民储蓄存款余额	万元	24643	22117	49737	39967	40456
年末金融机构各项贷款余额	万元	8161	11744	9610	11795	12229
三、农业、工业及投资						
粮食总产量	吨					
棉花产量	吨					
油料产量	吨	250	348		265	675
肉类总产量	吨	5820	7254	7631	6690	3639
规模以上工业企业个数	个	1				3
规模以上工业总产值(现价)	万元	69037				13827
固定资产投资(不含农户)	万元	41592	72616	30278	52612	107796
四、教育、卫生和社会保障						
普通中学在校学生数	人	1576	2189	2075	1652	2693
小学在校学生数	人	6263	10237	6190	8644	8232
医院、卫生院床位数	床	141	86	85	120	142
各种社会福利收养性单位数	个	3	6		3	1
各种社会福利收养性单位床位数	床	80	98		35	80

2011年县(市)社会经济主要指标

四川省

指标	单位	乡城县	稻城县	得荣县	西昌市	木里藏族自治县
一、基本情况						
行政区域土地面积	平方公里	5016	7323	2916	2654	13253
乡(镇)个数	个	12	14	12	37	29
村民委员会个数	个	89	124	127	231	113
年末总户数	户	4976	6998	5020	223722	34113
其中:乡村户数	户	3743	5052	3609	123065	27398
年末总人口	万人	3	3	3	63	14
乡村人口	万人	2	3	2	44	12
年末单位从业人员数	人	2440	2627	2247	75317	6296
乡村从业人员数	人	13937	14650	13737	256161	78227
其中:农林牧渔业	人	13174	13870	12786	200648	71167
农业机械总动力	万千瓦特	4	6	3		
固定电话用户	户	2546	2411	1892	171792	4738
二、综合经济						
第一产业增加值	万元	14410	13737	12716	303278	39981
第二产业增加值	万元	17960	7064	9748	1520453	98779
地方财政一般预算收入	万元	5602	2756	2504	182071	25290
地方财政一般预算支出	万元	57698	74159	50468	336873	112102
城乡居民储蓄存款余额	万元	21740	22261	19946	1212640	85018
年末金融机构各项贷款余额	万元	63042	21442	6479	1717289	306881
三、农业、工业及投资						
粮食总产量	吨					
棉花产量	吨					
油料产量	吨	918	700	413	2956	39
肉类总产量	吨	2660	2526	2584	91128	15548
规模以上工业企业个数	个	2			65	1
规模以上工业总产值(现价)	万元	8471			3445500	67200
固定资产投资(不含农户)	万元	153502	80586	47048	2582284	550146
四、教育、卫生和社会保障						
普通中学在校学生数	人	1270	1290	1211	54809	5171
小学在校学生数	人	5066	4540	3739	67710	16012
医院、卫生院床位数	床	102	103	88	3973	356
各种社会福利收养性单位数	个	1	1	1	14	1
各种社会福利收养性单位床位数	床	35	80	60	1227	226

2011年县(市)社会经济主要指标

四川省

指　　标	单位	盐源县	德昌县	会理县	会东县	宁南县
一、基本情况						
行政区域土地面积	平方公里	8388	2284	4528	3227	1667
乡(镇)个数	个	34	23	49	53	25
村民委员会个数	个	247	137	303	318	125
年末总户数	户	100443	67095	136603	117095	50953
其中:乡村户数	户	80808	45284	114490	94944	41806
年末总人口	万人	38	21	46	41	19
乡村人口	万人	33	18	41	38	17
年末单位从业人员数	人	11216	6974	18537	11900	6385
乡村从业人员数	人	206330	99312	258203	221120	104295
其中:农林牧渔业	人	193358	74216	67550	173884	86667
农业机械总动力	万千瓦特					
固定电话用户	户	14309	24747	47538	24541	15253
二、综合经济						
第一产业增加值	万元	127801	117186	292247	282148	100866
第二产业增加值	万元	419088	204338	1019795	503933	139174
地方财政一般预算收入	万元	53837	34068	115100	70218	26319
地方财政一般预算支出	万元	161432	102306	222817	152523	111260
城乡居民储蓄存款余额	万元	164011	219661	478670	222431	121641
年末金融机构各项贷款余额	万元	128034	128034	414291	134910	41054
三、农业、工业及投资						
粮食总产量	吨					
棉花产量	吨					
油料产量	吨	568	780	4681	19129	676
肉类总产量	吨	42990	34301	97596	85998	26067
规模以上工业企业个数	个	25	32	70	29	22
规模以上工业总产值(现价)	万元	1055600	542800	2210500	1080100	298400
固定资产投资(不含农户)	万元	312066	234144	520736	138535	280117
四、教育、卫生和社会保障						
普通中学在校学生数	人	25124	12755	27315	22989	10123
小学在校学生数	人	44607	20805	36047	39668	17468
医院、卫生院床位数	床	728	933	1135	759	447
各种社会福利收养性单位数	个	2	9	13	8	2
各种社会福利收养性单位床位数	床	745	393	869	1270	257

2011年县(市)社会经济主要指标

四川省

指　　标	单位	普格县	布拖县	金阳县	昭觉县	喜德县
一、基本情况						
行政区域土地面积	平方公里	1905	1686	1587	2698	2206
乡(镇)个数	个	34	30	34	47	24
村民委员会个数	个	153	190	177	270	170
年末总户数	户	49014	47909	46813	79357	61273
其中:乡村户数	户	32831	40985	42409	57005	38820
年末总人口	万人	18	18	19	29	21
乡村人口	万人	14	17	17	23	16
年末单位从业人员数	人	6321	4174	4497	6333	5493
乡村从业人员数	人	78931	90125	83997	139347	92659
其中:农林牧渔业	人	69857	83254	74917	128002	75656
农业机械总动力	万千瓦特					
固定电话用户	户	5736	3363	5944	6874	8498
二、综合经济						
第一产业增加值	万元	58886	50077	52314	68670	48287
第二产业增加值	万元	58784	101610	115428	43840	73306
地方财政一般预算收入	万元	10800	8325	13573	7824	9252
地方财政一般预算支出	万元	93918	73947	101637	120587	82142
城乡居民储蓄存款余额	万元	73041	67531	70495	88197	72499
年末金融机构各项贷款余额	万元	35116	13859	22631	20540	23379
三、农业、工业及投资						
粮食总产量	吨					
棉花产量	吨					
油料产量	吨	347	104	190		240
肉类总产量	吨	15742	15196	19533	31631	18951
规模以上工业企业个数	个	8	3	11	8	14
规模以上工业总产值(现价)	万元	173600	136000	133800	71800	151900
固定资产投资(不含农户)	万元	70943		86024	86066	50368
四、教育、卫生和社会保障						
普通中学在校学生数	人	5392	7193	5879	10340	7698
小学在校学生数	人	24865	21826	23945	35543	28262
医院、卫生院床位数	床	268	293	539	374	326
各种社会福利收养性单位数	个	6	2	1	2	2
各种社会福利收养性单位床位数	床	200	425	384	563	371

2011 年县(市)社会经济主要指标

四川省

指　　标	单位	冕宁县	越西县	甘洛县	美姑县	雷波县
一、基本情况						
行政区域土地面积	平方公里	4423	2256	2156	2573	2932
乡(镇)个数	个	38	40	28	36	49
村民委员会个数	个	232	289	227	292	281
年末总户数	户	113921	94783	57822	62360	70342
其中:乡村户数	户	86253	65233	44558	53056	54972
年末总人口	万人	38	33	22	25	26
乡村人口	万人	34	27	19	22	23
年末单位从业人员数	人	11143	6482	7594	4956	7859
乡村从业人员数	人	211323	155375	99037	108441	142937
其中:农林牧渔业	人	173191	115017	87549	102574	113210
农业机械总动力	万千瓦特					
固定电话用户	户	29169	19307	11787	4945	12971
二、综合经济						
第一产业增加值	万元	139140	83192	44553	58599	78371
第二产业增加值	万元	354782	120925	198836	45667	216920
地方财政一般预算收入	万元	37653	17416	22316	10290	26967
地方财政一般预算支出	万元	138822	106031	96888	92988	102788
城乡居民储蓄存款余额	万元	276625	152173	112006	65003	149457
年末金融机构各项贷款余额	万元	124810	57995	56357	37926	65234
三、农业、工业及投资						
粮食总产量	吨					
棉花产量	吨					
油料产量	吨	3111	7599	1465	29	1983
肉类总产量	吨	45873	33726	20655	31370	23483
规模以上工业企业个数	个	39	17	13	9	7
规模以上工业总产值(现价)	万元	561700	343900	272300	93500	314400
固定资产投资(不含农户)	万元	251150	140822	200185	90676	531500
四、教育、卫生和社会保障						
普通中学在校学生数	人	22416	10507	9190	6657	10197
小学在校学生数	人	42277	43012	25989	27646	29840
医院、卫生院床位数	床	883	585	491	380	476
各种社会福利收养性单位数	个	4	1	2	2	2
各种社会福利收养性单位床位数	床	493	200	497	580	230

2011年县(市)社会经济主要指标

贵州省

指　　标	单位	开阳县	息烽县	修文县	清镇市	六枝特区
一、基本情况						
行政区域土地面积	平方公里	2026	1037	1072	1492	1793
乡(镇)个数	个	16	10	10	10	19
村民委员会个数	个	108	161	217	299	220
年末总户数	户	140362	85225	91802	150127	188081
其中:乡村户数	户	94778	55752	71285	115396	137331
年末总人口	万人	44	26	31	52	70
乡村人口	万人	34	20	26	42	56
年末单位从业人员数	人	39962	18673	16606	38377	27227
乡村从业人员数	人	187745	122209	168099	261770	321034
其中:农林牧渔业	人	93633	64815	89499	169234	162532
农业机械总动力	万千瓦特	14	15	19	19	25
固定电话用户	户	60424	31087	30600	33600	26408
二、综合经济						
第一产业增加值	万元	133314	69645	87062	114659	70000
第二产业增加值	万元	453254	381315	235097	564715	330844
地方财政一般预算收入	万元	71139	43944	38682	78405	49850
地方财政一般预算支出	万元	141284	115592	110409	172828	215664
城乡居民储蓄存款余额	万元	315515	200690	198702	450425	352086
年末金融机构各项贷款余额	万元	532899	354955	228947	463277	382536
三、农业、工业及投资						
粮食总产量	吨	87780	60766	71442	79028	153097
棉花产量	吨					
油料产量	吨	19747	11241	7990	7581	6631
肉类总产量	吨	40077	14166	17599	31213	19237
规模以上工业企业个数	个	21	12	44	51	18
规模以上工业总产值(现价)	万元	1587153	781548	764440	1120296	470314
固定资产投资(不含农户)	万元	756000	807900	758906	868853	468124
四、教育、卫生和社会保障						
普通中学在校学生数	人	31742	15438	17476	29276	40881
小学在校学生数	人	29314	16683	16877	36970	67088
医院、卫生院床位数	床	1366	661	590	1304	1293
各种社会福利收养性单位数	个	1	10	7	12	14
各种社会福利收养性单位床位数	床	17	180	108	192	556

2011年县(市)社会经济主要指标

贵州省

指　　标	单位	水城县	盘　县	遵义县	桐梓县	绥阳县
一、基本情况						
行政区域土地面积	平方公里	3589	4056	4094	3208	2546
乡(镇)个数	个	33	37	31	24	15
村民委员会个数	个	307	450	225	210	105
年末总户数	户	233439	406428	366990	192241	150967
其中:乡村户数	户	205652	325744	313338	163145	123013
年末总人口	万人	83	119	121	71	54
乡村人口	万人	76	106	116	65	50
年末单位从业人员数	人	21252	80825	33029	13085	11287
乡村从业人员数	人	402628	592351	716596	368920	314808
其中:农林牧渔业	人	245432	404905	322768	164009	175136
农业机械总动力	万千瓦特	38	62	50	34	25
固定电话用户	户	31930	71675	80700	63100	43000
二、综合经济						
第一产业增加值	万元	90010	140000	291575	125700	138700
第二产业增加值	万元	585572	1850041	852420	242606	103068
地方财政一般预算收入	万元	98937	258719	104683	39402	24371
地方财政一般预算支出	万元	261376	487797	295484	165732	115967
城乡居民储蓄存款余额	万元		933499	874417	420802	330035
年末金融机构各项贷款余额	万元		1037592	1012048	349012	179345
三、农业、工业及投资						
粮食总产量	吨	165874	226148	509953	196170	207317
棉花产量	吨					
油料产量	吨	544	1288	73952	17308	27447
肉类总产量	吨	28351	49358	86760	37008	24805
规模以上工业企业个数	个	45	85	113	35	28
规模以上工业总产值(现价)	万元	1993780	3473192	2442697	451664	270015
固定资产投资(不含农户)	万元	548173	129819	1150154	770636	284204
四、教育、卫生和社会保障						
普通中学在校学生数	人	42655	100632	60252	31494	31313
小学在校学生数	人	86032	93263	78080	54143	41027
医院、卫生院床位数	床	861	2485	2110	1108	774
各种社会福利收养性单位数	个	22	40	33	24	15
各种社会福利收养性单位床位数	床	879	1402	837	995	673

2011 年县(市)社会经济主要指标

贵州省

指　　标	单位	正安县	道真仡佬族苗族自治县	务川仡佬族苗族自治县	凤冈县	湄潭县
一、基本情况						
行政区域土地面积	平方公里	2595	2156	2777	1883	1866
乡(镇)个数	个	19	14	15	14	15
村民委员会个数	个	144	83	109	86	118
年末总户数	户	170526	100036	122770	118981	148049
其中:乡村户数	户	142853	83846	103395	107205	115763
年末总人口	万人	64	34	46	44	50
乡村人口	万人	60	31	42	40	44
年末单位从业人员数	人	12502	9681	9875	10297	15882
乡村从业人员数	人	381698	183650	266531	255069	264413
其中:农林牧渔业	人	155147	84269	157131	151800	156698
农业机械总动力	万千瓦特	15	16	20	35	25
固定电话用户	户	19168	25201	29538	40036	51612
二、综合经济						
第一产业增加值	万元	104700	62602	81923	90612	98289
第二产业增加值	万元	53379	33890	38011	49554	96456
地方财政一般预算收入	万元	20823	6820	24254	15836	26877
地方财政一般预算支出	万元	150389	112311	126181	111746	140284
城乡居民储蓄存款余额	万元	324098	277480	229303	240960	385828
年末金融机构各项贷款余额	万元	168839	145867	151559	158376	259381
三、农业、工业及投资						
粮食总产量	吨	160708	110893	128700	99476	170495
棉花产量	吨					
油料产量	吨	18260	6692	11855	16069	20477
肉类总产量	吨	21626	18204	22058	26082	25632
规模以上工业企业个数	个	20	13	8	24	21
规模以上工业总产值(现价)	万元	93395	53480	54786	137865	226127
固定资产投资(不含农户)	万元	207426	137550	193791	121952	325000
四、教育、卫生和社会保障						
普通中学在校学生数	人	36182	14409	26878	36841	33428
小学在校学生数	人	42535	27411	41453	35198	38389
医院、卫生院床位数	床	1195	923	700	885	1259
各种社会福利收养性单位数	个	36	14	14	12	15
各种社会福利收养性单位床位数	床	298	366	460	404	811

2011年县(市)社会经济主要指标

贵州省

指标	单位	余庆县	习水县	赤水市	仁怀市	平坝县
一、基本情况						
行政区域土地面积	平方公里	1622	3128	1852	1788	999
乡(镇)个数	个	10	23	14	18	10
村民委员会个数	个	61	210	100	146	193
年末总户数	户	99202	179818	100250	162443	112086
其中:乡村户数	户	87867	155250	65139	129338	80186
年末总人口	万人	30	72	31	67	36
乡村人口	万人	28	66	23	57	30
年末单位从业人员数	人	9118	20798	24290	299580	16661
乡村从业人员数	人	173677	361477	139032	335340	198762
其中:农林牧渔业	人	90624	161284	76295	174631	140624
农业机械总动力	万千瓦特	20	17	13	31	25
固定电话用户	户	32301	42800	40453	58254	35780
二、综合经济						
第一产业增加值	万元	77664	108958	70630	121135	61561
第二产业增加值	万元	86011	260291	187616	1689201	290660
地方财政一般预算收入	万元	21259	42380	27168	161370	36039
地方财政一般预算支出	万元	97270	186524	121549	242171	162739
城乡居民储蓄存款余额	万元	250744	389010	384599	741803	339525
年末金融机构各项贷款余额	万元	229538	216178	451495	481834	461022
三、农业、工业及投资						
粮食总产量	吨	95635	166019	111304	191522	85537
棉花产量	吨				21	
油料产量	吨	16920	7757	684	13314	10315
肉类总产量	吨	26959	56754	13035	42984	15456
规模以上工业企业个数	个	6	25	21	61	48
规模以上工业总产值(现价)	万元	23122	250609	657882	2636446	573768
固定资产投资(不含农户)	万元	254658	669857	405533	668421	169804
四、教育、卫生和社会保障						
普通中学在校学生数	人	21532	36271	15174	48344	15979
小学在校学生数	人	24469	55695	18919	64066	33950
医院、卫生院床位数	床	770	1974	734	710	939
各种社会福利收养性单位数	个	8	23	14	21	5
各种社会福利收养性单位床位数	床	100	336	375	350	60

2011年县(市)社会经济主要指标

贵州省

指　　标	单位	普定县	镇宁布依族苗族自治县	关岭布依族苗族自治县	紫云苗族布依族自治县	七星关区
一、基本情况						
行政区域土地面积	平方公里	1091	1717	1468	2284	3412
乡(镇)个数	个	11	16	14	12	35
村民委员会个数	个	317	365	241	223	524
年末总户数	户	141847	106197	105469	102122	374459
其中:乡村户数	户	110538	79612	75603	81553	270538
年末总人口	万人	47	38	37	37	151
乡村人口	万人	42	35	34	36	114
年末单位从业人员数	人	13376	16755	8559	8394	65828
乡村从业人员数	人	247770	204183	189329	224475	789150
其中:农林牧渔业	人	137251	129349	123931	139662	366000
农业机械总动力	万千瓦特	20	18	16	16	6
固定电话用户	户	22437	20826	19854	45709	209713
二、综合经济						
第一产业增加值	万元	63981	50442	67276	76936	250975
第二产业增加值	万元	183065	101470	78622	31416	603634
地方财政一般预算收入	万元	30000	24462	16229	10689	77496
地方财政一般预算支出	万元	119385	118049	109725	111425	327450
城乡居民储蓄存款余额	万元	165940	73531	160158	120923	921781
年末金融机构各项贷款余额	万元	420731	267288	211709	132012	1152393
三、农业、工业及投资						
粮食总产量	吨	86867	77015	82803	81218	337042
棉花产量	吨					
油料产量	吨	7669	8719	4599	5224	5444
肉类总产量	吨	19985	10967	16264	29801	56097
规模以上工业企业个数	个	23	10	7	7	19
规模以上工业总产值(现价)	万元	386436	103588	84106	49238	460389
固定资产投资(不含农户)	万元	133015	68168	105525	64844	1109702
四、教育、卫生和社会保障						
普通中学在校学生数	人	22368	17670	17968	25375	117534
小学在校学生数	人	44975	38268	31557	33717	181638
医院、卫生院床位数	床	809	542	760	529	2682
各种社会福利收养性单位数	个	12	16	7		3
各种社会福利收养性单位床位数	床	340	258	160		28

2011年县(市)社会经济主要指标

贵州省

指标	单位	大方县	黔西县	金沙县	织金县	纳雍县
一、基本情况						
行政区域土地面积	平方公里	3505	2381	2528	2868	2448
乡(镇)个数	个	36	28	26	32	25
村民委员会个数	个	366	380	230	556	459
年末总户数	户	290032	239357	212695	335194	244104
其中:乡村户数	户	243488	193788	155902	261305	207198
年末总人口	万人	104	89	68	112	96
乡村人口	万人	89	74	50	99	79
年末单位从业人员数	人	24976	27490	22793	20258	23053
乡村从业人员数	人	625547	485367	356445	562351	504154
其中:农林牧渔业	人	348004	207217	177991	295001	225642
农业机械总动力	万千瓦特	27	32	7	2	26
固定电话用户	户	46044	43901	45619	223473	74000
二、综合经济						
第一产业增加值	万元	152194	113702	111611	135888	119211
第二产业增加值	万元	371382	383872	647383	306014	498772
地方财政一般预算收入	万元	150684	70874	164971	97092	83448
地方财政一般预算支出	万元	352766	214868	279401	270162	224883
城乡居民储蓄存款余额	万元	413870	366623	409834	360952	253675
年末金融机构各项贷款余额	万元	425671	502424	455787	335738	296556
三、农业、工业及投资						
粮食总产量	吨	244822	160368	174195	252543	188697
棉花产量	吨					
油料产量	吨	8076	59131	27828	11502	618
肉类总产量	吨	35150	33094	30344	34758	29363
规模以上工业企业个数	个	35	32	54	39	38
规模以上工业总产值(现价)	万元	527233	588211	955204	275890	805901
固定资产投资(不含农户)	万元	279231	412200	858240	435703	350000
四、教育、卫生和社会保障						
普通中学在校学生数	人	67390	53775	37147	65807	45411
小学在校学生数	人	105646	77306	63369	123508	126733
医院、卫生院床位数	床	1640	1889	1240	1019	1425
各种社会福利收养性单位数	个	29	20	20	24	25
各种社会福利收养性单位床位数	床	1032	950	1080	961	897

2011 年县(市)社会经济主要指标

贵州省

指　　标	单位	威宁彝族回族苗族自治县	赫章县	碧江区	万山区	江口县
一、基本情况						
行政区域土地面积	平方公里	6296	3250	1508	340	1877
乡(镇)个数	个	35	27	9	8	9
村民委员会个数	个	609	456	107	40	148
年末总户数	户	339754	196196	122788	22529	65252
其中：乡村户数	户	282871	163455	60899	14556	50539
年末总人口	万人	143	78	39	7	24
乡村人口	万人	129	69	24	5	21
年末单位从业人员数	人	30963	18900	40851	4094	6594
乡村从业人员数	人	752329	394094	161302	29722	118715
其中：农林牧渔业	人	484237	220720	83849	13845	72849
农业机械总动力	万千瓦特	32	26	17	4	7
固定电话用户	户	38000	29520	102100	8236	21478
二、综合经济						
第一产业增加值	万元	277751	137533	95439	13595	57717
第二产业增加值	万元	227085	116300	253006	52486	46869
地方财政一般预算收入	万元	56276	22756	46884	8256	12008
地方财政一般预算支出	万元	391777	206068	140333	72858	96971
城乡居民储蓄存款余额	万元	304752	278600	659216	52032	160519
年末金融机构各项贷款余额	万元	187171	144400	1003392	36430	151153
三、农业、工业及投资						
粮食总产量	吨	378012	183455	98127	12973	66608
棉花产量	吨			6		
油料产量	吨	495	511	9461	1225	6555
肉类总产量	吨	81760	31226	19420	3212	13638
规模以上工业企业个数	个	30	16	20	25	13
规模以上工业总产值(现价)	万元	333505	112012	166061	206867	73014
固定资产投资(不含农户)	万元	423828	268342	620369	106492	298554
四、教育、卫生和社会保障						
普通中学在校学生数	人	103852	67529	33850	3379	10661
小学在校学生数	人	244707	112166	35880	4689	21380
医院、卫生院床位数	床	172	1701	2303	156	329
各种社会福利收养性单位数	个	35	23	8	5	10
各种社会福利收养性单位床位数	床	1400	928	202	200	321

2011年县(市)社会经济主要指标

贵州省

指　　标	单位	玉屏侗族自治县	石阡县	思南县	印江土家族苗族自治县	德江县
一、基本情况						
行政区域土地面积	平方公里	524	2169	2216	1968	2070
乡(镇)个数	个	6	18	27	17	20
村民委员会个数	个	84	302	526	365	316
年末总户数	户	50276	113884	190004	133819	150204
其中:乡村户数	户	34284	105327	161071	109665	110877
年末总人口	万人	15	41	67	44	53
乡村人口	万人	13	38	64	40	42
年末单位从业人员数	人	7060	11665	18720	10760	20020
乡村从业人员数	人	82365	238157	383992	238674	258944
其中:农林牧渔业	人	38501	136786	206197	109039	151562
农业机械总动力	万千瓦特	21	14	13	15	29
固定电话用户	户	14423	31680	53318	61200	33470
二、综合经济						
第一产业增加值	万元	40801	99683	163204	129021	145722
第二产业增加值	万元	171168	35136	111453	60330	74494
地方财政一般预算收入	万元	27029	15808	23219	15469	23254
地方财政一般预算支出	万元	88438	158339	196002	140308	161263
城乡居民储蓄存款余额	万元	148976	195206	357943	260004	218939
年末金融机构各项贷款余额	万元	316083	191179	456752	193363	188437
三、农业、工业及投资						
粮食总产量	吨	30303	75151	163661	103762	99537
棉花产量	吨					
油料产量	吨	4701	14881	21279	15280	14915
肉类总产量	吨	9029	21605	40089	26619	25312
规模以上工业企业个数	个	31	8	9	20	21
规模以上工业总产值(现价)	万元	553185	39271	98116	130122	108823
固定资产投资(不含农户)	万元	247750	57195	465110	297341	142938
四、教育、卫生和社会保障						
普通中学在校学生数	人	8383	27580	40966	26152	36603
小学在校学生数	人	11516	40685	67253	40150	60931
医院、卫生院床位数	床	417	741	1068	505	1560
各种社会福利收养性单位数	个	5	17	15	12	1
各种社会福利收养性单位床位数	床	180	692	819	300	60

2011年县(市)社会经济主要指标

贵州省

指　　标	单位	沿河土家族自治县	松桃苗族自治县	兴义市	兴仁县	普安县
一、基本情况						
行政区域土地面积	平方公里	2484	2859	2937	1778	1429
乡(镇)个数	个	22	28	22	14	14
村民委员会个数	个	430	507	184	126	75
年末总户数	户	176987	184806	223021	149102	93819
其中:乡村户数	户	145543	152149	167862	101387	77621
年末总人口	万人	66	71	82	53	33
乡村人口	万人	61	67	68	41	31
年末单位从业人员数	人	14149	21007	59386	13510	9301
乡村从业人员数	人	320532	414072	408400	252884	173673
其中:农林牧渔业	人	186126	228399	267519	165768	105668
农业机械总动力	万千瓦特	27	25	46	20	6
固定电话用户	户	32589	39108	99868	19500	18021
二、综合经济						
第一产业增加值	万元	139013	153243	169453	76414	47857
第二产业增加值	万元	66421	161439	664956	197511	143547
地方财政一般预算收入	万元	36507	31641	160016	78089	35240
地方财政一般预算支出	万元	187840	195215	295671	130964	113583
城乡居民储蓄存款余额	万元	326340	329275	1062417	223523	161039
年末金融机构各项贷款余额	万元	211093	257414	1618495	248708	190824
三、农业、工业及投资						
粮食总产量	吨	135794	188727	141357	113818	41706
棉花产量	吨					
油料产量	吨	11255	13450	9488	5926	1690
肉类总产量	吨	29548	33548	42598	20647	11429
规模以上工业企业个数	个	18	29	100	40	27
规模以上工业总产值(现价)	万元	58370	336828	1652209	423137	293510
固定资产投资(不含农户)	万元	415337	130498	1201000	351146	178230
四、教育、卫生和社会保障						
普通中学在校学生数	人	43690	47361	68625	28365	21173
小学在校学生数	人	84373	73889	77200	55836	37926
医院、卫生院床位数	床	650	1656	4082	934	545
各种社会福利收养性单位数	个	20	21	21	13	9
各种社会福利收养性单位床位数	床	769	741	279	144	123

2011 年县(市)社会经济主要指标

贵州省

指　　标	单位	晴隆县	贞丰县	望谟县	册亨县	安龙县
一.基本情况						
行政区域土地面积	平方公里	1331	1512	3005	2598	2237
乡(镇)个数	个	14	13	17	14	16
村民委员会个数	个	91	156	161	123	173
年末总户数	户	97050	108043	76820	63157	120000
其中:乡村户数	户	67473	90043	62876	53197	103226
年末总人口	万人	34	41	32	24	46
乡村人口	万人	29	38	30	23	41
年末单位从业人员数	人	7754	11029	8322	6442	16223
乡村从业人员数	人	172389	227951	167631	135057	297479
其中:农林牧渔业	人	108900	144127	100968	78894	179757
农业机械总动力	万千瓦特	19	15	10	16	26
固定电话用户	户	18726	21514	21749	14885	24700
二、综合经济						
第一产业增加值	万元	43913	74183	50850	45744	92776
第二产业增加值	万元	96563	245626	15415	20324	157651
地方财政一般预算收入	万元	25582	55008	8924	8413	23800
地方财政一般预算支出	万元	116658	147521	135509	95317	51539
城乡居民储蓄存款余额	万元	134751	209928	91365	97554	274301
年末金融机构各项贷款余额	万元	100622	183997	96605	143725	148481
三、农业、工业及投资						
粮食总产量	吨	48957	76649	65185	34492	110603
棉花产量	吨			1	1	
油料产量	吨	1338	5070	3066	1902	4273
肉类总产量	吨	10761	13720	15481	9405	24033
规模以上工业企业个数	个	23	27	4	4	27
规模以上工业总产值(现价)	万元	99906	514706	11727	18283	329261
固定资产投资(不含农户)	万元		246382	95958	49481	280000
四、教育、卫生和社会保障						
普通中学在校学生数	人	19899	21010	18722	15323	28548
小学在校学生数	人	35924	51925	41114	23654	39500
医院、卫生院床位数	床	308	712	337	360	812
各种社会福利收养性单位数	个	7	8	38	14	1
各种社会福利收养性单位床位数	床	66	107	100	284	15

2011年县(市)社会经济主要指标

贵州省

指　　标	单位	凯里市	黄平县	施秉县	三穗县	镇远县
一、基本情况						
行政区域土地面积	平方公里	1306	1668	1532	1036	1878
乡(镇)个数	个	9	14	8	9	12
村民委员会个数	个	204	243	64	159	110
年末总户数	户	146733	102872	47091	69295	77522
其中:乡村户数	户	70762	85896	26881	51503	48430
年末总人口	万人	50	39	17	22	27
乡村人口	万人	31	36	10	20	18
年末单位从业人员数	人	60364	9079	5828	6841	11537
乡村从业人员数	人	175010	210432	61261	124655	121320
其中:农林牧渔业	人	85880	132846	44669	53141	67632
农业机械总动力	万千瓦特	25	19	13	8	11
固定电话用户	户	85635	8020	13442	29203	29120
二、综合经济						
第一产业增加值	万元	70285	64542	39892	32095	67653
第二产业增加值	万元	347585	23764	41677	48378	141257
地方财政一般预算收入	万元	143510	14372	18124	12600	23615
地方财政一般预算支出	万元	229528	98725	78352	82918	95445
城乡居民储蓄存款余额	万元	1016404	163554	113358	141082	191711
年末金融机构各项贷款余额	万元	1477436	108900	120223	100136	159406
三、农业、工业及投资						
粮食总产量	吨	68994	72213	43918	40060	61015
棉花产量	吨			8		4
油料产量	吨	3677	4670	4202	2285	7494
肉类总产量	吨	20595	10638	6206	11047	9163
规模以上工业企业个数	个	38	5	3	14	15
规模以上工业总产值(现价)	万元	447324	65806	86713	104774	318258
固定资产投资(不含农户)	万元	656334	49417	43432	84625	64891
四、教育、卫生和社会保障						
普通中学在校学生数	人	39323	20811	7189	10711	13851
小学在校学生数	人	49721	33729	15242	16560	22336
医院、卫生院床位数	床	2575	499	500	588	482
各种社会福利收养性单位数	个	9		3	5	1
各种社会福利收养性单位床位数	床	271		20	48	75

2011年县(市)社会经济主要指标

贵州省

指标	单位	岑巩县	天柱县	锦屏县	剑河县	台江县
一、基本情况						
行政区域土地面积	平方公里	1487	2201	1597	1176	1108
乡(镇)个数	个	11	16	15	12	8
村民委员会个数	个	129	315	205	301	157
年末总户数	户	65339	122798	62500	67815	43323
其中:乡村户数	户	58175	85376	49077	55999	34086
年末总人口	万人	23	41	23	26	16
乡村人口	万人	22	36	21	24	15
年末单位从业人员数	人	7734	9775	7919	7349	6015
乡村从业人员数	人	125588	224486	123747	141092	89980
其中:农林牧渔业	人	69681	106213	58421	87176	48721
农业机械总动力	万千瓦特	20	11	3	9	6
固定电话用户	户	22247	37652	21274	12134	12016
二、综合经济						
第一产业增加值	万元	40538	72440	27541	47146	29095
第二产业增加值	万元	63168	133571	61429	31403	28834
地方财政一般预算收入	万元	10741	24334	13943	12463	10730
地方财政一般预算支出	万元	82546	86066	95698	94076	77090
城乡居民储蓄存款余额	万元	134222	307838	174892	156617	98464
年末金融机构各项贷款余额	万元	158123	146002	99862	91004	201951
三、农业、工业及投资						
粮食总产量	吨	47822	86934	43479	48716	32276
棉花产量	吨	1		66	77	1
油料产量	吨	4991	4677	3951	3828	2074
肉类总产量	吨	8590	18799	7847	11946	4278
规模以上工业企业个数	个	14	11	8	3	7
规模以上工业总产值(现价)	万元	307911	175335	145395	35128	63090
固定资产投资(不含农户)	万元	76800	275448	101996	128776	99000
四、教育、卫生和社会保障						
普通中学在校学生数	人	14269	22097	10553	13223	10462
小学在校学生数	人	20696	23120	15054	21852	14687
医院、卫生院床位数	床	444	630	516	556	366
各种社会福利收养性单位数	个	3	2	5	7	4
各种社会福利收养性单位床位数	床	104	10	170	142	20

2011年县(市)社会经济主要指标

贵州省

指标	单位	黎平县	榕江县	从江县	雷山县	麻江县
一、基本情况						
行政区域土地面积	平方公里	4441	3296	3244	1219	1222
乡(镇)个数	个	25	19	21	9	9
村民委员会个数	个	403	260	377	154	84
年末总户数	户	141003	85814	89525	43049	58660
其中:乡村户数	户	116616	77709	72047	34814	50430
年末总人口	万人	53	35	34	15	21
乡村人口	万人	50	33	32	15	20
年末单位从业人员数	人	14624	9922	8531	7304	7735
乡村从业人员数	人	303298	193945	185431	93543	126050
其中:农林牧渔业	人	161803	125552	128635	51961	80081
农业机械总动力	万千瓦特	23	11	12	13	11
固定电话用户	户	36485	9820	13569	12041	23732
二、综合经济						
第一产业增加值	万元	69971	82561	70061	28810	42302
第二产业增加值	万元	93806	54894	66951	26621	63523
地方财政一般预算收入	万元	18512	16366	15719	10272	11819
地方财政一般预算支出	万元	160605	115292	122715	84976	93273
城乡居民储蓄存款余额	万元	312011	205073	143622	95912	134415
年末金融机构各项贷款余额	万元	234179	243330	128665	95283	107953
三、农业、工业及投资						
粮食总产量	吨	101439	61359	80997	36075	49390
棉花产量	吨	526	34	161		
油料产量	吨	7904	6091	6079	579	4905
肉类总产量	吨	14726	10189	12085	5216	10109
规模以上工业企业个数	个	14	6	8	3	12
规模以上工业总产值(现价)	万元	154537	130568	57095	58329	223383
固定资产投资(不含农户)	万元	434875	182066	192791	76439	189732
四、教育、卫生和社会保障						
普通中学在校学生数	人	31014	16403	18653	9692	9291
小学在校学生数	人	37541	31851	31719	12928	15744
医院、卫生院床位数	床	1045	634	671	416	472
各种社会福利收养性单位数	个	7	8	7	6	4
各种社会福利收养性单位床位数	床	117	165	73	179	140

2011 年县(市)社会经济主要指标

贵州省

指　　标	单位	丹寨县	都匀市	福泉市	荔波县	贵定县
一、基本情况						
行政区域土地面积	平方公里	938	2285	1688	2432	1627
乡(镇)个数	个	7	18	15	17	20
村民委员会个数	个	161	109	60	94	95
年末总户数	户	44438	147832	117448	53959	86185
其中:乡村户数	户	38322	81738	67810	41950	62150
年末总人口	万人	17	48	33	18	29
乡村人口	万人	15	32	26	16	26
年末单位从业人员数	人	5882	44311	19342	7733	10093
乡村从业人员数	人	94351	191442	148634	99188	162948
其中:农林牧渔业	人	40066	102040	90851	57832	92646
农业机械总动力	万千瓦特	5	31	19	21	16
固定电话用户	户	19812	118910	28154	17479	29122
二、综合经济						
第一产业增加值	万元	31137	70222	63572	31683	49536
第二产业增加值	万元	30757	360271	336649	77605	165738
地方财政一般预算收入	万元	10084	89546	49000	16766	20516
地方财政一般预算支出	万元	88230	199581	122820	89420	107796
城乡居民储蓄存款余额	万元	98328	829702	283472	136652	211288
年末金融机构各项贷款余额	万元	63741	954050	447925	105046	131345
三、农业、工业及投资						
粮食总产量	吨	33238	81284	88659	38746	62891
棉花产量	吨				108	
油料产量	吨	953	8248	9767	4225	6787
肉类总产量	吨	7101	22165	12363	8470	8850
规模以上工业企业个数	个	8	22	23	19	5
规模以上工业总产值(现价)	万元	62252	480617	1123710	150054	66103
固定资产投资(不含农户)	万元	100562	415892	446960	156282	196968
四、教育、卫生和社会保障						
普通中学在校学生数	人	8744	30643	15542	12858	16421
小学在校学生数	人	14568	31526	20827	14150	24441
医院、卫生院床位数	床	397	2559	873	480	542
各种社会福利收养性单位数	个	4	1	7	6	10
各种社会福利收养性单位床位数	床	26	106	122	125	325

2011 年县(市)社会经济主要指标

贵州省

指　　标	单位	瓮安县	独山县	平塘县	罗甸县	长顺县
一、基本情况						
行政区域土地面积	平方公里	1974	2445	2825	3013	1543
乡(镇)个数	个	23	18	19	26	17
村民委员会个数	个	89	133	121	268	75
年末总户数	户	146506	100096	88050	91585	72133
其中:乡村户数	户	114268	77722	74590	70531	57297
年末总人口	万人	47	35	32	34	26
乡村人口	万人	44	32	31	31	25
年末单位从业人员数	人	15353	12577	9123	12144	7220
乡村从业人员数	人	280948	198212	194244	175344	134007
其中:农林牧渔业	人	134902	115324	135283	91435	87802
农业机械总动力	万千瓦特	35	21	15	13	13
固定电话用户	户	19500	16892	9381	11000	19280
二、综合经济						
第一产业增加值	万元	87173	76318	60258	70518	47006
第二产业增加值	万元	215507	111710	42885	112442	66229
地方财政一般预算收入	万元	47138	17870	13822	18475	13063
地方财政一般预算支出	万元	151042	118906	113611	127923	58300
城乡居民储蓄存款余额	万元	357774	238842	129241	131290	15574
年末金融机构各项贷款余额	万元	242471	204533	105440	171435	105663
三、农业、工业及投资						
粮食总产量	吨	142613	88127	84797	85584	81556
棉花产量	吨				7	
油料产量	吨	17422	6796	8837	3062	5293
肉类总产量	吨	36085	15900	12115	18509	11303
规模以上工业企业个数	个	40	27	6	13	22
规模以上工业总产值(现价)	万元	574530	423755	28540	244147	250017
固定资产投资(不含农户)	万元	474100	161874	191803	201404	176556
四、教育、卫生和社会保障						
普通中学在校学生数	人	21312	24479	21944	20490	13206
小学在校学生数	人	32024	19979	30348	32286	28912
医院、卫生院床位数	床	1243	491	409	648	366
各种社会福利收养性单位数	个	12	4	3	2	1
各种社会福利收养性单位床位数	床	203	180	144	300	25

2011年县(市)社会经济主要指标

贵州省、云南省

指　　标	单位	龙里县	惠水县	三都水族自治县	呈贡区	晋宁县
一、基本情况						
行政区域土地面积	平方公里	1521	2470	2400	461	1337
乡(镇)个数	个	14	25	21		6
村民委员会个数	个	159	201	270		132
年末总户数	户	70487	121794	98271	64789	116613
其中:乡村户数	户	44860	89277	78785	51895	81024
年末总人口	万人	22	45	36	19	28
乡村人口	万人	19	41	34	14	23
年末单位从业人员数	人	9268	12651	8950	21986	30901
乡村从业人员数	人	113610	264562	195474	94166	145743
其中:农林牧渔业	人	85654	155784	112248	67523	102282
农业机械总动力	万千瓦特	12	20	14	6	28
固定电话用户	户	13950	23127	15260	20643	26400
二、综合经济						
第一产业增加值	万元	35917	91224	57162	60462	136011
第二产业增加值	万元	263572	135300	34182	426383	356203
地方财政一般预算收入	万元	27188	23329	12772	74866	84316
地方财政一般预算支出	万元	87310	134333	115819	110125	154071
城乡居民储蓄存款余额	万元	160945	194934	150917	1091400	465500
年末金融机构各项贷款余额	万元	189534	163622	144655	1147400	309700
三、农业、工业及投资						
粮食总产量	吨	59380	110533	76447	5118	57875
棉花产量	吨		7			
油料产量	吨	4231	4665	9325	36	1085
肉类总产量	吨	7448	17871	14231	1454	32531
规模以上工业企业个数	个	23	32	3	50	54
规模以上工业总产值(现价)	万元	581894	515698	20400	1274700	897500
固定资产投资(不含农户)	万元	365100	303804	89648	1809365	662327
四、教育、卫生和社会保障						
普通中学在校学生数	人	12236	29650	20587	8865	14300
小学在校学生数	人	17140	44611	38097	16384	21925
医院、卫生院床位数	床	371	641	479	498	811
各种社会福利收养性单位数	个		2	3	8	6
各种社会福利收养性单位床位数	床		52	110	264	285

2011年县(市)社会经济主要指标

云南省

指　　标	单位	富民县	宜良县	石林彝族自治县	嵩明县	禄劝彝族苗族自治县
一、基本情况						
行政区域土地面积	平方公里	993	1914	1180	831	4235
乡(镇)个数	个	5	7	6	3	15
村民委员会个数	个	73	111	89	90	192
年末总户数	户	52353	159666	86499	92420	143992
其中:乡村户数	户	36554	108284	60717	88319	110103
年末总人口	万人	15	45	24	30	48
乡村人口	万人	13	38	21	34	44
年末单位从业人员数	人	28379	26177	18103	28134	14710
乡村从业人员数	人	82277	236351	132868	191154	261485
其中:农林牧渔业	人	51439	158394	102605	112218	212275
农业机械总动力	万千瓦特	11	32	25	45	29
固定电话用户	户	10774	26739	22434	23361	14467
二、综合经济						
第一产业增加值	万元	68393	303725	119493	91599	125943
第二产业增加值	万元	167256	298542	139789	277955	106289
地方财政一般预算收入	万元	26818	45170	47330	58585	35776
地方财政一般预算支出	万元	79907	116388	111843	159299	139738
城乡居民储蓄存款余额	万元	212100	598600	267500	357700	215800
年末金融机构各项贷款余额	万元	188700	414700	483000	344300	275800
三、农业、工业及投资						
粮食总产量	吨	63141	171124	134434	140538	208837
棉花产量	吨					
油料产量	吨	1084	763	1458	92	2325
肉类总产量	吨	19537	98105	44366	39878	48438
规模以上工业企业个数	个	25	33	26	43	19
规模以上工业总产值(现价)	万元	307734	695612	188418	699483	119204
固定资产投资(不含农户)	万元	188768	449827	599154	693066	503093
四、教育、卫生和社会保障						
普通中学在校学生数	人	5455	28457	15018	18005	25737
小学在校学生数	人	11831	34212	22367	24563	37187
医院、卫生院床位数	床	416	1528	857	1250	1738
各种社会福利收养性单位数	个	6	5	7	3	9
各种社会福利收养性单位床位数	床	70	236	239	805	157

2011年县(市)社会经济主要指标

云南省

指　　标	单位	寻甸回族彝族自治县	安宁市	马龙县	陆良县	师宗县
一、基本情况						
行政区域土地面积	平方公里	3588	1301	1614	2019	2783
乡(镇)个数	个	13		7	10	7
村民委员会个数	个	167	65	64	139	109
年末总户数	户	149319	113646	55281	218116	107020
其中:乡村户数	户	124366	43241	46548	160079	97971
年末总人口	万人	54	27	21	67	42
乡村人口	万人	50	13	18	57	40
年末单位从业人员数	人	21857	82913	12293	33040	24686
乡村从业人员数	人	297759	81598	110031	308736	231319
其中:农林牧渔业	人	228863	39940	88313	225431	171916
农业机械总动力	万千瓦特	30	21	17	42	26
固定电话用户	户	11500	38126	8165	37300	15000
二、综合经济						
第一产业增加值	万元	134828	88478	62417	389019	237835
第二产业增加值	万元	136507	992527	132540	462243	236831
地方财政一般预算收入	万元	45900	214002	30006	45307	37000
地方财政一般预算支出	万元	164271	253449	96954	192032	148384
城乡居民储蓄存款余额	万元	271800	848600	145900	405700	256900
年末金融机构各项贷款余额	万元	313200	1257400	139100	367200	243400
三、农业、工业及投资						
粮食总产量	吨	236404	46434	94979	330094	192725
棉花产量	吨					
油料产量	吨	5274	1605	1715	1087	36926
肉类总产量	吨	87387	58131	44126		96889
规模以上工业企业个数	个	19	87	20	45	31
规模以上工业总产值(现价)	万元	462480	5232265	569605	1170929	527743
固定资产投资(不含农户)	万元	460016	1074378	246637	476282	403030
四、教育、卫生和社会保障						
普通中学在校学生数	人	35835	12451	16082	46471	27919
小学在校学生数	人	42620	28058	20670	62537	44002
医院、卫生院床位数	床	1377	2824	556	1744	1075
各种社会福利收养性单位数	个	1	4	6	10	5
各种社会福利收养性单位床位数	床	400	460	560	565	104

2011年县(市)社会经济主要指标

云南省

指　　标	单位	罗平县	富源县	会泽县	沾益县	宣威市
一、基本情况						
行政区域土地面积	平方公里	3018	3251	5884	2801	6053
乡(镇)个数	个	12	10	20	7	22
村民委员会个数	个	154	159	376	117	356
年末总户数	户	172804	197531	291479	118802	447217
其中:乡村户数	户	137185	179804	220207	95832	378385
年末总人口	万人	61	79	101	42	149
乡村人口	万人	54	69	83	37	132
年末单位从业人员数	人	20173	50948	34494	29892	372607
乡村从业人员数	人	301146	371730	568091	212639	760282
其中:农林牧渔业	人	239962	259565	383124	152151	532702
农业机械总动力	万千瓦特	18	21	21	29	67
固定电话用户	户	23457	26009	42110	9997	44521
二、综合经济						
第一产业增加值	万元	239736	240000	270291	262772	387456
第二产业增加值	万元	369906	766570	610673	618323	820056
地方财政一般预算收入	万元	40486	103002	70218	63566	105000
地方财政一般预算支出	万元	162667	255888	261049	152375	379502
城乡居民储蓄存款余额	万元	286600	548500	369800	283000	857500
年末金融机构各项贷款余额	万元	303300	787100	291000	592100	740500
三、农业、工业及投资						
粮食总产量	吨	309558	335134	427187	289322	696662
棉花产量	吨					
油料产量	吨	120315	16927	1435	351	331
肉类总产量	吨					
规模以上工业企业个数	个	24	99	14	24	42
规模以上工业总产值(现价)	万元	753558	2158724	972825	2347897	1722950
固定资产投资(不含农户)	万元	342361	831354	550914	798977	1175603
四、教育、卫生和社会保障						
普通中学在校学生数	人	40287	64399	55421	28606	111380
小学在校学生数	人	67243	93418	94405	40522	142475
医院、卫生院床位数	床	1890	1615	2267	900	3722
各种社会福利收养性单位数	个	1	12	23	9	9
各种社会福利收养性单位床位数	床	36	310	900	219	414

2011年县(市)社会经济主要指标

云南省

指　　标	单位	江川县	澄江县	通海县	华宁县	易门县
一、基本情况						
行政区域土地面积	平方公里	850	756	721	1313	1571
乡(镇)个数	个	6	5	8	4	6
村民委员会个数	个	72	40	65	77	57
年末总户数	户	93882	52978	93012	68470	57573
其中:乡村户数	户	76982	46742	74641	54148	40093
年末总人口	万人	28	14	28	21	17
乡村人口	万人	25	14	25	19	14
年末单位从业人员数	人	11622	10262	20264	11039	14498
乡村从业人员数	人	159498	96808	154529	116126	90785
其中:农林牧渔业	人	114249	74350	112033	92219	59952
农业机械总动力	万千瓦特	22	14	54	27	16
固定电话用户	户	20900	12659	29412	14734	17481
二、综合经济						
第一产业增加值	万元	118363	70105	104605	109838	73130
第二产业增加值	万元	127296	199589	227682	136849	180793
地方财政一般预算收入	万元	28899	33101	30270	22657	28022
地方财政一般预算支出	万元	95413	75828	101978	82425	87370
城乡居民储蓄存款余额	万元	321500	213800	490100	188700	207100
年末金融机构各项贷款余额	万元	292100	207900	417500	183700	210000
三、农业、工业及投资						
粮食总产量	吨	42160	35703	36492	63416	57833
棉花产量	吨					
油料产量	吨	7545	611	1905	2933	4734
肉类总产量	吨	27114	13429	34420	36421	39551
规模以上工业企业个数	个	24	18	46	19	20
规模以上工业总产值(现价)	万元	202586	267688	514218	107222	439304
固定资产投资(不含农户)	万元	175642	251893	131166	90667	257120
四、教育、卫生和社会保障						
普通中学在校学生数	人	19016	10274	17576	11963	9552
小学在校学生数	人	24008	14741	25838	17696	13992
医院、卫生院床位数	床	661	411	1199	683	919
各种社会福利收养性单位数	个	13	6	9	5	7
各种社会福利收养性单位床位数	床	712	177	350	160	237

2011年县(市)社会经济主要指标

云南省

指　　标	单位	峨山彝族自治县	新平彝族傣族自治县	元江哈尼族彝族傣族自治县	施甸县	腾冲县
一、基本情况						
行政区域土地面积	平方公里	1972	4223	2858	2009	5845
乡(镇)个数	个	7	11	9	13	18
村民委员会个数	个	75	122	79	135	213
年末总户数	户	51174	84283	62170	87262	167964
其中:乡村户数	户	34665	64067	47155	79568	150807
年末总人口	万人	15	27	21	34	66
乡村人口	万人	13	25	18	32	62
年末单位从业人员数	人	16590	18808	14539	11810	33884
乡村从业人员数	人	82243	159051	110699	190250	353702
其中:农林牧渔业	人	58971	112777	92666	148777	252864
农业机械总动力	万千瓦特	37	23	13	22	40
固定电话用户	户	18464	13165	13500	17100	36000
二、综合经济						
第一产业增加值	万元	61929	88308	100997	107491	218134
第二产业增加值	万元	179603	470673	98036	69439	306088
地方财政一般预算收入	万元	30421	70564	20995	19493	92631
地方财政一般预算支出	万元	81437	176756	90540	123688	305628
城乡居民储蓄存款余额	万元	202100	231900	148200	152709	852490
年末金融机构各项贷款余额	万元	205600	291600	144900	165340	860427
三、农业、工业及投资						
粮食总产量	吨	61479	129449	84647	138169	351448
棉花产量	吨					
油料产量	吨	9696	1550	4589	3749	42279
肉类总产量	吨	24331	38340	18843	52519	92704
规模以上工业企业个数	个	21	14	16	6	21
规模以上工业总产值(现价)	万元	440777	1380168	140422	97913	372237
固定资产投资(不含农户)	万元	199710	266602	125863	135227	794437
四、教育、卫生和社会保障						
普通中学在校学生数	人	10091	10406	13237	20093	44712
小学在校学生数	人	12327	22464	17608	25772	59580
医院、卫生院床位数	床	661	933	480	444	2015
各种社会福利收养性单位数	个	9	12	11	2	9
各种社会福利收养性单位床位数	床	460	352	308	27	669

2011年县(市)社会经济主要指标

云南省

指　　标	单位	龙陵县	昌宁县	昭阳区	鲁甸县	巧家县
一、基本情况						
行政区域土地面积	平方公里	2884	3888	2240	1487	3245
乡(镇)个数	个	10	13	17	11	15
村民委员会个数	个	116	119	129	80	179
年末总户数	户	77306	94357	255376	116797	173868
其中:乡村户数	户	63835	78722	189653	97863	149175
年末总人口	万人	29	35	85	43	58
乡村人口	万人	26	32	70	40	54
年末单位从业人员数	人	14084	16963	59109	17163	13594
乡村从业人员数	人	156531	198097	374557	205978	317410
其中:农林牧渔业	人	130984	162516	275169	167711	268847
农业机械总动力	万千瓦特	15	35	30	14	17
固定电话用户	户	7325	20800	56097	10413	13987
二、综合经济						
第一产业增加值	万元	116828	201923	163843	70026	123788
第二产业增加值	万元	143897	117083	774766	161650	99971
地方财政一般预算收入	万元	20036	41712	64139	20448	14025
地方财政一般预算支出	万元	126921	150259	240699	141150	148052
城乡居民储蓄存款余额	万元	241710	209397	712172	98512	147620
年末金融机构各项贷款余额	万元	273370	200963	1189226	142267	126525
三、农业、工业及投资						
粮食总产量	吨	120822	165860	290743	152104	217252
棉花产量	吨					
油料产量	吨	1256	4354	188	879	1348
肉类总产量	吨	24862	78891	59342	25181	69453
规模以上工业企业个数	个	11	18	30	13	9
规模以上工业总产值(现价)	万元	242431	130025	911432	292499	107989
固定资产投资(不含农户)	万元	229442	264831	505926	253219	170595
四、教育、卫生和社会保障						
普通中学在校学生数	人	16718	20809	58527	27543	25769
小学在校学生数	人	23890	28733	95418	55818	57499
医院、卫生院床位数	床	580	810	1339	809	626
各种社会福利收养性单位数	个	5	3	8	4	5
各种社会福利收养性单位床位数	床	93	97	540	96	321

2011年县(市)社会经济主要指标

云南省

指标	单位	盐津县	大关县	永善县	绥江县	镇雄县
一、基本情况						
行政区域土地面积	平方公里	2092	1692	2789	777	3696
乡(镇)个数	个	9	8	14	4	27
村民委员会个数	个	78	76	133	32	234
年末总户数	户	109758	82385	136185	45877	392168
其中:乡村户数	户	82610	59844	106934	33134	331628
年末总人口	万人	39	28	46	17	152
乡村人口	万人	36	25	40	14	141
年末单位从业人员数	人	12367	7924	12960	8057	42280
乡村从业人员数	人	178829	126095	213483	68847	660639
其中:农林牧渔业	人	102992	98454	160135	46183	476717
农业机械总动力	万千瓦特	15	13	10	4	25
固定电话用户	户	15911	11658	17878	10038	30021
二、综合经济						
第一产业增加值	万元	60049	44260	76851	27833	169255
第二产业增加值	万元	119040	48387	131078	61945	296730
地方财政一般预算收入	万元	11388	6742	18500	14772	38009
地方财政一般预算支出	万元	112479	88066	127096	82698	331869
城乡居民储蓄存款余额	万元	142961	100845	194205	137217	318083
年末金融机构各项贷款余额	万元	82515	95904	127148	78063	352392
三、农业、工业及投资						
粮食总产量	吨	142984	93656	166953	41763	425632
棉花产量	吨					
油料产量	吨	7094	519	8055	2037	7085
肉类总产量	吨	41375	27707	36841	13581	
规模以上工业企业个数	个	8	9	4	7	68
规模以上工业总产值(现价)	万元	127762	36464	37520	40404	519457
固定资产投资(不含农户)	万元	205061	96783	83607	197057	383017
四、教育、卫生和社会保障						
普通中学在校学生数	人	24593	14879	23860	9545	114804
小学在校学生数	人	42774	33369	48754	13864	200030
医院、卫生院床位数	床	585	343	1180	395	1967
各种社会福利收养性单位数	个	4	5	3	6	10
各种社会福利收养性单位床位数	床	930	500		300	528

2011 年县(市)社会经济主要指标

云南省

指　　标	单位	彝良县	威信县	水富县	玉龙纳西族自治县	永胜县
、基本情况						
行政区域土地面积	平方公里	2800	1400	440	6393	5099
乡(镇)个数	个	14	9	2	15	14
村民委员会个数	个	133	83	20	102	147
年末总户数	户	151644	117883	35136	61375	128876
其中:乡村户数	户	137817	81669	18958	52931	95784
年末总人口	万人	59	43	10	22	40
乡村人口	万人	56	37	7	20	37
年末单位从业人员数	人	17298	13151	12100	12507	13961
乡村从业人员数	人	312031	182743	37936	137957	222500
其中:农林牧渔业	人	256630	130198	23581	102733	181331
农业机械总动力	万千瓦特	12	9	2	15	28
固定电话用户	户	15230	18266	27693	18873	22067
二、综合经济						
第一产业增加值	万元	120457	44639	14946	67723	105144
第二产业增加值	万元	171755	108829	211091	78988	155679
地方财政一般预算收入	万元	20663	16189	17827	30020	20159
地方财政一般预算支出	万元	171442	115188	58968	121632	151888
城乡居民储蓄存款余额	万元	181956	159482	154621	110600	263200
年末金融机构各项贷款余额	万元	98624	118701	451993	96900	193300
三、农业、工业及投资						
粮食总产量	吨	187550	173299	23800	114290	166668
棉花产量	吨					338
油料产量	吨	3856	6212	793	5144	3816
肉类总产量	吨	37129	22460	7014	33019	39049
规模以上工业企业个数	个	15	21	8	5	15
规模以上工业总产值(现价)	万元	176024	90808	299768	65504	161348
固定资产投资(不含农户)	万元	240935	269791	173707	362638	155301
四、教育、卫生和社会保障						
普通中学在校学生数	人	35096	28796	8804	12777	22738
小学在校学生数	人	72283	48912	9521	13747	30407
医院、卫生院床位数	床	691	600	245	613	760
各种社会福利收养性单位数	个	4	7	1	4	2
各种社会福利收养性单位床位数	床	279	422	224	120	150

2011 年县(市)社会经济主要指标

云南省

指　　标	单位	华坪县	宁蒗彝族自治县	思茅区	宁洱哈尼族彝族自治县	墨江哈尼族自治县
一、基本情况						
行政区域土地面积	平方公里	2266	6206	4093	3670	5459
乡(镇)个数	个	7	14	6	8	14
村民委员会个数	个	60	91	60	85	163
年末总户数	户	56162	81613	70690	56547	97250
其中:乡村户数	户	34656	61111	34158	40110	68742
年末总人口	万人	17	27	22	19	37
乡村人口	万人	13	24	13	16	30
年末单位从业人员数	人	19211	12578	49163	10960	11933
乡村从业人员数	人	70267	123217	81565	90025	171847
其中:农林牧渔业	人	54956	96511	64782	71809	152987
农业机械总动力	万千瓦特	8	4	14	21	19
固定电话用户	户	15027	12406	91189	28067	45646
二、综合经济						
第一产业增加值	万元	43540	50587	68230	62405	84808
第二产业增加值	万元	218212	63352	281180	96909	107639
地方财政一般预算收入	万元	40360	14302	52166	17066	21797
地方财政一般预算支出	万元	126221	136754	134672	83088	124810
城乡居民储蓄存款余额	万元	310500	104400	593100	161500	160400
年末金融机构各项贷款余额	万元	222300	50200	1188300	153200	153100
三、农业、工业及投资						
粮食总产量	吨	72212	80527	56942	77568	138165
棉花产量	吨	16				5
油料产量	吨	986	238	720	1171	3254
肉类总产量	吨	12789	16731	14065	14281	18710
规模以上工业企业个数	个	22	12	23	12	9
规模以上工业总产值(现价)	万元	412446	59744	396335	74692	84487
固定资产投资(不含农户)	万元	176066	215548	942781	183012	312548
四、教育、卫生和社会保障						
普通中学在校学生数	人	8183	17893	19158	8525	13839
小学在校学生数	人	12607	30089	23949	11756	21666
医院、卫生院床位数	床	686	598	2193	467	773
各种社会福利收养性单位数	个	8	8	7	9	4
各种社会福利收养性单位床位数	床	406	320	143	322	450

2011 年县(市)社会经济主要指标

云南省

指　　标	单位	景东彝族自治县	景谷傣族彝族自治县	镇沅彝族哈尼族拉祜族自治县	江城哈尼族彝族自治县	孟连傣族拉祜族佤族自治县
一、基本情况						
行政区域土地面积	平方公里	4532	7777	4223	3476	1957
乡(镇)个数	个	12	9	8	6	5
村民委员会个数	个	166	132	109	48	39
年末总户数	户	105659	89209	64568	33171	36738
其中:乡村户数	户	88806	72815	55595	24371	29698
年末总人口	万人	36	32	21	11	13
乡村人口	万人	33	28	20	10	12
年末单位从业人员数	人	19035	16458	9175	10780	9123
乡村从业人员数	人	197342	174524	114691	63149	69404
其中:农林牧渔业	人	163517	146888	94450	53019	66731
农业机械总动力	万千瓦特	27	22	24	14	15
固定电话用户	户	28025	36366	16703	14551	22492
二、综合经济						
第一产业增加值	万元	147569	202150	94405	46115	54791
第二产业增加值	万元	89777	199018	56002	66956	27167
地方财政一般预算收入	万元	25388	33186	15600	8030	6968
地方财政一般预算支出	万元	123621	137165	99914	76818	83925
城乡居民储蓄存款余额	万元	173900	182400	133300	64200	164000
年末金融机构各项贷款余额	万元	164400	183000	109100	101700	97000
三、农业、工业及投资						
粮食总产量	吨	159275	161732	97204	41338	55600
棉花产量	吨					3
油料产量	吨	1070	4418	1605	428	912
肉类总产量	吨	26942	16808	16949	5766	6173
规模以上工业企业个数	个	10	18	6	8	2
规模以上工业总产值(现价)	万元	86806	256214	50885	126977	27069
固定资产投资(不含农户)	万元	82000	193640	60180	124244	30576
四、教育、卫生和社会保障						
普通中学在校学生数	人	15688	12435	8824	5485	6576
小学在校学生数	人	27018	23225	12810	9346	11571
医院、卫生院床位数	床	716	715	341	265	237
各种社会福利收养性单位数	个	4	7	9	1	1
各种社会福利收养性单位床位数	床	482	361	250	80	80

2011年县(市)社会经济主要指标

云南省

指　　标	单位	澜沧拉祜族自治县	西盟佤族自治县	临翔区	凤庆县	云　县
一、基本情况						
行政区域土地面积	平方公里	8807	1391	2652	3451	3760
乡(镇)个数	个	19	7	8	12	11
村民委员会个数	个	157	36	93	183	190
年末总户数	户	137879	30712	90506	115624	124801
其中:乡村户数	户	105323	22210	59429	101590	98283
年末总人口	万人	50	10	32	44	45
乡村人口	万人	41	8	24	42	39
年末单位从业人员数	人	13847	7871	30896	21463	10889
乡村从业人员数	人	259493	41071	145359	227944	229621
其中:农林牧渔业	人	233902	37353	103353	144517	170862
农业机械总动力	万千瓦特	27	4	11	20	18
固定电话用户	户	36245	9776	49385	27051	26858
二、综合经济						
第一产业增加值	万元	113406	15455	98109	171250	185706
第二产业增加值	万元	122480	10396	130919	232560	206192
地方财政一般预算收入	万元	31068	3678	26938	32218	30107
地方财政一般预算支出	万元	232613	75196	154326	163333	153908
城乡居民储蓄存款余额	万元	161100	31700	314400	159800	173700
年末金融机构各项贷款余额	万元	149800	20400	808900	248800	185600
三、农业、工业及投资						
粮食总产量	吨	212000	39167	89247	161563	186737
棉花产量	吨	4				
油料产量	吨	2425	147	11116	2316	1962
肉类总产量	吨	24918	3136	17763	54231	54052
规模以上工业企业个数	个	10	2	14	10	16
规模以上工业总产值(现价)	万元	135790	8982	117000	219907	314915
固定资产投资(不含农户)	万元	503434	32672	387152	289683	319979
四、教育、卫生和社会保障						
普通中学在校学生数	人	19712	5231	20081	21404	20277
小学在校学生数	人	32585	7805	26536	30679	34776
医院、卫生院床位数	床	779	189	1861	728	648
各种社会福利收养性单位数	个	14	1	5	1	6
各种社会福利收养性单位床位数	床	559	80	472	13	330

2011 年县(市)社会经济主要指标

云南省

指　　标	单位	永德县	镇康县	双江拉祜族佤族布朗族傣族自治县	耿马傣族佤族自治县	沧源佤族自治县
一、基本情况						
行政区域土地面积	平方公里	3296	2642	2292	3937	2539
乡(镇)个数	个	9	6	5	8	9
村民委员会个数	个	116	71	72	82	90
年末总户数	户	92467	44612	46691	79384	49453
其中:乡村户数	户	73861	34352	37665	52249	34630
年末总人口	万人	35	18	17	29	17
乡村人口	万人	31	15	15	23	14
年末单位从业人员数	人	14574	8234	6144	14791	11766
乡村从业人员数	人	189624	87018	79456	146187	80588
其中:农林牧渔业	人	163067	73340	64335	126191	68856
农业机械总动力	万千瓦特	27	14	14	24	7
固定电话用户	户	18727	19151	15957	22715	12640
二、综合经济						
第一产业增加值	万元	98324	54760	60038	178530	47730
第二产业增加值	万元	96430	96159	64371	137446	63041
地方财政一般预算收入	万元	16087	16827	10107	19406	12143
地方财政一般预算支出	万元	150077	113184	110836	161398	113666
城乡居民储蓄存款余额	万元	115700	100200	74500	164700	86200
年末金融机构各项贷款余额	万元	120500	101500	63100	101600	51300
三、农业、工业及投资						
粮食总产量	吨	159157	74680	63501	102553	69414
棉花产量	吨				6	
油料产量	吨	1408	237	1410	1445	931
肉类总产量	吨	34624	12859	13365	16938	9565
规模以上工业企业个数	个	6	10	6	5	8
规模以上工业总产值(现价)	万元	87344	147625	87032	154268	84661
固定资产投资(不含农户)	万元	313075	201039	145281	187663	189116
四、教育、卫生和社会保障						
普通中学在校学生数	人	18185	9453	9102	15864	9402
小学在校学生数	人	31470	17663	13591	29952	14951
医院、卫生院床位数	床	465	643	319	730	468
各种社会福利收养性单位数	个	4	2	3	3	1
各种社会福利收养性单位床位数	床	144	230	290	330	44

2011年县(市)社会经济主要指标

云南省

指　　标	单位	楚雄市	双柏县	牟定县	南华县	姚安县
一、基本情况						
行政区域土地面积	平方公里	4482	4045	1494	2343	1803
乡(镇)个数	个	15	8	7	10	9
村民委员会个数	个	132	82	84	123	73
年末总户数	户	161685	47428	60845	69447	59989
其中:乡村户数	户	89067	35796	46494	53467	50857
年末总人口	万人	51	16	21	24	21
乡村人口	万人	37	14	19	22	20
年末单位从业人员数	人	58135	7959	8601	12006	7747
乡村从业人员数	人	225763	88451	116498	129202	118975
其中:农林牧渔业	人	164640	77020	86315	104706	79141
农业机械总动力	万千瓦特	40	22	9	16	13
固定电话用户	户	86706	11216	12043	19516	13821
二、综合经济						
第一产业增加值	万元	193278	68913	73951	91176	87496
第二产业增加值	万元	1129586	38829	87085	82691	77534
地方财政一般预算收入	万元	115952	11447	13025	17110	10052
地方财政一般预算支出	万元	215971	73527	86576	90206	76094
城乡居民储蓄存款余额	万元	1001447	120857	153335	169931	161954
年末金融机构各项贷款余额	万元	1516922	71705	124947	185929	102214
三、农业、工业及投资						
粮食总产量	吨	189961	59401	92568	105674	84435
棉花产量	吨					
油料产量	吨	9390	1781	5852	3879	6654
肉类总产量	吨	56327	28569	25047	31097	26760
规模以上工业企业个数	个	43	7	8	8	4
规模以上工业总产值(现价)	万元	1778948	76196	57146	146612	22347
固定资产投资(不含农户)	万元	911100	116177	147026	106958	119113
四、教育、卫生和社会保障						
普通中学在校学生数	人	34529	6938	9324	12740	10740
小学在校学生数	人	43523	11345	13337	20417	13600
医院、卫生院床位数	床	4413	376	689	652	642
各种社会福利收养性单位数	个	16	8	7	10	10
各种社会福利收养性单位床位数	床	553	280	300	255	343

2011年县(市)社会经济主要指标

云南省

指　　　标	单位	大姚县	永仁县	元谋县	武定县	禄丰县
一、基本情况						
行政区域土地面积	平方公里	4146	2189	1803	3322	3631
乡(镇)个数	个	12	7	10	11	14
村民委员会个数	个	126	60	73	126	158
年末总户数	户	86884	33637	65236	78127	132913
其中:乡村户数	户	68121	23550	48574	63646	90767
年末总人口	万人	28	11	22	28	42
乡村人口	万人	26	9	19	25	35
年末单位从业人员数	人	16378	6763	10360	12159	26538
乡村从业人员数	人	158686	56698	120747	156220	206491
其中:农林牧渔业	人	123451	48621	103094	129872	158050
农业机械总动力	万千瓦特	20	14	24	20	31
固定电话用户	户	23296	8561	17429	18758	35291
二、综合经济						
第一产业增加值	万元	107525	52799	102600	107050	198503
第二产业增加值	万元	122894	36954	67942	92012	382910
地方财政一般预算收入	万元	22200	11369	9970	27556	54021
地方财政一般预算支出	万元	118662	66914	83798	108769	150124
城乡居民储蓄存款余额	万元	207768	91828	173913	213973	461850
年末金融机构各项贷款余额	万元	221396	57853	97886	207858	428116
三、农业、工业及投资						
粮食总产量	吨	110308	45351	74510	97539	195300
棉花产量	吨					
油料产量	吨	2704	2140	1874	2881	12071
肉类总产量	吨	31318	19199	22807	50607	67263
规模以上工业企业个数	个	14	5	9	9	16
规模以上工业总产值(现价)	万元	225714	31274	87328	84237	1023346
固定资产投资(不含农户)	万元	159805	114887	197609	165035	481063
四、教育、卫生和社会保障						
普通中学在校学生数	人	14875	5173	10922	13816	22118
小学在校学生数	人	17701	7439	15781	21168	35450
医院、卫生院床位数	床	694	386	876	855	1396
各种社会福利收养性单位数	个	13	7	10	11	14
各种社会福利收养性单位床位数	床	674	227	223	645	816

2011年县(市)社会经济主要指标

云南省

指　　标	单位	个旧市	开远市	蒙自市	屏边苗族自治县	建水县
一、基本情况						
行政区域土地面积	平方公里	1587	1950	2228	1906	3759
乡(镇)个数	个	8	5	10	6	13
村民委员会个数	个	79	52	86	76	142
年末总户数	户	136017	90851	114821	41725	161632
其中:乡村户数	户	51176	44520	70521	30083	126087
年末总人口	万人	39	28	38	16	53
乡村人口	万人	18	17	28	13	45
年末单位从业人员数	人	61777	30710	44967	7328	25965
乡村从业人员数	人	115867	107032	180692	73038	278559
其中:农林牧渔业	人	81228	86029	151096	65353	219464
农业机械总动力	万千瓦特	25	29	32	4	41
固定电话用户	户					
二、综合经济						
第一产业增加值	万元	80647	122497	148469	40835	166430
第二产业增加值	万元	1002282	551344	453305	50408	287773
地方财政一般预算收入	万元	86239	70125	90505	6263	60018
地方财政一般预算支出	万元	231660	158036	172438	70873	164260
城乡居民储蓄存款余额	万元	1038234	553948	602985	76425	605803
年末金融机构各项贷款余额	万元	992383	683242	1186243	59827	407515
三、农业、工业及投资						
粮食总产量	吨	69089	112176	151633	70603	193812
棉花产量	吨					
油料产量	吨	1424	1754	2365	1029	2159
肉类总产量	吨	39367	35643	62146	21111	
规模以上工业企业个数	个	48	25	23	8	16
规模以上工业总产值(现价)	万元	3147244	1034823	1711828	60029	368813
固定资产投资(不含农户)	万元	532024	532692	532771	90038	602760
四、教育、卫生和社会保障						
普通中学在校学生数	人	20647	16752	21640	6881	31001
小学在校学生数	人	33168	26418	34938	10312	42155
医院、卫生院床位数	床	3087	3690	1964	254	2371
各种社会福利收养性单位数	个	13	5	12	5	11
各种社会福利收养性单位床位数	床	1101	310	596	150	479

2011年县(市)社会经济主要指标

云南省

指　　标	单位	石屏县	弥勒县	泸西县	元阳县	红河县
一、基本情况						
行政区域土地面积	平方公里	3037	4004	1674	2190	2029
乡(镇)个数	个	8	11	7	13	12
村民委员会个数	个	112	129	81	134	88
年末总户数	户	94439	156118	121151	99604	75288
其中:乡村户数	户	83423	123192	93430	83597	63864
年末总人口	万人	31	53	42	43	32
乡村人口	万人	28	46	36	39	29
年末单位从业人员数	人	20510	27781	19480	8197	7946
乡村从业人员数	人	177115	285026	215131	222103	154645
其中:农林牧渔业	人	128777	222153	176441	188250	118512
农业机械总动力	万千瓦特	25	38	38	6	4
固定电话用户	户					
二、综合经济						
第一产业增加值	万元	133960	138537	97096	81608	70610
第二产业增加值	万元	85913	1297906	181975	66283	32050
地方财政一般预算收入	万元	23037	80765	40136	14000	6328
地方财政一般预算支出	万元	115959	179070	140239	115471	114395
城乡居民储蓄存款余额	万元	308357	506583	353908	130525	80067
年末金融机构各项贷款余额	万元	186695	622690	291649	88048	65074
三、农业、工业及投资						
粮食总产量	吨	113824	212221	166147	155192	102733
棉花产量	吨				3	64
油料产量	吨	2336	5347	17447	1511	459
肉类总产量	吨	79497	85801	68016	37876	23550
规模以上工业企业个数	个	17	21	13	3	4
规模以上工业总产值(现价)	万元	91524	1730462	319559	47806	19851
固定资产投资(不含农户)	万元	195118	531335	329373	135391	105648
四、教育、卫生和社会保障						
普通中学在校学生数	人	15823	30985	27117	21915	18703
小学在校学生数	人	25785	44353	40957	40594	37308
医院、卫生院床位数	床	1353	2147	840	552	642
各种社会福利收养性单位数	个	5	10	8	3	14
各种社会福利收养性单位床位数	床	146	341	418	120	998

2011 年县(市)社会经济主要指标

云南省

指　　标	单位	金平苗族瑶族傣族自治县	绿春县	河口瑶族自治县	文山市	砚山县
一、基本情况						
行政区域土地面积	平方公里	3677	3097	1332	2977	3822
乡(镇)个数	个	12	8	5	14	10
村民委员会个数	个	93	81	27	137	100
年末总户数	户	93860	51945	32555	143512	122803
其中:乡村户数	户	72684	42851	11300	85114	97014
年末总人口	万人	38	23	9	48	50
乡村人口	万人	33	21	5	37	44
年末单位从业人员数	人	10544	7444	10439	53149	20822
乡村从业人员数	人	186210	119677	27599	209604	255329
其中:农林牧渔业	人	159159	99000	25941	165379	208794
农业机械总动力	万千瓦特	13	5	2	21	50
固定电话用户	户				66000	24011
二、综合经济						
第一产业增加值	万元	59505	44830	61558	126889	117337
第二产业增加值	万元	108606	55757	46181	593243	288980
地方财政一般预算收入	万元	19149	10018	11900	86027	34099
地方财政一般预算支出	万元	132995	100735	75965	200761	156533
城乡居民储蓄存款余额	万元	123643	61153	164963	873800	228400
年末金融机构各项贷款余额	万元	104610	68422	126131	1497458	234400
三、农业、工业及投资						
粮食总产量	吨	133808	89949	23177	174090	240338
棉花产量	吨	6				
油料产量	吨	1713	1649	241	8584	8061
肉类总产量	吨	24646	17309	5291	50467	47103
规模以上工业企业个数	个	11	3	3	23	23
规模以上工业总产值(现价)	万元	161660	31843	23926	943566	561894
固定资产投资(不含农户)	万元	158882	117693	115305	744723	314508
四、教育、卫生和社会保障						
普通中学在校学生数	人	19677	13110	5280	32952	30695
小学在校学生数	人	37692	23489	8899	46355	48468
医院、卫生院床位数	床	575	692	745	2192	1075
各种社会福利收养性单位数	个	3	1	2	2	
各种社会福利收养性单位床位数	床	368	200	80	332	

2011 年县(市)社会经济主要指标

云南省

指　　标	单位	西畴县	麻栗坡县	马关县	丘北县	广南县
一、基本情况						
行政区域土地面积	平方公里	1506	2334	2676	4997	7810
乡(镇)个数	个	8	10	12	11	17
村民委员会个数	个	72	96	124	99	174
年末总户数	户	69758	75745	103409	135521	199657
其中:乡村户数	户	56567	60850	79207	99043	162751
年末总人口	万人	26	29	38	53	85
乡村人口	万人	24	26	33	45	76
年末单位从业人员数	人	7603	13603	13840	13210	18314
乡村从业人员数	人	140489	154188	201608	243373	444498
其中:农林牧渔业	人	101356	106190	164425	193292	314793
农业机械总动力	万千瓦特	11	13	17	20	39
固定电话用户	户	13200	6593	23836	35600	47300
二、综合经济						
第一产业增加值	万元	56964	73631	98104	135949	197316
第二产业增加值	万元	20856	135012	190939	67424	128784
地方财政一般预算收入	万元	7092	25033	35066	22069	20000
地方财政一般预算支出	万元	109099	130199	145283	167029	209118
城乡居民储蓄存款余额	万元	108200	169900	246500	151200	244200
年末金融机构各项贷款余额	万元	104100	211100	230200	163100	217800
三、农业、工业及投资						
粮食总产量	吨	103158	111470	161918	216323	315275
棉花产量	吨			1		
油料产量	吨	1726	2577	5097	5420	17437
肉类总产量	吨	36800	40357	43154	98427	115752
规模以上工业企业个数	个	1	9	18	16	13
规模以上工业总产值(现价)	万元	8194	144563	318190	74960	169677
固定资产投资(不含农户)	万元	104052	147643	126776	214683	217444
四、教育、卫生和社会保障						
普通中学在校学生数	人	17356	15934	15757	26670	46888
小学在校学生数	人	23221	24051	29164	62720	83293
医院、卫生院床位数	床	450	905	727	810	1230
各种社会福利收养性单位数	个			3	4	2
各种社会福利收养性单位床位数	床			14	66	39

2011 年县(市)社会经济主要指标

云南省

指　　标	单位	富宁县	景洪市	勐海县	勐腊县	大理市
一、基本情况						
行政区域土地面积	平方公里	5352	6959	5511	7081	1815
乡(镇)个数	个	12	10	11	10	10
村民委员会个数	个	145	85	85	52	111
年末总户数	户	108537	122943	79744	69886	194114
其中:乡村户数	户	85952	55473	58488	32993	107992
年末总人口	万人	45	40	32	23	61
乡村人口	万人	39	24	27	14	41
年末单位从业人员数	人	12394	42448	20089	12583	115517
乡村从业人员数	人	237344	144999	167098	85314	234419
其中:农林牧渔业	人	162046	133736	147015	81996	118288
农业机械总动力	万千瓦特	13	36	40	25	39
固定电话用户	户	30327	116191	37000	54809	164117
二、综合经济						
第一产业增加值	万元	109068	255570	115104	203177	150880
第二产业增加值	万元	146635	346153	184167	91924	1105131
地方财政一般预算收入	万元	23220	80909	18546	26262	170967
地方财政一般预算支出	万元	166146	263135	153369	138350	281547
城乡居民储蓄存款余额	万元	176000	903000	348500	245100	1469400
年末金融机构各项贷款余额	万元	166800	1090000	201900	161000	2169000
三、农业、工业及投资						
粮食总产量	吨	146349	135252	194627	85084	165317
棉花产量	吨		1			
油料产量	吨	4502	1047	819	453	1870
肉类总产量	吨	44868	12523	11103	9701	76437
规模以上工业企业个数	个	8	18	18	6	49
规模以上工业总产值(现价)	万元	130913	217812	242545	78729	1903487
固定资产投资(不含农户)	万元	202694	930811	110581	163335	1250584
四、教育、卫生和社会保障						
普通中学在校学生数	人	24162	25450	13889	12777	38759
小学在校学生数	人	44986	38712	23855	25166	47142
医院、卫生院床位数	床	491	3229	910	1263	4849
各种社会福利收养性单位数	个	6	6	5	2	6
各种社会福利收养性单位床位数	床	430	148	188	26	132

2011年县（市）社会经济主要指标

云南省

指　　标	单位	漾濞彝族自治县	祥云县	宾川县	弥渡县	南涧彝族自治县
一、基本情况						
行政区域土地面积	平方公里	1957	2425	2627	1523	1732
乡(镇)个数	个	8	9	9	7	7
村民委员会个数	个	66	136	81	87	80
年末总户数	户	32868	139589	99811	95672	64046
其中:乡村户数	户	24982	125902	85128	80628	55437
年末总人口	万人	11	47	36	33	23
乡村人口	万人	7	45	33	30	21
年末单位从业人员数	人	5279	28098	12794	10669	9056
乡村从业人员数	人	51087	338832	197706	189790	127836
其中:农林牧渔业	人	41884	148806	157637	129943	101260
农业机械总动力	万千瓦特	8	35	38	14	8
固定电话用户	户	9700	70807	26796	17331	20952
二、综合经济						
第一产业增加值	万元	35830	199898	252866	82261	78738
第二产业增加值	万元	65325	421217	148520	89374	41094
地方财政一般预算收入	万元	9138	41091	21889	17416	20928
地方财政一般预算支出	万元	58098	148020	119639	108321	87556
城乡居民储蓄存款余额	万元	63900	334700	236500	180300	91300
年末金融机构各项贷款余额	万元	47100	260300	216500	136200	227300
三、农业、工业及投资						
粮食总产量	吨	59009	190394	142979	159913	105706
棉花产量	吨					
油料产量	吨	1073	5310	10761	4274	1645
肉类总产量	吨	15538	43980	39932	48194	33415
规模以上工业企业个数	个	8	28	13	8	10
规模以上工业总产值(现价)	万元	80548	905885	116875	70585	62400
固定资产投资(不含农户)	万元	86106	205839	296549	105828	55796
四、教育、卫生和社会保障						
普通中学在校学生数	人	3155	30230	16769	17519	11769
小学在校学生数	人	7730	41805	27665	25624	19205
医院、卫生院床位数	床	399	1466	1047	572	408
各种社会福利收养性单位数	个	2	5	2	5	1
各种社会福利收养性单位床位数	床	160	378	25	366	48

2011年县(市)社会经济主要指标

云南省

指　　标	单位	巍山彝族回族自治县	永平县	云龙县	洱源县	剑川县
一、基本情况						
行政区域土地面积	平方公里	2200	2884	4401	2614	2270
乡(镇)个数	个	9	6	10	8	7
村民委员会个数	个	81	73	86	90	93
年末总户数	户	88557	56746	63562	80586	50229
其中:乡村户数	户	76493	44879	59992	68602	42021
年末总人口	万人	32	18	21	29	18
乡村人口	万人	29	17	20	27	17
年末单位从业人员数	人	11808	7660	7999	11343	8786
乡村从业人员数	人	175215	93966	104055	154018	87519
其中:农林牧渔业	人	129845	75108	84215	127837	59243
农业机械总动力	万千瓦特	15	9	10	16	13
固定电话用户	户	18478	12150	19500	22230	13295
二、综合经济						
第一产业增加值	万元	104375	85216	73284	110663	36649
第二产业增加值	万元	71233	61489	107296	106538	80054
地方财政一般预算收入	万元	18666	16242	15090	14516	13072
地方财政一般预算支出	万元	105611	81863	114913	107006	77686
城乡居民储蓄存款余额	万元	153000	94000	104000	155000	113300
年末金融机构各项贷款余额	万元	102200	94700	153400	149600	83700
三、农业、工业及投资						
粮食总产量	吨	149744	89573	119394	171353	80557
棉花产量	吨					
油料产量	吨	8026	2421	1970	3015	1387
肉类总产量	吨	39841	23020	41200	38390	24981
规模以上工业企业个数	个	14	4	4	10	7
规模以上工业总产值(现价)	万元	81856	17421	61067	296381	131028
固定资产投资(不含农户)	万元	94122	88502	328958	152556	82392
四、教育、卫生和社会保障						
普通中学在校学生数	人	17492	7969	11309	15931	10093
小学在校学生数	人	27566	14801	15267	24285	15157
医院、卫生院床位数	床	727	662	468	566	356
各种社会福利收养性单位数	个	3	1	7	1	
各种社会福利收养性单位床位数	床	220		93	54	

2011 年县(市)社会经济主要指标

云南省

指　　标	单位	鹤庆县	瑞丽市	芒　市	梁河县	盈江县
一、基本情况						
行政区域土地面积	平方公里	2395	1020	2987	1159	4429
乡(镇)个数	个	8	5	10	8	15
村民委员会个数	个	113	29	80	62	101
年末总户数	户	77566	40346	94912	43271	73304
其中:乡村户数	户	65618	27594	73107	37322	60010
年末总人口	万人	28	13	37	17	29
乡村人口	万人	26	10	31	16	26
年末单位从业人员数	人	11884	25654	42417	8364	20251
乡村从业人员数	人	149681	61494	184929	86742	153101
其中:农林牧渔业	人	109557	43780	149360	67870	133384
农业机械总动力	万千瓦特	23	15	36	12	23
固定电话用户	户	14876	60975	50515	11039	36395
二、综合经济						
第一产业增加值	万元	69306	69299	131497	36460	131854
第二产业增加值	万元	207682	70965	177337	37432	245934
地方财政一般预算收入	万元	22669	51202	44560	9628	43261
地方财政一般预算支出	万元	102646	139388	166592	79839	288634
城乡居民储蓄存款余额	万元	226500	890211	470988	105314	244336
年末金融机构各项贷款余额	万元	256400	448036	701839	101985	244584
三、农业、工业及投资						
粮食总产量	吨	138915	91998	218098	62594	196691
棉花产量	吨					
油料产量	吨	801	1267	2258	2802	3582
肉类总产量	吨	46506	16678	23463	9455	25369
规模以上工业企业个数	个	17	7	21	8	26
规模以上工业总产值(现价)	万元	330840	47708	358445	59413	308714
固定资产投资(不含农户)	万元	331141	323794	430020	69133	266947
四、教育、卫生和社会保障						
普通中学在校学生数	人	10364	8289	21314	8207	14968
小学在校学生数	人	23043	15672	32199	12688	28429
医院、卫生院床位数	床	685	788	1899	372	776
各种社会福利收养性单位数	个	4	1	5	1	1
各种社会福利收养性单位床位数	床	370	250	945	150	400

2011年县(市)社会经济主要指标

云南省

指　　标	单位	陇川县	泸水县	福贡县	贡山独龙族怒族自治县	兰坪白族普米族自治县
一、基本情况						
行政区域土地面积	平方公里	1931	2938	2756	4506	4372
乡(镇)个数	个	8	9	7	5	8
村民委员会个数	个	68	71	57	26	105
年末总户数	户	49731	52917	29311	12314	61011
其中:乡村户数	户	39607	37745	22985	8739	45937
年末总人口	万人	18	17	10	4	21
乡村人口	万人	16	14	9	3	18
年末单位从业人员数	人	13975	21514	3688	2815	13049
乡村从业人员数	人	97930	84622	50132	16986	110924
其中:农林牧渔业	人	85530	74602	41478	14885	96843
农业机械总动力	万千瓦特	28	8	2	2	7
固定电话用户	户	22592	48141	2450	2830	12530
二、综合经济						
第一产业增加值	万元	84992	29224	12679	10645	29645
第二产业增加值	万元	73114	78157	22621	18155	153095
地方财政一般预算收入	万元	12738	14617	3446	3226	31000
地方财政一般预算支出	万元	103978	95169	69045	68113	113536
城乡居民储蓄存款余额	万元	121141	144035	29475	19616	145391
年末金融机构各项贷款余额	万元	126065	286258	38736	19331	170128
三、农业、工业及投资						
粮食总产量	吨	137475	63977	34368	11171	84685
棉花产量	吨					
油料产量	吨	7476	652	853	111	324
肉类总产量	吨	12160	15955	5501	1993	11685
规模以上工业企业个数	个	6	11	1	2	4
规模以上工业总产值(现价)	万元	160042	141159	1822	6473	168568
固定资产投资(不含农户)	万元	78446	163975	67211	53785	186035
四、教育、卫生和社会保障						
普通中学在校学生数	人	10341	10342	5192	1562	11182
小学在校学生数	人	16531	16482	10968	3238	19702
医院、卫生院床位数	床	708	830	285	112	629
各种社会福利收养性单位数	个	2	1	2	2	1
各种社会福利收养性单位床位数	床	271	314	104	230	20

2011年县(市)社会经济主要指标

云南省、西藏自治区

指　　标	单位	香格里拉县	德钦县	维西傈僳族自治县	林周县	当雄县
一、基本情况						
行政区域土地面积	平方公里	11613	7272	4661	4512	132
乡(镇)个数	个	10	7	9	10	8
村民委员会个数	个	64	41	79	46	28
年末总户数	户	39902	13812	42527	12424	9686
其中:乡村户数	户	27129	10802	37004	10707	8802
年末总人口	万人	15	6	16	6	5
乡村人口	万人	12	5	14	6	5
年末单位从业人员数	人	16426	4910	7669	810	1715
乡村从业人员数	人	68500	29110	95216	31641	18302
其中:农林牧渔业	人	57235	24787	81328	28349	8735
农业机械总动力	万千瓦特	21	3	14	1	
固定电话用户	户	25810	4162	5100	6898	1650
二、综合经济						
第一产业增加值	万元	33696	11886	35610	16630	19734
第二产业增加值	万元	249998	70492	73490	20921	22695
地方财政一般预算收入	万元	27488	10006	14477	3796	8524
地方财政一般预算支出	万元	234878	154898	115450	35410	33740
城乡居民储蓄存款余额	万元	240000	40000	80000	8120	8169
年末金融机构各项贷款余额	万元	760000	50000	60000		25737
三、农业、工业及投资						
粮食总产量	吨	68725	25920	68637	61372	
棉花产量	吨					
油料产量	吨	2225	21	1412	2575	
肉类总产量	吨	13882	2913	9609	4242	9097
规模以上工业企业个数	个	11	2	2	3	1
规模以上工业总产值(现价)	万元	211998	87508	18995	998	31781
固定资产投资(不含农户)	万元	625374	264843	350528		
四、教育、卫生和社会保障						
普通中学在校学生数	人	5833	2679	7787	2610	2250
小学在校学生数	人	12483	4342	12330	4651	4856
医院、卫生院床位数	床	141	200	232	70	70
各种社会福利收养性单位数	个	2	1	1	1	1
各种社会福利收养性单位床位数	床	36	20	16	12	62

2011年县(市)社会经济主要指标

西藏自治区

指　　标	单位	尼木县	曲水县	堆龙德庆县	达孜县	墨竹工卡县
一、基本情况						
行政区域土地面积	平方公里	3266	1624	2704	1373	5492
乡(镇)个数	个	8	6	7	6	8
村民委员会个数	个	32	17	34	20	40
年末总户数	户	6872	7810	13153	7223	9773
其中:乡村户数	户	5109	7310	11308	6439	8889
年末总人口	万人	3	4	6	3	5
乡村人口	万人	3	3	4	3	5
年末单位从业人员数	人	1120	1438	7876	1698	1487
乡村从业人员数	人	17979	18332	23969	14359	18107
其中:农林牧渔业	人	10617	12459	13765	4633	7070
农业机械总动力	万千瓦特	4	11	20	18	18
固定电话用户	户	3225	6063	13143	4670	7630
二、综合经济						
第一产业增加值	万元	6019	9360	12248	9609	18008
第二产业增加值	万元	16303	36050	72637	27900	69200
地方财政一般预算收入	万元	1486	3201	14637	2870	9768
地方财政一般预算支出	万元	20189	25341	49555	27733	42387
城乡居民储蓄存款余额	万元	892	11538	64102		
年末金融机构各项贷款余额	万元	9716	17075	10315		21280
三、农业、工业及投资						
粮食总产量	吨	11591	25147	24585	23398	22090
棉花产量	吨					
油料产量	吨	1968	2022	2368	16	2448
肉类总产量	吨	2119	1730	4025	2854	6682
规模以上工业企业个数	个	3	5	15	5	9
规模以上工业总产值(现价)	万元	5246	16000	124126	26387	73800
固定资产投资(不含农户)	万元	35046		25584		
四、教育、卫生和社会保障						
普通中学在校学生数	人	1472	1480	1461	1254	2879
小学在校学生数	人	2523	2980	3892	2702	4217
医院、卫生院床位数	床	27	55	56	45	57
各种社会福利收养性单位数	个	1	4	28	1	
各种社会福利收养性单位床位数	床	108	225	191	120	

2011年县(市)社会经济主要指标

西藏自治区

指　　标	单位	昌都县	江达县	贡觉县	类乌齐县	丁青县
一、基本情况						
行政区域土地面积	平方公里	10794	13164	6323	6355	12408
乡(镇)个数	个	15	13	12	10	13
村民委员会个数	个	167	95	149	82	64
年末总户数	户	27393	13000	7605	9672	11708
其中:乡村户数	户	15330	11189	6115	8236	10473
年末总人口	万人	12	8	4	5	7
乡村人口	万人	7	7	4	5	7
年末单位从业人员数	人	3375	3472	1120	1711	1853
乡村从业人员数	人	35646	43435	17539	16174	29850
其中:农林牧渔业	人	25721	32882	15088	13769	27459
农业机械总动力	万千瓦特	3	4	2	10	14
固定电话用户	户	2313	3100	2680	3340	2300
二、综合经济						
第一产业增加值	万元	23105	19438	7697	12966	20862
第二产业增加值	万元	98699	50947	8746	12228	11628
地方财政一般预算收入	万元	4525	1760	1260	1563	3016
地方财政一般预算支出	万元	42202	29874	22733	22949	29420
城乡居民储蓄存款余额	万元	8112	6	936	12311	8412
年末金融机构各项贷款余额	万元	12220	11269	16273	8200	15947
三、农业、工业及投资						
粮食总产量	吨	17539	12735	12005	7998	24700
棉花产量	吨					
油料产量	吨	422	350	185		840
肉类总产量	吨	11850	13250	4271	6610	5953
规模以上工业企业个数	个	7	2	1	1	1
规模以上工业总产值(现价)	万元	1445	4810	478		963
固定资产投资(不含农户)	万元					
四、教育、卫生和社会保障						
普通中学在校学生数	人		3861	2088	2149	3635
小学在校学生数	人	8412	7331	3897	5307	7791
医院、卫生院床位数	床	190	91	110	98	121
各种社会福利收养性单位数	个				2	
各种社会福利收养性单位床位数	床				41	

2011 年县(市)社会经济主要指标

西藏自治区

指　　标	单位	察雅县	八宿县	左贡县	芒康县	洛隆县
一、基本情况						
行政区域土地面积	平方公里	8251	12336	11837	11576	8048
乡(镇)个数	个	13	14	10	16	11
村民委员会个数	个	138	110	128	61	66
年末总户数	户	10058	7964	8744	12990	8874
其中:乡村户数	户	8810	6523	7694	10655	7972
年末总人口	万人	6	4	5	8	5
乡村人口	万人	5	4	4	8	5
年末单位从业人员数	人	1662	1680	7400	3463	1200
乡村从业人员数	人	24230	18271	21799	50648	15785
其中:农林牧渔业	人	19560	15754	20555	44225	14066
农业机械总动力	万千瓦特	3	4	2	8	3
固定电话用户	户	920	1800	5620	6380	2860
二、综合经济						
第一产业增加值	万元	12159	9308	13239	19698	13363
第二产业增加值	万元	25307	9592	11129	39399	17320
地方财政一般预算收入	万元	1307	1472	1239	2027	1130
地方财政一般预算支出	万元	29747	23957	24382	35000	22714
城乡居民储蓄存款余额	万元	9071	5524	3920	12118	6581
年末金融机构各项贷款余额	万元	7688	7042	11761	11895	10584
三、农业、工业及投资						
粮食总产量	吨	13256	11204	16263	26276	21829
棉花产量	吨					
油料产量	吨	254	245	259	631	660
肉类总产量	吨	7946	5552	8103	9962	5239
规模以上工业企业个数	个	1	1		3	2
规模以上工业总产值(现价)	万元	120	220		1400	462
固定资产投资(不含农户)	万元					
四、教育、卫生和社会保障						
普通中学在校学生数	人	3050	1998	1887	3918	2205
小学在校学生数	人	5900	4559	4777	7876	4828
医院、卫生院床位数	床	150	56	86	141	86
各种社会福利收养性单位数	个	4	1	2	7	2
各种社会福利收养性单位床位数	床	69	18	13	73	39

2011年县(市)社会经济主要指标

西藏自治区

指　　　标	单位	边坝县	乃东县	扎囊县	贡嘎县	桑日县
一、基本情况						
行政区域土地面积	平方公里	8774	2211	2157	2386	2635
乡(镇)个数	个	11	7	5	8	4
村民委员会个数	个	82	47	62	41	42
年末总户数	户	7723	23437		12917	5200
其中:乡村户数	户	6179	10891	7636	11126	4071
年末总人口	万人	4	6	4	5	2
乡村人口	万人	3	4	4	5	2
年末单位从业人员数	人	1500	1579	1201	1441	912
乡村从业人员数	人	17515	20760	15751	22801	7447
其中:农林牧渔业	人	15655	9997	12557	15230	4094
农业机械总动力	万千瓦特	5	9	4	7	2
固定电话用户	户	2342		1200	3500	1200
二、综合经济						
第一产业增加值	万元	11860	7992	4516	4767	3023
第二产业增加值	万元	8717	65040	11009	22694	40306
地方财政一般预算收入	万元	1076	4235	903	4630	4225
地方财政一般预算支出	万元	20724	25160	21564	27670	23019
城乡居民储蓄存款余额	万元	3280	36567		19061	
年末金融机构各项贷款余额	万元	6826	10213		14010	
三、农业、工业及投资						
粮食总产量	吨	10795	21002	21200	28750	7956
棉花产量	吨					
油料产量	吨	515	1735	2507	1210	1096
肉类总产量	吨	4614	3419	2805	2385	1983
规模以上工业企业个数	个	2				2
规模以上工业总产值(现价)	万元					43042
固定资产投资(不含农户)	万元				72500	
四、教育、卫生和社会保障						
普通中学在校学生数	人	1938	1036	1888	2424	810
小学在校学生数	人	3486	2758	2856	4024	1455
医院、卫生院床位数	床	83	99	52	71	40
各种社会福利收养性单位数	个	2	9	11	1	1
各种社会福利收养性单位床位数	床	13	147	126	40	6

2011 年县(市)社会经济主要指标

西藏自治区

指　　标	单位	琼结县	曲松县	措美县	洛扎县	加查县
一、基本情况						
行政区域土地面积	平方公里	1030	2070	4178	5031	7982
乡(镇)个数	个	4	5	4	7	7
村民委员会个数	个	20	21	16	26	77
年末总户数	户	6003	5202	4523	6026	
其中:乡村户数	户	4504	4131	3658	4628	5416
年末总人口	万人	2	2	2	2	2
乡村人口	万人	2	2	1	2	2
年末单位从业人员数	人	1095	825	759	982	1104
乡村从业人员数	人	8751	7126	7005	9124	7935
其中:农林牧渔业	人	2118	3362	5312	6087	5707
农业机械总动力	万千瓦特	3	1	1	1	5
固定电话用户	户	700	1513	897	465	870
二、综合经济						
第一产业增加值	万元	1949	2301	1959	3446	4663
第二产业增加值	万元	8014	34787	5990	9341	44117
地方财政一般预算收入	万元	813	1930	621	761	4733
地方财政一般预算支出	万元	15064	15506	12392	18142	20889
城乡居民储蓄存款余额	万元	5969	7362	6070	9466	16721
年末金融机构各项贷款余额	万元	4871	5090		4831	7516
三、农业、工业及投资						
粮食总产量	吨	11055	7141	2963	9437	7459
棉花产量	吨					
油料产量	吨	1257	959	229	772	
肉类总产量	吨	857	1760	1746	873	1837
规模以上工业企业个数	个					
规模以上工业总产值(现价)	万元					
固定资产投资(不含农户)	万元	11858		7774		
四、教育、卫生和社会保障						
普通中学在校学生数	人	731	740	666	729	1024
小学在校学生数	人	1270	1494	1182	1660	2022
医院、卫生院床位数	床	45	27	16	58	55
各种社会福利收养性单位数	个	1	3	1	3	2
各种社会福利收养性单位床位数	床	106	126	30	45	57

2011年县(市)社会经济主要指标

西藏自治区

指　　　标	单位	隆子县	错那县	浪卡子县	日喀则市	南木林县
一、基本情况						
行政区域土地面积	平方公里	4385	9894	34979	3654	8113
乡(镇)个数	个	11	10	10	12	17
村民委员会个数	个	80	24	98	171	146
年末总户数	户	10870	5709	9270	28001	18599
其中:乡村户数	户	10025	5214	8174	11109	13284
年末总人口	万人	4	2	4	11	8
乡村人口	万人	3	1	4	7	8
年末单位从业人员数	人	1165	874	1245	3910	1679
乡村从业人员数	人	22	6959	20052	42847	41478
其中:农林牧渔业	人	22	4111	9292	25221	37008
农业机械总动力	万千瓦特	7	1	6	23	13
固定电话用户	户	4900	2500	2268	25615	3587
二、综合经济						
第一产业增加值	万元	3973	1749	3494	35614	24597
第二产业增加值	万元	30966	7350	12033	162053	9579
地方财政一般预算收入	万元	3097	607	863	6610	918
地方财政一般预算支出	万元	25812	16018	863	52384	32893
城乡居民储蓄存款余额	万元	13800	9548	22277	1293	7933
年末金融机构各项贷款余额	万元	6055	2902	9333	20386	12420
三、农业、工业及投资						
粮食总产量	吨	16706	4091	7822	65940	20643
棉花产量	吨					
油料产量	吨	960	330	733	3666	2411
肉类总产量	吨	2459	1035	2587	2593	2503
规模以上工业企业个数	个	1			4	
规模以上工业总产值(现价)	万元	26789			15680	
固定资产投资(不含农户)	万元	16544		15000	3200	
四、教育、卫生和社会保障						
普通中学在校学生数	人	1664	613	1967	3884	4617
小学在校学生数	人	2960	1074	3311	6981	6843
医院、卫生院床位数	床	69	44	45	87	164
各种社会福利收养性单位数	个	5	1	1	2	1
各种社会福利收养性单位床位数	床	70	34	55	139	10

2011年县(市)社会经济主要指标

西藏自治区

指　　标	单位	江孜县	定日县	萨迦县	拉孜县	昂仁县
一、基本情况						
行政区域土地面积	平方公里	3859	13858	7510	4505	20105
乡(镇)个数	个	19	13	11	11	17
村民委员会个数	个	156	175	107	98	185
年末总户数	户	14934	10692	11050	12500	11822
其中:乡村户数	户	11046	9993	9409	10179	10836
年末总人口	万人	7	5	5	5	6
乡村人口	万人	6	5	5	5	5
年末单位从业人员数	人	2823	1614	1588	1578	1450
乡村从业人员数	人	31202	29798	23949	29085	26503
其中:农林牧渔业	人	26394	17898	16592	13016	23887
农业机械总动力	万千瓦特	16	6	11	14	8
固定电话用户	户	6800	750	1710	5573	2895
二、综合经济						
第一产业增加值	万元	23552	13980	13073	16589	12936
第二产业增加值	万元	17562	7207	8645	10488	11450
地方财政一般预算收入	万元	1655	2387	750	880	689
地方财政一般预算支出	万元	37858	30914	22319	26840	23874
城乡居民储蓄存款余额	万元	13426	4163	4474	8525	6350
年末金融机构各项贷款余额	万元	12684	7561	8344	12281	13687
三、农业、工业及投资						
粮食总产量	吨	60667	26018	26943	36582	18123
棉花产量	吨					
油料产量	吨	6064	1308	3238	4422	938
肉类总产量	吨	2884	2193	2081	1787	3593
规模以上工业企业个数	个	1				
规模以上工业总产值(现价)	万元	1465				
固定资产投资(不含农户)	万元			25400	21799	20677
四、教育、卫生和社会保障						
普通中学在校学生数	人	4730	2948	2177	2800	2861
小学在校学生数	人	5433	5692	4204	4807	5586
医院、卫生院床位数	床	195	110	47	208	168
各种社会福利收养性单位数	个	3	2	2	1	2
各种社会福利收养性单位床位数	床	110	35	20	24	20

2011 年县(市)社会经济主要指标

西藏自治区

指　　标	单位	谢通门县	白朗县	仁布县	康马县	定结县
一、基本情况						
行政区域土地面积	平方公里	13960	2759	2124	6165	5816
乡(镇)个数	个	19	11	9	9	10
村民委员会个数	个	95	111	73	47	70
年末总户数	户	10317	8186	5510	3736	4853
其中:乡村户数	户	8717	7000	5143	3761	3731
年末总人口	万人	5	5	3	2	2
乡村人口	万人	4	4	3	2	2
年末单位从业人员数	人	1915	1176	1220	1023	1280
乡村从业人员数	人	25053	24578	17699	9785	10740
其中:农林牧渔业	人	20292	13696	7134	7373	9527
农业机械总动力	万千瓦特	5	13	5	6	3
固定电话用户	户	2669	4213	1230	2893	1038
二、综合经济						
第一产业增加值	万元	13882	16908	6080	6380	4990
第二产业增加值	万元	25408	11693	9389	4140	4414
地方财政一般预算收入	万元	5492	940	585	392	411
地方财政一般预算支出	万元	34011	24604	17370	19336	24321
城乡居民储蓄存款余额	万元	6926	5240	3652	16330	687
年末金融机构各项贷款余额	万元	8921	8843	7496	17000	4410
三、农业、工业及投资						
粮食总产量	吨	14898	40840	8304	10308	6263
棉花产量	吨					
油料产量	吨	1080	2276	916	852	639
肉类总产量	吨	3509	1193	759	1495	1020
规模以上工业企业个数	个					
规模以上工业总产值(现价)	万元					
固定资产投资(不含农户)	万元	4640		26031	27496	3688
四、教育、卫生和社会保障						
普通中学在校学生数	人	2081	1776	1190	708	936
小学在校学生数	人	4005	3750	2632	1929	1760
医院、卫生院床位数	床	125	78	36	63	55
各种社会福利收养性单位数	个	1	1	1	1	2
各种社会福利收养性单位床位数	床	20	6	14	24	8

2011年县(市)社会经济主要指标

西藏自治区

指　　标	单位	仲巴县	亚东县	吉隆县	聂拉木县	萨嘎县
一、基本情况						
行政区域土地面积	平方公里	43594	4306	9009	7903	12411
乡(镇)个数	个	13	7	5	7	8
村民委员会个数	个	58	25	43	44	38
年末总户数	户	4990	4090	3762	4335	3842
其中:乡村户数	户	4883	2936	3177	3124	2913
年末总人口	万人	2	1	2	2	1
乡村人口	万人	2	1	1	2	1
年末单位从业人员数	人	1168	1032	959	1055	869
乡村从业人员数	人	10795	6615	7260	8583	6559
其中:农林牧渔业	人	8820	5224	6310	6848	6497
农业机械总动力	万千瓦特	14	4	3	3	3
固定电话用户	户	1400	1847	255	3902	625
二、综合经济						
第一产业增加值	万元	14610	4160	4531	6744	4366
第二产业增加值	万元	7290	6104	8360	9592	3263
地方财政一般预算收入	万元	1040	799	367	1103	408
地方财政一般预算支出	万元	19611	24930	16941	20896	15617
城乡居民储蓄存款余额	万元	5508	9706	4120	2685	4512
年末金融机构各项贷款余额	万元	3075	3220	2633	4005	4133
三、农业、工业及投资						
粮食总产量	吨		1162	4236	6205	1303
棉花产量	吨					
油料产量	吨		28	711	506	67
肉类总产量	吨	5873	1790	1199	745	1880
规模以上工业企业个数	个					
规模以上工业总产值(现价)	万元					
固定资产投资(不含农户)	万元		8984	15736		
四、教育、卫生和社会保障						
普通中学在校学生数	人	1405	483	899	880	912
小学在校学生数	人	2531	824	1740	1802	1526
医院、卫生院床位数	床	86	43	45	120	62
各种社会福利收养性单位数	个		1	1		1
各种社会福利收养性单位床位数	床		12	18		22

2011 年县(市)社会经济主要指标

西藏自治区

指　　标	单位	岗巴县	那曲县	嘉黎县	比如县	聂荣县
一、基本情况						
行政区域土地面积	平方公里	4198	16195	13056	11680	9017
乡(镇)个数	个	5	12	10	10	10
村民委员会个数	个	29	141	121	175	142
年末总户数	户	3184	17740	6733	14218	7884
其中:乡村户数	户	2119	16277	5536	11621	7222
年末总人口	万人	1	8	3	6	3
乡村人口	万人	1	7	3	6	3
年末单位从业人员数	人	873	2337	1723	1825	875
乡村从业人员数	人	5778	37616	13501	23420	15908
其中:农林牧渔业	人	5013	28095	11488	21090	13540
农业机械总动力	万千瓦特	2	4	6	5	
固定电话用户	户	771		415	2437	678
二、综合经济						
第一产业增加值	万元	2604	19605	10669	18913	6064
第二产业增加值	万元	3903	20078	13078	13766	12903
地方财政一般预算收入	万元	397	1645	2565	661	501
地方财政一般预算支出	万元	16064	30380	21788	23047	19268
城乡居民储蓄存款余额	万元	1386	7980	7485	16844	2315
年末金融机构各项贷款余额	万元	1605	22701	11468	19191	9037
三、农业、工业及投资						
粮食总产量	吨	3216		929	3219	
棉花产量	吨					
油料产量	吨	258				
肉类总产量	吨	1207	10840	4898	7004	7411
规模以上工业企业个数	个		1	2		
规模以上工业总产值(现价)	万元		1100	12985		
固定资产投资(不含农户)	万元					
四、教育、卫生和社会保障						
普通中学在校学生数	人	397	3372	1259	3099	2273
小学在校学生数	人	1003	11348	3681	6710	4591
医院、卫生院床位数	床	34	89	89	84	101
各种社会福利收养性单位数	个	2	5		4	1
各种社会福利收养性单位床位数	床	22	70		59	8

2011年县(市)社会经济主要指标

西藏自治区

指　　标	单位	安多县	申扎县	索　县	班戈县	巴青县
一、基本情况						
行政区域土地面积	平方公里	43411	25546	5744	2838	10326
乡(镇)个数	个	13	8	10	10	10
村民委员会个数	个	74	62	124	86	153
年末总户数	户	9547	4425	9182	9262	9783
其中:乡村户数	户	8823	3756	8205	9062	8463
年末总人口	万人	4	2	5	4	5
乡村人口	万人	4	2	4	4	5
年末单位从业人员数	人	1522	1233	16900	19116	2571
乡村从业人员数	人	12907	9290	16900	19116	20782
其中:农林牧渔业	人	12907	7611	14894	17769	12471
农业机械总动力	万千瓦特			3	5	6
固定电话用户	户	1241	2700	1069	750	
二、综合经济						
第一产业增加值	万元	7188	3904	9425	7324	13051
第二产业增加值	万元	12393	5662	10309	9947	
地方财政一般预算收入	万元	1557	587	911	710	521
地方财政一般预算支出	万元	20960	15606	21215	20046	20440
城乡居民储蓄存款余额	万元	4626	6352	6042		4979
年末金融机构各项贷款余额	万元	11156	5349	1377	9020	20535
三、农业、工业及投资						
粮食总产量	吨			6228		
棉花产量	吨					
油料产量	吨			86		
肉类总产量	吨		5606	3667	6458	5340
规模以上工业企业个数	个		2			1
规模以上工业总产值(现价)	万元		221			2570
固定资产投资(不含农户)	万元			33678	31756	3821
四、教育、卫生和社会保障						
普通中学在校学生数	人	2086	1261	1118	1687	1692
小学在校学生数	人	5077	2141	4795	4069	5120
医院、卫生院床位数	床	104	48	58	65	32
各种社会福利收养性单位数	个		1	4	3	1
各种社会福利收养性单位床位数	床		12	46	31	18

2011年县(市)社会经济主要指标

西藏自治区

指　　标	单位	尼玛县	普兰县	札达县	噶尔县	日土县
一、基本情况						
行政区域土地面积	平方公里	72499	13179	24601	10083	77096
乡(镇)个数	个	14	3	6	5	5
村民委员会个数	个	77	9	15	13	13
年末总户数	户	7089	2615	2400	2416	2565
其中:乡村户数	户	7018	1755	1466	1862	1966
年末总人口	万人	3	1	1	2	1
乡村人口	万人	3	1	1	1	1
年末单位从业人员数	人	987	715	906	715	923
乡村从业人员数	人	9348	3864	3026	3834	4669
其中:农林牧渔业	人	2043	2491	2796	3428	3462
农业机械总动力	万千瓦特				22	3
固定电话用户	户		3800	824	371	300
二、综合经济						
第一产业增加值	万元	8519	2971	1804	3484	5260
第二产业增加值	万元	6473	1728	3029	4410	2760
地方财政一般预算收入	万元	697	559	561	2158	798
地方财政一般预算支出	万元	16839	14937	14757	2158	15618
城乡居民储蓄存款余额	万元	4079	6266	5855	7574	1731
年末金融机构各项贷款余额	万元	5841	2063	1998	3691	1579
三、农业、工业及投资						
粮食总产量	吨	205	2881	792	680	965
棉花产量	吨					
油料产量	吨		140	16	12	22
肉类总产量	吨	8646	500	417	1207	2028
规模以上工业企业个数	个		1	1	6	
规模以上工业总产值(现价)	万元		851	549	8060	
固定资产投资(不含农户)	万元	10417				5908
四、教育、卫生和社会保障						
普通中学在校学生数	人	1548	417	306	914	362
小学在校学生数	人	2896	870	663	1513	1218
医院、卫生院床位数	床	115	40	27	250	20
各种社会福利收养性单位数	个	1	1	1		
各种社会福利收养性单位床位数	床	16	14	4		1

2011年县（市）社会经济主要指标

西藏自治区

指　　标	单位	革吉县	改则县	措勤县	林芝县	工布江达县
一、基本情况						
行政区域土地面积	平方公里	46117	135025	22980	8536	12960
乡（镇）个数	个	5	7	5	7	9
村民委员会个数	个	19	47	20	67	79
年末总户数	户	4105	6372	3861	18614	7219
其中：乡村户数	户	3789	5068	3191	3669	5324
年末总人口	万人	2	2	2	6	3
乡村人口	万人	2	2	1	2	3
年末单位从业人员数	人	577	895	679	16532	1775
乡村从业人员数	人	13023	10249	7653	7656	13636
其中：农林牧渔业	人	8988	9203	5820	4630	12749
农业机械总动力	万千瓦特				11	12
固定电话用户	户	1240	756	470	6208	7300
二、综合经济						
第一产业增加值	万元	6177	14788	5407	9930	12425
第二产业增加值	万元	2613	3089	1999	121933	20024
地方财政一般预算收入	万元	1328	730	647	5115	4725
地方财政一般预算支出	万元	15314	15920	12624	27364	27435
城乡居民储蓄存款余额	万元	2296	3430	3285	13241	12893
年末金融机构各项贷款余额	万元		3290	1878	14222	10561
三、农业、工业及投资						
粮食总产量	吨				11452	6585
棉花产量	吨					
油料产量	吨				811	811
肉类总产量	吨	3449	6066	1978	2362	2142
规模以上工业企业个数	个	3	2	1	2	
规模以上工业总产值（现价）	万元	7129	701	62	45870	
固定资产投资（不含农户）	万元					19839
四、教育、卫生和社会保障						
普通中学在校学生数	人	699	1091	822	6483	1029
小学在校学生数	人	1577	2900	1784	4784	2895
医院、卫生院床位数	床	58	90	95	286	62
各种社会福利收养性单位数	个			1	3	5
各种社会福利收养性单位床位数	床			16	74	94

2011 年县(市)社会经济主要指标

西藏自治区

指　　标	单位	米林县	墨脱县	波密县	察隅县	朗　县
一、基本情况						
行政区域土地面积	平方公里	9507	31395	16768	31305	4200
乡(镇)个数	个	8	8	10	6	6
村民委员会个数	个	66	46	84	96	51
年末总户数	户	5846	2901	7981	5530	4751
其中:乡村户数	户	3683	1792	4844	4854	3972
年末总人口	万人	2	1	3	3	2
乡村人口	万人	2	1	3	3	1
年末单位从业人员数	人	2111	1174	2209	1871	1232
乡村从业人员数	人	8142	4908	12711	12201	7465
其中:农林牧渔业	人	7617	4483	10115	11171	6997
农业机械总动力	万千瓦特	12		10	7	2
固定电话用户	户	1800	920	7560	1700	950
二、综合经济						
第一产业增加值	万元	10045	1943	16444	8301	5993
第二产业增加值	万元	16900	11693	24542	10095	7334
地方财政一般预算收入	万元	3683	1370	4256	1887	759
地方财政一般预算支出	万元	26510	20446	27457	25401	17772
城乡居民储蓄存款余额	万元	22082	3901	8871	14803	10903
年末金融机构各项贷款余额	万元	5718	3197	4286	5650	7431
三、农业、工业及投资						
粮食总产量	吨	9678	4943	17036	18567	6234
棉花产量	吨					
油料产量	吨	515	23	829	299	298
肉类总产量	吨	1389	226	1803	1398	1678
规模以上工业企业个数	个			1		
规模以上工业总产值(现价)	万元			1763		
固定资产投资(不含农户)	万元			32081		12122
四、教育、卫生和社会保障						
普通中学在校学生数	人	769	736	1340	1499	651
小学在校学生数	人	2289	1157	3508	2888	1331
医院、卫生院床位数	床	74	89	152	120	108
各种社会福利收养性单位数	个	4		2	1	2
各种社会福利收养性单位床位数	床	50		32	6	31

2011年县(市)社会经济主要指标

陕西省

指　　标	单位	长安区	蓝田县	周至县	户　县	高陵县
一、基本情况						
行政区域土地面积	平方公里	1577	1969	2949	1282	294
乡(镇)个数	个	5	22	22	16	8
村民委员会个数	个	668	519	376	518	88
年末总户数	户	279452	183083	174109	183180	93821
其中:乡村户数	户	214348	143580	139236	119168	53348
年末总人口	万人	100	65	67	60	31
乡村人口	万人	84	58	60	48	20
年末单位从业人员数	人	56752	22679	22106	36093	31505
乡村从业人员数	人	438545	344929	346489	283245	124324
其中:农林牧渔业	人	198967	201022	192666	169796	55797
农业机械总动力	万千瓦特	40	29	40	47	23
固定电话用户	户	167584	51089	72000	103600	46784
二、综合经济						
第一产业增加值	万元	289715	204908	202996	212391	169318
第二产业增加值	万元	1600600	294600	175300	708400	1509900
地方财政一般预算收入	万元	180176	21224	15510	44754	70031
地方财政一般预算支出	万元	304227	155355	181790	177764	123775
城乡居民储蓄存款余额	万元	2100056	600640	593416	1054386	695292
年末金融机构各项贷款余额	万元	812897	312692	176307	469656	220999
三、农业、工业及投资						
粮食总产量	吨	346214	265829	226032	302724	200313
棉花产量	吨	28	254		4	
油料产量	吨	2767	3035	1775	862	
肉类总产量	吨	19423	17590	26565	18010	6879
规模以上工业企业个数	个	50	16	25	51	65
规模以上工业总产值(现价)	万元	427800	280100	136700	1032804	4444892
固定资产投资(不含农户)	万元	2163136	456854	481527	802752	1314748
四、教育、卫生和社会保障						
普通中学在校学生数	人	47739	40860	42347	37939	13535
小学在校学生数	人	45552	41044	38047	33953	13767
医院、卫生院床位数	床	2042	1179	779	1910	922
各种社会福利收养性单位数	个	14	5	3	7	2
各种社会福利收养性单位床位数	床	1000	373	765	235	198

2011年县(市)社会经济主要指标

陕西省

指　　标	单位	耀州区	宜君县	陈仓区	凤翔县	岐山县
一、基本情况						
行政区域土地面积	平方公里	1543	1531	2517	1179	856
乡(镇)个数	个	10	9	15	12	10
村民委员会个数	个	189	178	332	233	144
年末总户数	户	80893	31587	161997	155132	138266
其中:乡村户数	户	51326	17930	124486	118221	102110
年末总人口	万人	26	10	60	52	47
乡村人口	万人	19	6	50	46	38
年末单位从业人员数	人	19275	6207	35601	18609	23599
乡村从业人员数	人	112403	49270	281008	255873	187534
其中:农林牧渔业	人	64387	35184	115247	131279	80392
农业机械总动力	万千瓦特	15	9	32	37	24
固定电话用户	户	82000	12193	92500	51305	75000
二、综合经济						
第一产业增加值	万元	69598	47100	193035	192559	184344
第二产业增加值	万元	602660	84400	758483	755498	668900
地方财政一般预算收入	万元	29888	10056	29556	29501	20044
地方财政一般预算支出	万元	119300	70288	124460	136611	100882
城乡居民储蓄存款余额	万元	461401	32123	813772	574210	862213
年末金融机构各项贷款余额	万元	188357	30135	589373	373921	297564
三、农业、工业及投资						
粮食总产量	吨	82191	84010	210511	261013	263544
棉花产量	吨			11		16
油料产量	吨	4484	3320	2807	5094	3191
肉类总产量	吨	4157	4399	51877	20501	27722
规模以上工业企业个数	个	51	5	44	46	33
规模以上工业总产值(现价)	万元	1473817	118114	1266700	1190000	592532
固定资产投资(不含农户)	万元	511079	114256	737593	917594	705993
四、教育、卫生和社会保障						
普通中学在校学生数	人	14067	3302	33003	33241	28979
小学在校学生数	人	16987	4514	33339	27984	24336
医院、卫生院床位数	床	1163	309	1477	1180	1594
各种社会福利收养性单位数	个	7	2	7	1	15
各种社会福利收养性单位床位数	床	56	160	510	238	450

2011年县(市)社会经济主要指标

陕西省

指　　标	单位	扶风县	眉　县	陇　县	千阳县	麟游县
一、基本情况						
行政区域土地面积	平方公里	752	863	2277	996	1704
乡(镇)个数	个	8	8	12	8	7
村民委员会个数	个	169	123	158	98	100
年末总户数	户	118984	92433	76790	40558	25925
其中:乡村户数	户	95604	68717	54920	30228	19669
年末总人口	万人	44	31	27	13	9
乡村人口	万人	39	26	21	11	7
年末单位从业人员数	人	21469	16784	11152	9648	10113
乡村从业人员数	人	206443	152716	132204	55964	32965
其中:农林牧渔业	人	105085	77778	73549	26727	24367
农业机械总动力	万千瓦特	37	18	11	12	5
固定电话用户	户	60210	51400	24433	9494	29277
二、综合经济						
第一产业增加值	万元	162092	133300	146525	79606	55231
第二产业增加值	万元	310212	322453	112842	79592	102550
地方财政一般预算收入	万元	16088	13143	14486	5615	6890
地方财政一般预算支出	万元	125680	88370	89032	50412	45305
城乡居民储蓄存款余额	万元	603500	436372	292604	162864	85205
年末金融机构各项贷款余额	万元	354000	203874	119576	86021	49246
三、农业、工业及投资						
粮食总产量	吨	264287	132125	101013	53625	53998
棉花产量	吨	66	2			
油料产量	吨	1505	1347	2490	947	1327
肉类总产量	吨	19973	14099	9102	6660	9038
规模以上工业企业个数	个	26	25	9	10	5
规模以上工业总产值(现价)	万元	511676	523000	131950	149500	226200
固定资产投资(不含农户)	万元	568593	567189	382955	294296	474991
四、教育、卫生和社会保障						
普通中学在校学生数	人	26934	20496	16353	6585	5982
小学在校学生数	人	28211	16865	17940	8761	5326
医院、卫生院床位数	床	1402	1207	625	420	516
各种社会福利收养性单位数	个	4	5	2	5	11
各种社会福利收养性单位床位数	床	485	446	300	310	170

2011年县(市)社会经济主要指标

陕西省

指标	单位	凤县	太白县	三原县	泾阳县	乾县
一、基本情况						
行政区域土地面积	平方公里	3187	2698	577	792	1003
乡(镇)个数	个	9	7	11	13	16
村民委员会个数	个	100	66	208	231	256
年末总户数	户	33422	17905	142680	146020	169943
其中:乡村户数	户	19947	10957	83051	101168	116511
年末总人口	万人	10	5	42	52	60
乡村人口	万人	7	4	33	43	49
年末单位从业人员数	人	12097	7951	21727	20280	24741
乡村从业人员数	人	42786	25375	197145	211006	248355
其中:农林牧渔业	人	18501	16201	148931	109598	155448
农业机械总动力	万千瓦特	9	2	23	37	24
固定电话用户	户	21772	4610	36500	34021	37000
二、综合经济						
第一产业增加值	万元	45247	41033	235004	352267	223290
第二产业增加值	万元	693735	45537	511600	351600	375770
地方财政一般预算收入	万元	33633	4914	22840	22223	14510
地方财政一般预算支出	万元	81526	40467	126058	127369	130190
城乡居民储蓄存款余额	万元	176720	84864	560413	490934	484718
年末金融机构各项贷款余额	万元	106721	52254	211597	257201	261585
三、农业、工业及投资						
粮食总产量	吨	26122	6269	193134	248685	276961
棉花产量	吨				256	
油料产量	吨	573	300	3741	2710	8698
肉类总产量	吨	8336	2566	14152	22521	15575
规模以上工业企业个数	个	43	5	83	50	43
规模以上工业总产值(现价)	万元	1628400	91000	1278600	869100	727362
固定资产投资(不含农户)	万元	743369	115371	613549	585506	591901
四、教育、卫生和社会保障						
普通中学在校学生数	人	5015	3868	29640	36687	55897
小学在校学生数	人	5619	3537	22637	28848	53858
医院、卫生院床位数	床	463	327	1134	1306	1030
各种社会福利收养性单位数	个	4	6	3	3	3
各种社会福利收养性单位床位数	床	440	156	100	100	100

2011年县(市)社会经济主要指标

陕西省

指　　标	单位	礼泉县	永寿县	彬　县	长武县	旬邑县
一、基本情况						
行政区域土地面积	平方公里	1011	889	1183	567	1811
乡(镇)个数	个	12	11	13	9	11
村民委员会个数	个	317	249	247	160	187
年末总户数	户	162862	60290	98422	51846	83427
其中:乡村户数	户	104520	43986	71730	42396	57875
年末总人口	万人	50	21	35	18	29
乡村人口	万人	43	18	29	16	24
年末单位从业人员数	人	21362	11880	25359	12745	18017
乡村从业人员数	人	248210	74088	143282	78473	112997
其中:农林牧渔业	人	189823	35773	86250	44366	74562
农业机械总动力	万千瓦特	28	12	8	11	91
固定电话用户	户	66589	16139	21010	15200	14508
二、综合经济						
第一产业增加值	万元	373559	108150	125990	109018	211780
第二产业增加值	万元	258511	85240	772370	179330	391610
地方财政一般预算收入	万元	16893	8048	89354	27761	24070
地方财政一般预算支出	万元	124209	76796	189528	83851	113002
城乡居民储蓄存款余额	万元	494360	170718	535373	227681	293153
年末金融机构各项贷款余额	万元	183388	93334	587514	80302	104256
三、农业、工业及投资						
粮食总产量	吨	115603	75780	119392	49743	98749
棉花产量	吨					
油料产量	吨	4422	3294	9174	1381	1450
肉类总产量	吨	7990	9127	5438	4274	24719
规模以上工业企业个数	个	24	13	18	9	17
规模以上工业总产值(现价)	万元	599400	179309	1553700	413157	796400
固定资产投资(不含农户)	万元	687967	265312	780090	509394	301439
四、教育、卫生和社会保障						
普通中学在校学生数	人	44763	13438	24974	10532	23762
小学在校学生数	人	42638	15176	26596	9995	18811
医院、卫生院床位数	床	941	492	965	525	750
各种社会福利收养性单位数	个	1	4	2	3	9
各种社会福利收养性单位床位数	床	50	423	100	350	355

2011年县(市)社会经济主要指标

陕西省

指　　标	单位	淳化县	武功县	兴平市	华　县	潼关县
一、基本情况						
行政区域土地面积	平方公里	960	398	507	1139	526
乡(镇)个数	个	12	8	8	10	6
村民委员会个数	个	204	212	223	242	84
年末总户数	户	61363	129609	160312	105682	53081
其中:乡村户数	户	46926	87738	92804	70795	28329
年末总人口	万人	20	46	60	35	17
乡村人口	万人	18	33	38	27	12
年末单位从业人员数	人	10919	27520	42034	24948	16437
乡村从业人员数	人	105711	172369	208129	157765	76257
其中:农林牧渔业	人	66680	87168	147148	126417	51612
农业机械总动力	万千瓦特	17	22	27	22	8
固定电话用户	户	21300	66513	65786	64400	24921
二、综合经济						
第一产业增加值	万元	193270	167284	189846	69961	26054
第二产业增加值	万元	104380	254950	639920	702010	139727
地方财政一般预算收入	万元	6043	8663	28585	45000	14680
地方财政一般预算支出	万元	84086	110030	141510	150001	80018
城乡居民储蓄存款余额	万元	158700	477489	844400	466273	267804
年末金融机构各项贷款余额	万元	66728	182544	426391	261113	150592
三、农业、工业及投资						
粮食总产量	吨	95825	206590	230911	108749	43106
棉花产量	吨		7		2028	966
油料产量	吨	5426	2486	928	2057	3679
肉类总产量	吨	12357	21490	39453	7245	5215
规模以上工业企业个数	个	15	21	71	18	16
规模以上工业总产值(现价)	万元	194073	529162	1762077	1627700	393944
固定资产投资(不含农户)	万元	185076	250634	876561	768280	236533
四、教育、卫生和社会保障						
普通中学在校学生数	人	14436	37168	48899	16210	11042
小学在校学生数	人	27732	39652	40261	19532	9004
医院、卫生院床位数	床	508	1205	1534	1050	449
各种社会福利收养性单位数	个	1	3	1	1	1
各种社会福利收养性单位床位数	床	50	50	100	100	55

2011 年县(市)社会经济主要指标

陕西省

指　　标	单位	大荔县	合阳县	澄城县	蒲城县	白水县
一、基本情况						
行政区域土地面积	平方公里	1776	1437	1121	1584	960
乡(镇)个数	个	18	12	10	17	10
村民委员会个数	个	415	353	266	359	194
年末总户数	户	203604	142865	133617	225478	108527
其中:乡村户数	户	160080	99332	96031	163103	58210
年末总人口	万人	72	45	40	79	30
乡村人口	万人	66	39	32	67	24
年末单位从业人员数	人	32716	25731	31627	34535	18853
乡村从业人员数	人	377095	206376	190227	373250	134195
其中:农林牧渔业	人	266400	130746	115894	269909	85405
农业机械总动力	万千瓦特	88	26	27	63	33
固定电话用户	户	89754	59500	38000	103860	42170
二、综合经济						
第一产业增加值	万元	236790	131513	152792	196835	160233
第二产业增加值	万元	194390	145500	332630	542250	151330
地方财政一般预算收入	万元	10510	14021	22899	36000	14105
地方财政一般预算支出	万元	165158	125800	135383	196775	114208
城乡居民储蓄存款余额	万元	517003	420100	579065	838377	333288
年末金融机构各项贷款余额	万元	401590	203500	248966	842665	147992
三、农业、工业及投资						
粮食总产量	吨	273329	201833	164266	336481	111129
棉花产量	吨	15240	7599	6789	18498	5
油料产量	吨	26438	3583	8020	4035	3858
肉类总产量	吨	37200	10514	49752	13193	13110
规模以上工业企业个数	个	32	15	20	34	11
规模以上工业总产值(现价)	万元	284521	243000	607628	1127625	232293
固定资产投资(不含农户)	万元	437288	424518	660173	968811	283894
四、教育、卫生和社会保障						
普通中学在校学生数	人	45326	31888	28658	47756	21105
小学在校学生数	人	44385	27712	23970	41518	17322
医院、卫生院床位数	床	1883	915	1120	1695	556
各种社会福利收养性单位数	个	6	5	8	5	5
各种社会福利收养性单位床位数	床	645	240	288	125	180

2011年县(市)社会经济主要指标

陕西省

指　　标	单位	富平县	韩城市	华阴市	延长县	延川县
一、基本情况						
行政区域土地面积	平方公里	1242	1621	817	2368	1984
乡(镇)个数	个	17	10	4	10	11
村民委员会个数	个	337	275	186	288	346
年末总户数	户	262586	125522	84786	61321	67667
其中:乡村户数	户	167985	51941	42653	26307	32082
年末总人口	万人	80	40	26	16	19
乡村人口	万人	68	25	19	11	14
年末单位从业人员数	人	30187	47950	22217	9118	9661
乡村从业人员数	人	426512	122317	97923	46691	59204
其中:农林牧渔业	人	213498	64629	51754	40587	36629
农业机械总动力	万千瓦特	51	27	6	8	8
固定电话用户	户	94990	85196	39844	12339	18438
二、综合经济						
第一产业增加值	万元	206045	96298	44121	58910	42810
第二产业增加值	万元	321780	1477110	327000	139900	657400
地方财政一般预算收入	万元	22211	87065	22674	28259	19200
地方财政一般预算支出	万元	203315	188692	94208	90619	103900
城乡居民储蓄存款余额	万元	669531	1074502	422882	164913	215935
年末金融机构各项贷款余额	万元	370318	1154291	404576	80676	692918
三、农业、工业及投资						
粮食总产量	吨	363948	77541	73768	33263	40212
棉花产量	吨	1106	81	1409	385	109
油料产量	吨	4383	951	1342	2381	1387
肉类总产量	吨	18030	9899	3398	3017	2862
规模以上工业企业个数	个	33	75	11	1	3
规模以上工业总产值(现价)	万元	909800	4868300	617985	2022	20730
固定资产投资(不含农户)	万元	503471	1156334	569293	263890	117772
四、教育、卫生和社会保障						
普通中学在校学生数	人	27843	25686	6675	7183	10679
小学在校学生数	人	45340	24218	13623	8404	12600
医院、卫生院床位数	床	1655	1350	1105	322	418
各种社会福利收养性单位数	个		2	1	4	7
各种社会福利收养性单位床位数	床		50	60	420	600

2011年县(市)社会经济主要指标

陕西省

指标	单位	子长县	安塞县	志丹县	吴起县	甘泉县
一、基本情况						
行政区域土地面积	平方公里	2396	2949	3794	3789	2272
乡(镇)个数	个	10	9	8	9	6
村民委员会个数	个	358	211	200	164	117
年末总户数	户	87937	62776	59474	43689	33451
其中:乡村户数	户	46223	36443	22289	26443	11129
年末总人口	万人	27	19	16	14	9
乡村人口	万人	19	15	11	11	5
年末单位从业人员数	人	15157	12997	15653	16108	9364
乡村从业人员数	人	76827	63142	52528	48960	27198
其中:农林牧渔业	人	54822	38137	30807	23610	22359
农业机械总动力	万千瓦特	11	7	13	16	8
固定电话用户	户	26514	16647	14208	14808	11710
二、综合经济						
第一产业增加值	万元	64740	51730	43630	40320	30520
第二产业增加值	万元	485700	785930	1480920	1546630	95500
地方财政一般预算收入	万元	92697	90067	177127	207388	32018
地方财政一般预算支出	万元	153731	134439	207264	234699	63242
城乡居民储蓄存款余额	万元	229454	181951	246657	277188	101337
年末金融机构各项贷款余额	万元	116790	102120	174041	183634	56739
三、农业、工业及投资						
粮食总产量	吨	67727	59918	46012	49699	37119
棉花产量	吨					
油料产量	吨	6793	2660	3210	300	172
肉类总产量	吨	8447	2757	3005	5348	4134
规模以上工业企业个数	个	22	1	5	3	3
规模以上工业总产值(现价)	万元	360850	2207	16825	7698	112167
固定资产投资(不含农户)	万元	588943	602069	993582	1067603	76521
四、教育、卫生和社会保障						
普通中学在校学生数	人	15219	10615	7977	11256	4749
小学在校学生数	人	19781	13819	12251	11638	6405
医院、卫生院床位数	床	581	465	453	305	213
各种社会福利收养性单位数	个	4	6	4	2	1
各种社会福利收养性单位床位数	床	650	450	430	500	200

2011 年县(市)社会经济主要指标

陕西省

指　　标	单位	富　县	洛川县	宜川县	黄龙县	黄陵县
一、基本情况						
行政区域土地面积	平方公里	4180	1792	2934	2746	2287
乡(镇)个数	个	10	12	10	7	7
村民委员会个数	个	240	371	202	87	191
年末总户数	户	51045	72223	41340	19031	44666
其中:乡村户数	户	29104	41539	26026	9598	20375
年末总人口	万人	15	22	12	5	13
乡村人口	万人	11	17	9	3	8
年末单位从业人员数	人	10844	15924	6610	5272	24185
乡村从业人员数	人	60948	94379	42340	14381	42759
其中:农林牧渔业	人	52269	85551	34143	12266	31645
农业机械总动力	万千瓦特	15	23	21	5	25
固定电话用户	户	15950	21174	12920	6876	19860
二、综合经济						
第一产业增加值	万元	87310	179940	77090	34490	54880
第二产业增加值	万元	67510	1463890	9320	5320	651100
地方财政一般预算收入	万元	17051	16927	7119	1809	79797
地方财政一般预算支出	万元	93900	104149	88595	56487	121781
城乡居民储蓄存款余额	万元	183406	312926	135952	63223	364478
年末金融机构各项贷款余额	万元	198639	546117	49921	24316	167265
三、农业、工业及投资						
粮食总产量	吨	36807	88175	33715	67014	42437
棉花产量	吨			20		
油料产量	吨	640	13	950	145	2287
肉类总产量	吨	2817	21534	2370	2395	2894
规模以上工业企业个数	个	1	1			31
规模以上工业总产值(现价)	万元	32401	15580			1112837
固定资产投资(不含农户)	万元	168678	367403	91192	46600	632956
四、教育、卫生和社会保障						
普通中学在校学生数	人	10511	17665	9175	2955	9922
小学在校学生数	人	14220	20069	6128	2810	8947
医院、卫生院床位数	床	449	519	301	157	720
各种社会福利收养性单位数	个	3	1	3	4	2
各种社会福利收养性单位床位数	床	442	300	500	410	260

2011年县(市)社会经济主要指标

陕西省

指　　标	单位	南郑县	城固县	洋　县	西乡县	勉　县
一、基本情况						
行政区域土地面积	平方公里	2824	2265	3206	3265	2382
乡(镇)个数	个	22	18	20	18	19
村民委员会个数	个	398	392	362	267	233
年末总户数	户	185714	178859	139206	143322	141538
其中:乡村户数	户	140146	124198	107226	103696	100278
年末总人口	万人	56	53	44	41	42
乡村人口	万人	48	43	37	34	32
年末单位从业人员数	人	25621	29701	27629	13607	31768
乡村从业人员数	人	276952	199005	173223	179255	184012
其中:农林牧渔业	人	130012	87168	94052	89672	85921
农业机械总动力	万千瓦特	16	17	17	29	12
固定电话用户	户	56801	49128	58000	68285	82300
二、综合经济						
第一产业增加值	万元	165567	322656	170042	136203	150715
第二产业增加值	万元	501630	355620	255180	108940	421730
地方财政一般预算收入	万元	35128	12160	14119	12582	21825
地方财政一般预算支出	万元	166598	153850	141333	136382	135055
城乡居民储蓄存款余额	万元	651305	728154	510000	463286	668013
年末金融机构各项贷款余额	万元	288783	344116	414000	287352	444068
三、农业、工业及投资						
粮食总产量	吨	138018	131008	147023	92056	125106
棉花产量	吨				2	1
油料产量	吨	33068	24080	27067	23042	26395
肉类总产量	吨	32547	44209	40548	45810	38768
规模以上工业企业个数	个	37	35	21	17	31
规模以上工业总产值(现价)	万元	703793	765923	466436	175135	1257241
固定资产投资(不含农户)	万元	319235	477370	386303	209299	421670
四、教育、卫生和社会保障						
普通中学在校学生数	人	30905	29846	21245	12775	25205
小学在校学生数	人	28516	34031	25758	19769	20024
医院、卫生院床位数	床	1143	1114	1425	1128	1216
各种社会福利收养性单位数	个	14	29	9	1	19
各种社会福利收养性单位床位数	床	466	1759	470	15	479

2011年县(市)社会经济主要指标

陕西省

指　　标	单位	宁强县	略阳县	镇巴县	留坝县	佛坪县
一、基本情况						
行政区域土地面积	平方公里	3260	2831	3414	1854	1279
乡(镇)个数	个	21	18	21	8	8
村民委员会个数	个	269	183	221	98	59
年末总户数	户	109878	65954	84332	14820	11361
其中:乡村户数	户	86104	37150	62977	10019	7930
年末总人口	万人	33	20	29	4	3
乡村人口	万人	29	14	24	4	3
年末单位从业人员数	人	16789	18907	13201	4039	2695
乡村从业人员数	人	152088	74402	100140	21180	9315
其中:农林牧渔业	人	79074	34283	49479	14647	5693
农业机械总动力	万千瓦特	13	23	8	2	4
固定电话用户	户	37500	35984	38804	7945	4326
二、综合经济						
第一产业增加值	万元	135828	66610	114866	22136	8810
第二产业增加值	万元	124320	246080	86320	16250	12880
地方财政一般预算收入	万元	9121	14807	6128	2000	1352
地方财政一般预算支出	万元	112026	84506	99108	42800	35815
城乡居民储蓄存款余额	万元	324209	303088	199928	56872	41406
年末金融机构各项贷款余额	万元	152767	233728	104122	50554	23091
三、农业、工业及投资						
粮食总产量	吨	77003	44004	81011	11013	8016
棉花产量	吨					
油料产量	吨	11083	4504	10512	915	431
肉类总产量	吨	30053	13910	29529	3254	2158
规模以上工业企业个数	个	29	16	6	4	2
规模以上工业总产值(现价)	万元	192956	618651	64480	8486	5372
固定资产投资(不含农户)	万元	272482	205810	183443	35400	46400
四、教育、卫生和社会保障						
普通中学在校学生数	人	14889	5863	15063	2581	1640
小学在校学生数	人	23412	9488	21710	2024	1835
医院、卫生院床位数	床	909	725	337	230	125
各种社会福利收养性单位数	个	2	7	2	3	7
各种社会福利收养性单位床位数	床	550	1270	125	41	380

2011年县(市)社会经济主要指标

陕西省

指　　标	单位	神木县	府谷县	横山县	靖边县	定边县
一、基本情况						
行政区域土地面积	平方公里	7635	3229	4282	5088	6920
乡(镇)个数	个	15	15	14	17	20
村民委员会个数	个	631	232	361	214	335
年末总户数	户	134877	96112	99864	102165	99644
其中:乡村户数	户	90856	43420	70728	60285	61569
年末总人口	万人	38	26	37	34	33
乡村人口	万人	37	17	32	25	28
年末单位从业人员数	人	58916	18031	16606	25655	19835
乡村从业人员数	人	126401	94116	159287	153579	162384
其中:农林牧渔业	人	70784	40420	124878	83178	127233
农业机械总动力	万千瓦特	28	30	23	42	48
固定电话用户	户	58684	46307	18966	28154	41159
二、综合经济						
第一产业增加值	万元	96677	45366	108494	146946	132860
第二产业增加值	万元	5452650	3602500	559600	2422250	1887500
地方财政一般预算收入	万元	420152	236423	20295	141051	132001
地方财政一般预算支出	万元	528048	297134	156051	234968	230704
城乡居民储蓄存款余额	万元	2313822	1572400	178587	339384	464730
年末金融机构各项贷款余额	万元	2782468	1975100	235871	667147	362645
三、农业、工业及投资						
粮食总产量	吨	111824	63181	141099	210964	261791
棉花产量	吨		35			
油料产量	吨	3180	2300	3622	5964	8866
肉类总产量	吨	16367	5642	18242	26651	18048
规模以上工业企业个数	个	201	198	20	24	7
规模以上工业总产值(现价)	万元	8912900	5803138	690003	4037617	454831
固定资产投资(不含农户)	万元		2679600	1069648	1430000	610312
四、教育、卫生和社会保障						
普通中学在校学生数	人	10448	15255	20496	26508	20738
小学在校学生数	人	17238	16975	22996	29761	20474
医院、卫生院床位数	床	1102	1178	869	1256	995
各种社会福利收养性单位数	个	1	5	2	8	3
各种社会福利收养性单位床位数	床	150	433	118	200	444

2011 年县(市)社会经济主要指标

陕西省

指　　标	单位	绥德县	米脂县	佳　县	吴堡县	清涧县
一、基本情况						
行政区域土地面积	平方公里	1853	1212	2029	418	1881
乡(镇)个数	个	16	10	16	6	12
村民委员会个数	个	661	396	653	221	639
年末总户数	户	130992	78829	94061	34715	79504
其中:乡村户数	户	88722	45858	68290	19310	66569
年末总人口	万人	36	22	26	8	22
乡村人口	万人	30	19	23	7	19
年末单位从业人员数	人	16824	10746	9969	6654	13261
乡村从业人员数	人	143524	84735	144367	26500	86305
其中:农林牧渔业	人	67929	44393	46250	8371	55940
农业机械总动力	万千瓦特	14	14	9	6	14
固定电话用户	户	38034	31202	30758	13472	16871
二、综合经济						
第一产业增加值	万元	84331	47349	76902	19933	92540
第二产业增加值	万元	67480	95780	73700	44400	68580
地方财政一般预算收入	万元	5188	4444	5429	1743	3282
地方财政一般预算支出	万元	158000	111386	109301	62537	107085
城乡居民储蓄存款余额	万元	256201	145782	69547	59589	101704
年末金融机构各项贷款余额	万元	282086	129739	62873	82107	80923
三、农业、工业及投资						
粮食总产量	吨	80621	75834	69325	16346	65721
棉花产量	吨				30	48
油料产量	吨	19226	4430	799	1241	8159
肉类总产量	吨	3743	4041	3989	804	4831
规模以上工业企业个数	个	7	7	19	4	12
规模以上工业总产值(现价)	万元	22983	118012	60087	38974	85113
固定资产投资(不含农户)	万元	235989	251507	281119	113006	155758
四、教育、卫生和社会保障						
普通中学在校学生数	人	20346	15246	11552	5038	7000
小学在校学生数	人	17319	12500	15581	4746	9670
医院、卫生院床位数	床	1946	576	397	359	607
各种社会福利收养性单位数	个	5	7	4	1	4
各种社会福利收养性单位床位数	床	389	170	233	12	400

2011年县(市)社会经济主要指标

陕西省

指　　标	单位	子洲县	汉阴县	石泉县	宁陕县	紫阳县
一、基本情况						
行政区域土地面积	平方公里	2040	1364	1525	3678	2204
乡(镇)个数	个	14	14	11	12	21
村民委员会个数	个	550	179	202	98	210
年末总户数	户	113251	102417	64469	25445	107316
其中:乡村户数	户	76761	75067	44673	17221	72592
年末总人口	万人	32	31	18	7	34
乡村人口	万人	29	26	15	6	28
年末单位从业人员数	人	10327	10336	8237	5067	10383
乡村从业人员数	人	152587	162404	87018	33159	163898
其中:农林牧渔业	人	82288	76570	39538	20629	65290
农业机械总动力	万千瓦特	9	16	10	5	12
固定电话用户	户	17260	27500	18313	8053	26755
二、综合经济						
第一产业增加值	万元	73336	88836	50759	29910	94923
第二产业增加值	万元	126596	146760	201990	75220	134430
地方财政一般预算收入	万元	3858	10898	6853	3858	13308
地方财政一般预算支出	万元	121154	106689	80653	50504	118064
城乡居民储蓄存款余额	万元	58116	299326	233048	90583	240677
年末金融机构各项贷款余额	万元	71333	136104	156266	36559	106640
三、农业、工业及投资						
粮食总产量	吨	101167	92555	62700	19049	100798
棉花产量	吨		13			
油料产量	吨	9840	23341	11650	866	10476
肉类总产量	吨	5857	30395	18698	4116	29578
规模以上工业企业个数	个	5	42	39	14	18
规模以上工业总产值(现价)	万元	165529	310342	385910	106611	188500
固定资产投资(不含农户)	万元	91021	216222	219813	100398	229416
四、教育、卫生和社会保障						
普通中学在校学生数	人	13247	15402	10552	4112	17035
小学在校学生数	人	16284	22194	11535	3559	23590
医院、卫生院床位数	床	482	675	539	275	459
各种社会福利收养性单位数	个	1	83	1	10	1
各种社会福利收养性单位床位数	床	265	2950	60	1000	119

2011年县(市)社会经济主要指标

陕西省

指标	单位	岚皋县	平利县	镇坪县	旬阳县	白河县
一、基本情况						
行政区域土地面积	平方公里	1956	2647	1497	3554	1455
乡(镇)个数	个	15	11	9	22	12
村民委员会个数	个	188	190	78	282	124
年末总户数	户	63177	90575	20131	143831	62973
其中:乡村户数	户	41737	50774	13858	95848	48467
年末总人口	万人	18	24	6	45	21
乡村人口	万人	15	19	5	34	18
年末单位从业人员数	人	7768	9741	3405	18429	7888
乡村从业人员数	人	83020	96502	26257	194247	109689
其中:农林牧渔业	人	36387	50843	15098	116218	46405
农业机械总动力	万千瓦特	7	11	4	17	12
固定电话用户	户	22944	13088	6545	52104	32997
二、综合经济						
第一产业增加值	万元	46749	71530	20972	96652	54200
第二产业增加值	万元	86140	148110	32370	341060	115360
地方财政一般预算收入	万元	5647	6860	3308	28524	7088
地方财政一般预算支出	万元	79249	93281	39349	176522	88511
城乡居民储蓄存款余额	万元	137000	214464	59907	458815	186859
年末金融机构各项贷款余额	万元	82604	100087	26159	416631	103441
三、农业、工业及投资						
粮食总产量	吨	60598	69502	26047	111346	52597
棉花产量	吨					
油料产量	吨	5629	10927	1432	17788	5640
肉类总产量	吨	19618	27503	14144	40439	13591
规模以上工业企业个数	个	17	32	11	35	25
规模以上工业总产值(现价)	万元	130225	293417	55490	471435	271985
固定资产投资(不含农户)	万元	139541	186114	60515	403215	158428
四、教育、卫生和社会保障						
普通中学在校学生数	人	7997	11361	3626	27315	15286
小学在校学生数	人	9857	12246	4199	23366	12776
医院、卫生院床位数	床	481	522	218	1042	394
各种社会福利收养性单位数	个	47	51	4	37	25
各种社会福利收养性单位床位数	床	2120	3214	780	3105	2454

2011年县(市)社会经济主要指标

陕西省

指　　标	单位	商州区	洛南县	丹凤县	商南县	山阳县
一、基本情况						
行政区域土地面积	平方公里	2672	2830	2438	2307	3535
乡(镇)个数	个	19	19	16	13	23
村民委员会个数	个	391	359	196	164	318
年末总户数	户	153171	140216	95397	83798	138442
其中:乡村户数	户	118748	99062	66792	54477	103657
年末总人口	万人	56	46	31	24	46
乡村人口	万人	43	36	25	18	40
年末单位从业人员数	人	45541	19244	10504	11645	22121
乡村从业人员数	人	197655	178946	119149	104474	170893
其中:农林牧渔业	人	123898	123328	66775	41422	86489
农业机械总动力	万千瓦特	15	13	5	7	16
固定电话用户	户	87018	55000	38000	42000	50308
二、综合经济						
第一产业增加值	万元	111455	152527	90905	97823	107574
第二产业增加值	万元	375400	248700	176705	152800	222900
地方财政一般预算收入	万元	26407	27219	16101	19647	17807
地方财政一般预算支出	万元	141135	157805	119188	120861	151231
城乡居民储蓄存款余额	万元	1044779	489893	332854	258144	418292
年末金融机构各项贷款余额	万元	887382	204107	132703	154944	228740
三、农业、工业及投资						
粮食总产量	吨	99556	150530	61370	57476	101795
棉花产量	吨		10			
油料产量	吨	395	943	1304	10555	2454
肉类总产量	吨	21714	53910	20625	19300	20974
规模以上工业企业个数	个	14	19	12	14	20
规模以上工业总产值(现价)	万元	732600	364088	152395	212788	295922
固定资产投资(不含农户)	万元	651336	398000	309970	292140	326242
四、教育、卫生和社会保障						
普通中学在校学生数	人	34325	27783	22161	15152	28869
小学在校学生数	人	40048	28355	20589	16006	34795
医院、卫生院床位数	床	2481	1587	871	599	1052
各种社会福利收养性单位数	个	9	12	11	13	22
各种社会福利收养性单位床位数	床	460	843	1179	1113	2913

2011 年县(市)社会经济主要指标

陕西省、甘肃省

指　　标	单位	镇安县	柞水县	永登县	皋兰县	榆中县
一、基本情况						
行政区域土地面积	平方公里	3487	2277	6090	2556	3302
乡(镇)个数	个	19	13	18	7	23
村民委员会个数	个	204	120	240	71	268
年末总户数	户	85940	48904	156133	58705	119645
其中:乡村户数	户	63864	37664	114558	42410	97000
年末总人口	万人	30	15	52	18	44
乡村人口	万人	24	13	46	15	38
年末单位从业人员数	人	16592	75335	23399	10084	18317
乡村从业人员数	人	122486	62765	253749	83144	203100
其中:农林牧渔业	人	53659	33885	139213	51549	132200
农业机械总动力	万千瓦特	13	6	32	33	36
固定电话用户	户	41265	22488	40166	13020	22566
二、综合经济						
第一产业增加值	万元	96730	49100	98872	50115	112116
第二产业增加值	万元	225900	227200	451266	190718	352384
地方财政一般预算收入	万元	14189	14868	29617	16172	25334
地方财政一般预算支出	万元	131414	89255	133216	79668	132884
城乡居民储蓄存款余额	万元	272811	190725	537800	319119	593321
年末金融机构各项贷款余额	万元	162318	133152	447700	286779	511464
三、农业、工业及投资						
粮食总产量	吨	87688	39615	186805	48055	160076
棉花产量	吨	2				
油料产量	吨	5776	318	9457	5498	6464
肉类总产量	吨	13987	8399	11321	3509	8514
规模以上工业企业个数	个	20	17	43	29	25
规模以上工业总产值(现价)	万元	176479	455000	1199000	545190	1098535
固定资产投资(不含农户)	万元	307000	283700	1806000	160235	391026
四、教育、卫生和社会保障						
普通中学在校学生数	人	16865	10779	30961	13420	26329
小学在校学生数	人	17821	13889	29849	9389	25864
医院、卫生院床位数	床	923	424	900	320	1004
各种社会福利收养性单位数	个	13	15	12	7	6
各种社会福利收养性单位床位数	床	296	225	152	20	345

2011年县(市)社会经济主要指标

甘肃省

指　　标	单位	永昌县	靖远县	会宁县	景泰县	清水县
一、基本情况						
行政区域土地面积	平方公里	5877	5809	6439	5483	2012
乡(镇)个数	个	10	18	28	11	18
村民委员会个数	个	111	175	284	135	260
年末总户数	户	74521	172298	162495	73704	72797
其中:乡村户数	户	49100	103214	115109	48704	62800
年末总人口	万人	24	48	59	24	32
乡村人口	万人	19	44	55	19	30
年末单位从业人员数	人	26685	15968	18310	13387	9779
乡村从业人员数	人	110581	224119	293869	109317	151100
其中:农林牧渔业	人	72880	170305	218050	72721	104500
农业机械总动力	万千瓦特	68	59	35	50	12
固定电话用户	户	24502	29010	32959	26000	17570
二、综合经济						
第一产业增加值	万元	93457	158670	122477	77216	77174
第二产业增加值	万元	219452	140076	130190	223992	54751
地方财政一般预算收入	万元	18122	15208	5855	13569	7900
地方财政一般预算支出	万元	95952	152452	191472	114089	119386
城乡居民储蓄存款余额	万元	358275	282703	311678	255453	173764
年末金融机构各项贷款余额	万元	381446	191457	231573	337536	89593
三、农业、工业及投资						
粮食总产量	吨	275349	190371	309470	146963	160971
棉花产量	吨		105			
油料产量	吨	12367	3822	2438	8167	15220
肉类总产量	吨	8740	18672	36195	14889	13138
规模以上工业企业个数	个	25	11	15	29	7
规模以上工业总产值(现价)	万元	726988	115491	111108	501364	56090
固定资产投资(不含农户)	万元	215604	187953	124344	264276	255589
四、教育、卫生和社会保障						
普通中学在校学生数	人	19676	46817	60695	21761	15006
小学在校学生数	人	16791	33535	50540	16999	31582
医院、卫生院床位数	床	784	959	1440	654	744
各种社会福利收养性单位数	个	2	5	2		14
各种社会福利收养性单位床位数	床	282	298	290		173

2011年县(市)社会经济主要指标

甘肃省

指　　标	单位	秦安县	甘谷县	武山县	张家川回族自治县	凉州区
一、基本情况						
行政区域土地面积	平方公里	1602	1573	2011	1312	5081
乡(镇)个数	个	17	15	15	15	37
村民委员会个数	个	428	405	344	255	449
年末总户数	户	129073	157891	124665	70467	266815
其中:乡村户数	户	124700	120500	90200	62400	186000
年末总人口	万人	62	63	47	33	103
乡村人口	万人	57	57	42	31	78
年末单位从业人员数	人	14293	18865	12485	10505	63450
乡村从业人员数	人	299600	308200	230600	185700	439000
其中:农林牧渔业	人	208100	160000	135900	115700	235000
农业机械总动力	万千瓦特	23	17	21	10	145
固定电话用户	户	57716	118316	42800	28839	215600
二、综合经济						
第一产业增加值	万元	125433	109452	128863	42680	395717
第二产业增加值	万元	89201	137071	78476	44065	754100
地方财政一般预算收入	万元	9197	17629	7505	7100	37594
地方财政一般预算支出	万元	163844	153125	130889	123913	315000
城乡居民储蓄存款余额	万元	411317	414931	267181	165893	174288
年末金融机构各项贷款余额	万元	236901	203606	193285	68425	1363286
三、农业、工业及投资						
粮食总产量	吨	197443	174252	122961	111312	673034
棉花产量	吨					
油料产量	吨	8242	8878	6370	4712	20770
肉类总产量	吨	13549	14610	9602	5820	79197
规模以上工业企业个数	个	12	11	7	5	56
规模以上工业总产值(现价)	万元	59559	159396	80822	23917	1371848
固定资产投资(不含农户)	万元	208537	425429	349810	240944	1340250
四、教育、卫生和社会保障						
普通中学在校学生数	人	42230	51220	31084	23526	47134
小学在校学生数	人	59997	82935	48787	37030	86186
医院、卫生院床位数	床	716	861	1034	1200	3946
各种社会福利收养性单位数	个	4	9	12	8	18
各种社会福利收养性单位床位数	床	60	74	127	178	798

2011年县(市)社会经济主要指标

甘肃省

指　　标	单位	民勤县	古浪县	天祝藏族自治县	甘州区	肃南裕固族自治县
一、基本情况						
行政区域土地面积	平方公里	15907	5130	7147	4240	20456
乡(镇)个数	个	18	19	19	18	8
村民委员会个数	个	249	251	176	245	101
年末总户数	户	78175	93288	49389	171016	14301
其中:乡村户数	户	57551	82087	41578	96287	8141
年末总人口	万人	28	40	22	52	4
乡村人口	万人	24	36	17	35	3
年末单位从业人员数	人	10691	13945	10552	54529	7196
乡村从业人员数	人	118347	199978	95394	225139	12754
其中:农林牧渔业	人	91646	140570	66152	120888	9761
农业机械总动力	万千瓦特	118	58	24	66	7
固定电话用户	户	18378	35000	35684	137600	5960
二、综合经济						
第一产业增加值	万元	154607	78463	40967	295480	31433
第二产业增加值	万元	118540	121943	160822	397316	128364
地方财政一般预算收入	万元	6634	8661	16809	27762	19355
地方财政一般预算支出	万元	173546	174601	177188	179333	88330
城乡居民储蓄存款余额	万元	444904	256182	201200	1073221	56693
年末金融机构各项贷款余额	万元	345218	156863	163700	945144	50231
三、农业、工业及投资						
粮食总产量	吨	107261	171645	47103	389796	24321
棉花产量	吨	20486				
油料产量	吨	41223	17913	3390	3174	174
肉类总产量	吨	15175	16531	13404	44678	9295
规模以上工业企业个数	个	20	14	25	48	18
规模以上工业总产值(现价)	万元	185563	216774	268427	664732	242890
固定资产投资(不含农户)	万元	617713	325032	377099	511073	277946
四、教育、卫生和社会保障						
普通中学在校学生数	人	27178	20402	14078	37029	1786
小学在校学生数	人	16810	51240	13042	35524	2388
医院、卫生院床位数	床	754	700	680	2176	384
各种社会福利收养性单位数	个	5	7	1	19	2
各种社会福利收养性单位床位数	床	733	25	306	540	45

2011年县(市)社会经济主要指标

甘肃省

指　　标	单位	民乐县	临泽县	高台县	山丹县	崆峒区
一、基本情况						
行政区域土地面积	平方公里	3687	3148	4426	5402	1936
乡(镇)个数	个	10	7	9	8	17
村民委员会个数	个	172	71	136	110	252
年末总户数	户	61368	43990	54429	61423	138533
其中:乡村户数	户	54881	33968	37300	38854	78206
年末总人口	万人	25	15	16	20	54
乡村人口	万人	22	13	13	15	33
年末单位从业人员数	人	12134	9377	8371	31160	40084
乡村从业人员数	人	129710	71708	82235	88340	177658
其中:农林牧渔业	人	103943	38869	61059	37657	104739
农业机械总动力	万千瓦特	48	37	28	32	25
固定电话用户	户	74305	30231	34339	34400	84126
二、综合经济						
第一产业增加值	万元	92536	104824	126750	64510	103537
第二产业增加值	万元	92449	114202	110905	131491	347160
地方财政一般预算收入	万元	17280	8529	9846	10350	22468
地方财政一般预算支出	万元	110018	86175	91097	101000	154439
城乡居民储蓄存款余额	万元	186414	222869	230201	245043	840000
年末金融机构各项贷款余额	万元	126124	168816	195760	119645	1080000
三、农业、工业及投资						
粮食总产量	吨	275567	145313	153165	164257	203042
棉花产量	吨		651	4577		
油料产量	吨	23273	270	1758	15906	9021
肉类总产量	吨	13837	14565	14303	7657	15641
规模以上工业企业个数	个	10	15	19	11	24
规模以上工业总产值(现价)	万元	191258	230099	169919	159463	512300
固定资产投资(不含农户)	万元	96992	171308	150052	169567	825100
四、教育、卫生和社会保障						
普通中学在校学生数	人	21892	11090	12502	11204	31617
小学在校学生数	人	19311	8237	8739	12772	44833
医院、卫生院床位数	床	1261	604	565	895	2128
各种社会福利收养性单位数	个	4	8	9	9	15
各种社会福利收养性单位床位数	床	269	160	526	260	97

2011年县(市)社会经济主要指标

甘肃省

指　　标	单位	泾川县	灵台县	崇信县	华亭县	庄浪县
一、基本情况						
行政区域土地面积	平方公里	1409	2038	850	1182	1553
乡(镇)个数	个	14	13	6	10	18
村民委员会个数	个	215	184	79	114	293
年末总户数	户	103261	72809	30288	62026	105760
其中:乡村户数	户	75761	52342	19331	34043	90141
年末总人口	万人	35	23	10	19	44
乡村人口	万人	32	21	8	13	41
年末单位从业人员数	人	12735	8713	7575	32531	16618
乡村从业人员数	人	171145	112717	49900	68900	221039
其中:农林牧渔业	人	100850	67288	25900	31500	116713
农业机械总动力	万千瓦特	13	14	6	7	21
固定电话用户	户	24906	18282	7052	23741	19500
二、综合经济						
第一产业增加值	万元	118562	79146	44192	50354	80844
第二产业增加值	万元	118834	46854	180045	478140	49051
地方财政一般预算收入	万元	6906	5250	19067	66010	4969
地方财政一般预算支出	万元	105673	112835	64266	123065	145210
城乡居民储蓄存款余额	万元	333660	191786	120290	374893	277865
年末金融机构各项贷款余额	万元	207274	118241	117195	442147	139867
三、农业、工业及投资						
粮食总产量	吨	158100	175002	58172	86224	151700
棉花产量	吨					
油料产量	吨	7985	20919	6838	4510	7533
肉类总产量	吨	14058	7527	7233	10901	11675
规模以上工业企业个数	个	7	3	6	15	8
规模以上工业总产值(现价)	万元	52247	25985	366610	835621	46000
固定资产投资(不含农户)	万元	268500	189465	230200	586600	173100
四、教育、卫生和社会保障						
普通中学在校学生数	人	25445	16948	7414	12001	38443
小学在校学生数	人	24900	14634	6052	14442	40051
医院、卫生院床位数	床	862	618	270	775	1041
各种社会福利收养性单位数	个	10	18	7	12	11
各种社会福利收养性单位床位数	床	330	511	215	173	65

2011年县(市)社会经济主要指标

甘肃省

指　　标	单位	静宁县	肃州区	金塔县	瓜州县	肃北蒙古族自治县
一、基本情况						
行政区域土地面积	平方公里	2194	3386	18798	24130	66748
乡(镇)个数	个	24	15	10	13	3
村民委员会个数	个	333	123	86	74	26
年末总户数	户	130122	129984	49198	43600	4905
其中:乡村户数	户	95746	60692	29848	26900	1657
年末总人口	万人	48	41	15	15	1
乡村人口	万人	45	22	11	11	1
年末单位从业人员数	人	23587	39411	8977	8130	3225
乡村从业人员数	人	225650	121459	61781	61000	3468
其中:农林牧渔业	人	165386	65982	47523	46800	2800
农业机械总动力	万千瓦特	21	75	44	32	3
固定电话用户	户	37420	96300	18677	22100	2145
二、综合经济						
第一产业增加值	万元	93368	191551	136533	68301	3609
第二产业增加值	万元	74695	818519	136176	273384	207672
地方财政一般预算收入	万元	6550	23815	6304	18021	19596
地方财政一般预算支出	万元	155026	142544	84624	49728	51715
城乡居民储蓄存款余额	万元	274604	1217947	243221	246516	23789
年末金融机构各项贷款余额	万元	237790	1342251	303463	699821	8600
三、农业、工业及投资						
粮食总产量	吨	170906	159298	66669	30681	6050
棉花产量	吨			17161	9515	
油料产量	吨	12480	1989	3800	1498	250
肉类总产量	吨	10141	28093	14560	6280	1701
规模以上工业企业个数	个	7	51	21	32	15
规模以上工业总产值(现价)	万元	104488	2124433	107049	306823	290860
固定资产投资(不含农户)	万元	309200	764980	159164	1849251	226449
四、教育、卫生和社会保障						
普通中学在校学生数	人	43452	19707	11024	11097	345
小学在校学生数	人	37918	27910	12905	12149	745
医院、卫生院床位数	床	1485	2215	410	452	93
各种社会福利收养性单位数	个	1	6	1	2	1
各种社会福利收养性单位床位数	床	16	880	80	50	50

2011 年县(市)社会经济主要指标

甘肃省

指　　标	单位	阿克塞哈萨克自治县	玉门市	敦煌市	西峰区	庆城县
一、基本情况						
行政区域土地面积	平方公里	31241	13496	31200	996	2692
乡(镇)个数	个	3	12	8	7	15
村民委员会个数	个	11	59	56	100	153
年末总户数	户	3406	54366	63469	112255	80272
其中:乡村户数	户	1169	26150	27104	61800	55700
年末总人口	万人	1	16	14	37	29
乡村人口	万人		10	10	26	24
年末单位从业人员数	人	2107	25901	13396	233600	11723
乡村从业人员数	人	1726	57977	54300	132900	128400
其中:农林牧渔业	人	1243	36579	33900	85100	86000
农业机械总动力	万千瓦特	2	33	29	26	20
固定电话用户	户	2218	20012	39790	96919	66157
二、综合经济						
第一产业增加值	万元	3551	70064	116467	89657	61304
第二产业增加值	万元	54421	848035	182862	960000	505406
地方财政一般预算收入	万元	4615	20229	21022	65186	24602
地方财政一般预算支出	万元	29959	121840	105430	177252	126616
城乡居民储蓄存款余额	万元	26752	370483	884574	896207	443200
年末金融机构各项贷款余额	万元	10900	413098	351840	671556	222100
三、农业、工业及投资						
粮食总产量	吨	2106	63199	4166	120100	124795
棉花产量	吨		2537	20878		
油料产量	吨	12	3049		11866	9706
肉类总产量	吨	1427	7865	6844	5563	5499
规模以上工业企业个数	个	8	35	18	14	16
规模以上工业总产值(现价)	万元	126361	2591530	136452	2430101	132624
固定资产投资(不含农户)	万元	108766	1063156	352348	1014493	142000
四、教育、卫生和社会保障						
普通中学在校学生数	人	516	8623	10249	34451	17818
小学在校学生数	人	736	11370	12384	31201	19647
医院、卫生院床位数	床	82	960	590	2168	623
各种社会福利收养性单位数	个	1	3	7	9	14
各种社会福利收养性单位床位数	床	40	106	184	690	263

2011 年县(市)社会经济主要指标

甘肃省

指　　标	单位	环　县	华池县	合水县	正宁县	宁　县
一.基本情况						
行政区域土地面积	平方公里	9236	3791	2942	1320	2654
乡(镇)个数	个	20	15	12	10	18
村民委员会个数	个	251	111	80	94	257
年末总户数	户	93494	40870	52430	72922	134000
其中:乡村户数	户	70100	26100	36400	50200	113600
年末总人口	万人	35	13	18	24	55
乡村人口	万人	33	12	15	22	51
年末单位从业人员数	人	9197	7510	6734	18995	11931
乡村从业人员数	人	172400	64300	82400	118500	259200
其中:农林牧渔业	人	83500	53800	53200	75600	145300
农业机械总动力	万千瓦特	13	12	12	14	23
固定电话用户	户	10702	15900	20892	20200	60100
二、综合经济						
第一产业增加值	万元	53811	35229	52062	66730	111239
第二产业增加值	万元	204065	544397	200067	17691	116482
地方财政一般预算收入	万元	18988	17760	9718	8909	26217
地方财政一般预算支出	万元	173888	99066	96458	85895	160839
城乡居民储蓄存款余额	万元	184985	132076	150977	239180	331528
年末金融机构各项贷款余额	万元	147274	71064	101544	77280	219900
三、农业、工业及投资						
粮食总产量	吨	181025	117390	93406	90005	241546
棉花产量	吨					
油料产量	吨	12937	6646	9096	14136	28544
肉类总产量	吨	13088	4973	4123	2774	11862
规模以上工业企业个数	个	3	1	3	2	6
规模以上工业总产值(现价)	万元	41626	8081	27359	5520	47910
固定资产投资(不含农户)	万元	530990	443127	267788	474135	802030
四、教育、卫生和社会保障						
普通中学在校学生数	人	28800	10023	10571	16147	33793
小学在校学生数	人	33700	9010	11032	13832	35805
医院、卫生院床位数	床	579	499	450	484	785
各种社会福利收养性单位数	个	1		2	1	15
各种社会福利收养性单位床位数	床	150		150	140	128

2011年县(市)社会经济主要指标

甘肃省

指　　标	单位	镇原县	安定区	通渭县	陇西县	渭源县
一、基本情况						
行政区域土地面积	平方公里	3500	3638	2913	2409	2066
乡(镇)个数	个	19	19	18	17	16
村民委员会个数	个	215	306	332	215	217
年末总户数	户	112920	123787	98100	142111	86181
其中:乡村户数	户	111800	90300	88900	98600	77200
年末总人口	万人	52	45	45	51	35
乡村人口	万人	48	36	40	44	32
年末单位从业人员数	人	12895	26978	15675	22782	9197
乡村从业人员数	人	211500	198500	224600	229700	166000
其中:农林牧渔业	人	119100	123600	139300	149800	123300
农业机械总动力	万千瓦特	26	65	29	29	24
固定电话用户	户	50000	68974	29239	41301	6323
二、综合经济						
第一产业增加值	万元	112599	83425	80311	88356	67187
第二产业增加值	万元	108067	108990	25746	158372	20112
地方财政一般预算收入	万元	15176	18309	5249	18054	7059
地方财政一般预算支出	万元	150450	185597	150087	167807	126793
城乡居民储蓄存款余额	万元	339785	549461	165110	423233	162171
年末金融机构各项贷款余额	万元	231951	603191	138134	423946	95396
三、农业、工业及投资						
粮食总产量	吨	255832	277906	345983	144571	123000
棉花产量	吨					
油料产量	吨	27809	2797	9135	4548	937
肉类总产量	吨	11741	16165	9474	12149	8114
规模以上工业企业个数	个	8	11	5	13	2
规模以上工业总产值(现价)	万元	105977	86069	23164	220611	6922
固定资产投资(不含农户)	万元	392944	289155	174158	554900	255677
四、教育、卫生和社会保障						
普通中学在校学生数	人	40170	39406	41643	46792	25243
小学在校学生数	人	41351	24815	37925	36327	25580
医院、卫生院床位数	床	843	689	949	1298	1036
各种社会福利收养性单位数	个		14	9	8	6
各种社会福利收养性单位床位数	床		50	26	120	12

2011 年县(市)社会经济主要指标

甘肃省

指　　标	单位	临洮县	漳　县	岷　县	武都区	成　县
一、基本情况						
行政区域土地面积	平方公里	2851	2164	3500	4683	1677
乡(镇)个数	个	18	13	18	36	17
村民委员会个数	个	323	136	300	684	245
年末总户数	户	156148	45260	116502	131450	73217
其中:乡村户数	户	122900	40100	97000	115400	55500
年末总人口	万人	55	21	47	56	26
乡村人口	万人	50	18	44	49	22
年末单位从业人员数	人	18870	6214	10607	20325	15818
乡村从业人员数	人	260100	93500	229000	249400	115400
其中:农林牧渔业	人	177800	45200	161000	209800	70568
农业机械总动力	万千瓦特	43	12	15	31	21
固定电话用户	户	24200	13604	27931	39790	45400
二、综合经济						
第一产业增加值	万元	104234	37840	67510	103431	70291
第二产业增加值	万元	123586	19379	50551	123888	136929
地方财政一般预算收入	万元	24020	5346	10024	15866	24009
地方财政一般预算支出	万元	162855	78384	147428	71592	103519
城乡居民储蓄存款余额	万元	362589	97008	213551	310073	335419
年末金融机构各项贷款余额	万元	276330	62685	189379	244755	268381
三、农业、工业及投资						
粮食总产量	吨	207138	58534	78603	165409	143805
棉花产量	吨				8	
油料产量	吨	3610	2852	1008	3049	7870
肉类总产量	吨	19706	5973	11149	15014	8647
规模以上工业企业个数	个	12	2	4	6	5
规模以上工业总产值(现价)	万元	159136	24590	40063	51228	139700
固定资产投资(不含农户)	万元	284454	162000	270076	71485	250600
四、教育、卫生和社会保障						
普通中学在校学生数	人	41433	9627	28978	27370	11112
小学在校学生数	人	30686	24096	42409	74520	22103
医院、卫生院床位数	床	1944	382	956	1860	875
各种社会福利收养性单位数	个	1	5	1	1	1
各种社会福利收养性单位床位数	床	60	40	30	14	60

2011年县(市)社会经济主要指标

甘肃省

指　　标	单位	文　县	宕昌县	康　县	西和县	礼　县
一、基本情况						
行政区域土地面积	平方公里	4994	3331	2985	1856	4300
乡(镇)个数	个	20	25	21	20	29
村民委员会个数	个	305	334	350	384	568
年末总户数	户	81444	68213	60740	109330	127632
其中:乡村户数	户	56500	62100	46000	78300	104700
年末总人口	万人	25	31	20	43	52
乡村人口	万人	21	28	17	37	48
年末单位从业人员数	人	16886	9903	6544	14982	15305
乡村从业人员数	人	116900	163300	102117	199200	247400
其中:农林牧渔业	人	70700	118800	75200	139300	153500
农业机械总动力	万千瓦特	20	12	10	18	16
固定电话用户	户	31230	13120	26852	41230	43800
二、综合经济						
第一产业增加值	万元	39888	32519	32848	48239	69184
第二产业增加值	万元	54332	34039	32246	47100	51833
地方财政一般预算收入	万元	13238	8500	7580	10607	11183
地方财政一般预算支出	万元	96704	113486	85830	123445	160337
城乡居民储蓄存款余额	万元	196894	151415	133251	294799	295352
年末金融机构各项贷款余额	万元	249998	92672	95602	166466	121021
三、农业、工业及投资						
粮食总产量	吨	67781	81969	65946	168326	142132
棉花产量	吨					
油料产量	吨	3432	2307	596	6169	5954
肉类总产量	吨	7722	6351	5215	7413	14472
规模以上工业企业个数	个	13	4	2	8	10
规模以上工业总产值(现价)	万元	79800	22300	62100	71100	57300
固定资产投资(不含农户)	万元	434156	174723	300460	335500	264409
四、教育、卫生和社会保障						
普通中学在校学生数	人	15137	15031	10063	28173	42664
小学在校学生数	人	18209	27502	12660	41845	60092
医院、卫生院床位数	床	680	511	644	653	860
各种社会福利收养性单位数	个	2	2			16
各种社会福利收养性单位床位数	床	10	6			90

2011 年县(市)社会经济主要指标

甘肃省

指　　标	单位	徽　县	两当县	临夏市	临夏县	康乐县
一、基本情况						
行政区域土地面积	平方公里	2722	1374	88	1212	1083
乡(镇)个数	个	15	12	4	25	15
村民委员会个数	个	213	118	41	219	152
年末总户数	户	66172	16871	68920	81883	59178
其中:乡村户数	户	47200	9826	20000	79000	49700
年末总人口	万人	22	5	24	39	27
乡村人口	万人	19	4	9	36	24
年末单位从业人员数	人	9240	4096	43366	10796	8757
乡村从业人员数	人	102100	22281	46100	198800	127000
其中:农林牧渔业	人	51500	15640	21400	117900	99300
农业机械总动力	万千瓦特	17	5	5	12	10
固定电话用户	户	29630	10418	43760	32936	8300
二、综合经济						
第一产业增加值	万元	92829	16068	27107	51986	36347
第二产业增加值	万元	119828	4868	71964	29250	14208
地方财政一般预算收入	万元	18700	2464	17242	6351	3119
地方财政一般预算支出	万元	90200	44780	127434	131709	101770
城乡居民储蓄存款余额	万元	228305	57457	40471	143456	114407
年末金融机构各项贷款余额	万元	309033	51235	160196	87164	82581
三、农业、工业及投资						
粮食总产量	吨	156158	34556	22000	134808	87908
棉花产量	吨					
油料产量	吨	8179	408	100	5108	7018
肉类总产量	吨	13090	2232	4150	7984	5246
规模以上工业企业个数	个	11		4	5	2
规模以上工业总产值(现价)	万元	257300		63678	28074	11898
固定资产投资(不含农户)	万元	240746	87510	261410	118495	82490
四、教育、卫生和社会保障						
普通中学在校学生数	人	10616	2852	20200	23159	15356
小学在校学生数	人	14586	3334	19879	30580	27095
医院、卫生院床位数	床	506	244	1591	1072	527
各种社会福利收养性单位数	个		61	8	2	2
各种社会福利收养性单位床位数	床		305	230	20	13

2011 年县(市)社会经济主要指标

甘肃省

指　　标	单位	永靖县	广河县	和政县	东乡族自治县	积石山保安族东乡族撒拉族自治县
一、基本情况						
行政区域土地面积	平方公里	1894	538	960	1510	910
乡(镇)个数	个	17	9	13	24	17
村民委员会个数	个	140	102	122	229	145
年末总户数	户	51862	55922	46307	54978	46931
其中:乡村户数	户	37300	36100	35900	52800	45100
年末总人口	万人	21	25	21	29	26
乡村人口	万人	16	21	16	28	23
年末单位从业人员数	人	15120	7185	6524	9046	8431
乡村从业人员数	人	86700	108800	96900	134900	123500
其中:农林牧渔业	人	54600	77200	62500	89700	77300
农业机械总动力	万千瓦特	15	14	7	13	6
固定电话用户	户	28990	12100	38000	2512	19714
二、综合经济						
第一产业增加值	万元	44292	24197	29037	31812	24535
第二产业增加值	万元	183129	32355	18188	20911	9751
地方财政一般预算收入	万元	17905	4963	6306	2800	4267
地方财政一般预算支出	万元	128555	88646	95696	175700	130163
城乡居民储蓄存款余额	万元	257075	106699	57133	60000	81714
年末金融机构各项贷款余额	万元	329064	115880	71003	51100	58967
三、农业、工业及投资						
粮食总产量	吨	102315	90100	54866	73033	78511
棉花产量	吨					
油料产量	吨	4011	4000	21320	405	14755
肉类总产量	吨	8781	2241	5688	12301	3566
规模以上工业企业个数	个	11	2	5	4	2
规模以上工业总产值(现价)	万元	347614	72801	20418	24873	10055
固定资产投资(不含农户)	万元	301293	174607	167113	98885	93860
四、教育、卫生和社会保障						
普通中学在校学生数	人	14152	13774	10700	17446	15154
小学在校学生数	人	15098	31017	19000	32029	30681
医院、卫生院床位数	床	600	415	681	527	296
各种社会福利收养性单位数	个	5	1	2	2	1
各种社会福利收养性单位床位数	床	89	115	34	245	41

2011 年县(市)社会经济主要指标

甘肃省

指　　标	单位	合作市	临潭县	卓尼县	舟曲县	迭部县
一、基本情况						
行政区域土地面积	平方公里	2291	1558	5420	3010	5108
乡(镇)个数	个	6	16	15	19	11
村民委员会个数	个	38	141	97	210	52
年末总户数	户	27600	44795	20356	41343	16852
其中:乡村户数	户	5700	30800	18300	29700	8300
年末总人口	万人	9	16	10	14	6
乡村人口	万人	4	13	9	12	4
年末单位从业人员数	人	14541	7761	9016	8336	7868
乡村从业人员数	人	20900	75800	50500	68200	21300
其中:农林牧渔业	人	18000	53500	42600	40100	16100
农业机械总动力	万千瓦特	3	10	4	15	3
固定电话用户	户	25840	14387	11120	31625	5458
二、综合经济						
第一产业增加值	万元	14101	21880	26604	26747	16300
第二产业增加值	万元	37781	16367	25019	14871	20328
地方财政一般预算收入	万元	12775	2765	5901	7971	5416
地方财政一般预算支出	万元	131688	98949	106047	172041	77518
城乡居民储蓄存款余额	万元	71850	101787	65042	175633	65717
年末金融机构各项贷款余额	万元	344607	76379	77886	95724	120428
三、农业、工业及投资						
粮食总产量	吨	7616	14603	12413	30717	7124
棉花产量	吨					
油料产量	吨	2253	8550	4228	2796	140
肉类总产量	吨	4078	5582	9330	5169	3494
规模以上工业企业个数	个	5	1	2	2	2
规模以上工业总产值(现价)	万元	557891	111748	346911	65009	44557
固定资产投资(不含农户)	万元	213494	97779	64059	379806	94891
四、教育、卫生和社会保障						
普通中学在校学生数	人	8608	8545	8023	11868	3837
小学在校学生数	人	9001	19556	11972	18637	6041
医院、卫生院床位数	床	645	465	236	367	110
各种社会福利收养性单位数	个		1	3	2	
各种社会福利收养性单位床位数	床		40	43	76	

2011年县(市)社会经济主要指标

甘肃省、青海省

指　　标	单位	玛曲县	碌曲县	夏河县	大通回族土族自治县	湟中县
一、基本情况						
行政区域土地面积	平方公里	10191	5299	6274	3090	2700
乡(镇)个数	个	8	7	13	20	15
村民委员会个数	个	36	24	65	289	393
年末总户数	户	11430	9405	21828	121000	134800
其中:乡村户数	户	7600	5300	12300	85474	100213
年末总人口	万人	6	3	9	44	44
乡村人口	万人	4	3	7	36	43
年末单位从业人员数	人	5048	3530	4872	43199	27475
乡村从业人员数	人	20000	15600	37700	209903	256366
其中:农林牧渔业	人	18600	14300	29100	89608	106151
农业机械总动力	万千瓦特		4	3	45	71
固定电话用户	户	2229	4082	11510	34082	27090
二、综合经济						
第一产业增加值	万元	32973	18939	32290	97424	116520
第二产业增加值	万元	45118	21160	24157	716207	996892
地方财政一般预算收入	万元	11881	4989	3853	36101	9300
地方财政一般预算支出	万元	76273	70305	99271	235638	204680
城乡居民储蓄存款余额	万元	36841	32813	62040	414027	265619
年末金融机构各项贷款余额	万元	34977	30034	71307	599935	249139
三、农业、工业及投资						
粮食总产量	吨		2105	9479	81101	134676
棉花产量	吨					
油料产量	吨		343	2754	46547	43040
肉类总产量	吨	14527	6402	11407	31480	25792
规模以上工业企业个数	个	3	1	1	26	31
规模以上工业总产值(现价)	万元	774706	235350	389586	1779973	2530432
固定资产投资(不含农户)	万元	56321	56369	107307	214967	1083196
四、教育、卫生和社会保障						
普通中学在校学生数	人	1920	1686	5094	26994	25122
小学在校学生数	人	6399	4331	8800	38112	34965
医院、卫生院床位数	床	196	195	205	1315	746
各种社会福利收养性单位数	个		1	3	1	1
各种社会福利收养性单位床位数	床		48	56	208	90

2011 年县(市)社会经济主要指标

青海省

指　　标	单位	湟源县	平安县	民和回族土族自治县	乐都县	互助土族自治县
一、基本情况						
行政区域土地面积	平方公里	1509	750	1891	3050	3324
乡(镇)个数	个	9	8	22	19	19
村民委员会个数	个	146	111	312	354	294
年末总户数	户	42500	41206	107845	91468	108452
其中:乡村户数	户	26216	19514	75219	60129	84415
年末总人口	万人	14	12	42	29	39
乡村人口	万人	11	8	37	24	34
年末单位从业人员数	人	8294	9055	13053	15174	17969
乡村从业人员数	人	58430	46154	177841	129962	181781
其中:农林牧渔业	人	46647	21269	74950	56353	107828
农业机械总动力	万千瓦特	17	7	39	22	44
固定电话用户	户	17048	16512	21607	30331	19106
二、综合经济						
第一产业增加值	万元	34224	31195	74544	85617	134401
第二产业增加值	万元	105818	155469	175953	210175	218596
地方财政一般预算收入	万元	8637	8361	18345	14223	16543
地方财政一般预算支出	万元	110909	117737	220384	188888	236852
城乡居民储蓄存款余额	万元	139371	270215	215912	280297	261814
年末金融机构各项贷款余额	万元	82650	281251	89291	96797	155317
三、农业、工业及投资						
粮食总产量	吨	21249	47146	210923	61865	120913
棉花产量	吨					
油料产量	吨	5200	10753	10100	5768	68857
肉类总产量	吨	10286	6525	15299	27568	32347
规模以上工业企业个数	个	11	10	14	18	21
规模以上工业总产值(现价)	万元	207020	320812	268893	418009	380652
固定资产投资(不含农户)	万元	101497	250183	243205	305111	205433
四、教育、卫生和社会保障						
普通中学在校学生数	人	7543	7736	29697	17572	21796
小学在校学生数	人	9683	5956	40115	18470	28981
医院、卫生院床位数	床	468	290	920	465	628
各种社会福利收养性单位数	个	6	1			2
各种社会福利收养性单位床位数	床	69	39			295

2011年县(市)社会经济主要指标

青海省

指标	单位	化隆回族自治县	循化撒拉族自治县	门源回族自治县	祁连县	海晏县
一、基本情况						
行政区域土地面积	平方公里	2740	1818	6902	14681	4443
乡(镇)个数	个	19	9	12	7	6
村民委员会个数	个	362	154	109	45	29
年末总户数	户	58031	36543	43913	15791	11934
其中:乡村户数	户	48060	24723	30293	9646	5337
年末总人口	万人	28	13	16	5	4
乡村人口	万人	23	12	13	4	2
年末单位从业人员数	人	8691	6147	8549	3676	13136
乡村从业人员数	人	110093	56650	74223	20635	13358
其中:农林牧渔业	人	61762	20268	43084	14913	7458
农业机械总动力	万千瓦特	26	9	30	5	4
固定电话用户	户	11450	10429	9987	4277	5741
二、综合经济						
第一产业增加值	万元	46022	32093	49875	29819	11339
第二产业增加值	万元	166602	48965	76773	59810	251203
地方财政一般预算收入	万元	7003	4304	7169	4361	16352
地方财政一般预算支出	万元	141638	105775	106844	75794	158810
城乡居民储蓄存款余额	万元	104056	126844	88352	50449	70496
年末金融机构各项贷款余额	万元	86736	71888	65539	26145	84655
三、农业、工业及投资						
粮食总产量	吨	70897	33903	36432	2994	4400
棉花产量	吨					
油料产量	吨	26348	6977	35486	1310	970
肉类总产量	吨	11218	6229	11291	12873	5052
规模以上工业企业个数	个	11	6	14	10	16
规模以上工业总产值(现价)	万元	308686	47177	78053	50744	478658
固定资产投资(不含农户)	万元	32385	92980	132082	104490	133524
四、教育、卫生和社会保障						
普通中学在校学生数	人	6268	7273	6693	3086	936
小学在校学生数	人	24212	14858	15382	4767	2155
医院、卫生院床位数	床	359	175	262	180	546
各种社会福利收养性单位数	个	1	4	1	2	1
各种社会福利收养性单位床位数	床	5	133	60	60	35

2011年县(市)社会经济主要指标

青海省

指　　　标	单位	刚察县	同仁县	尖扎县	泽库县	河南蒙古族自治县
一、基本情况						
行政区域土地面积	平方公里	8138	3275	2174	6773	6997
乡(镇)个数	个	5	11	9	7	5
村民委员会个数	个	31	72	86	64	39
年末总户数	户	14947	29137	19615	20244	10925
其中:乡村户数	户	6667	12922	9924	14885	6674
年末总人口	万人	4	9	6	7	4
乡村人口	万人	3	6	4	7	3
年末单位从业人员数	人	5054	3962	5758	2141	2398
乡村从业人员数	人	13810	35288	21790	31494	17114
其中:农林牧渔业	人	10956	28089	15204	29428	16155
农业机械总动力	万千瓦特	3	5	7	1	
固定电话用户	户	2395	8817	5558	1000	1400
二、综合经济						
第一产业增加值	万元	27169	30938	15271	51897	46143
第二产业增加值	万元	71627	20261	132161	13153	11862
地方财政一般预算收入	万元	9626	2926	4720	1072	1063
地方财政一般预算支出	万元	96995	106012	79769	78552	62803
城乡居民储蓄存款余额	万元	30123	93564	59614	14590	22453
年末金融机构各项贷款余额	万元	22268	51553	64063	29690	17554
三、农业、工业及投资						
粮食总产量	吨	1564	15221	13908		
棉花产量	吨					
油料产量	吨	9360	4050	841	1920	
肉类总产量	吨	11427	5244	2690	15348	12974
规模以上工业企业个数	个	2		6		
规模以上工业总产值(现价)	万元	101280		205144		
固定资产投资(不含农户)	万元	55740	55358	54517	16922	58797
四、教育、卫生和社会保障						
普通中学在校学生数	人	1598	7342	4342	4299	1551
小学在校学生数	人	4315	11125	6603	9221	4009
医院、卫生院床位数	床	129	66	265	126	143
各种社会福利收养性单位数	个	1	1	3	1	1
各种社会福利收养性单位床位数	床	50	120	442	38	30

2011年县(市)社会经济主要指标

青海省

指　　标	单位	共和县	同德县	贵德县	兴海县	贵南县
一、基本情况						
行政区域土地面积	平方公里	17209	5001	3504	12182	6650
乡(镇)个数	个	11	5	7	7	6
村民委员会个数	个	99	73	119	57	75
年末总户数	户	43461	16109	33357	20689	21876
其中:乡村户数	户	20597	11387	20900	13819	12818
年末总人口	万人	13	7	10	8	8
乡村人口	万人	9	5	9	6	6
年末单位从业人员数	人	12689	3525	3845	3800	5509
乡村从业人员数	人	45691	26135	46900	26939	25947
其中:农林牧渔业	人	35566	22904	20044	25311	21252
农业机械总动力	万千瓦特	14	4	9	3	9
固定电话用户	户	15100	3000	11000	4279	4200
二、综合经济						
第一产业增加值	万元	52067	47219	20004	46572	50003
第二产业增加值	万元	131644	20288	131693	71975	21226
地方财政一般预算收入	万元	17227	2231	9631	6130	2112
地方财政一般预算支出	万元	182956	81460	133737	100820	108895
城乡居民储蓄存款余额	万元	144953	26698	102884	42870	40465
年末金融机构各项贷款余额	万元	160797	17224	30874	22338	14487
三、农业、工业及投资						
粮食总产量	吨	26534	12783	30223	11782	31730
棉花产量	吨					
油料产量	吨	12920	3297	8127	4650	12293
肉类总产量	吨	18435	9650	4171	12837	10019
规模以上工业企业个数	个	9		2	3	
规模以上工业总产值(现价)	万元	190089		193910	62957	
固定资产投资(不含农户)	万元	126444	41577	93614	99113	34394
四、教育、卫生和社会保障						
普通中学在校学生数	人	10089	3577	7493	3070	3952
小学在校学生数	人	12842	8440	9040	7824	7742
医院、卫生院床位数	床	829	164	262	125	223
各种社会福利收养性单位数	个	4	2	2	3	1
各种社会福利收养性单位床位数	床	288	70	142	130	49

2011年县(市)社会经济主要指标

青海省

指　　标	单位	玛沁县	班玛县	甘德县	达日县	久治县
一、基本情况						
行政区域土地面积	平方公里	13307	6139	7046	14485	8708
乡(镇)个数	个	8	9	7	10	6
村民委员会个数	个	35	32	36	33	22
年末总户数	户	15384	7487	9394	8760	6534
其中:乡村户数	户	7823	5460	6725	6187	4825
年末总人口	万人	5	3	3	3	3
乡村人口	万人	3	2	3	2	2
年末单位从业人员数	人	6870	1465	1296	1309	1274
乡村从业人员数	人	15141	9594	12979	10491	8476
其中:农林牧渔业	人	14592	9040	12562	10162	8003
农业机械总动力	万千瓦特	1	1			
固定电话用户	户	783	583	858	861	519
二、综合经济						
第一产业增加值	万元	15195	7773	6867	6460	7958
第二产业增加值	万元	100267	6652	5072	6324	5423
地方财政一般预算收入	万元	3548	758	554	637	620
地方财政一般预算支出	万元	70114	52925	48113	56252	44443
城乡居民储蓄存款余额	万元	36542	7500	10523	7809	
年末金融机构各项贷款余额	万元	6653	292	3608	844	427
三、农业、工业及投资						
粮食总产量	吨	123	1295			
棉花产量	吨					
油料产量	吨	67	66			
肉类总产量	吨	6279	6764	5624	4550	5052
规模以上工业企业个数	个	1				
规模以上工业总产值(现价)	万元	154333				
固定资产投资(不含农户)	万元	106520	30416	26046	23375	30049
四、教育、卫生和社会保障						
普通中学在校学生数	人	3750	1371	1026	1276	1228
小学在校学生数	人	6538	3377	3726	3123	3105
医院、卫生院床位数	床	76	52	80	52	57
各种社会福利收养性单位数	个	6	8	8	3	7
各种社会福利收养性单位床位数	床	156	144	210	141	160

2011 年县(市)社会经济主要指标

青海省

指　　标	单位	玛多县	玉树县	杂多县	称多县	治多县
一、基本情况						
行政区域土地面积	平方公里	26541	15400	35500	14744	80600
乡(镇)个数	个	4	9	8	7	6
村民委员会个数	个	27	62	31	57	20
年末总户数	户	5252	32278	12584	23263	11917
其中:乡村户数	户	3650	21008	11700	14515	7828
年末总人口	万人	1	10	6	6	3
乡村人口	万人	1	8	5	5	3
年末单位从业人员数	人	1124	7395	1592	2121	1995
乡村从业人员数	人	5910	41764	29626	24575	15201
其中:农林牧渔业	人	5910	38378	29626	23556	15156
农业机械总动力	万千瓦特	1	3		3	
固定电话用户	户	30	2510	1590	1620	1300
二、综合经济						
第一产业增加值	万元	4393	40972	51178	20137	31410
第二产业增加值	万元	3555	41054	7045	31054	5120
地方财政一般预算收入	万元	485	4815	569	1136	699
地方财政一般预算支出	万元	49920	79610	49946	61362	43184
城乡居民储蓄存款余额	万元	4383			17720	10429
年末金融机构各项贷款余额	万元	834			3953	268
三、农业、工业及投资						
粮食总产量	吨		4234		3519	
棉花产量	吨					
油料产量	吨		52		100	
肉类总产量	吨	1407	7356	4838	3685	5318
规模以上工业企业个数	个					
规模以上工业总产值(现价)	万元					
固定资产投资(不含农户)	万元	29731	346661	62453	98678	56755
四、教育、卫生和社会保障						
普通中学在校学生数	人	1043	3104	2459	2231	1073
小学在校学生数	人	1584	14544	4020	6869	5090
医院、卫生院床位数	床	33	58	125	165	93
各种社会福利收养性单位数	个	2	1	9	4	6
各种社会福利收养性单位床位数	床	110	24	179	105	155

2011年县(市)社会经济主要指标

青海省

指　　标	单位	囊谦县	曲麻莱县	格尔木市	德令哈市	乌兰县
一、基本情况						
行政区域土地面积	平方公里	12741	47516	119174	27765	12200
乡(镇)个数	个	10	6	4	4	4
村民委员会个数	个	69	19	42	51	38
年末总户数	户	25979	10703	47981	26745	13536
其中:乡村户数	户	20097	6837	9290	9311	5794
年末总人口	万人	10	3	13	7	4
乡村人口	万人	9	3	4	4	2
年末单位从业人员数	人	2712	1693	30426	13514	4104
乡村从业人员数	人	33861	12265	20243	18625	14875
其中:农林牧渔业	人	33570	9980	13758	14566	10438
农业机械总动力	万千瓦特	4		10	7	5
固定电话用户	户	1980	800	55257	19607	3693
二、综合经济						
第一产业增加值	万元	34751	28676	21416	22791	17113
第二产业增加值	万元	9702	8057	1888969	236230	275573
地方财政一般预算收入	万元	1194	581	117756	17064	8711
地方财政一般预算支出	万元	82130	50138	240778	120773	94274
城乡居民储蓄存款余额	万元	15372	9146	759540	219986	55749
年末金融机构各项贷款余额	万元	2721	3197	1615263	584488	55152
三、农业、工业及投资						
粮食总产量	吨	9825		13489	25998	9562
棉花产量	吨					
油料产量	吨	328		310	2169	1529
肉类总产量	吨	8668	4883	4186	3711	5550
规模以上工业企业个数	个			26	6	2
规模以上工业总产值(现价)	万元			1466433	242408	557842
固定资产投资(不含农户)	万元	8859	28777	894597	493132	179620
四、教育、卫生和社会保障						
普通中学在校学生数	人	2451	1177	11300	3494	2228
小学在校学生数	人	10413	4480	19446	6260	2596
医院、卫生院床位数	床	180	96	740	304	150
各种社会福利收养性单位数	个	7	3	2	1	1
各种社会福利收养性单位床位数	床	102	139	26	70	41

2011 年县(市)社会经济主要指标

青海省、宁夏回族自治区

指　　标	单位	都兰县	天峻县	永宁县	贺兰县	灵武市
一、基本情况						
行政区域土地面积	平方公里	45200	25500	1179	1600	4539
乡(镇)个数	个	8	10	6	5	8
村民委员会个数	个	107	62	69	59	72
年末总户数	户	23609	7088	72255	75303	90600
其中:乡村户数	户	14406	3943	40121	41320	36114
年末总人口	万人	7	2	22	20	23
乡村人口	万人	6	2	16	14	15
年末单位从业人员数	人	4560	5166	19302	20118	16410
乡村从业人员数	人	32639	8091	91624	77835	82834
其中:农林牧渔业	人	28427	7786	52148	49863	38480
农业机械总动力	万千瓦特	13	1	43	43	48
固定电话用户	户	7524	3188	29000	22719	69630
二、综合经济						
第一产业增加值	万元	50720	22265	111339	118154	82010
第二产业增加值	万元	66923	371010	475695	416938	1894627
地方财政一般预算收入	万元	10600	54477	75063	93361	141809
地方财政一般预算支出	万元	107797	108408	191577	163056	252534
城乡居民储蓄存款余额	万元	85033	43247	435165	344692	603199
年末金融机构各项贷款余额	万元	39166	36869	590423	463239	1498397
三、农业、工业及投资						
粮食总产量	吨	52082		237571	238385	168623
棉花产量	吨					
油料产量	吨	7609		706	2454	5213
肉类总产量	吨	7594	6230	12925	7319	16877
规模以上工业企业个数	个	5	5	29	84	55
规模以上工业总产值(现价)	万元	42191	794926	946682	811479	2227064
固定资产投资(不含农户)	万元	85773	66455	539303	429321	2163534
四、教育、卫生和社会保障						
普通中学在校学生数	人	2737	1503	13832	12367	14472
小学在校学生数	人	6329	2377	20234	17641	21991
医院、卫生院床位数	床	225	109	320	315	665
各种社会福利收养性单位数	个	1	1	1	1	1
各种社会福利收养性单位床位数	床	50	75	120	160	178

2011年县(市)社会经济主要指标

宁夏回族自治区

指　　标	单位	平罗县	盐池县	同心县	青铜峡市	西吉县
一、基本情况						
行政区域土地面积	平方公里	2086	8861	4486	2525	3135
乡(镇)个数	个	13	8	11	8	19
村民委员会个数	个	142	96	170	82	306
年末总户数	户	110453	60515	116862	98424	132786
其中:乡村户数	户	52162	30660	89534	46782	92420
年末总人口	万人	29	17	40	27	52
乡村人口	万人	16	10	36	18	42
年末单位从业人员数	人	17415	7303	10444	29041	13130
乡村从业人员数	人	101230	61340	169387	100287	208767
其中:农林牧渔业	人	70550	32393	98426	61956	127049
农业机械总动力	万千瓦特	61	42	24	56	50
固定电话用户	户	64131	16382	16214	55146	23440
二、综合经济						
第一产业增加值	万元	150211	47105	82266	131184	93779
第二产业增加值	万元	582787	186375	121970	683147	72071
地方财政一般预算收入	万元	68241	36470	12230	68681	8460
地方财政一般预算支出	万元	202261	175361	229261	218102	258553
城乡居民储蓄存款余额	万元	512851	195832	163400	567002	171145
年末金融机构各项贷款余额	万元	555592	200986	120011	1204819	135396
三、农业、工业及投资						
粮食总产量	吨	358540	100095	289244	269513	249047
棉花产量	吨					
油料产量	吨	23248	13382	23087	1410	15030
肉类总产量	吨	14096	15100	15893	15742	17210
规模以上工业企业个数	个	102	25	14	64	3
规模以上工业总产值(现价)	万元	1679797	294667	200591	2572710	32234
固定资产投资(不含农户)	万元	613492	444536	238538	477604	236134
四、教育、卫生和社会保障						
普通中学在校学生数	人	15154	10301	26708	16072	30054
小学在校学生数	人	21478	13491	42807	21540	63120
医院、卫生院床位数	床	751	525	692	895	758
各种社会福利收养性单位数	个	12	3	6	3	7
各种社会福利收养性单位床位数	床	1250	232	605	300	420

2011年县(市)社会经济主要指标

宁夏回族自治区

指　　标	单位	隆德县	泾源县	彭阳县	中宁县	海原县
一、基本情况						
行政区域土地面积	平方公里	1269	1431	2529	3532	6472
乡(镇)个数	个	13	7	12	11	17
村民委员会个数	个	118	109	156	114	168
年末总户数	户	53700	36380	74039	99519	130125
其中:乡村户数	户	38887	27743	55583	77552	80795
年末总人口	万人	18	13	27	33	47
乡村人口	万人	16	11	23	26	38
年末单位从业人员数	人	7588	4812	9771	15507	10753
乡村从业人员数	人	72146	57232	125972	156754	205384
其中:农林牧渔业	人	46471	32666	84862	92397	81511
农业机械总动力	万千瓦特	21	18	41	42	47
固定电话用户	户	9600	4535	21000	52000	21765
二、综合经济						
第一产业增加值	万元	35319	21901	89895	141092	81229
第二产业增加值	万元	32366	24656	85347	500448	49493
地方财政一般预算收入	万元	4636	3531	16519	54660	6504
地方财政一般预算支出	万元	142897	102210	170009	237504	234956
城乡居民储蓄存款余额	万元	128252	67908	110765	490694	128297
年末金融机构各项贷款余额	万元	85186	66698	106280	1047470	76128
三、农业、工业及投资						
粮食总产量	吨	90409	34055	185044	275568	192995
棉花产量	吨					
油料产量	吨	6392	1516	4425	5678	26182
肉类总产量	吨	9007	7951	19482	23544	12599
规模以上工业企业个数	个	3	3	4	29	5
规模以上工业总产值(现价)	万元	7504	24429	99111	1451216	37693
固定资产投资(不含农户)	万元	148665	64169	214299	767093	247450
四、教育、卫生和社会保障						
普通中学在校学生数	人	16188	6162	17998	24630	25827
小学在校学生数	人	18761	12560	23848	37955	58845
医院、卫生院床位数	床	484	233	653	854	780
各种社会福利收养性单位数	个	4	5	6	2	3
各种社会福利收养性单位床位数	床	432	197	493	270	280

2011年县(市)社会经济主要指标

新疆维吾尔自治区

指　　标	单位	乌鲁木齐县	吐鲁番市	鄯善县	托克逊县	哈密市
一、基本情况						
行政区域土地面积	平方公里		13589	38282	16561	85587
乡(镇)个数	个	6	9	10	8	17
村民委员会个数	个	41	60	65	45	91
年末总户数	户	19459	78661	72283	35651	162540
其中:乡村户数	户	14594	41979	38834	24129	34060
年末总人口	万人	6	28	23	12	46
乡村人口	万人	5	18	16	9	12
年末单位从业人员数	人	3076	28433	31487	24748	70760
乡村从业人员数	人	24100	101485	96574	50410	66471
其中:农林牧渔业	人	24100	78601	82576	40310	52650
农业机械总动力	万千瓦特	5	20	21	10	17
固定电话用户	户	2360	80897	61325	25609	136545
二、综合经济						
第一产业增加值	万元	46100	104968	101485	63515	180746
第二产业增加值	万元	48911	229202	968461	182400	873590
地方财政一般预算收入	万元	24169	48800	76775	37786	199053
地方财政一般预算支出	万元	64589	136200	148736	118550	388726
城乡居民储蓄存款余额	万元	87454	370100	375000	126532	1541083
年末金融机构各项贷款余额	万元	138113	376900	293900	157500	1451491
三、农业、工业及投资						
粮食总产量	吨	7485	3873	5620	11499	33777
棉花产量	吨		5705	7578	15842	27430
油料产量	吨	2068			479	661
肉类总产量	吨	9903	22480	9679	8975	21948
规模以上工业企业个数	个	7	18	37	24	87
规模以上工业总产值(现价)	万元	46161	433989	1511807	389239	1044945
固定资产投资(不含农户)	万元	114215	229358	692815	95916	1271808
四、教育、卫生和社会保障						
普通中学在校学生数	人	1576	14291	11917	5493	33084
小学在校学生数	人	3826	22356	19509	8870	34283
医院、卫生院床位数	床	75	1012	923	427	3024
各种社会福利收养性单位数	个	1	2	4	1	8
各种社会福利收养性单位床位数	床	120	60	55	420	1379

2011 年县(市)社会经济主要指标

新疆维吾尔自治区

指　　标	单位	巴里坤哈萨克自治县	伊吾县	昌吉市	阜康市	呼图壁县
一、基本情况						
行政区域土地面积	平方公里	36901	19519	8215	11726	9721
乡(镇)个数	个	12	7	10	6	7
村民委员会个数	个	47	32	87	106	48
年末总户数	户	37158	8014	121350	56548	77462
其中:乡村户数	户	18272	5363	33209	18573	20613
年末总人口	万人	10	2	36	17	22
乡村人口	万人	6	2	12	7	8
年末单位从业人员数	人	9845	3288	65498	20603	70547
乡村从业人员数	人	32247	9437	64311	42044	44806
其中:农林牧渔业	人	20197	8558	49550	31103	38433
农业机械总动力	万千瓦特	13	3	31	15	31
固定电话用户	户	8767	6875	214642	33523	32834
二、综合经济						
第一产业增加值	万元	78000	33954	297310	180386	361511
第二产业增加值	万元	140000	78225	1036261	650619	360113
地方财政一般预算收入	万元	20716	15384	161803	85967	39489
地方财政一般预算支出	万元	110935	63247	228683	158386	116247
城乡居民储蓄存款余额	万元	85673	30942	1277001	347861	412736
年末金融机构各项贷款余额	万元	71142	10716	1841383	542033	375416
三、农业、工业及投资						
粮食总产量	吨	77026	5049	235880	162300	181676
棉花产量	吨	336	34	54153	475	63948
油料产量	吨	427	626	14090	15041	3657
肉类总产量	吨	19431	8156	87676	68122	81605
规模以上工业企业个数	个	18	3	162	65	74
规模以上工业总产值(现价)	万元	116437	44462	2297547	1003875	438090
固定资产投资(不含农户)	万元	224502	452526	666314	742879	313615
四、教育、卫生和社会保障						
普通中学在校学生数	人	3463	999	32912	8103	9373
小学在校学生数	人	4871	1431	28619	8194	11043
医院、卫生院床位数	床	275	175	3634	550	950
各种社会福利收养性单位数	个	3	2	8	4	5
各种社会福利收养性单位床位数	床	110	150	669	176	124

2011年县(市)社会经济主要指标

新疆维吾尔自治区

指标	单位	玛纳斯县	奇台县	吉木萨尔县	木垒哈萨克自治县	博乐市
一、基本情况						
行政区域土地面积	平方公里	11067	19300	8144	22171	7956
乡(镇)个数	个	11	15	9	11	5
村民委员会个数	个	87	102	55	60	129
年末总户数	户	62335	75051	47938	28581	95049
其中:乡村户数	户	26298	34469	26538	21411	19615
年末总人口	万人	18	24	14	9	27
乡村人口	万人	9	15	9	7	9
年末单位从业人员数	人	14685	12812	7676	5366	17160
乡村从业人员数	人	51095	81712	56051	42183	42178
其中:农林牧渔业	人	39422	65412	46720	37947	26928
农业机械总动力	万千瓦特	31	44	19	14	23
固定电话用户	户	33522	58000	28000	14118	57564
二、综合经济						
第一产业增加值	万元	492659	319247	134301	90927	268904
第二产业增加值	万元	490138	224262	154842	29167	232897
地方财政一般预算收入	万元	43289	47006	47505	14734	40080
地方财政一般预算支出	万元	109329	169367	122921	98737	120028
城乡居民储蓄存款余额	万元	374347	297162	177142	86476	449139
年末金融机构各项贷款余额	万元	386820	288267	130894	69928	494129
三、农业、工业及投资						
粮食总产量	吨	130596	580787	139291	140957	203318
棉花产量	吨	80643				56972
油料产量	吨	10950	22828	9439	6304	1820
肉类总产量	吨	65735	113796	50103	33699	8620
规模以上工业企业个数	个	54	36	36	10	24
规模以上工业总产值(现价)	万元	1012492	322188	290322	49736	146866
固定资产投资(不含农户)	万元	466275	488285	1171500	25764	210973
四、教育、卫生和社会保障						
普通中学在校学生数	人	7450	13108	6522	3558	11056
小学在校学生数	人	9417	11995	6819	4924	13304
医院、卫生院床位数	床	661	882	526	430	819
各种社会福利收养性单位数	个	1	4	3	2	4
各种社会福利收养性单位床位数	床	200	300	120	100	483

2011年县(市)社会经济主要指标

新疆维吾尔自治区

指　　标	单位	精河县	温泉县	库尔勒市	轮台县	尉犁县
一、基本情况						
行政区域土地面积	平方公里	11187	5886	7267	14182	59700
乡(镇)个数	个	5	5	12	11	8
村民委员会个数	个	55	65	59	65	50
年末总户数	户	49770	28311	178977	32799	37970
其中：乡村户数	户	20945	12736	19251	18487	13228
年末总人口	万人	14	8	54	12	11
乡村人口	万人	7	4	7	7	5
年末单位从业人员数	人	15802	9638	89655	7016	5561
乡村从业人员数	人	28494	22738	38855	33552	21064
其中：农林牧渔业	人	21624	17312	32332	30213	19374
农业机械总动力	万千瓦特	18	11	38	12	21
固定电话用户	户	33529	8920	169100	30369	23811
二、综合经济						
第一产业增加值	万元	201289	57632	318190	134103	191259
第二产业增加值	万元	69349	22794	4497423	145886	73868
地方财政一般预算收入	万元	13901	4664	210035	62092	13508
地方财政一般预算支出	万元	92146	68559	325879	100094	77942
城乡居民储蓄存款余额	万元	232919	65465	2072652	228752	178164
年末金融机构各项贷款余额	万元	280145	57966	2264607	252235	230066
三、农业、工业及投资						
粮食总产量	吨	23870	218695	9915	67478	1108
棉花产量	吨	78912		108196	74211	83729
油料产量	吨	112	19105		50	
肉类总产量	吨	5731	6359	18654	8090	5098
规模以上工业企业个数	个	10	4	88	24	9
规模以上工业总产值(现价)	万元	65675	5011	5518119	256771	138250
固定资产投资(不含农户)	万元	126022	58800	1898509	206539	43784
四、教育、卫生和社会保障						
普通中学在校学生数	人	6716	1856	24093	5375	4011
小学在校学生数	人	9377	3659	41217	9949	5437
医院、卫生院床位数	床	478	229	3154	650	301
各种社会福利收养性单位数	个	2	2	14	8	4
各种社会福利收养性单位床位数	床	270	300	1050	244	739

2011年县(市)社会经济主要指标

新疆维吾尔自治区

指　　标	单位	若羌县	且末县	焉耆回族自治县	和静县	和硕县
一、基本情况						
行政区域土地面积	平方公里	202298	138645	2571	34978	12753
乡(镇)个数	个	8	12	8	12	7
村民委员会个数	个	26	53	49	55	26
年末总户数	户	10879	17896	43478	66474	25514
其中:乡村户数	户	6132	8554	18741	20083	10168
年末总人口	万人	3	8	17	19	8
乡村人口	万人	2	4	7	8	4
年末单位从业人员数	人	5191	4940	8449	19841	6508
乡村从业人员数	人	18483	13529	36108	46230	16991
其中:农林牧渔业	人	8508	11000	26341	32950	14647
农业机械总动力	万千瓦特	5	8	19	17	12
固定电话用户	户	8117	12150	32900	24255	13688
二、综合经济						
第一产业增加值	万元	99802	66191	115206	148427	100554
第二产业增加值	万元	321106	19756	126006	238054	29357
地方财政一般预算收入	万元	43864	30218	17645	46970	9946
地方财政一般预算支出	万元	96812	112473	89293	155198	67414
城乡居民储蓄存款余额	万元	100438	83267	211300	218521	111566
年末金融机构各项贷款余额	万元	108082	80108	157809	149643	59086
三、农业、工业及投资						
粮食总产量	吨	10894	31394	78110	54482	24819
棉花产量	吨	7142	26634	3053	7105	30885
油料产量	吨		29	3007	2087	622
肉类总产量	吨	2052	7607	10203	22051	5412
规模以上工业企业个数	个	7	2	11	28	9
规模以上工业总产值(现价)	万元	418786	2486	74276	688703	32615
固定资产投资(不含农户)	万元	296632	78001	116621	432928	64855
四、教育、卫生和社会保障						
普通中学在校学生数	人	1179	3738	5821	7437	3028
小学在校学生数	人	2200	4419	8903	9568	4313
医院、卫生院床位数	床	218	535	621	558	224
各种社会福利收养性单位数	个	2	1	9	2	1
各种社会福利收养性单位床位数	床	105	72	145	196	100

2011年县(市)社会经济主要指标

新疆维吾尔自治区

指　　标	单位	博湖县	阿克苏市	温宿县	库车县	沙雅县
一、基本情况						
行政区域土地面积	平方公里	3581	13564	14336	14603	31955
乡(镇)个数	个	7	6	10	14	10
村民委员会个数	个	26	122	104	210	150
年末总户数	户	19034	146315	66761	111984	68270
其中:乡村户数	户	8216	35883	46979	68713	47594
年末总人口	万人	6	50	25	47	26
乡村人口	万人	3	16	18	31	19
年末单位从业人员数	人	5434	46833	22649	28543	13192
乡村从业人员数	人	17334	66999	84676	166365	99995
其中:农林牧渔业	人	15342	45080	78977	137078	63648
农业机械总动力	万千瓦特	13	21	35	26	24
固定电话用户	户	14100	137397	23825	63257	15260
二、综合经济						
第一产业增加值	万元	66831	147784	139497	159555	114612
第二产业增加值	万元	29959	276743	67181	589857	66575
地方财政一般预算收入	万元	8043	109909	22901	260766	70802
地方财政一般预算支出	万元	59391	213794	139187	344243	140393
城乡居民储蓄存款余额	万元	88134	1321591	229652	546710	238653
年末金融机构各项贷款余额	万元	179533	1619410	259533	439100	269205
三、农业、工业及投资						
粮食总产量	吨	29729	103151	205385	204341	160964
棉花产量	吨	11058	95044	56602	83882	107230
油料产量	吨	1577		1747	801	438
肉类总产量	吨	5464	43344	17848	45200	10012
规模以上工业企业个数	个	10	47	27	44	16
规模以上工业总产值(现价)	万元	25402	620589	111749	2398729	151751
固定资产投资(不含农户)	万元	50240	459300		577261	141801
四、教育、卫生和社会保障						
普通中学在校学生数	人	2332	27489	11237	29748	14454
小学在校学生数	人	3072	45772	18341	42360	25135
医院、卫生院床位数	床	239	3442	755	1834	698
各种社会福利收养性单位数	个	1	5	9	6	5
各种社会福利收养性单位床位数	床	134	112	277	860	150

2011 年县(市)社会经济主要指标

新疆维吾尔自治区

指　　标	单位	新和县	拜城县	乌什县	阿瓦提县	柯坪县
一、基本情况						
行政区域土地面积	平方公里	5818	19100	8889	13259	8912
乡(镇)个数	个	8	14	9	8	5
村民委员会个数	个	110	150	107	119	33
年末总户数	户	47662	65741	54409	58515	11647
其中:乡村户数	户	33650	36855	41672	36318	7954
年末总人口	万人	17	23	22	25	5
乡村人口	万人	13	17	17	17	4
年末单位从业人员数	人	8082	17211	8123	11318	4127
乡村从业人员数	人	67250	71737	107210	82437	17451
其中:农林牧渔业	人	63648	66413	95489	73972	15548
农业机械总动力	万千瓦特	15	27	18	35	4
固定电话用户	户	21150	26000	12435	20451	4100
二、综合经济						
第一产业增加值	万元	89539	72697	59198	125127	13901
第二产业增加值	万元	37981	178233	18707	42909	11100
地方财政一般预算收入	万元	41899	75445	6745	9151	2411
地方财政一般预算支出	万元	120969	150003	121291	120800	57500
城乡居民储蓄存款余额	万元	150238	224613	94503	210259	24447
年末金融机构各项贷款余额	万元	185410	207693	88853	239136	18573
三、农业、工业及投资						
粮食总产量	吨	99549	211158	152820	114357	23751
棉花产量	吨	62593	279	9095	112125	7989
油料产量	吨	43	5378	1377		43
肉类总产量	吨	6401	18945	15523	11802	2412
规模以上工业企业个数	个	14	26	4	6	1
规模以上工业总产值(现价)	万元	84395	357932	11854	33357	2544
固定资产投资(不含农户)	万元	100750	274629	48659	100654	27806
四、教育、卫生和社会保障						
普通中学在校学生数	人	8242	13534	10870	13295	2924
小学在校学生数	人	16997	18170	21207	22717	4784
医院、卫生院床位数	床	615	865	556	638	180
各种社会福利收养性单位数	个	4	7	7	9	1
各种社会福利收养性单位床位数	床	149	700	810	577	100

2011年县(市)社会经济主要指标

新疆维吾尔自治区

指　　标	单位	阿图什市	阿克陶县	阿合奇县	乌恰县	喀什市
一、基本情况						
行政区域土地面积	平方公里	16151	24176	12737	22000	555
乡(镇)个数	个	7	13	6	11	8
村民委员会个数	个	77	109	18	34	106
年末总户数	户	59247	51292	11508	18315	137886
其中:乡村户数	户	37795	40011	8502	8802	38575
年末总人口	万人	25	20	4	6	48
乡村人口	万人	18	17	3	4	17
年末单位从业人员数	人	20374	9488	6169	6968	62047
乡村从业人员数	人	69277	67449	7686	13876	67814
其中:农林牧渔业	人	46707	59011	6866	11905	30350
农业机械总动力	万千瓦特	10	16	2	2	6
固定电话用户	户	60039	13100	6500	4855	103000
二、综合经济						
第一产业增加值	万元	39711	36891	6816	7569	46000
第二产业增加值	万元	52396	33261	7640	31106	369500
地方财政一般预算收入	万元	23059	14214	4452	13503	104278
地方财政一般预算支出	万元	249976	150229	70194	93374	416923
城乡居民储蓄存款余额	万元	223864	74005	25323	47455	1000000
年末金融机构各项贷款余额	万元	176382	94407	12401	13873	883000
三、农业、工业及投资						
粮食总产量	吨	63341	147305	11399	7573	63409
棉花产量	吨	3259	5689		8	
油料产量	吨	159	19	574	226	
肉类总产量	吨	13832	12084	4514	5080	24701
规模以上工业企业个数	个	11	10		7	26
规模以上工业总产值(现价)	万元	105470	38776		34882	411373
固定资产投资(不含农户)	万元	102172	143664	78427	84486	311000
四、教育、卫生和社会保障						
普通中学在校学生数	人	19349	12056	1753	2048	37749
小学在校学生数	人	23954	20971	4591	4764	54485
医院、卫生院床位数	床	1764	699	220	375	4586
各种社会福利收养性单位数	个	2	4	3	2	9
各种社会福利收养性单位床位数	床	220	250	260	185	378

2011 年县(市)社会经济主要指标

新疆维吾尔自治区

指　　标	单位	疏附县	疏勒县	英吉沙县	泽普县	莎车县
一、基本情况						
行政区域土地面积	平方公里	3126	2398	3425	988	9036
乡(镇)个数	个	12	14	14	11	29
村民委员会个数	个	165	223	163	138	502
年末总户数	户	81226	83011	63969	63206	174205
其中:乡村户数	户	62523	58600	53309	26947	132923
年末总人口	万人	34	34	28	21	81
乡村人口	万人	28	29	23	11	63
年末单位从业人员数	人	10474	13138	8835	7837	22797
乡村从业人员数	人	95000	8903	111088	35190	231356
其中:农林牧渔业	人	71194	8609	103765	30057	193876
农业机械总动力	万千瓦特	28	20	13	15	43
固定电话用户	户	23000	15843	13500	16041	42747
二、综合经济						
第一产业增加值	万元	150659	148000	83944	89606	266775
第二产业增加值	万元	30800	182032	36177	46836	63446
地方财政一般预算收入	万元	11333	20167	9349	16267	24006
地方财政一般预算支出	万元	154117	142388	134021	122794	359489
城乡居民储蓄存款余额	万元		5660	82274	236125	413118
年末金融机构各项贷款余额	万元		4750	77218	101351	277732
三、农业、工业及投资						
粮食总产量	吨	253384	204060	159444	125898	509235
棉花产量	吨	7196	23657	11441	7700	66475
油料产量	吨	240		3796	170	5675
肉类总产量	吨	41633	39964	20716	26202	50562
规模以上工业企业个数	个	2	20	7	58	13
规模以上工业总产值(现价)	万元	5364	53208	25890	74206	82485
固定资产投资(不含农户)	万元	228595	601441	249474	190472	250976
四、教育、卫生和社会保障						
普通中学在校学生数	人	23418	21922	14125	13292	48747
小学在校学生数	人	33678	35330	25756	18321	78818
医院、卫生院床位数	床	809	1050	901	649	2170
各种社会福利收养性单位数	个	13	4	12	13	25
各种社会福利收养性单位床位数	床	450	180	653	300	750

2011年县(市)社会经济主要指标

新疆维吾尔自治区

指　　标	单位	叶城县	麦盖提县	岳普湖县	伽师县	巴楚县
一、基本情况						
行政区域土地面积	平方公里	28930	15200	3023	6528	21700
乡(镇)个数	个	19	10	9	13	11
村民委员会个数	个	309	129	87	297	186
年末总户数	户	109838	64868	42219	90742	83957
其中:乡村户数	户	70961	34000	27284	75744	53549
年末总人口	万人	46	26	16	39	34
乡村人口	万人	33	17	12	35	21
年末单位从业人员数	人	17836	9659	6010	10194	12370
乡村从业人员数	人	140303	57082	51472	131500	80535
其中:农林牧渔业	人	97934	49990	43892	119498	70195
农业机械总动力	万千瓦特	17	21	10	20	28
固定电话用户	户	17981	11973	8200	9495	28724
二、综合经济						
第一产业增加值	万元	229518	109058	55500	174433	144786
第二产业增加值	万元	67857	37485	55000	93703	65596
地方财政一般预算收入	万元	23710	15030	6293	21387	15612
地方财政一般预算支出	万元	246736	123942	101448	190173	174381
城乡居民储蓄存款余额	万元	92470	173050	69668	114863	258400
年末金融机构各项贷款余额	万元	141214	118408	58781	73293	131671
三、农业、工业及投资						
粮食总产量	吨	346059	119358	83402	217766	176921
棉花产量	吨	11353	70455	20978	28088	99088
油料产量	吨	4750	220	240		
肉类总产量	吨	54403	20728	15098	43133	32713
规模以上工业企业个数	个	4	6	3	5	10
规模以上工业总产值(现价)	万元	47500	42891	11043	109606	37547
固定资产投资(不含农户)	万元		160585	78416	270985	21209
四、教育、卫生和社会保障						
普通中学在校学生数	人	32811	12547	9906	26257	14553
小学在校学生数	人	59956	20563	12342	38053	29184
医院、卫生院床位数	床	1100	705	535	941	1671
各种社会福利收养性单位数	个	18	10	6	3	10
各种社会福利收养性单位床位数	床	151	200	460	360	67

2011 年县(市)社会经济主要指标

新疆维吾尔自治区

指　　标	单位	塔什库尔干塔吉克自治县	和田市	和田县	墨玉县	皮山县
一、基本情况						
行政区域土地面积	平方公里	25000	496	40877	25624	39820
乡(镇)个数	个	11	8	11	16	16
村民委员会个数	个	47	113	211	364	169
年末总户数	户	11325	87221	62997	136339	71820
其中:乡村户数	户	6559	39740	61371	105907	46957
年末总人口	万人	4	32	27	53	27
乡村人口	万人	3	17	26	48	19
年末单位从业人员数	人	3049	23602	8803	13814	8697
乡村从业人员数	人	12015	58126	94736	148298	73802
其中:农林牧渔业	人	9957	35683	71297	106235	58513
农业机械总动力	万千瓦特	2	6	8	14	6
固定电话用户	户	1870	77084		13650	16700
二、综合经济						
第一产业增加值	万元	8400	33574	64663	95352	61147
第二产业增加值	万元	23789	122552	35552	22672	16514
地方财政一般预算收入	万元	7395	41865	9619	12170	7960
地方财政一般预算支出	万元	77480	296345	138841	220989	146568
城乡居民储蓄存款余额	万元	10213	555002	37754	131834	85632
年末金融机构各项贷款余额	万元	16190	160221	44902	84377	64796
三、农业、工业及投资						
粮食总产量	吨	9898	83361	142649	234619	111844
棉花产量	吨	215	2183	5756	7626	7883
油料产量	吨		225	917	540	2474
肉类总产量	吨	5403	11356	10251	19663	8856
规模以上工业企业个数	个	10	10	8	2	4
规模以上工业总产值(现价)	万元	35554	70262	37335	1925	10995
固定资产投资(不含农户)	万元		302496	190190	204103	85332
四、教育、卫生和社会保障						
普通中学在校学生数	人	2044	19540	18826	31762	13018
小学在校学生数	人	4595	30140	29835	55542	22570
医院、卫生院床位数	床	318	3161	1095	2309	874
各种社会福利收养性单位数	个	1	7	10	17	15
各种社会福利收养性单位床位数	床	48	266	392	423	251

2011年县(市)社会经济主要指标

新疆维吾尔自治区

指　　标	单位	洛浦县	策勒县	于田县	民丰县	伊宁市
一、基本情况						
行政区域土地面积	平方公里	14287	31343	39126	57575	676
乡(镇)个数	个	9	8	15	6	9
村民委员会个数	个	207	123	170	30	46
年末总户数	户	62549	49900	74513	12486	161373
其中:乡村户数	户	54622	39297	58153	6408	32396
年末总人口	万人	24	16	25	4	50
乡村人口	万人	21	13	21	2	14
年末单位从业人员数	人	7512	7615	9572	3014	67650
乡村从业人员数	人	98854	53463	89628	7187	71473
其中:农林牧渔业	人	82343	46833	71246	5152	38329
农业机械总动力	万千瓦特	9	6	9	2	7
固定电话用户	户	9073	11231	15942	3158	92531
二、综合经济						
第一产业增加值	万元	41823	40128	50332	11857	56838
第二产业增加值	万元	23268	13958	15054	8982	316484
地方财政一般预算收入	万元	5938	4930	6625	4124	140904
地方财政一般预算支出	万元	125000	116305	146616	66071	281702
城乡居民储蓄存款余额	万元	117193	50696	73794	26092	1209223
年末金融机构各项贷款余额	万元	70620	57040	57100	13166	1245956
三、农业、工业及投资						
粮食总产量	吨	123297	84815	131019	14391	104465
棉花产量	吨	5920	7376	8669		
油料产量	吨	1108	2089	1846	32	2298
肉类总产量	吨	8395	6613	13056	4002	12051
规模以上工业企业个数	个	3		2		38
规模以上工业总产值(现价)	万元	13545		1735		368097
固定资产投资(不含农户)	万元	81314	79534	142048	40307	1091277
四、教育、卫生和社会保障						
普通中学在校学生数	人	10534	6169	14617	1567	35400
小学在校学生数	人	19257	12004	19875	2762	46298
医院、卫生院床位数	床	1043	792	1099	245	3341
各种社会福利收养性单位数	个	11	9	13	2	6
各种社会福利收养性单位床位数	床	317	243	695	82	380

2011年县(市)社会经济主要指标

新疆维吾尔自治区

指标	单位	奎屯市	伊宁县	察布查尔锡伯自治县	霍城县	巩留县
一、基本情况						
行政区域土地面积	平方公里	1110	4682	4472	5430	4327
乡(镇)个数	个	1	18	13	10	8
村民委员会个数	个	4	130	64	75	53
年末总户数	户	55883	114758	63996	139828	62390
其中:乡村户数	户	409	71887	32936	51850	25567
年末总人口	万人	15	43	19	40	20
乡村人口	万人		33	12	21	12
年末单位从业人员数	人	15845	23786	9799	12849	8666
乡村从业人员数	人	923	167470	63988	122110	42405
其中:农林牧渔业	人	853	126105	53650	97069	36868
农业机械总动力	万千瓦特	1	26	17	20	17
固定电话用户	户	61205	33000	31749	52858	18478
二、综合经济						
第一产业增加值	万元	47807	191680	129198	202191	88182
第二产业增加值	万元	494798	175267	58078	124106	70601
地方财政一般预算收入	万元	109119	28865	20003	23673	11500
地方财政一般预算支出	万元	156992	182311	126242	146876	118755
城乡居民储蓄存款余额	万元	897864	177936	136400	290202	109301
年末金融机构各项贷款余额	万元	780311	379203	182700	162764	107030
三、农业、工业及投资						
粮食总产量	吨	5856	567893	289339	200717	229318
棉花产量	吨	1911	199	13790	2106	
油料产量	吨	1726	13165	8718	10921	9152
肉类总产量	吨	3567	38742	17435	31598	26999
规模以上工业企业个数	个	27	36	19	27	11
规模以上工业总产值(现价)	万元	697890	273105	98678	105015	60952
固定资产投资(不含农户)	万元	427786	446125	302118	234082	76940
四、教育、卫生和社会保障						
普通中学在校学生数	人	18758	22145	9516	15214	10084
小学在校学生数	人	13075	37885	13508	24387	16126
医院、卫生院床位数	床	2142	1300	487	1150	585
各种社会福利收养性单位数	个	7	3	1	5	3
各种社会福利收养性单位床位数	床	696	131	100	220	300

2011年县(市)社会经济主要指标

新疆维吾尔自治区

指　　标	单位	新源县	昭苏县	特克斯县	尼勒克县	塔城市
一、基本情况						
行政区域土地面积	平方公里	6814	11128	7764	10130	4353
乡(镇)个数	个	11	10	8	11	6
村民委员会个数	个	77	73	59	75	115
年末总户数	户	98332	62514	54529	53456	55374
其中:乡村户数	户	38912	24875	21461	29142	24262
年末总人口	万人	31	19	17	18	17
乡村人口	万人	20	11	11	13	8
年末单位从业人员数	人	20945	10182	9797	11045	24368
乡村从业人员数	人	82145	41820	54442	52756	38517
其中:农林牧渔业	人	60298	32003	42070	40113	31477
农业机械总动力	万千瓦特	22	13	9	11	25
固定电话用户	户	44979	17000	21696	18700	42905
二、综合经济						
第一产业增加值	万元	175860	114251	68571	81245	91442
第二产业增加值	万元	332169	52621	25852	148254	165014
地方财政一般预算收入	万元	39403	8207	9559	27071	27100
地方财政一般预算支出	万元	147855	120414	107463	112844	127047
城乡居民储蓄存款余额	万元	261537	100114	73627	115297	276174
年末金融机构各项贷款余额	万元	241907	104192	88110	89229	322075
三、农业、工业及投资						
粮食总产量	吨	288509	111389	102945	165047	446446
棉花产量	吨					
油料产量	吨	12106	57478	17927	5575	3448
肉类总产量	吨	35004	24251	16805	27826	15303
规模以上工业企业个数	个	13	12	7	13	12
规模以上工业总产值(现价)	万元	437751	81317	50918	186944	122020
固定资产投资(不含农户)	万元	190286	46156	113888	236928	139630
四、教育、卫生和社会保障						
普通中学在校学生数	人	19202	9519	7921	8282	9920
小学在校学生数	人	26242	13046	15856	14534	10230
医院、卫生院床位数	床	1014	636	506	534	941
各种社会福利收养性单位数	个	3	3	2	4	3
各种社会福利收养性单位床位数	床	130	87	80	172	236

2011 年县(市)社会经济主要指标

新疆维吾尔自治区

指　　标	单位	乌苏市	额敏县	沙湾县	托里县	裕民县
一、基本情况						
行政区域土地面积	平方公里	13729	9532	13110	19670	6220
乡(镇)个数	个	14	12	12	7	6
村民委员会个数	个	134	139	227	66	50
年末总户数	户	73229	56068	72099	28656	18288
其中:乡村户数	户	31201	40717	48469	16057	7925
年末总人口	万人	23	22	22	10	5
乡村人口	万人	11	13	17	6	3
年末单位从业人员数	人	30791	23119	16067	8949	5875
乡村从业人员数	人	63506	48280	92563	35359	20400
其中:农林牧渔业	人	53323	42887	77713	30349	18389
农业机械总动力	万千瓦特	52	24	53	8	12
固定电话用户	户	35200	30733	33670	10123	16275
二、综合经济						
第一产业增加值	万元	213820	115649	307957	33041	34845
第二产业增加值	万元	555429	186944	328530	218623	25496
地方财政一般预算收入	万元	63387	17335	40585	20153	3516
地方财政一般预算支出	万元	178351	124455	138446	94002	64159
城乡居民储蓄存款余额	万元	438330	166943	434359	71175	71415
年末金融机构各项贷款余额	万元	493977	128762	460016	48605	39445
三、农业、工业及投资						
粮食总产量	吨	168398	381003	172942	103157	159409
棉花产量	吨	98317		120045	875	
油料产量	吨	7673	19213	11295	6131	10713
肉类总产量	吨	33684	24862	47787	17627	11089
规模以上工业企业个数	个	14	9	29	9	2
规模以上工业总产值(现价)	万元	472027	60042	403733	169167	1545
固定资产投资(不含农户)	万元	264330	200169	216954	97238	29476
四、教育、卫生和社会保障						
普通中学在校学生数	人	15903	9000	18714	4186	3257
小学在校学生数	人	17164	11790	15208	8872	3755
医院、卫生院床位数	床	1261	498	755	236	180
各种社会福利收养性单位数	个	1	1	5	1	1
各种社会福利收养性单位床位数	床	98	100	300	46	102

2011 年县(市)社会经济主要指标

新疆维吾尔自治区

指　　标	单位	和布克赛尔蒙古自治县	阿勒泰市	布尔津县	富蕴县	福海县
一、基本情况						
行政区域土地面积	平方公里	33460	11481	10357	33670	33251
乡(镇)个数	个	6	11	7	9	6
村民委员会个数	个	55	96	63	71	61
年末总户数	户	19617	62079	23882	27625	19659
其中:乡村户数	户	7751	23925	14510	15813	11403
年末总人口	万人	5	20	7	10	7
乡村人口	万人	2	10	6	6	4
年末单位从业人员数	人	10864	33709	11110	20408	6968
乡村从业人员数	人	15594	47925	22712	26760	21291
其中:农林牧渔业	人	11500	38185	16610	17553	16073
农业机械总动力	万千瓦特	4	15	7	9	9
固定电话用户	户	9431	88674	11896	27741	10529
二、综合经济						
第一产业增加值	万元	27502	65967	27095	57867	48937
第二产业增加值	万元	148468	84311	43080	290054	39041
地方财政一般预算收入	万元	79961	24027	14600	67381	13048
地方财政一般预算支出	万元	128272	151201	82642	148875	69488
城乡居民储蓄存款余额	万元	85992	356866	79056	107122	84053
年末金融机构各项贷款余额	万元	64789	385139	73429	109249	59963
三、农业、工业及投资						
粮食总产量	吨	6057	42016	26174	50734	25541
棉花产量	吨	9413				
油料产量	吨	1245	20426	25244	16494	39875
肉类总产量	吨	12515	15080	10521	15209	11652
规模以上工业企业个数	个	7	16	9	17	8
规模以上工业总产值(现价)	万元	117093	107613	60359	428257	23774
固定资产投资(不含农户)	万元	284476	175401	3557	290947	81131
四、教育、卫生和社会保障						
普通中学在校学生数	人	3110	10755	3731	4951	3731
小学在校学生数	人	3804	11175	5790	8531	4666
医院、卫生院床位数	床	285	1116	299	352	357
各种社会福利收养性单位数	个	2	1	4	3	2
各种社会福利收养性单位床位数	床	150	58	68	200	120

2011 年县(市)社会经济主要指标

新疆维吾尔自治区

指　　标	单位	哈巴河县	青河县	吉木乃县	石河子市	阿拉尔市
一、基本情况						
行政区域土地面积	平方公里	8186	15757	7146	7762	4196
乡(镇)个数	个	7	7	7	2	1
村民委员会个数	个	113	52	41	18	9
年末总户数	户	26521	18764	13521	231400	53940
其中:乡村户数	户	19131	9865	9764	6174	1050
年末总人口	万人	8	6	4	62	17
乡村人口	万人	6	4	3	2	
年末单位从业人员数	人	9908	6153	6048	171600	42071
乡村从业人员数	人	25643	20715	12849	9874	1051
其中:农林牧渔业	人	20471	15161	11418	8562	900
农业机械总动力	万千瓦特	12	5	2	71	37
固定电话用户	户	14610	9508	12600	241400	65125
二、综合经济						
第一产业增加值	万元	54249	26849	15241	640118	460478
第二产业增加值	万元	241492	56767	13636	1029745	143497
地方财政一般预算收入	万元	35648	17745	2930	192822	26682
地方财政一般预算支出	万元	108426	113896	71388	329066	34539
城乡居民储蓄存款余额	万元	67049	49595	43114	2261461	257088
年末金融机构各项贷款余额	万元	74902	53989	37015	2480527	128812
三、农业、工业及投资						
粮食总产量	吨	81617	45901	22867	94447	75382
棉花产量	吨				352455	205496
油料产量	吨	18461	1625	5064	2950	
肉类总产量	吨	10753	6266	4075	58915	13566
规模以上工业企业个数	个	6	21	1	150	64
规模以上工业总产值(现价)	万元	302084	30168	4454	3146987	383635
固定资产投资(不含农户)	万元	197727	155443	92029	2041607	444267
四、教育、卫生和社会保障						
普通中学在校学生数	人	4429	1872	1769	42434	11417
小学在校学生数	人	7579	5310	2910	39907	13658
医院、卫生院床位数	床	334	160	110	4855	706
各种社会福利收养性单位数	个	3	4	1	21	
各种社会福利收养性单位床位数	床	142	115	60	1985	

2011年县(市)社会经济主要指标

新疆维吾尔自治区

指　　标	单位	图木舒克市	五家渠市
一、基本情况			
行政区域土地面积	平方公里	1927	710
乡(镇)个数	个	10	
村民委员会个数	个	115	
年末总户数	户	46968	44000
其中:乡村户数	户	23080	
年末总人口	万人	16	11
乡村人口	万人	8	
年末单位从业人员数	人	57390	24912
乡村从业人员数	人	31501	
其中:农林牧渔业	人	29660	
农业机械总动力	万千瓦特	11	7
固定电话用户	户	22657	33446
二、综合经济			
第一产业增加值	万元	143711	71313
第二产业增加值	万元	64844	391003
地方财政一般预算收入	万元	10670	37663
地方财政一般预算支出	万元	21356	49656
城乡居民储蓄存款余额	万元	95175	330900
年末金融机构各项贷款余额	万元	25410	718600
三、农业、工业及投资			
粮食总产量	吨	69669	26389
棉花产量	吨	82028	11011
油料产量	吨		2277
肉类总产量	吨	8864	22496
规模以上工业企业个数	个	15	37
规模以上工业总产值(现价)	万元	84617	902002
固定资产投资(不含农户)	万元	188391	871435
四、教育、卫生和社会保障			
普通中学在校学生数	人	10700	8277
小学在校学生数	人	17866	7440
医院、卫生院床位数	床	536	795
各种社会福利收养性单位数	个	3	3
各种社会福利收养性单位床位数	床	98	178

分区域县（市）社会经济基本情况

丘陵县(市)社会经济基本情况

指　　标	单位	2010 年	2011 年	2011 年为 2010 年%
一、基本情况				
县(市)个数	个	534	534	100.0
行政区域土地面积	平方公里		2020239	
乡(镇)个数	个	8046	7978	99.2
村民委员会个数	个	148054	146625	99.0
年末总户数	户	93151291	94517068	101.5
其中:乡村户数	户	65902058	66456927	100.8
年末总人口	万人	29663	29826	100.6
乡村人口	万人	23934	23708	99.1
年末单位从业人员数	人	19161161	20255179	105.7
乡村从业人员数	人	132385813	131160915	99.1
其中:农林牧渔业	人	70301454	69133719	98.3
农业机械总动力	万千瓦特	21214	22221	104.7
固定电话用户	户	47250975	40906216	86.6
二、综合经济				
第一产业增加值	万元	103502069	121479087	117.4
第二产业增加值	万元	368038616	459048316	124.7
地方财政一般预算收入	万元	34224858	44502759	130.0
地方财政一般预算支出	万元	83785745	106206133	126.8
城乡居民储蓄存款余额	万元	353546432	406334213	114.9
年末金融机构各项贷款余额	万元	298069516	356335479	119.5
三、农业、工业及投资				
粮食总产量	吨	169175339		
棉花产量	吨	388129	415364	107.0
油料产量	吨	8730641	8822655	101.1
肉类总产量	吨	26951223	26928350	99.9
规模以上工业企业个数	个		59473	
规模以上工业总产值(现价)	万元		1284753883	
固定资产投资(不含农户)	万元		458600941	
四、教育、卫生和社会保障				
普通中学在校学生数	人	15783004	15315068	97.0
小学在校学生数	人	20369229	20341587	99.9
医院、卫生院床位数	床	677518	735264	108.5
各种社会福利收养性单位数	个	9420	9713	103.1
各种社会福利收养性单位床位数	床	631620	699949	110.8

山区县(市)社会经济基本情况

指　　标	单位	2010 年	2011 年	2011 年为2010 年%
一、基本情况				
县(市)个数	个	895	895	100.0
行政区域土地面积	平方公里		4241669	
乡(镇)个数	个	13497	13195	97.8
村民委员会个数	个	189692	188207	99.2
年末总户数	户	94460272	96793186	102.5
其中:乡村户数	户	69973336	71034966	101.5
年末总人口	万人	31798	32010	100.7
乡村人口	万人	26373	26142	99.1
年末单位从业人员数	人	18616493	20538916	110.3
乡村从业人员数	人	146591237	145094130	99.0
其中:农林牧渔业	人	86817562	85097515	98.0
农业机械总动力	万千瓦特	18611	19300	103.7
固定电话用户	户	44634721	38019770	85.2
二、综合经济				
第一产业增加值	万元	89950180	104578841	116.3
第二产业增加值	万元	258820732	322418489	124.6
地方财政一般预算收入	万元	28486506	37612537	132.0
地方财政一般预算支出	万元	99485528	122516310	123.1
城乡居民储蓄存款余额	万元	303944382	354720722	116.7
年末金融机构各项贷款余额	万元	274076275	317159239	115.7
三、农业、工业及投资				
粮食总产量	吨	117050966		
棉花产量	吨	137801	145014	105.2
油料产量	吨	7024913	7587427	108.0
肉类总产量	吨	23600911	23258511	98.5
规模以上工业企业个数	个		43081	
规模以上工业总产值(现价)	万元		812112429	
固定资产投资(不含农户)	万元		351484724	
四、教育、卫生和社会保障				
普通中学在校学生数	人	17932302	17475732	97.5
小学在校学生数	人	25230171	24699681	97.9
医院、卫生院床位数	床	759874	826599	108.8
各种社会福利收养性单位数	个	9691	10165	104.9
各种社会福利收养性单位床位数	床	608355	667289	109.7

平原县(市)社会经济基本情况

指　　标	单位	2010年	2011年	2011年为2010年%
一、基本情况				
县(市)个数	个	649	649	100.0
行政区域土地面积	平方公里		2607383	
乡(镇)个数	个	8856	8567	96.7
村民委员会个数	个	184990	184297	99.6
年末总户数	户	116826798	118749324	101.6
其中:乡村户数	户	84519171	85109259	100.7
年末总人口	万人	38904	39287	101.0
乡村人口	万人	31284	31129	99.5
年末单位从业人员数	人	23622314	26624303	112.7
乡村从业人员数	人	172291961	171713996	99.7
其中:农林牧渔业	人	85875596	83202145	96.9
农业机械总动力	万千瓦特	40055	41764	104.3
固定电话用户	户	70636191	66296312	93.9
二、综合经济				
第一产业增加值	万元	148974611	172387042	115.7
第二产业增加值	万元	559263018	676503722	121.0
地方财政一般预算收入	万元	56001665	72537204	129.5
地方财政一般预算支出	万元	113631628	141586786	124.6
城乡居民储蓄存款余额	万元	573887464	659982959	115.0
年末金融机构各项贷款余额	万元	597119117	699414870	117.1
三、农业、工业及投资				
粮食总产量	吨	277841363		
棉花产量	吨	5293997	5800012	109.6
油料产量	吨	13477820	13506728	100.2
肉类总产量	吨	33500393	33840312	101.0
规模以上工业企业个数	个		108121	
规模以上工业总产值(现价)	万元		2233636923	
固定资产投资(不含农户)	万元		582076286	
四、教育、卫生和社会保障				
普通中学在校学生数	人	21715938	20895056	96.2
小学在校学生数	人	28823682	28823035	100.0
医院、卫生院床位数	床	941462	1029226	109.3
各种社会福利收养性单位数	个	9909	10442	105.4
各种社会福利收养性单位床位数	床	904833	966559	106.8

民族县(市)社会经济基本情况

指　　标	单位	2010 年	2011 年	2011 年为 2010 年%
一、基本情况				
县(市)个数	个	633	633	100.0
行政区域土地面积	平方公里		5824438	
乡(镇)个数	个	7610	7570	99.5
村民委员会个数	个	82242	82227	100.0
年末总户数	户	48758945	49934902	102.4
其中:乡村户数	户	32014017	32603359	101.8
年末总人口	万人	16550	16704	100.9
乡村人口	万人	12838	12968	101.0
年末单位从业人员数	人	9283632	9666246	104.1
乡村从业人员数	人	71624255	72555870	101.3
其中:农林牧渔业	人	49880560	49678588	99.6
农业机械总动力	万千瓦特	11837	12488	105.5
固定电话用户	户	21685296	17314533	79.8
二、综合经济				
第一产业增加值	万元	56580109	66929767	118.3
第二产业增加值	万元	134290523	171975320	128.1
地方财政一般预算收入	万元	15882954	21347860	134.4
地方财政一般预算支出	万元	63113170	80495527	127.5
城乡居民储蓄存款余额	万元	140484815	164737417	117.3
年末金融机构各项贷款余额	万元	148283736	174506554	117.7
三、农业、工业及投资				
粮食总产量	吨	83312535		
棉花产量	吨	2179682	2587592	118.7
油料产量	吨	3831587	4136337	108.0
肉类总产量	吨	14356240	14679541	102.3
规模以上工业企业个数	个		14242	
规模以上工业总产值(现价)	万元		324058688	
固定资产投资(不含农户)	万元		227654243	
四、教育、卫生和社会保障				
普通中学在校学生数	人	8593095	8600461	100.1
小学在校学生数	人	13475483	13257816	98.4
医院、卫生院床位数	床	434180	469955	108.2
各种社会福利收养性单位数	个	4419	4657	105.4
各种社会福利收养性单位床位数	床	194637	215479	110.7

陆地边境县(市)社会经济基本情况

指　　标	单位	2010 年	2011 年	2011 年为 2010 年%
一、基本情况				
县(市)个数	个	129	129	100.0
行政区域土地面积	平方公里		1914675	
乡(镇)个数	个	1139	1127	98.9
村民委员会个数	个	10180	10205	100.2
年末总户数	户	6393266	6499037	101.7
其中:乡村户数	户	3576498	3660630	102.4
年末总人口	万人	2093	2115	101.0
乡村人口	万人	1410	1432	101.6
年末单位从业人员数	人	1586644	1657333	104.5
乡村从业人员数	人	7728704	7998956	103.5
其中:农林牧渔业	人	6080720	6167457	101.4
农业机械总动力	万千瓦特	1834	2034	110.9
固定电话用户	户	3663459	3167703	86.5
二、综合经济				
第一产业增加值	万元	9080719	10869454	119.7
第二产业增加值	万元	19733527	25569614	129.6
地方财政一般预算收入	万元	2716421	3661778	134.8
地方财政一般预算支出	万元	11727031	15115243	128.9
城乡居民储蓄存款余额	万元	25591263	28600824	111.8
年末金融机构各项贷款余额	万元	23504047	25312397	107.7
三、农业、工业及投资				
粮食总产量	吨	16314867		
棉花产量	吨	172518	212995	123.5
油料产量	吨	659229	730906	110.9
肉类总产量	吨	1774455	1867684	105.3
规模以上工业企业个数	个		2388	
规模以上工业总产值(现价)	万元		44160438	
固定资产投资(不含农户)	万元		35738842	
四、教育、卫生和社会保障				
普通中学在校学生数	人	1022129	1040844	101.8
小学在校学生数	人	1587350	1566922	98.7
医院、卫生院床位数	床	65845	72184	109.6
各种社会福利收养性单位数	个	524	562	107.3
各种社会福利收养性单位床位数	床	27172	31622	116.4

牧区、半牧区县(市)社会经济基本情况

指　　标	单位	2010 年	2011 年	2011 年为 2010 年%
一、基本情况				
县(市)个数	个	264	264	100.0
行政区域土地面积	平方公里		3886882	
乡(镇)个数	个	3352	3368	100.5
村民委员会个数	个	31240	31228	100.0
年末总户数	户	14822120	15316052	103.3
其中:乡村户数	户	8833344	9079322	102.8
年末总人口	万人	4592	4620	100.6
乡村人口	万人	3358	3403	101.3
年末单位从业人员数	人	2770318	2933403	105.9
乡村从业人员数	人	18044364	18244438	101.1
其中:农林牧渔业	人	13725569	13674420	99.6
农业机械总动力	万千瓦特	5612	5521	98.4
固定电话用户	户	6338234	5565085	87.8
二、综合经济				
第一产业增加值	万元	21918854	25857965	118.0
第二产业增加值	万元	59966642	77079090	128.5
地方财政一般预算收入	万元	6674608	9031305	135.3
地方财政一般预算支出	万元	24235115	30444445	125.6
城乡居民储蓄存款余额	万元	40539699	48132077	118.7
年末金融机构各项贷款余额	万元	52618640	63581201	120.8
三、农业、工业及投资				
粮食总产量	吨	57460983		
棉花产量	吨	444602	540178	121.5
油料产量	吨	2498172	2647670	106.0
肉类总产量	吨	6100352	5907457	96.8
规模以上工业企业个数	个		5254	
规模以上工业总产值(现价)	万元		142793434	
固定资产投资(不含农户)	万元		98863668	
四、教育、卫生和社会保障				
普通中学在校学生数	人	2291855	2250609	98.2
小学在校学生数	人	3308608	3324049	100.5
医院、卫生院床位数	床	120784	129289	107.0
各种社会福利收养性单位数	个	1384	1368	98.8
各种社会福利收养性单位床位数	床	86766	93911	108.2

九大农区县(市)社会经济基本情况

东北区

指　　标	单位	2010 年	2011 年	2011 年为 2010 年%
一、基本情况				
县(市)个数	个	153	153	100.0
行政区域土地面积	平方公里		835837	
乡(镇)个数	个	2021	2019	99.9
村民委员会个数	个	24980	24784	99.2
年末总户数	户	22521040	22899544	101.7
其中:乡村户数	户	13110964	13152824	100.3
年末总人口	万人	6600	6586	99.8
乡村人口	万人	4602	4595	99.8
年末单位从业人员数	人	3969792	3975086	100.1
乡村从业人员数	人	23809233	24000795	100.8
其中:农林牧渔业	人	15850873	15877987	100.2
农业机械总动力	万千瓦特	6725	7142	106.2
固定电话用户	户	12958408	11705330	90.3
二、综合经济				
第一产业增加值	万元	37777987	45137599	119.5
第二产业增加值	万元	80955432	102673548	126.8
地方财政一般预算收入	万元	7820514	11025271	141.0
地方财政一般预算支出	万元	23073834	28005298	121.4
城乡居民储蓄存款余额	万元	76609226	89126214	116.3
年末金融机构各项贷款余额	万元	61628569	68824722	111.7
三、农业、工业及投资				
粮食总产量	吨	108735561		
棉花产量	吨	5211	12144	233.0
油料产量	吨	2036647	2145620	105.4
肉类总产量	吨	11541149	10771935	93.3
规模以上工业企业个数	个		13471	
规模以上工业总产值(现价)	万元		247568490	
固定资产投资(不含农户)	万元		119730549	
四、教育、卫生和社会保障				
普通中学在校学生数	人	2781326	2643495	95.0
小学在校学生数	人	3488766	3449990	98.9
医院、卫生院床位数	床	167721	181229	108.1
各种社会福利收养性单位数	个	2024	1969	97.3
各种社会福利收养性单位床位数	床	172971	175892	101.7

九大农区县(市)社会经济基本情况

内蒙古及长城沿线区

指　　标	单位	2010 年	2011 年	2011 年为 2010 年%
一、基本情况				
县(市)个数	个	119	119	100.0
行政区域土地面积	平方公里		766152	
乡(镇)个数	个	1380	1377	99.8
村民委员会个数	个	24451	24356	99.6
年末总户数	户	11348219	11541099	101.7
其中:乡村户数	户	6970980	7168473	102.8
年末总人口	万人	3207	3218	100.3
乡村人口	万人	2358	2372	100.6
年末单位从业人员数	人	2042257	2158018	105.7
乡村从业人员数	人	12384008	12401736	100.1
其中:农林牧渔业	人	8280216	8339296	100.7
农业机械总动力	万千瓦特	3162	3294	104.2
固定电话用户	户	4842926	3726282	76.9
二、综合经济				
第一产业增加值	万元	12328272	14634853	118.7
第二产业增加值	万元	56809074	72887695	128.3
地方财政一般预算收入	万元	6051947	7910910	130.7
地方财政一般预算支出	万元	15041192	18967356	126.1
城乡居民储蓄存款余额	万元	43132224	51715003	119.9
年末金融机构各项贷款余额	万元	46104926	56330997	122.2
三、农业、工业及投资				
粮食总产量	吨	22328589		
棉花产量	吨	570	655	114.9
油料产量	吨	546689	668411	122.3
肉类总产量	吨	3294952	3368917	102.2
规模以上工业企业个数	个		4474	
规模以上工业总产值(现价)	万元		137135622	
固定资产投资(不含农户)	万元		73188659	
四、教育、卫生和社会保障				
普通中学在校学生数	人	1684299	1594070	94.6
小学在校学生数	人	2020092	1967917	97.4
医院、卫生院床位数	床	85318	89824	105.3
各种社会福利收养性单位数	个	1135	1086	95.7
各种社会福利收养性单位床位数	床	73096	76229	104.3

九大农区县(市)社会经济基本情况

黄淮海区

指　　标	单位	2010 年	2011 年	2011 年为 2010 年%
一、基本情况				
县(市)个数	个	320	320	100.0
行政区域土地面积	平方公里		371610	
乡(镇)个数	个	4560	4508	98.9
村民委员会个数	个	144693	144161	99.6
年末总户数	户	66435518	66999062	100.8
其中:乡村户数	户	51623165	51728420	100.2
年末总人口	万人	22950	23082	100.6
乡村人口	万人	19202	19172	99.8
年末单位从业人员数	人	12261908	13490982	110.0
乡村从业人员数	人	108384530	108787467	100.4
其中:农林牧渔业	人	55062259	53580787	97.3
农业机械总动力	万千瓦特	30218	31135	103.0
固定电话用户	户	35830472	31286464	87.3
二、综合经济				
第一产业增加值	万元	82578601	93062069	112.7
第二产业增加值	万元	292697299	344789606	117.8
地方财政一般预算收入	万元	22639124	29524385	130.4
地方财政一般预算支出	万元	51905147	65913143	127.0
城乡居民储蓄存款余额	万元	264444268	303048669	114.6
年末金融机构各项贷款余额	万元	211159552	245901274	116.5
三、农业、工业及投资				
粮食总产量	吨	151187926		
棉花产量	吨	2114558	2141187	101.3
油料产量	吨	8871832	8792458	99.1
肉类总产量	吨	18572845	19396318	104.4
规模以上工业企业个数	个		53881	
规模以上工业总产值(现价)	万元		1220009153	
固定资产投资(不含农户)	万元		312353157	
四、教育、卫生和社会保障				
普通中学在校学生数	人	12336178	11895432	96.4
小学在校学生数	人	17771588	18033100	101.5
医院、卫生院床位数	床	548240	590022	107.6
各种社会福利收养性单位数	个	5424	5399	99.5
各种社会福利收养性单位床位数	床	567262	585298	103.2

九大农区县(市)社会经济基本情况

黄土高原区

指　　　标	单位	2010 年	2011 年	2011 年为 2010 年%
一、基本情况				
县(市)个数	个	211	211	100.0
行政区域土地面积	平方公里		387096	
乡(镇)个数	个	2818	2664	94.5
村民委员会个数	个	54470	54386	99.8
年末总户数	户	21341307	22009279	103.1
其中:乡村户数	户	15329460	15838667	103.3
年末总人口	万人	7225	7262	100.5
乡村人口	万人	5996	6013	100.3
年末单位从业人员数	人	4497738	4605235	102.4
乡村从业人员数	人	31478311	31839084	101.1
其中:农林牧渔业	人	18383409	18276275	99.4
农业机械总动力	万千瓦特	5727	6021	105.1
固定电话用户	户	10382864	9338800	89.9
二、综合经济				
第一产业增加值	万元	17083172	20068291	117.5
第二产业增加值	万元	87034995	109636937	126.0
地方财政一般预算收入	万元	6920317	8651930	125.0
地方财政一般预算支出	万元	22397520	28053223	125.3
城乡居民储蓄存款余额	万元	82066583	93741507	114.2
年末金融机构各项贷款余额	万元	54689122	66607456	121.8
三、农业、工业及投资				
粮食总产量	吨	31189140		
棉花产量	吨	117984	116908	99.1
油料产量	吨	1256137	1229514	97.9
肉类总产量	吨	2535697	2720401	107.3
规模以上工业企业个数	个		7383	
规模以上工业总产值(现价)	万元		249170102	
固定资产投资(不含农户)	万元		109564592	
四、教育、卫生和社会保障				
普通中学在校学生数	人	4793115	4616062	96.3
小学在校学生数	人	5809688	5535616	95.3
医院、卫生院床位数	床	185660	198869	107.1
各种社会福利收养性单位数	个	1537	1484	96.6
各种社会福利收养性单位床位数	床	77650	85992	110.7

九大农区县(市)社会经济基本情况

长江中下游区

指　　标	单位	2010 年	2011 年	2011 年为 2010 年%
一、基本情况				
县(市)个数	个	453	453	100.0
行政区域土地面积	平方公里		870349	
乡(镇)个数	个	6962	6745	96.9
村民委员会个数	个	126179	124030	98.3
年末总户数	户	85371520	86724176	101.6
其中:乡村户数	户	62780747	63263866	100.8
年末总人口	万人	27303	27622	101.2
乡村人口	万人	22408	21725	97.0
年末单位从业人员数	人	18912625	21284634	112.5
乡村从业人员数	人	124159803	117880567	94.9
其中:农林牧渔业	人	56659805	53882296	95.1
农业机械总动力	万千瓦特	18364	19057	103.8
固定电话用户	户	52833413	48823178	92.4
二、综合经济				
第一产业增加值	万元	93578851	109201010	116.7
第二产业增加值	万元	393152531	479699214	122.0
地方财政一般预算收入	万元	45303667	58335779	128.8
地方财政一般预算支出	万元	82835583	104179559	125.8
城乡居民储蓄存款余额	万元	405592101	470926868	116.1
年末金融机构各项贷款余额	万元	489060581	572536310	117.1
三、农业、工业及投资				
粮食总产量	吨	130586625		
棉花产量	吨	1318211	1407264	106.8
油料产量	吨	9589178	9558408	99.7
肉类总产量	吨	20309591	20604700	101.5
规模以上工业企业个数	个		86971	
规模以上工业总产值(现价)	万元		1582217190	
固定资产投资(不含农户)	万元		405620904	
四、教育、卫生和社会保障				
普通中学在校学生数	人	14193568	13717164	96.6
小学在校学生数	人	18439380	18815893	102.0
医院、卫生院床位数	床	590184	647727	109.8
各种社会福利收养性单位数	个	9403	10077	107.2
各种社会福利收养性单位床位数	床	775851	859324	110.8

九大农区县(市)社会经济基本情况

西南区

指　　标	单位	2010 年	2011 年	2011 年为 2010 年%
、基本情况				
县(市)个数	个	385	385	100.0
行政区域土地面积	平方公里		934119	
乡(镇)个数	个	7821	7645	97.7
村民委员会个数	个	93246	92968	99.7
年末总户数	户	58557511	60455933	103.2
其中:乡村户数	户	44122843	44499439	100.9
年末总人口	万人	18880	19041	100.9
乡村人口	万人	16025	16053	100.2
年末单位从业人员数	人	9629796	10851490	112.7
乡村从业人员数	人	91838824	92702085	100.9
其中:农林牧渔业	人	52904214	52144041	98.6
农业机械总动力	万千瓦特	7735	8096	104.7
固定电话用户	户	20804509	18299364	88.0
二、综合经济				
第一产业增加值	万元	47119821	55485045	117.8
第二产业增加值	万元	109586336	143210844	130.7
地方财政一般预算收入	万元	12982877	18101509	139.4
地方财政一般预算支出	万元	54035570	64059043	118.5
城乡居民储蓄存款余额	万元	160986993	190990948	118.6
年末金融机构各项贷款余额	万元	131221621	152556336	116.3
三、农业、工业及投资				
粮食总产量	吨	74117279		
棉花产量	吨	22394	22746	101.6
油料产量	吨	4321172	4826730	111.7
肉类总产量	吨	17305207	16394318	94.7
规模以上工业企业个数	个		17287	
规模以上工业总产值(现价)	万元		335155132	
固定资产投资(不含农户)	万元		195960331	
四、教育、卫生和社会保障				
普通中学在校学生数	人	10553012	10294731	97.6
小学在校学生数	人	14754628	14216907	96.4
医院、卫生院床位数	床	443664	498443	112.3
各种社会福利收养性单位数	个	6251	6700	107.2
各种社会福利收养性单位床位数	床	357063	412164	115.4

九大农区县(市)社会经济基本情况

华南区

指　　标	单位	2010 年	2011 年	2011 年为 2010 年%
一、基本情况				
县(市)个数	个	171	171	100.0
行政区域土地面积	平方公里		409420	
乡(镇)个数	个	2089	2047	98.0
村民委员会个数	个	30209	30002	99.3
年末总户数	户	28842771	29080062	100.8
其中:乡村户数	户	21053347	21374379	101.5
年末总人口	万人	10729	10807	100.7
乡村人口	万人	8723	8739	100.2
年末单位从业人员数	人	7299965	8062934	110.5
乡村从业人员数	人	48032591	48839120	101.7
其中:农林牧渔业	人	27203897	26568562	97.7
农业机械总动力	万千瓦特	4192	4516	107.7
固定电话用户	户	18695242	16757476	89.6
二、综合经济				
第一产业增加值	万元	36257705	42889128	118.3
第二产业增加值	万元	128128937	156132212	121.9
地方财政一般预算收入	万元	12668622	15005601	118.4
地方财政一般预算支出	万元	27315926	35038261	128.3
城乡居民储蓄存款余额	万元	160311813	177512801	110.7
年末金融机构各项贷款余额	万元	133717515	155941820	116.6
三、农业、工业及投资				
粮食总产量	吨	23774388		
棉花产量	吨	585	493	84.3
油料产量	吨	1107742	1189402	107.4
肉类总产量	吨	7293417	7382340	101.2
规模以上工业企业个数	个		23687	
规模以上工业总产值(现价)	万元		472731461	
固定资产投资(不含农户)	万元		111417679	
四、教育、卫生和社会保障				
普通中学在校学生数	人	7120404	6947988	97.6
小学在校学生数	人	9140110	8851470	96.8
医院、卫生院床位数	床	229252	247812	108.1
各种社会福利收养性单位数	个	2321	2612	112.5
各种社会福利收养性单位床位数	床	76935	88611	115.2

九大农区县(市)社会经济基本情况

甘新区

指　　标	单位	2010 年	2011 年	2011 年为 2010 年%
、基本情况				
县(市)个数	个	124	124	100.0
行政区域土地面积	平方公里		2328089	
乡(镇)个数	个	1204	1194	99.2
村民委员会个数	个	12835	12771	99.5
年末总户数	户	8103646	8329280	102.8
其中:乡村户数	户	4074320	4185952	102.7
年末总人口	万人	2712	2738	101.0
乡村人口	万人	1661	1686	101.5
年末单位从业人员数	人	2294769	2441215	106.4
乡村从业人员数	人	7885665	8182430	103.8
其中:农林牧渔业	人	6017614	6112959	101.6
农业机械总动力	万千瓦特	2980	3218	108.0
固定电话用户	户	5205484	4587153	88.1
二、综合经济				
第一产业增加值	万元	13532798	15456739	114.2
第二产业增加值	万元	32054594	41393373	129.1
地方财政一般预算收入	万元	3700703	5272812	142.5
地方财政一般预算支出	万元	13755260	18202431	132.3
城乡居民储蓄存款余额	万元	33620102	38524187	114.6
年末金融机构各项贷款余额	万元	35198484	46311399	131.6
三、农业、工业及投资				
粮食总产量	吨	20335842		
棉花产量	吨	2240414	2658992	118.7
油料产量	吨	1316034	1312046	99.7
肉类总产量	吨	2473671	2615572	105.7
规模以上工业企业个数	个		3153	
规模以上工业总产值(现价)	万元		76945252	
固定资产投资(不含农户)	万元		52824025	
四、教育、卫生和社会保障				
普通中学在校学生数	人	1582530	1596407	100.9
小学在校学生数	人	2239606	2198077	98.1
医院、卫生院床位数	床	108347	115651	106.7
各种社会福利收养性单位数	个	626	637	101.8
各种社会福利收养性单位床位数	床	33092	37073	112.0

九大农区县(市)社会经济基本情况

青藏高原区

指　　标	单位	2010年	2011年	2011年为2010年%
一、基本情况				
县(市)个数	个	143	143	100.0
行政区域土地面积	平方公里		1966620	
乡(镇)个数	个	1544	1541	99.8
村民委员会个数	个	11673	11671	100.0
年末总户数	户	1916829	2021143	105.4
其中:乡村户数	户	1328739	1389132	104.5
年末总人口	万人	760	768	101.0
乡村人口	万人	617	624	101.2
年末单位从业人员数	人	491118	548804	111.7
乡村从业人员数	人	3296046	3335757	101.2
其中:农林牧渔业	人	2632325	2651176	100.7
农业机械总动力	万千瓦特	775	806	104.0
固定电话用户	户	968569	698251	72.1
二、综合经济				
第一产业增加值	万元	2169653	2510235	115.7
第二产业增加值	万元	5703168	7547098	132.3
地方财政一般预算收入	万元	625257	824304	131.8
地方财政一般预算支出	万元	6542869	7890915	120.6
城乡居民储蓄存款余额	万元	4614968	5451697	118.1
年末金融机构各项贷款余额	万元	6484539	7899274	121.8
三、农业、工业及投资				
粮食总产量	吨	1812318		
棉花产量	吨			
油料产量	吨	187943	194221	103.3
肉类总产量	吨	725999	772671	106.4
规模以上工业企业个数	个		368	
规模以上工业总产值(现价)	万元		9570834	
固定资产投资(不含农户)	万元		11502055	
四、教育、卫生和社会保障				
普通中学在校学生数	人	386812	380507	98.4
小学在校学生数	人	759224	795333	104.8
医院、卫生院床位数	床	20468	21512	105.1
各种社会福利收养性单位数	个	299	356	119.1
各种社会福利收养性单位床位数	床	10888	13214	121.4

沿海开放县(市)社会经济基本情况

指　　标	单位	2010 年	2011 年	2011 年为 2010 年%
一、基本情况				
县(市)个数	个	202	202	100.0
行政区域土地面积	平方公里		322877	
乡(镇)个数	个	2812	2636	93.7
村民委员会个数	个	66976	66155	98.8
年末总户数	户	45920317	46139054	100.5
其中:乡村户数	户	35028916	35023067	100.0
年末总人口	万人	14927	15001	100.5
乡村人口	万人	12015	12027	100.1
年末单位从业人员数	人	14669889	16355669	111.5
乡村从业人员数	人	66002406	66453971	100.7
其中:农林牧渔业	人	25955044	25456633	98.1
农业机械总动力	万千瓦特	10113	10472	103.5
固定电话用户	户	42764006	39766546	93.0
二、综合经济				
第一产业增加值	万元	61374147	70255375	114.5
第二产业增加值	万元	395624620	465164045	117.6
地方财政一般预算收入	万元	44702942	55527675	124.2
地方财政一般预算支出	万元	57574141	73180197	127.1
城乡居民储蓄存款余额	万元	380135569	427487692	112.5
年末金融机构各项贷款余额	万元	456481448	540076555	118.3
三、农业、工业及投资				
粮食总产量	吨	53882449		
棉花产量	吨	325919	323289	99.2
油料产量	吨	3658268	3548710	97.0
肉类总产量	吨	10920916	11451372	104.9
规模以上工业企业个数	个		82125	
规模以上工业总产值(现价)	万元		1703157768	
固定资产投资(不含农户)	万元		308941765	
四、教育、卫生和社会保障				
普通中学在校学生数	人	8719293	8352361	95.8
小学在校学生数	人	10114122	10045907	99.3
医院、卫生院床位数	床	414865	447317	107.8
各种社会福利收养性单位数	个	3977	4291	107.9
各种社会福利收养性单位床位数	床	357900	383743	107.2

棉花生产大县（市）社会经济基本情况

指　　标	单位	2010 年	2011 年	2011 年为 2010 年%
一、基本情况				
县（市）个数	个	130	130	100.0
行政区域土地面积	平方公里		375001	
乡（镇）个数	个	2228	2202	98.8
村民委员会个数	个	56946	56315	98.9
年末总户数	户	33162842	33671552	101.5
其中：乡村户数	户	24357168	24493789	100.6
年末总人口	万人	11050	11152	100.9
乡村人口	万人	8962	8911	99.4
年末单位从业人员数	人	6239453	7071488	113.3
乡村从业人员数	人	49470056	49308226	99.7
其中：农林牧渔业	人	24875338	23486797	94.4
农业机械总动力	万千瓦特	11678	12126	103.8
固定电话用户	户	17608401	14806799	84.1
二、综合经济				
第一产业增加值	万元	40977885	46456454	113.4
第二产业增加值	万元	120965727	146850036	121.4
地方财政一般预算收入	万元	11709738	15623649	133.4
地方财政一般预算支出	万元	26382627	33095287	125.4
城乡居民储蓄存款余额	万元	127669299	145851981	114.2
年末金融机构各项贷款余额	万元	117760862	137532905	116.8
三、农业、工业及投资				
粮食总产量	吨	72448771		
棉花产量	吨	2685248	2861058	106.5
油料产量	吨	5354340	5254113	98.1
肉类总产量	吨	8978931	9220204	102.7
规模以上工业企业个数	个		26630	
规模以上工业总产值（现价）	万元		522647488	
固定资产投资（不含农户）	万元		124865031	
四、教育、卫生和社会保障				
普通中学在校学生数	人	5862071	5612831	95.7
小学在校学生数	人	8045004	8070589	100.3
医院、卫生院床位数	床	238188	268185	112.6
各种社会福利收养性单位数	个	3069	3149	102.6
各种社会福利收养性单位床位数	床	294577	320166	108.7

长江三角洲经济区县(市)社会经济基本情况

指　　标	单位	2010 年	2011 年	2011 年为 2010 年%
一、基本情况				
县(市)个数	个	79	79	100.0
行政区域土地面积	平方公里		101279	
乡(镇)个数	个	1038	926	89.2
村民委员会个数	个	24286	24038	99.0
年末总户数	户	20430559	20474691	100.2
其中:乡村户数	户	15997952	15956408	99.7
年末总人口	万人	5875	5911	100.6
乡村人口	万人	4775	4766	99.8
年末单位从业人员数	人	7159456	8088295	113.0
乡村从业人员数	人	28250622	28238836	100.0
其中:农林牧渔业	人	6717260	6507118	96.9
农业机械总动力	万千瓦特	3547	3152	88.9
固定电话用户	户	21829629	21458296	98.3
二、综合经济				
第一产业增加值	万元	20842213	23897305	114.7
第二产业增加值	万元	217810016	251540507	115.5
地方财政一般预算收入	万元	28030245	34889533	124.5
地方财政一般预算支出	万元	31454073	38983778	123.9
城乡居民储蓄存款余额	万元	209996258	237395128	113.0
年末金融机构各项贷款余额	万元	331300866	381503542	115.2
三、农业、工业及投资				
粮食总产量	吨	21574534		
棉花产量	吨	171533	163978	95.6
油料产量	吨	1303740	1176941	90.3
肉类总产量	吨	2879372	2987685	103.8
规模以上工业企业个数	个		49467	
规模以上工业总产值(现价)	万元		969269045	
固定资产投资(不含农户)	万元		144814649	
四、教育、卫生和社会保障				
普通中学在校学生数	人	2923795	2755029	94.2
小学在校学生数	人	3512880	3617843	103.0
医院、卫生院床位数	床	176496	189809	107.5
各种社会福利收养性单位数	个	1892	2079	109.9
各种社会福利收养性单位床位数	床	233637	251276	107.5

环渤海经济区县(市)社会经济基本情况

指　　标	单位	2010 年	2011 年	2011 年为 2010 年%
一、基本情况				
县(市)个数	个	82	82	100.0
行政区域土地面积	平方公里		143162	
乡(镇)个数	个	1245	1240	99.6
村民委员会个数	个	39736	39212	98.7
年末总户数	户	16519523	16770978	101.5
其中:乡村户数	户	12770266	12710485	99.5
年末总人口	万人	5078	5092	100.3
乡村人口	万人	4089	4042	98.8
年末单位从业人员数	人	4230618	4953571	117.1
乡村从业人员数	人	21834965	21865759	100.1
其中:农林牧渔业	人	10738186	10679718	99.5
农业机械总动力	万千瓦特	6602	6841	103.6
固定电话用户	户	12825758	11768853	91.8
二、综合经济				
第一产业增加值	万元	25519571	28986208	113.6
第二产业增加值	万元	122538941	144543842	118.0
地方财政一般预算收入	万元	11129375	14771650	132.7
地方财政一般预算支出	万元	18662070	23652346	126.7
城乡居民储蓄存款余额	万元	111182581	127137685	114.4
年末金融机构各项贷款余额	万元	97672229	111380090	114.0
三、农业、工业及投资				
粮食总产量	吨	28794216		
棉花产量	吨	159370	172083	108.0
油料产量	吨	1926201	1939227	100.7
肉类总产量	吨	6752891	7269476	107.6
规模以上工业企业个数	个		21211	
规模以上工业总产值(现价)	万元		497184323	
固定资产投资(不含农户)	万元		123439716	
四、教育、卫生和社会保障				
普通中学在校学生数	人	2489275	2361867	94.9
小学在校学生数	人	2834245	2827236	99.8
医院、卫生院床位数	床	172093	186843	108.6
各种社会福利收养性单位数	个	1370	1260	92.0
各种社会福利收养性单位床位数	床	148903	151351	101.6

南部沿海经济区县(市)社会经济基本情况

指　　标	单位	2010 年	2011 年	2011 年为 2010 年%
一、基本情况				
县(市)个数	个	102	102	100.0
行政区域土地面积	平方公里		181658	
乡(镇)个数	个	1334	1333	99.9
村民委员会个数	个	22270	22089	99.2
年末总户数	户	19904941	20012143	100.5
其中:乡村户数	户	14682614	14946835	101.8
年末总人口	万人	7524	7575	100.7
乡村人口	万人	6024	6013	99.8
年末单位从业人员数	人	5959003	6676707	112.0
乡村从业人员数	人	31716417	32413170	102.2
其中:农林牧渔业	人	15416227	14856429	96.4
农业机械总动力	万千瓦特	2509	2574	102.6
固定电话用户	户	15764454	14341464	91.0
二、综合经济				
第一产业增加值	万元	27533752	31952586	116.0
第二产业增加值	万元	114435730	138518884	121.0
地方财政一般预算收入	万元	11086968	13065905	117.8
地方财政一般预算支出	万元	19276401	24472083	127.0
城乡居民储蓄存款余额	万元	139513198	154784780	110.9
年末金融机构各项贷款余额	万元	113114527	133507448	118.0
三、农业、工业及投资				
粮食总产量	吨	13680725		
棉花产量	吨			
油料产量	吨	841498	875053	104.0
肉类总产量	吨	4466430	4468625	100.0
规模以上工业企业个数	个		22394	
规模以上工业总产值(现价)	万元		442402821	
固定资产投资(不含农户)	万元		79662571	
四、教育、卫生和社会保障				
普通中学在校学生数	人	5464744	5252660	96.1
小学在校学生数	人	6198927	5970614	96.3
医院、卫生院床位数	床	153284	166436	108.6
各种社会福利收养性单位数	个	1756	1996	113.7
各种社会福利收养性单位床位数	床	58043	64558	111.2

国家扶贫工作重点县(市)社会经济基本情况

指　　标	单位	2010 年	2011 年	2011 年为 2010 年%
一、基本情况				
县(市)个数	个	580	580	100.0
行政区域土地面积	平方公里		2500527	
乡(镇)个数	个	9364	9129	97.5
村民委员会个数	个	138568	138180	99.7
年末总户数	户	69593340	71504832	102.7
其中:乡村户数	户	51908751	52750556	101.6
年末总人口	万人	23943	24135	100.8
乡村人口	万人	20413	20284	99.4
年末单位从业人员数	人	9742321	10349444	106.2
乡村从业人员数	人	111844584	110528119	98.8
其中:农林牧渔业	人	69231013	68221627	98.5
农业机械总动力	万千瓦特	15639	16515	105.6
固定电话用户	户	24169851	20411316	84.4
二、综合经济				
第一产业增加值	万元	60651703	70801833	116.7
第二产业增加值	万元	97306937	125497889	129.0
地方财政一般预算收入	万元	10648168	14479075	136.0
地方财政一般预算支出	万元	65990011	82401767	124.9
城乡居民储蓄存款余额	万元	153054845	184004940	120.2
年末金融机构各项贷款余额	万元	106505533	127783827	120.0
三、农业、工业及投资				
粮食总产量	吨	122821171		
棉花产量	吨	673216	733750	109.0
油料产量	吨	6077651	6300426	103.7
肉类总产量	吨	16221650	16259332	100.2
规模以上工业企业个数	个		15641	
规模以上工业总产值(现价)	万元		255009995	
固定资产投资(不含农户)	万元		197494702	
四、教育、卫生和社会保障				
普通中学在校学生数	人	13724113	13442010	97.9
小学在校学生数	人	20807904	20276711	97.4
医院、卫生院床位数	床	473789	518585	109.5
各种社会福利收养性单位数	个	7153	7536	105.4
各种社会福利收养性单位床位数	床	427137	481281	112.7

3

按主要经济指标分组县（市）资料

按地方财政一般预算收入分组的社会经济基本情况

指　　标	单　　位	地方财政一般预算收入(2011 年)				
		0.5 亿元以下	0.5－1 亿元	1－2 亿元	2－5 亿元	5 亿元以上
一、基本情况						
县(市)个数	个	143	132	336	671	796
行政区域土地面积	平方公里	1715684	690696	1646941	2387303	2428667
乡(镇)个数	个	1443	1632	4174	10297	12194
村民委员会个数	个	13496	20784	62660	177850	244339
年末总户数	户	2648900	8188900	29130352	101787180	168304246
其中:乡村户数	户	1936182	5795974	20843203	73198164	120827629
年末总人口	万人	966	2817	9687	33782	53872
乡村人口	万人	826	2323	8061	27560	42210
年末单位从业人员数	人	513927	1245514	4558063	16211152	44889742
乡村从业人员数	人	4129739	12466054	43469426	153091953	234811869
其中:农林牧渔业	人	3023256	8362423	27713103	89349502	108985095
农业机械总动力	万千瓦特	812	2462	8370	28405	43236
本地电话用户	户	653077	2452469	9444772	35477842	97194138
二、综合经济						
第一产业增加值	万元	2844620	9129832	35368418	130212601	220889498
第二产业增加值	万元	3092320	10816098	55477710	255338540	1133245858
地方财政一般预算收入	万元	335415	988341	5002949	22014381	126311415
地方财政一般预算支出	万元	7231107	13231592	35867638	97920151	216058741
城乡居民储蓄存款余额	万元	5039522	20328017	85634532	324522922	985512901
年末金融机构各项贷款余额	万元	3585426	14066661	60375237	221799565	1073082699
三、农业、工业及投资						
粮食总产量	吨					
棉花产量	吨	45447	281782	915850	2171988	2945323
油料产量	吨	230405	727341	2327786	11200281	15430996
肉类总产量	吨	725830	1687212	7035670	27763614	46814846
规模以上工业企业个数	个	278	1380	7785	36943	164289
规模以上工业总产值(现价)	万元	2935160	18210455	115419670	635607169	3558330781
固定资产投资(不含农户)	万元	7140682	23626627	90417804	332813081	938163757
四、教育、卫生和社会保障						
普通中学在校学生数	人	498349	1560399	5097401	17896874	28632833
小学在校学生数	人	922923	2257183	7434020	25993433	37256744
医院、卫生院床位数	床	23721	69476	228724	766677	1502491
各种社会福利收养性单位数	个	490	890	2845	10268	15827
各种社会福利收养性单位床位数	床	16806	43011	157915	676157	1439908

地方财政一般预算收入达5亿元的县（市）分布

（2011年）

单位：万元

省（区、市）	县（市）	地方财政一般预算收入
北京市	大兴区	401917
	怀柔区	210598
	平谷区	180917
	密云县	195078
	延庆县	80570
天津市	宝坻区	254444
	宁河县	126996
	静海县	239759
	蓟县	154552
河北省	正定县	61735
	栾城县	50425
	平山县	82985
	辛集市	70551
	藁城市	120317
	鹿泉市	93480
	丰南区	184876
	丰润区	154188
	滦县	92413
	滦南县	78909
	乐亭县	71678
	迁西县	81707
	玉田县	66181
	唐海县	60000
	遵化市	125375
	迁安市	308239
	青龙满族自治县	57431
	昌黎县	50284
	抚宁县	64437
	邯郸县	50451
	涉县	124699
	磁县	113524
	永年县	84889
	武安市	282227
	宁晋县	52991
	沙河市	61243
	涞源县	51264
	涿州市	128528
	定州市	97737
	怀来县	67496
	承德县	54992
	平泉县	58942
	宽城满族自治县	58408
	肃宁县	62763
	任丘市	173675
	黄骅市	71890
	河间市	56481
	固安县	87039
	香河县	115969
	霸州市	131832
	三河市	358032
山西省	清徐县	98142
	古交市	8594
	盂县	77959
	长治县	167314
	襄垣县	115261
	屯留县	50120
	长子县	50238
	沁源县	84434
	沁水县	72302
	阳城县	77585
	泽州县	108388
	高平市	102639
	山阴县	86731
	怀仁县	62537
	寿阳县	74479
	灵石县	94595
	介休市	112298
	河津市	85542
	保德县	53215
	原平市	69110
	襄汾县	61590
	洪洞县	86662
	乡宁县	103281
	蒲县	62702
	霍州市	72908
	离石区	77033
	柳林县	166773
	中阳县	50209
	孝义市	202921
	汾阳市	56572
内蒙古自治区	土默特左旗	77566
	托克托县	91883
	和林格尔县	72755
	土默特右旗	113325
	固阳县	86777
	达尔罕茂明安联合旗	109611
	克什克腾旗	64900
	扎鲁特旗	58032
	霍林郭勒市	127940
	东胜区	1008380
	达拉特旗	192846
	准格尔旗	781531
	鄂托克前旗	105836
	鄂托克旗	204673
	乌审旗	110901
	伊金霍洛旗	676503
	海拉尔区	66326
	鄂温克族自治旗	58529
	满洲里市	101784
	牙克石市	61758
	临河区	120249
	乌拉特前旗	71944
	乌拉特后旗	61050
	集宁区	61909
	锡林浩特市	134336
	东乌珠穆沁旗	79468
	西乌珠穆沁旗	75230
	阿拉善左旗	131702
辽宁省	辽中县	200888
	康平县	1084362
	法库县	181762
	新民市	217762
	瓦房店市	510988
	普兰店市	322657
	庄河市	370227
	台安县	78099

续表 1

单位:万元

省(区、市)	县(市)	地方财政一般预算收入	省(区、市)	县(市)	地方财政一般预算收入
	岫岩满族自治县	83388		东宁县	54632
	海城市	320266		绥芬河市	71632
	抚顺县	60048		海林市	54259
	新宾满族自治县	75188		穆棱市	53593
	清原满族自治县	100189		嫩江县	55033
	本溪满族自治县	158001		安达市	107413
	桓仁满族自治县	106547		肇东市	124619
	宽甸满族自治县	141127	上海市	奉贤区	528493
	东港市	225815		崇明县	532366
	凤城市	221877	江苏省	浦口区	526453
	黑山县	100177		江宁区	1150660
	义县	82369		六合区	430243
	凌海市	170022		溧水县	250008
	北镇市	83002		高淳县	180037
	盖州市	140314		锡山区	457679
	大石桥市	335707		江阴市	1533727
	阜新蒙古族自治县	80068		宜兴市	711968
	彰武县	66105		铜山区	411006
	辽阳县	171177		丰县	196600
	灯塔市	216335		沛县	319008
	大洼县	271529		睢宁县	202026
	盘山县	148871		新沂市	265085
	铁岭县	208518		邳州市	350813
	西丰县	60080		武进区	1052800
	昌图县	72030		溧阳市	371280
	调兵山市	180066		金坛市	230758
	开原市	280868		吴中区	723733
	朝阳县	100101		常熟市	1225011
	建平县	185001		张家港市	1423188
	喀喇沁左翼蒙古族自治县	63058		昆山市	2002188
	北票市	153008		吴江市	1128772
	凌源市	100215		太仓市	854061
	绥中县	110218		通州区	424002
	兴城市	85089		海安县	285060
吉林省	农安县	103074		如东县	253906
	九台市	114308		启东市	440716
	榆树市	74840		如皋市	456307
	德惠市	87354		海门市	423512
	永吉县	55243		赣榆县	238099
	蛟河市	55605		东海县	235008
	桦甸市	105583		灌云县	216093
	磐石市	100880		灌南县	222193
	公主岭市	102055		楚州区	197860
	通化县	62945		淮阴区	238325
	梅河口市	122457		涟水县	202809
	集安市	54023		洪泽县	148545
	江源区	55575		盱眙县	201067
	抚松县	80158		金湖县	130018
	前郭尔罗斯蒙古族自治县	129927		盐都区	376936
	乾安县	50729		响水县	170057
	大安市	60959		滨海县	207728
	延吉市	163125		阜宁县	231366
	敦化市	86371		射阳县	190100
	珲春市	79438		建湖县	282508
黑龙江省	呼兰区	51800		东台市	359200
	依兰县	54373		大丰市	300666
	宾县	56553		邗江区	317424
	双城市	75320		江都区	170057
	五常市	78100		宝应县	343859
	肇州县	55778		仪征市	205806

续表 2

单位：万元

省（区、市）	县（市）	地方财政一般预算收入
	高邮市	259526
	丹徒区	148072
	丹阳市	411318
	扬中市	195958
	句容市	205008
	兴化市	255640
	靖江市	486814
	泰兴市	279040
	姜堰市	221874
	宿豫区	133099
	沭阳县	372827
	泗阳县	173330
	泗洪县	148848
浙江省	萧山区	1133788
	余杭区	956393
	桐庐县	171946
	淳安县	95161
	建德市	141146
	富阳市	409488
	临安市	211018
	鄞州区	1248830
	象山县	248303
	宁海县	265948
	余姚市	550163
	慈溪市	715203
	奉化市	219607
	永嘉县	162741
	平阳县	167528
	苍南县	174301
	瑞安市	386789
	乐清市	416600
	嘉善县	243200
	海盐县	171825
	海宁市	388194
	平湖市	324423
	桐乡市	362870
	德清县	234045
	长兴县	307492
	安吉县	166628
	绍兴县	637690
	新昌县	169928
	诸暨市	457520
	上虞市	355195
	嵊州市	184346
	武义县	110662
	浦江县	105754
	兰溪市	135660
	义乌市	504600
	东阳市	239530
	永康市	252637
	常山县	53116
	龙游县	70941
	江山市	100218
	岱山县	84685
	玉环县	216856
	三门县	96022
	天台县	96610
	仙居县	68553
	温岭市	361688
	临海市	261957
	青田县	93244
	缙云县	66214
安徽省	长丰县	131020
	肥东县	157804
	肥西县	214885
	庐江县	86923
	巢湖市	176827
	芜湖县	134374
	繁昌县	136605
	南陵县	87328
	无为县	113220
	怀远县	78121
	五河县	65932
	固镇县	53287
	凤台县	141430
	当涂县	180205
	含山县	54117
	和县	59292
	濉溪县	79411
	铜陵县	87166
	怀宁县	108938
	枞阳县	64035
	桐城市	109129
	歙县	58271
	来安县	64525
	全椒县	73561
	定远县	63491
	凤阳县	82564
	天长市	134573
	明光市	52755
	太和县	60014
	颍上县	101902
	萧县	52996
	霍邱县	102341
	舒城县	53642
	霍山县	66085
	涡阳县	74783
	蒙城县	77204
	利辛县	50561
	东至县	62308
	青阳县	62813
	郎溪县	65716
	广德县	100012
	泾县	50334
	宁国市	160704
福建省	闽侯县	285955
	连江县	146923
	罗源县	61104
	平潭县	82300
	福清市	309111
	长乐市	186922
	仙游县	92532
	大田县	59071
	沙县	67222
	永安市	121223
	惠安县	178106
	安溪县	131851
	永春县	81016

续表 3　　　　单位:万元

省(区、市)	县(市)	地方财政一般预算收入
	德化县	61959
	石狮市	240012
	晋江市	639164
	南安市	284426
	漳浦县	96648
	长泰县	63116
	东山县	65000
	南靖县	54415
	龙海市	265932
	邵武市	64580
	武夷山市	60016
	建阳市	55622
	永定县	89319
	上杭县	107160
	漳平市	63150
	福安市	121355
	福鼎市	102936
江西省	南昌县	258784
	新建县	120477
	进贤县	68568
	浮梁县	56828
	乐平市	141659
	上栗县	87472
	芦溪县	58846
	武宁县	52515
	修水县	65305
	永修县	62360
	湖口县	74509
	瑞昌市	84905
	分宜县	158086
	余江县	56126
	贵溪市	159422
	赣县	55703
	信丰县	55460
	龙南县	51302
	于都县	56538
	瑞金市	57930
	南康市	80086
	吉安县	82890
	新干县	55598
	永丰县	51370
	泰和县	68043
	遂川县	52100
	安福县	78439
	奉新县	60673
	万载县	59654
	上高县	68570
	丰城市	221329
	樟树市	121850
	高安市	99206
	南城县	69617
	黎川县	51880
	南丰县	58122
	崇仁县	51494
	东乡县	100220
	上饶县	66474
	广丰县	124115
	玉山县	72208
	铅山县	59559
	鄱阳县	51795
	德兴市	132027
山东省	长清区	58568
	平阴县	60005
	济阳县	80068
	章丘市	305069
	胶州市	343026
	即墨市	361000
	平度市	271459
	胶南市	363567
	莱西市	232370
	桓台县	215735
	高青县	76018
	沂源县	121223
	滕州市	401506
	垦利县	120188
	利津县	61336
	广饶县	221186
	龙口市	475668
	莱阳市	93536
	莱州市	303737
	蓬莱市	200675
	招远市	285300
	栖霞市	50577
	海阳市	162008
	临朐县	55709
	昌乐县	128732
	青州市	217576
	诸城市	400618
	寿光市	416006
	安丘市	77820
	高密市	230918
	昌邑市	158136
	微山县	169466
	鱼台县	50987
	金乡县	51166
	嘉祥县	76800
	汶上县	71006
	梁山县	50609
	曲阜市	127766
	兖州市	274290
	邹城市	356660
	宁阳县	69556
	东平县	64341
	新泰市	369019
	肥城市	274536
	文登市	342329
	荣成市	360589
	乳山市	172678
	莒县	59356
	沂南县	57500
	郯城县	53906
	沂水县	106120
	苍山县	60173
	费县	62806
	平邑县	53267
	莒南县	65150
	临沭县	54566
	陵县	51819

续表 4 单位:万元

省(区、市)	县(市)	地方财政一般预算收入	省(区、市)	县(市)	地方财政一般预算收入
	临邑县	70441		永城市	200106
	齐河县	110168		固始县	50056
	禹城市	75003		济源市	255169
	阳谷县	51390	湖北省	阳新县	57000
	茌平县	146796		大冶市	186938
	高唐县	90520		郧县	82161
	临清市	88670		郧西县	51764
	惠民县	51709		竹山县	51537
	无棣县	96872		丹江口市	157918
	沾化县	70108		夷陵区	247292
	博兴县	180016		远安县	50888
	邹平县	446010		秭归县	69879
	曹县	113338		宜都市	142735
	单县	125211		当阳市	103496
	成武县	58900		枝江市	100205
	巨野县	128666		襄州区	85010
	郓城县	133903		谷城县	60003
	东明县	105399		老河口市	77041
河南省	中牟县	192177		枣阳市	105108
	巩义市	223216		宜城市	75113
	荥阳市	140843		京山县	62374
	新密市	201294		钟祥市	81500
	新郑市	215666		云梦县	52058
	登封市	202267		应城市	70610
	尉氏县	51166		汉川市	86108
	兰考县	51355		松滋市	51190
	孟津县	66070		蕲春县	57858
	新安县	130557		黄梅县	52200
	栾川县	150058		麻城市	62911
	宜阳县	50668		武穴市	72321
	伊川县	90972		赤壁市	80000
	偃师市	109544		恩施市	78669
	宝丰县	80284		利川市	57069
	鲁山县	51756		仙桃市	131288
	郏县	53800		潜江市	125015
	舞钢市	78550		天门市	79023
	汝州市	113998	湖南省	望城区	169448
	安阳县	113366		长沙县	419527
	林州市	102531		宁乡县	203771
	新乡县	70034		浏阳市	177068
	长垣县	63169		攸县	124387
	辉县市	166018		茶陵县	50110
	修武县	56166		醴陵市	197032
	博爱县	53780		湘潭县	86690
	武陟县	63669		湘乡市	74166
	沁阳市	100487		衡南县	62565
	孟州市	72188		耒阳市	121505
	许昌县	51560		常宁市	67132
	襄城县	73288		邵东县	56058
	禹州市	207866		汨罗市	88103
	长葛市	101286		澧县	53688
	渑池县	121212		桃源县	50625
	陕县	79028		石门县	50721
	义马市	75832		桂阳县	102728
	灵宝市	107988		宜章县	61512
	西峡县	68006		永兴县	108542
	淅川县	96018		资兴市	116005
	唐河县	56916		冷水江市	86137
	邓州市	62026		涟源市	54336

续表 5

单位：万元

省（区、市）	县（市）	地方财政一般预算收入	省（区、市）	县（市）	地方财政一般预算收入
广东省	增城市	466573	海南省	琼海市	126265
	从化市	236285		儋州市	71437
	斗门区	156155		文昌市	85278
	潮阳区	105301		万宁市	82185
	澄海区	131595		东方市	62235
	禅城区	642214		澄迈县	125833
	南海区	1152868		昌江黎族自治县	71286
	顺德区	1220590		乐东黎族自治县	57371
	三水区	234317		陵水黎族自治县	167626
	高明区	167363	重庆市	綦江区	249851
	新会区	228908		大足区	210332
	台山市	155605		长寿区	242079
	开平市	142949		江津区	287769
	鹤山市	140783		合川区	256994
	恩平市	59668		永川区	291076
	廉江市	56065		南川区	120065
	电白县	80778		潼南县	86541
	高州市	78845		铜梁县	145776
	化州市	67251		荣昌县	198680
	信宜市	56647		璧山县	250145
	广宁县	55901		梁平县	93544
	怀集县	205201		丰都县	64617
	封开县	50099		垫江县	85250
	德庆县	54127		武隆县	73306
	高要市	165390		忠县	85025
	四会市	249839		开县	96719
	惠阳区	355477		云阳县	63346
	博罗县	183584		奉节县	95338
	惠东县	134282		巫山县	50451
	龙门县	51421		石柱土家族自治县	55591
	梅县	100132		秀山土家族苗族自治县	130856
	海丰县	90038		酉阳土家族苗族自治县	69062
	陆丰市	97010		彭水苗族土家族自治县	120870
	阳东县	71678	四川省	新都区	312672
	阳春市	70372		温江区	234653
	佛冈县	78071		金堂县	95832
	清新县	105570		双流县	441687
	英德市	143079		郫县	367044
	连州市	55151		大邑县	72889
	潮安县	80753		新津县	110358
	揭东县	80587		都江堰市	182227
	普宁市	124622		彭州市	102631
	新兴县	70184		邛崃市	70168
	罗定市	52354		崇州市	88039
广西壮族自治区	宾阳县	65071		米易县	62557
	横县	63355		盐边县	61165
	临桂县	89955		泸县	61314
	灵川县	61663		古蔺县	100108
	兴安县	59502		广汉市	102059
	苍梧县	56899		什邡市	114610
	藤县	67394		绵竹市	113667
	岑溪市	68059		江油市	90761
	东兴市	55972		射洪县	56127
	博白县	55134		威远县	60307
	北流市	65791		峨眉山市	103559
	平果县	89046		仁寿县	67500
	靖西县	58212		彭山县	50003
	八步区	55231		达县	57756
	扶绥县	58489		宣汉县	61567

续表 6

单位:万元

省(区、市)	县(市)	地方财政一般预算收入	省(区、市)	县(市)	地方财政一般预算收入
	大竹县	61686		文山市	86027
	安岳县	60240		景洪市	80909
	简阳市	100013		大理市	170967
	西昌市	182071		瑞丽市	51202
	盐源县	53837	陕西省	长安区	180176
	会理县	115100		高陵县	70031
	会东县	70218		彬县	89354
贵州省	开阳县	71139		韩城市	87065
	清镇市	78405		子长县	92697
	水城县	98937		安塞县	90067
	盘县	258719		志丹县	177127
	遵义县	104683		吴起县	207388
	仁怀市	161370		黄陵县	79797
	七星关区	77496		神木县	420152
	大方县	15068		府谷县	2364234
	黔西县	70874		靖边县	141051
	金沙县	164971		定边县	132001
	织金县	97092		华亭县	66010
	纳雍县	83448	甘肃省	西峰区	65186
	威宁彝族回族苗族自治县	56276	青海省	格尔木市	117756
	兴义市	160016		天峻县	54477
	兴仁县	78089	宁夏回族自治区	永宁县	75063
	贞丰县	55008		贺兰县	93361
	凯里市	143510		灵武市	141809
	都匀市	89546		平罗县	68241
云南省	呈贡区	74866		青铜峡市	68681
	晋宁县	84316		中宁县	54660
	嵩明县	58585	新疆维吾尔自治区	鄯善县	76775
	安宁市	214002		哈密市	199053
	富源县	103002		昌吉市	161803
	会泽县	70218		阜康市	85967
	沾益县	63566		库尔勒市	210035
	宣威市	105000		轮台县	62092
	新平彝族傣族自治县	70564		阿克苏市	109909
	腾冲县	92631		库车县	260766
	昭阳区	64139		沙雅县	70802
	思茅区	52166		拜城县	75445
	楚雄市	115952		喀什市	104278
	禄丰县	54021		伊宁市	140904
	个旧市	86239		奎屯市	109119
	开远市	70125		乌苏市	63387
	蒙自市	90505		和布克赛尔蒙古自治县	79961
	建水县	60018		富蕴县	67381
	弥勒县	80765		石河子市	192822

按农民人均纯收入分组的社会经济基本情况

指　标	单　位	农民人均纯收入(2011 年)				
		3000 元以下	3000—6000 元	6000—8000 元	8000—10000 元	10000 元以上
一、基本情况						
县(市)个数	个	95	826	560	350	247
行政区域土地面积	平方公里	450301	3841297	1834114	1535014	1208565
乡(镇)个数	个	1234	12182	8624	4744	2956
村民委员会个数	个	18177	177485	152780	99071	71616
年末总户数	户	7201270	94381329	95840522	62375979	50260478
其中:乡村户数	户	5368469	69361590	68025702	43442394	36402997
年末总人口	万人	2579	31874	31209	20233	15228
乡村人口	万人	2138	26532	24976	15643	11690
年末单位从业人员数	人	1289082	15313218	16576055	14322896	19917147
乡村从业人员数	人	11354229	146383738	136528074	86363483	67339517
其中:农林牧渔业	人	7943705	89580414	73597458	43439408	22872394
农业机械总动力	万千瓦特	1465	23107	26400	19827	12486
本地电话年末用户	户	2218592	28021904	38754103	31985067	44242632
二、综合经济						
第一产业增加值	万元	6374324	98392773	123560342	94111581	76005950
第二产业增加值	万元	12933788	190989321	317964040	354448019	581635358
地方财政一般预算收入	万元	2445423	21715882	29374377	32942623	68174195
地方财政一般预算支出	万元	10679150	108358517	92668695	70094261	88508606
城乡居民储蓄存款余额	万元	23120533	269531557	341844240	291785255	494756309
年末金融机构各项贷款余额	万元	26579701	197072468	241570773	247556519	660130128
三、农业、工业及投资						
粮食总产量	吨					
棉花产量	吨	92446	1324433	2042525	1555517	1345469
油料产量	吨	325881	8712828	10984896	6276767	3616438
肉类总产量	吨	1409452	22108951	26791872	19837348	13879548
规模以上工业企业个数	个	1318	23611	41504	49913	94329
规模以上工业总产值(现价)	万元	25394348	406255689	816496389	1050278233	2032078576
城镇固定资产投资完成额	万元	24465513	284890166	359461448	325279028	398065796
四、教育、卫生和社会保障						
普通中学在校学生数	人	1355462	17865889	16414503	10402140	7647862
小学在校学生数	人	2190551	26928541	22225122	13103846	9416243
医院、卫生院床位数	床	61246	740282	734340	531839	523382
各种社会福利收养性单位数	个	605	9721	9633	5886	4475
各种社会福利收养性单位床位数	床	24369	614994	716499	475812	502123

农民人均纯收入达1万元的县(市)分布

(2011年)

单位:元

省(区、市)	县(市)	农民人均纯收入	省(区、市)	县(市)	农民人均纯收入
北京市	大兴区	13723		尚志市	11011
	怀柔区	12991		五常市	10195
	平谷区	13387		鸡东县	10738
	密云县	12924		虎林市	11776
	延庆县	12761		密山市	10199
天津市	宝坻区	12650		萝北县	11420
	宁河县	11554		集贤县	10153
	静海县	11288		宝清县	11358
	蓟县	11002		嘉荫县	10430
河北省	鹿泉市	10063		抚远县	11554
	唐海县	10281		富锦市	12588
	迁安市	12698		东宁县	14702
	香河县	10337		林口县	10154
	三河市	10613		绥芬河市	14163
山西省	清徐县	10251		海林市	11536
	河津市	11347		宁安市	11536
内蒙古自治区	土默特左旗	10880		穆棱市	11398
	托克托县	10688		安达市	10050
	土默特右旗	10148		肇东市	10050
	达拉特旗	10021		漠河县	11652
	准格尔旗	10093	上海市	奉贤区	14845
	鄂托克前旗	10093		崇明县	12172
	乌审旗	10054	江苏省	浦口区	13204
	伊金霍洛旗	10098		江宁区	13321
	海拉尔区	14315		六合区	12718
	鄂温克族自治旗	11081		溧水县	12716
	陈巴尔虎旗	11433		高淳县	13142
	新巴尔虎左旗	10804		锡山区	16399
	新巴尔虎右旗	10796		江阴市	17460
	额尔古纳市	13240		宜兴市	14949
	二连浩特市	12330		铜山区	10934
	锡林浩特市	12170		沛县	10001
	阿巴嘎旗	11923		武进区	16373
	东乌珠穆沁旗	13783		溧阳市	13505
	西乌珠穆沁旗	12470		金坛市	13812
	额济纳旗	10527		吴中区	17162
辽宁省	辽中县	11062		常熟市	17289
	新民市	10953		张家港市	17252
	长海县	22192		昆山市	17374
	瓦房店市	11822		吴江市	17150
	普兰店市	11673		太仓市	17201
	庄河市	11849		通州区	12491
	台安县	10586		海安县	11216
	海城市	11862		如东县	10786
	东港市	10884		启东市	12535
	凌海市	10592		如皋市	10312
	北镇市	10216		海门市	13453
	大石桥市	11579		盐都区	11350
	大洼县	11385		射阳县	10377
	盘山县	11400		建湖县	10358
	铁岭县	10205		东台市	12056
	调兵山市	10262		大丰市	11941
	开原市	10225		邗江区	12560
黑龙江省	阿城区	10348		江都区	11988
	依兰县	10965		宝应县	10327
	通河县	10127		仪征市	10826
	双城市	10025		高邮市	10449

续表 1

单位:元

省(区、市)	县(市)	农民人均纯收入	省(区、市)	县(市)	农民人均纯收入
	丹徒区	11704		胶南市	12280
	丹阳市	13426		莱西市	12049
	扬中市	14692		桓台县	11828
	句容市	11692		广饶县	10517
	兴化市	10439		长岛县	13666
	靖江市	12116		龙口市	13302
	泰兴市	11047		莱州市	12565
	姜堰市	10802		蓬莱市	12655
浙江省	萧山区	18398		招远市	12594
	余杭区	17951		海阳市	11064
	桐庐县	13460		昌乐县	10150
	建德市	11536		青州市	10484
	富阳市	15369		诸城市	11281
	临安市	13926		寿光市	11253
	鄞州区	18631		高密市	10377
	象山县	14653		昌邑市	10496
	宁海县	14757		新泰市	10141
	余姚市	16074		肥城市	10149
	慈溪市	18260		文登市	12699
	奉化市	15654		荣成市	13743
	洞头县	10493		乳山市	10953
	永嘉县	10365		邹平县	10230
	平阳县	10615	河南省	中牟县	10216
	苍南县	10280		巩义市	11392
	瑞安市	14401		荥阳市	10846
	乐清市	15730		新密市	10835
	嘉善县	16514		新郑市	11344
	海盐县	16788	湖南省	望城区	13723
	海宁市	17397		长沙县	14237
	平湖市	16641		宁乡县	11539
	桐乡市	16518		浏阳市	13193
	德清县	15776		攸县	11151
	长兴县	15640		醴陵市	11398
	安吉县	14152		韶山市	12780
	绍兴县	19527	广东省	增城市	12363
	新昌县	13079		斗门区	11385
	诸暨市	17060		澄海区	10079
	上虞市	15833		禅城区	14806
	嵊州市	13345		南海区	14799
	浦江县	10052		顺德区	14148
	义乌市	17121		三水区	11697
	东阳市	13403		新会区	11390
	永康市	12961		德庆县	11013
	龙游县	10149		高要市	11269
	江山市	10887		四会市	10590
	岱山县	16702		惠阳区	13001
	嵊泗县	15899		博罗县	10671
	玉环县	16455		惠东县	10907
	三门县	10264	四川省	新都区	10800
	天台县	10158		温江区	12028
	温岭市	14996		双流县	10818
	临海市	12519		郫县	11107
安徽省	当涂县	10845	陕西省	神木县	10798
	宁国市	10001	甘肃省	阿克塞哈萨克族自治县	10000
福建省	福清市	11913	新疆维吾尔自治区	昌吉市	10536
	长乐市	11709		阜康市	10666
	惠安县	10930		呼图壁县	11496
	石狮市	14228		玛纳斯县	12868
	晋江市	11965		库尔勒市	11372
	南安市	10923		尉犁县	10280
	东山县	10153		若羌县	17080
江西省	南丰县	10707		焉耆回族自治县	10008
山东省	长清区	10079		乌苏市	11620
	章丘市	11965		沙湾县	12091
	胶州市	12318		石河子市	10052
	即墨市	12293		五家渠市	10308
	平度市	12022			

主要类型区域县（市）名单

丘陵县（市）

北京市

平谷区

天津市

蓟县

河北省

行唐县 元氏县 鹿泉市 丰润区
遵化市 抚宁县 卢龙县 邯郸县
磁县 临城县 内丘县 沙河市
满城县 顺平县 宣化县 阳原县
怀安县 万全县 怀来县

山西省

左云县 平定县 襄垣县 屯留县
黎城县 武乡县 沁县 阳城县
高平市 右玉县 榆社县 昔阳县
寿阳县 灵石县 闻喜县 绛县
垣曲县 平陆县 五寨县 岢岚县
河曲县 保德县 偏关县 古县
安泽县 浮山县 吉县 大宁县
隰县 永和县 汾西县 霍州市
兴县 临县 柳林县 石楼县
孝义市

内蒙古自治区

和林格尔县 固阳县 达尔罕茂明安联合旗 阿鲁科尔沁旗
巴林左旗 巴林右旗 林西县 克什克腾旗
翁牛特旗 喀喇沁旗 宁城县 敖汉旗
库伦旗 奈曼旗 扎鲁特旗 鄂托克前旗
鄂托克旗 乌审旗 伊金霍洛旗 海拉尔区
阿荣旗 莫力达瓦达斡尔族自治旗 鄂伦春自治旗 鄂温克族自治旗
陈巴尔虎旗 新巴尔虎左旗 新巴尔虎右旗 满洲里市
牙克石市 扎兰屯市 额尔古纳市 根河市
乌拉特中旗 乌拉特后旗 集宁区 卓资县
化德县 商都县 兴和县 察哈尔右翼前旗
察哈尔右翼中旗 察哈尔右翼后旗 四子王旗 丰镇市
乌兰浩特市 阿尔山市 科尔沁右翼前旗 科尔沁右翼中旗
扎赉特旗 突泉县 锡林浩特市 阿巴嘎旗
苏尼特左旗 苏尼特右旗 太仆寺旗 镶黄旗
正镶白旗 正蓝旗 多伦县 阿拉善左旗

阿拉善右旗	额济纳旗		

辽宁省

长海县	瓦房店市	普兰店市	庄河市
义县	盖州市	阜新蒙古族自治县	朝阳县
建平县	喀喇沁左翼蒙古族自治县	北票市	凌源市
绥中县	建昌县	兴城市	

吉林省

九台市	永吉县	蛟河市	桦甸市
舒兰市	磐石市	伊通满族自治县	东丰县
东辽县	辉南县	柳河县	梅河口市

黑龙江省

阿城区	依兰县	方正县	宾县
巴彦县	木兰县	通河县	延寿县
五常市	克山县	克东县	拜泉县
虎林市	密山市	萝北县	集贤县
友谊县	宝清县	饶河县	桦南县
汤原县	勃利县	嫩江县	北安市
五大连池市	庆安县	明水县	绥棱县
海伦市			

江苏省

浦口区	江宁区	六合区	溧水县
高淳县	宜兴市	铜山区	溧阳市
金坛市	吴中区	盱眙县	仪征市
丹徒区	句容市		

浙江省

象山县	宁海县	奉化市	洞头县
长兴县	兰溪市	义乌市	永康市
龙游县	江山市	岱山县	嵊泗县
玉环县	三门县		

安徽省

长丰县	肥东县	肥西县	庐江县
来安县	全椒县	定远县	凤阳县
天长市	明光市	寿县	霍邱县
舒城县			

福建省

闽侯县	平潭县	福清市	长乐市
仙游县	惠安县	晋江市	南安市

云霄县	漳浦县	诏安县	龙海市

江西省

乐平市	德安县	分宜县	余江县
贵溪市	南康市	吉安县	吉水县
峡江县	新干县	泰和县	万安县
永新县	上高县	宜丰县	南城县
崇仁县	金溪县	东乡县	上饶县
广丰县	弋阳县	万年县	

山东省

章丘市	胶州市	即墨市	平度市
莱西市	滕州市	长岛县	龙口市
莱阳市	莱州市	安丘市	曲阜市
宁阳县	东平县	肥城市	荣成市
苍山县	莒南县	临沭县	

河南省

巩义市	荥阳市	新密市	孟津县
新安县	宜阳县	伊川县	偃师市
宝丰县	郏县	舞钢市	汝州市
安阳县	禹州市	渑池县	陕县
义马市	灵宝市	方城县	镇平县
罗山县	光山县	固始县	潢川县
确山县	泌阳县		

湖北省

大冶市	当阳市	襄州区	老河口市
枣阳市	宜城市	京山县	沙洋县
钟祥市	孝昌县	大悟县	应城市
安陆市	松滋市	团风县	浠水县
蕲春县	武穴市		

湖南省

株洲县	攸县	醴陵市	湘潭县
湘乡市	韶山市	衡阳县	衡南县
衡山县	衡东县	祁东县	耒阳市
常宁市	邵东县	新邵县	邵阳县
新宁县	武冈市	桃江县	桂阳县
宜章县	永兴县	嘉禾县	临武县
安仁县	祁阳县	东安县	道县
新田县	洪江市	双峰县	冷水江市
涟源市			

广东省

增城市	高明区	台山市	鹤山市
恩平市	电白县	化州市	高要市
四会市	惠阳区	博罗县	海丰县
陆河县	陆丰市	阳东县	清新县
揭西县	惠来县		

广西壮族自治区

隆安县	上林县	横县	柳江县
柳城县	鹿寨县	阳朔县	临桂县
灵川县	全州县	兴安县	永福县
灌阳县	平乐县	荔蒲县	恭城瑶族自治县
苍梧县	藤县	蒙山县	岑溪市
东兴市	灵山县	浦北县	平南县
桂平市	容县	陆川县	博白县
兴业县	北流市	田阳县	田东县
平果县	靖西县	八步区	钟山县
金城江区	罗城仫佬族自治县	大化瑶族自治县	宜州市
兴宾区	象州县	武宣县	合山市
江洲区	扶绥县	宁明县	大新县
凭祥市			

海南省

万宁市	东方市	屯昌县	澄迈县
昌江黎族自治县	陵水黎族自治县		

重庆市

大足区	长寿区	江津区	合川区
永川区	潼南县	铜梁县	荣昌县
璧山县	梁平县	垫江县	忠县
开县			

四川省

金堂县	蒲江县	荣县	富顺县
泸县	中江县	罗江县	三台县
盐亭县	蓬溪县	射洪县	大英县
威远县	资中县	隆昌县	犍为县
井研县	南部县	营山县	蓬安县
仪陇县	西充县	阆中市	仁寿县
洪雅县	丹棱县	青神县	南溪区
宜宾县	江安县	长宁县	岳池县
武胜县	邻水县	华蓥市	达县
宣汉县	开江县	大竹县	渠县
名山县	平昌县	安岳县	乐至县

简阳市

云南省

呈贡区	石林彝族自治县	嵩明县	陆良县
通海县	砚山县	勐海县	宾川县

西藏自治区

当雄县	曲水县	堆龙德庆县	达孜县
墨竹工卡县	乃东县	扎囊县	贡嘎县
琼结县	隆子县		

陕西省

宜君县	延长县	延川县	子长县
安塞县	志丹县	吴起县	甘泉县
富县	洛川县	宜川县	黄龙县
黄陵县	神木县	府谷县	横山县
靖边县	定边县	绥德县	米脂县
佳县	吴堡县	清涧县	子洲县

甘肃省

永登县	靖远县	古浪县	山丹县
泾川县	西峰区	庆城县	合水县
正宁县	宁县	临夏市	临夏县

新疆维吾尔自治区

温宿县

山区县(市)

北京市

怀柔区	密云县	延庆县	

河北省

井陉县	灵寿县	赞皇县	平山县
迁西县	迁安市	青龙满族自治县	涉县
武安市	邢台县	涞水县	阜平县
唐县	涞源县	易县	曲阳县
蔚县	涿鹿县	赤城县	崇礼县
承德县	兴隆县	平泉县	滦平县
隆化县	丰宁满族自治县	宽城满族自治县	围场满族蒙古族自治县

山西省

阳曲县	娄烦县	古交市	天镇县
广灵县	灵丘县	浑源县	盂县
平顺县	壶关县	沁源县	沁水县
陵川县	泽州县	左权县	和顺县
五台县	代县	繁峙县	宁武县
静乐县	神池县	乡宁县	蒲县
离石区	交城县	岚县	方山县
中阳县	交口县		

内蒙古自治区

清水河县	武川县	准格尔旗	凉城县

辽宁省

岫岩满族自治县	抚顺县	新宾满族自治县	清原满族自治县
本溪满族自治县	桓仁满族自治县	宽甸满族自治县	凤城市
西丰县			

吉林省

通化县	集安市	江源区	抚松县
靖宇县	长白朝鲜族自治县	临江市	延吉市
图们市	敦化市	珲春市	龙井市
和龙市	汪清县	安图县	

黑龙江省

尚志市	鸡东县	嘉荫县	铁力市
东宁县	林口县	绥芬河市	海林市
宁安市	穆棱市	逊克县	孙吴县
呼玛县	塔河县	漠河县	

浙江省

桐庐县	淳安县	建德市	富阳市
临安市	永嘉县	文成县	泰顺县
安吉县	新昌县	嵊州市	武义县
浦江县	磐安县	东阳市	常山县
开化县	天台县	仙居县	青田县
缙云县	遂昌县	松阳县	云和县
庆元县	景宁畲族自治县	龙泉市	

安徽省

潜山县	太湖县	岳西县	歙县
休宁县	黟县	祁门县	金寨县
霍山县	东至县	石台县	青阳县
广德县	泾县	绩溪县	旌德县
宁国市			

福建省

连江县	罗源县	闽清县	永泰县
明溪县	清流县	宁化县	大田县
尤溪县	沙县	将乐县	泰宁县
建宁县	永安市	安溪县	永春县
德化县	长泰县	南靖县	平和县
华安县	顺昌县	浦城县	光泽县
松溪县	政和县	邵武市	武夷山市
建瓯市	建阳市	长汀县	永定县
上杭县	武平县	连城县	漳平市
霞浦县	古田县	屏南县	寿宁县
周宁县	柘荣县	福安市	福鼎市

江西省

浮梁县	莲花县	上栗县	芦溪县
武宁县	修水县	瑞昌市	赣县
信丰县	大余县	上犹县	崇义县
安远县	龙南县	定南县	全南县
宁都县	于都县	兴国县	会昌县
寻乌县	石城县	瑞金市	永丰县
遂川县	安福县	井冈山市	奉新县
万载县	靖安县	铜鼓县	黎川县
南丰县	乐安县	宜黄县	资溪县
广昌县	玉山县	铅山县	横峰县
婺源县	德兴市		

山东省

长清区	平阴县	胶南市	沂源县

蓬莱市	招远市	栖霞市	海阳市
临朐县	昌乐县	青州市	诸城市
泗水县	邹城市	新泰市	文登市
乳山市	五莲县	莒县	沂南县
沂水县	费县	平邑县	蒙阴县

河南省

登封市	栾川县	嵩县	汝阳县
洛宁县	鲁山县	林州市	辉县市
卢氏县	南召县	西峡县	内乡县
淅川县	桐柏县	新县	商城县
济源市			

湖北省

阳新县	郧县	郧西县	竹山县
竹溪县	房县	丹江口市	夷陵区
远安县	兴山县	秭归县	长阳土家族自治县
五峰土家族自治县	宜都市	南漳县	谷城县
保康县	红安县	罗田县	英山县
麻城市	通城县	崇阳县	通山县
赤壁市	随县	广水市	恩施市
利川市	建始县	巴东县	宣恩县
咸丰县	来凤县	鹤峰县	神农架林区

湖南省

浏阳市	茶陵县	炎陵县	隆回县
洞口县	绥宁县	城步苗族自治县	平江县
石门县	慈利县	桑植县	安化县
汝城县	桂东县	资兴市	双牌县
江永县	宁远县	蓝山县	江华瑶族自治县
中方县	沅陵县	辰溪县	溆浦县
会同县	麻阳苗族自治县	新晃侗族自治县	芷江侗族自治县
靖州苗族侗族自治县	通道侗族自治县	新化县	吉首市
泸溪县	凤凰县	花垣县	保靖县
古丈县	永顺县	龙山县	

广东省

从化市	曲江区	始兴县	仁化县
翁源县	乳源瑶族自治县	新丰县	乐昌市
南雄市	南澳县	高州市	信宜市
广宁县	怀集县	封开县	德庆县
惠东县	龙门县	梅县	大埔县
丰顺县	五华县	平远县	蕉岭县
兴宁市	紫金县	龙川县	连平县

和平县
东源县
阳西县
阳春市
佛冈县
阳山县
连山壮族瑶族自治县
连南瑶族自治县
英德市
连州市
饶平县
新兴县
郁南县
云安县
罗定市

广西壮族自治区

马山县
融安县
融水苗族自治县
三江侗族自治县
龙胜各族自治县
资源县
上思县
右江区
德保县
那坡县
凌云县
乐业县
田林县
西林县
隆林各族自治县
昭平县
富川瑶族自治县
南丹县
天峨县
凤山县
东兰县
环江毛南族自治县
巴马瑶族自治县
都安瑶族自治县
忻城县
金秀瑶族自治县
龙州县
天等县

海南省

五指山市
白沙黎族自治县
乐东黎族自治县
保亭黎族苗族自治县
琼中黎族苗族自治县

重庆市

綦江区
南川区
城口县
丰都县
武隆县
云阳县
奉节县
巫山县
巫溪县
石柱上家族自治县
秀山土家族苗族自治县
酉阳土家族苗族自治县
彭水苗族土家族自治县

四川省

米易县
盐边县
合江县
叙永县
古蔺县
梓潼县
北川羌族自治县
平武县
旺苍县
青川县
剑阁县
苍溪县
沐川县
峨边彝族自治县
马边彝族自治县
峨眉山市
高县
珙县
筠连县
兴文县
屏山县
万源市
荥经县
汉源县
石棉县
天全县
芦山县
宝兴县
通江县
南江县
汶川县
理县
茂县
松潘县
九寨沟县
金川县
小金县
黑水县
马尔康县
壤塘县
阿坝县
若尔盖县
红原县
康定县
泸定县
丹巴县
九龙县
雅江县
道孚县
炉霍县
甘孜县
新龙县
德格县
白玉县
石渠县
色达县
理塘县
巴塘县
乡城县
稻城县
得荣县
西昌市
木里藏族自治县
盐源县
德昌县
会理县
会东县
宁南县
普格县
布拖县
金阳县
昭觉县
喜德县
冕宁县
越西县
甘洛县

美姑县	雷波县		

贵州省

开阳县	息烽县	修文县	清镇市
六枝特区	水城县	盘县	遵义县
桐梓县	绥阳县	正安县	道真仡佬族苗族自治县
务川仡佬族苗族自治县	凤冈县	湄潭县	余庆县
习水县	赤水市	仁怀市	平坝县
普定县	镇宁布依族苗族自治县	关岭布依族苗族自治县	紫云苗族布依族自治县
七星关区	大方县	黔西县	金沙县
织金县	纳雍县	威宁彝族回族苗族自治县	赫章县
碧江区	万山区	江口县	玉屏侗族自治县
石阡县	思南县	印江土家族苗族自治县	德江县
沿河土家族自治县	松桃苗族自治县	兴义市	兴仁县
普安县	晴隆县	贞丰县	望谟县
册亨县	安龙县	凯里市	黄平县
施秉县	三穗县	镇远县	岑巩县
天柱县	锦屏县	剑河县	台江县
黎平县	榕江县	从江县	雷山县
麻江县	丹寨县	都匀市	福泉市
荔波县	贵定县	瓮安县	独山县
平塘县	罗甸县	长顺县	龙里县
惠水县	三都水族自治县		

云南省

晋宁县	富民县	宜良县	禄劝彝族苗族自治县
寻甸回族彝族自治县	安宁市	马龙县	师宗县
罗平县	富源县	会泽县	沾益县
宣威市	江川县	澄江县	华宁县
易门县	峨山彝族自治县	新平彝族傣族自治县	元江哈尼族彝族傣族自治县
施甸县	腾冲县	龙陵县	昌宁县
昭阳区	鲁甸县	巧家县	盐津县
大关县	永善县	绥江县	镇雄县
彝良县	威信县	水富县	玉龙纳西族自治县
永胜县	华坪县	宁蒗彝族自治县	思茅区
宁洱哈尼族彝族自治县	墨江哈尼族自治县	景东彝族自治县	景谷傣族彝族自治县
镇沅彝族哈尼族拉祜族自治县	江城哈尼族彝族自治县	孟连傣族拉祜族佤族自治县	澜沧拉祜族自治县
西盟佤族自治县	临翔区	凤庆县	云县
永德县	镇康县	双江拉祜族佤族布朗族傣族自治县	耿马傣族佤族自治县
沧源佤族自治县	楚雄市	双柏县	牟定县
南华县	姚安县	大姚县	永仁县
元谋县	武定县	禄丰县	个旧市
开远市	蒙自市	屏边苗族自治县	建水县
石屏县	弥勒县	泸西县	元阳县

红河县	金平苗族瑶族傣族自治县	绿春县	河口瑶族自治县
文山市	西畴县	麻栗坡县	马关县
丘北县	广南县	富宁县	景洪市
勐腊县	大理市	漾濞彝族自治县	祥云县
弥渡县	南涧彝族自治县	巍山彝族回族自治县	永平县
云龙县	洱源县	剑川县	鹤庆县
瑞丽市	芒市	梁河县	盈江县
陇川县	泸水县	福贡县	贡山独龙族怒族自治县
兰坪白族普米族自治县	香格里拉县	德钦县	维西傈僳族自治县

西藏自治区

林周县	尼木县	昌都县	江达县
贡觉县	类乌齐县	丁青县	察雅县
八宿县	左贡县	芒康县	洛隆县
边坝县	桑日县	曲松县	措美县
洛扎县	加查县	错那县	浪卡子县
日喀则市	南木林县	江孜县	定日县
萨迦县	拉孜县	昂仁县	谢通门县
白朗县	仁布县	康马县	定结县
仲巴县	亚东县	吉隆县	聂拉木县
萨嘎县	岗巴县	那曲县	嘉黎县
比如县	聂荣县	安多县	申扎县
索县	班戈县	巴青县	尼玛县
普兰县	札达县	噶尔县	日土县
革吉县	改则县	措勤县	林芝县
工布江达县	米林县	墨脱县	波密县
察隅县	朗县		

陕西省

凤县	太白县	宁强县	略阳县
镇巴县	留坝县	佛坪县	汉阴县
石泉县	宁陕县	紫阳县	岚皋县
平利县	镇坪县	旬阳县	白河县
商州区	洛南县	丹凤县	商南县
山阳县	镇安县	柞水县	

甘肃省

榆中县	会宁县	清水县	秦安县
甘谷县	武山县	张家川回族自治县	天祝藏族自治县
崆峒区	灵台县	崇信县	华亭县
庄浪县	静宁县	肃北蒙古族自治县	阿克塞哈萨克族自治县
环县	华池县	镇原县	安定区
通渭县	陇西县	渭源县	临洮县
漳县	岷县	武都区	成县

文县	宕昌县	康县	西和县
礼县	徽县	两当县	康乐县
永靖县	广河县	和政县	东乡族自治县
积石山保安族东乡族撒拉族自治县	合作市	临潭县	卓尼县
舟曲县	迭部县	玛曲县	碌曲县
夏河县			

青海省

大通回族土族自治县	湟中县	湟源县	平安县
民和回族土族自治县	乐都县	互助土族自治县	化隆回族自治县
循化撒拉族自治县	门源回族自治县	祁连县	海晏县
刚察县	同仁县	尖扎县	泽库县
河南蒙古族自治县	共和县	同德县	贵德县
兴海县	贵南县	玛沁县	班玛县
甘德县	达日县	久治县	玛多县
玉树县	杂多县	称多县	治多县
囊谦县	曲麻莱县	格尔木市	德令哈市
乌兰县	都兰县	天峻县	

宁夏回族自治区

盐池县	同心县	西吉县	隆德县
泾源县	彭阳县	海原县	

新疆维吾尔自治区

巴里坤哈萨克自治县	木垒哈萨克自治县	阿克陶县	阿合奇县
塔什库尔干塔吉克自治县	昭苏县	富蕴县	青河县

平原县(市)

北京市

大兴区

天津市

宝坻区	宁河县	静海县

河北省

正定县	栾城县	高邑县	深泽县
无极县	赵县	辛集市	藁城市
晋州市	新乐市	丰南区	滦县
滦南县	乐亭县	玉田县	唐海县
昌黎县	临漳县	成安县	大名县
肥乡县	永年县	邱县	鸡泽县
广平县	馆陶县	魏县	曲周县
柏乡县	隆尧县	任县	南和县
宁晋县	巨鹿县	新河县	广宗县
平乡县	威县	清河县	临西县
南宫市	清苑县	徐水县	定兴县
高阳县	容城县	望都县	安新县
蠡县	博野县	雄县	涿州市
定州市	安国市	高碑店市	张北县
康保县	沽源县	尚义县	沧县
青县	东光县	海兴县	盐山县
肃宁县	南皮县	吴桥县	献县
孟村回族自治县	泊头市	任丘市	黄骅市
河间市	固安县	永清县	香河县
大城县	文安县	大厂回族自治县	霸州市
三河市	枣强县	武邑县	武强县
饶阳县	安平县	故城县	景县
阜城县	冀州市	深州市	

山西省

清徐县	阳高县	大同县	长治县
长子县	潞城市	山阴县	应县
怀仁县	太谷县	祁县	平遥县
介休市	临猗县	万荣县	稷山县
新绛县	夏县	芮城县	永济市
河津市	定襄县	原平市	曲沃县
翼城县	襄汾县	洪洞县	侯马市

文水县	汾阳市		

内蒙古自治区

土默特左旗	托克托县	土默特右旗	科尔沁左翼中旗
科尔沁左翼后旗	开鲁县	霍林郭勒市	东胜区
达拉特旗	杭锦旗	临河区	五原县
磴口县	乌拉特前旗	杭锦后旗	二连浩特市
东乌珠穆沁旗	西乌珠穆沁旗		

辽宁省

辽中县	康平县	法库县	新民市
台安县	海城市	东港市	黑山县
凌海市	北镇市	大石桥市	彰武县
辽阳县	灯塔市	大洼县	盘山县
铁岭县	昌图县	调兵山市	开原市

吉林省

农安县	榆树市	德惠市	梨树县
公主岭市	双辽市	前郭尔罗斯蒙古族自治县	长岭县
乾安县	扶余县	镇赉县	通榆县
洮南市	大安市		

黑龙江省

呼兰区	双城市	龙江县	依安县
泰来县	甘南县	富裕县	讷河市
绥滨县	肇州县	肇源县	林甸县
杜尔伯特蒙古族自治县	桦川县	抚远县	同江市
富锦市	望奎县	兰西县	青冈县
安达市	肇东市		

上海市

奉贤区	崇明县		

江苏省

锡山区	江阴市	丰县	沛县
睢宁县	新沂市	邳州市	武进区
常熟市	张家港市	昆山市	吴江市
太仓市	通州区	海安县	如东县
启东市	如皋市	海门市	赣榆县
东海县	灌云县	灌南县	楚州区
淮阴区	涟水县	洪泽县	金湖县

盐都区	响水县	滨海县	阜宁县
射阳县	建湖县	东台市	大丰市
邗江区	江都区	宝应县	高邮市
丹阳市	扬中市	兴化市	靖江市
泰兴市	姜堰市	宿豫区	沭阳县
泗阳县	泗洪县		

浙江省

萧山区	余杭区	鄞州区	余姚市
慈溪市	平阳县	苍南县	瑞安市
乐清市	嘉善县	海盐县	海宁市
平湖市	桐乡市	德清县	绍兴县
诸暨市	上虞市	衢江区	温岭市
临海市			

安徽省

巢湖市	芜湖县	繁昌县	南陵县
无为县	怀远县	五河县	固镇县
凤台县	当涂县	含山县	和县
濉溪县	铜陵县	怀宁县	枞阳县
宿松县	望江县	桐城市	临泉县
太和县	阜南县	颍上县	界首市
砀山县	萧县	灵璧县	泗县
涡阳县	蒙城县	利辛县	郎溪县

福建省

石狮市	东山县

江西省

南昌县	新建县	安义县	进贤县
九江县	永修县	星子县	都昌县
湖口县	彭泽县	共青城市	丰城市
樟树市	高安市	余干县	鄱阳县

山东省

济阳县	商河县	桓台县	高青县
垦利县	利津县	广饶县	寿光市
高密市	昌邑市	微山县	鱼台县
金乡县	嘉祥县	汶上县	梁山县
兖州市	郯城县	陵县	宁津县
庆云县	临邑县	齐河县	平原县

夏津县	武城县	乐陵市	禹城市
阳谷县	莘县	茌平县	东阿县
冠县	高唐县	临清市	惠民县
阳信县	无棣县	沾化县	博兴县
邹平县	曹县	单县	成武县
巨野县	郓城县	鄄城县	定陶县
东明县			

河南省

中牟县	新郑市	杞县	通许县
尉氏县	开封县	兰考县	叶县
汤阴县	滑县	内黄县	浚县
淇县	新乡县	获嘉县	原阳县
延津县	封丘县	长垣县	卫辉市
修武县	博爱县	武陟县	温县
沁阳市	孟州市	清丰县	南乐县
范县	台前县	濮阳县	许昌县
鄢陵县	襄城县	长葛市	郾城区
舞阳县	临颍县	社旗县	唐河县
新野县	邓州市	民权县	睢县
宁陵县	柘城县	虞城县	夏邑县
永城市	淮滨县	息县	扶沟县
西华县	商水县	沈丘县	郸城县
淮阳县	太康县	鹿邑县	项城市
西平县	上蔡县	平舆县	正阳县
汝南县	遂平县	新蔡县	

湖北省

枝江市	云梦县	汉川市	公安县
监利县	江陵县	石首市	洪湖市
黄梅县	嘉鱼县	仙桃市	潜江市
天门市			

湖南省

望城区	长沙县	宁乡县	岳阳县
华容县	湘阴县	汨罗市	临湘市
安乡县	汉寿县	澧县	临澧县
桃源县	津市市	南县	沅江市

广东省

斗门区	潮阳区	澄海区	禅城区

南海区	顺德区	三水区	新会区
开平市	遂溪县	徐闻县	廉江市
雷州市	吴川市	潮安县	揭东县
普宁市			

广西壮族自治区

邕宁区	武鸣县	宾阳县	合浦县

海南省

琼海市	儋州市	文昌市	定安县
临高县			

四川省

新都区	温江区	双流县	郫县
大邑县	新津县	都江堰市	彭州市
邛崃市	崇州市	广汉市	什邡市
绵竹市	安县	江油市	夹江县
彭山县			

陕西省

长安区	蓝田县	周至县	户县
高陵县	耀州区	陈仓区	凤翔县
岐山县	扶风县	眉县	陇县
千阳县	麟游县	三原县	泾阳县
乾县	礼泉县	永寿县	彬县
长武县	旬邑县	淳化县	武功县
兴平市	华县	潼关县	大荔县
合阳县	澄城县	蒲城县	白水县
富平县	韩城市	华阴市	南郑县
城固县	洋县	西乡县	勉县

甘肃省

皋兰县	永昌县	景泰县	凉州区
民勤县	甘州区	肃南裕固族自治县	民乐县
临泽县	高台县	肃州区	金塔县
瓜州县	玉门市	敦煌市	

宁夏回族自治区

永宁县	贺兰县	灵武市	平罗县
青铜峡市	中宁县		

新疆维吾尔自治区

乌鲁木齐县	吐鲁番市	鄯善县	托克逊县
哈密市	伊吾县	昌吉市	阜康市
呼图壁县	玛纳斯县	奇台县	吉木萨尔县
博乐市	精河县	温泉县	库尔勒市
轮台县	尉犁县	若羌县	且末县
焉耆回族自治县	和静县	和硕县	博湖县
阿克苏市	库车县	沙雅县	新和县
拜城县	乌什县	阿瓦提县	柯坪县
阿图什市	乌恰县	喀什市	疏附县
疏勒县	英吉沙县	泽普县	莎车县
叶城县	麦盖提县	岳普湖县	伽师县
巴楚县	和田市	和田县	墨玉县
皮山县	洛浦县	策勒县	于田县
民丰县	伊宁市	奎屯市	伊宁县
察布查尔锡伯自治县	霍城县	巩留县	新源县
特克斯县	尼勒克县	塔城市	乌苏市
额敏县	沙湾县	托里县	裕民县
和布克赛尔蒙古自治县	阿勒泰市	布尔津县	福海县
哈巴河县	吉木乃县	石河子市	阿拉尔市
图木舒克市	五家渠市		

民族县（市）

河北省

青龙满族自治县　丰宁满族自治县　宽城满族自治县　围场满族蒙古族自治县
孟村回族自治县　大厂回族自治县

内蒙古自治区

土默特左旗　托克托县　和林格尔县　清水河县
武川县　土默特右旗　固阳县　达尔罕茂明安联合旗
阿鲁科尔沁旗　巴林左旗　巴林右旗　林西县
克什克腾旗　翁牛特旗　喀喇沁旗　宁城县
敖汉旗　科尔沁左翼中旗　科尔沁左翼后旗　开鲁县
库伦旗　奈曼旗　扎鲁特旗　霍林郭勒市
东胜区　达拉特旗　准格尔旗　鄂托克前旗
鄂托克旗　杭锦旗　乌审旗　伊金霍洛旗
海拉尔区　阿荣旗　莫力达瓦达斡尔族自治旗　鄂伦春自治旗
鄂温克族自治旗　陈巴尔虎旗　新巴尔虎左旗　新巴尔虎右旗
满洲里市　牙克石市　扎兰屯市　额尔古纳市
根河市　临河区　五原县　磴口县
乌拉特前旗　乌拉特中旗　乌拉特后旗　杭锦后旗
集宁区　卓资县　化德县　商都县
兴和县　凉城县　察哈尔右翼前旗　察哈尔右翼中旗
察哈尔右翼后旗　四子王旗　丰镇市　乌兰浩特市
阿尔山市　科尔沁右翼前旗　科尔沁右翼中旗　扎赉特旗
突泉县　二连浩特市　锡林浩特市　阿巴嘎旗
苏尼特左旗　苏尼特右旗　东乌珠穆沁旗　西乌珠穆沁旗
太仆寺旗　镶黄旗　正镶白旗　正蓝旗
多伦县　阿拉善左旗　阿拉善右旗　额济纳旗

辽宁省

岫岩满族自治县　新宾满族自治县　清原满族自治县　本溪满族自治县
桓仁满族自治县　宽甸满族自治县　阜新蒙古族自治县　喀喇沁左翼蒙古族自治县

吉林省

伊通满族自治县　长白朝鲜族自治县　前郭尔罗斯蒙古族自治县　延吉市
图们市　敦化市　珲春市　龙井市
和龙市　汪清县　安图县

黑龙江省

杜尔伯特蒙古族自治县

浙江省

景宁畲族自治县

湖北省

长阳土家族自治县	五峰土家族自治县	恩施市	利川市
建始县	巴东县	宣恩县	咸丰县
来凤县	鹤峰县		

湖南省

城步苗族自治县	江华瑶族自治县	麻阳苗族自治县	新晃侗族自治县
芷江侗族自治县	靖州苗族侗族自治县	通道侗族自治县	吉首市
泸溪县	凤凰县	花垣县	保靖县
古丈县	永顺县	龙山县	

广东省

乳源瑶族自治县	连山壮族瑶族自治县	连南瑶族自治县

广西壮族自治区

邕宁区	武鸣县	隆安县	马山县
上林县	宾阳县	横县	柳江县
柳城县	鹿寨县	融安县	融水苗族自治县
三江侗族自治县	阳朔县	临桂县	灵川县
全州县	兴安县	永福县	灌阳县
龙胜各族自治县	资源县	平乐县	荔蒲县
恭城瑶族自治县	苍梧县	藤县	蒙山县
岑溪市	合浦县	上思县	东兴市
灵山县	浦北县	平南县	桂平市
容县	陆川县	博白县	兴业县
北流市	右江区	田阳县	田东县
平果县	德保县	靖西县	那坡县
凌云县	乐业县	田林县	西林县
隆林各族自治县	八步区	昭平县	钟山县
富川瑶族自治县	金城江区	南丹县	天峨县
凤山县	东兰县	罗城仫佬族自治县	环江毛南族自治县
巴马瑶族自治县	都安瑶族自治县	大化瑶族自治县	宜州市
兴宾区	忻城县	象州县	武宣县
金秀瑶族自治县	合山市	江洲区	扶绥县
宁明县	龙州县	大新县	天等县
凭祥市			

海南省

东方市	白沙黎族自治县	昌江黎族自治县	乐东黎族自治县
陵水黎族自治县	保亭黎族苗族自治县	琼中黎族苗族自治县	

重庆市

石柱土家族自治县	秀山土家族苗族自治县	酉阳土家族苗族自治县	彭水苗族土家族自治县

四川省

峨边彝族自治县	马边彝族自治县	汶川县	理县
茂县	松潘县	九寨沟县	金川县
小金县	黑水县	马尔康县	壤塘县
阿坝县	若尔盖县	红原县	康定县
泸定县	丹巴县	九龙县	雅江县
道孚县	炉霍县	甘孜县	新龙县
德格县	白玉县	石渠县	色达县
理塘县	巴塘县	乡城县	稻城县
得荣县	西昌市	木里藏族自治县	盐源县
德昌县	会理县	会东县	宁南县
普格县	布拖县	金阳县	昭觉县
喜德县	冕宁县	越西县	甘洛县
美姑县	雷波县		

贵州省

道真仡佬族苗族自治县	务川仡佬族苗族自治县	镇宁布依族苗族自治县	关岭布依族苗族自治县
紫云苗族布依族自治县	威宁彝族回族苗族自治县	玉屏侗族自治县	印江土家族苗族自治县
沿河土家族自治县	松桃苗族自治县	兴义市	兴仁县
普安县	晴隆县	贞丰县	望谟县
册亨县	安龙县	凯里市	黄平县
施秉县	三穗县	镇远县	岑巩县
天柱县	锦屏县	剑河县	台江县
黎平县	榕江县	从江县	雷山县
麻江县	丹寨县	都匀市	福泉市
荔波县	贵定县	瓮安县	独山县
平塘县	罗甸县	长顺县	龙里县
惠水县	三都水族自治县		

云南省

石林彝族自治县	禄劝彝族苗族自治县	寻甸回族彝族自治县	峨山彝族自治县
新平彝族傣族自治县	元江哈尼族彝族傣族自治县	玉龙纳西族自治县	宁蒗彝族自治县
宁洱哈尼族彝族自治县	墨江哈尼族自治县	景东彝族自治县	景谷傣族彝族自治县
镇沅彝族哈尼族拉祜族自治县	江城哈尼族彝族自治县	孟连傣族拉祜族佤族自治县	澜沧拉祜族自治县
西盟佤族自治县	双江拉祜族佤族布朗族傣族自治县	耿马傣族佤族自治县	沧源佤族自治县
楚雄市	双柏县	牟定县	南华县
姚安县	大姚县	永仁县	元谋县
武定县	禄丰县	个旧市	开远市
蒙自市	屏边苗族自治县	建水县	石屏县
弥勒县	泸西县	元阳县	红河县
金平苗族瑶族傣族自治县	绿春县	河口瑶族自治县	文山市

砚山县	西畴县	麻栗坡县	马关县
丘北县	广南县	富宁县	景洪市
勐海县	勐腊县	大理市	漾濞彝族自治县
祥云县	宾川县	弥渡县	南涧彝族自治县
巍山彝族回族自治县	永平县	云龙县	洱源县
剑川县	鹤庆县	瑞丽市	芒市
梁河县	盈江县	陇川县	泸水县
福贡县	贡山独龙族怒族自治县	兰坪白族普米族自治县	香格里拉县
德钦县	维西傈僳族自治县		

西藏自治区

林周县	当雄县	尼木县	曲水县
堆龙德庆县	达孜县	墨竹工卡县	昌都县
江达县	贡觉县	类乌齐县	丁青县
察雅县	八宿县	左贡县	芒康县
洛隆县	边坝县	乃东县	扎囊县
贡嘎县	桑日县	琼结县	曲松县
措美县	洛扎县	加查县	隆子县
错那县	浪卡子县	日喀则市	南木林县
江孜县	定日县	萨迦县	拉孜县
昂仁县	谢通门县	白朗县	仁布县
康马县	定结县	仲巴县	亚东县
吉隆县	聂拉木县	萨嘎县	岗巴县
那曲县	嘉黎县	比如县	聂荣县
安多县	申扎县	索县	班戈县
巴青县	尼玛县	普兰县	札达县
噶尔县	日土县	革吉县	改则县
措勤县	林芝县	工布江达县	米林县
墨脱县	波密县	察隅县	朗县

甘肃省

张家川回族自治县	天祝藏族自治县	肃南裕固族自治县	肃北蒙古族自治县
阿克塞哈萨克族自治县	临夏市	临夏县	康乐县
永靖县	广河县	和政县	东乡族自治县
积石山保安族东乡族撒拉族自治县	合作市	临潭县	卓尼县
舟曲县	迭部县	玛曲县	碌曲县
夏河县			

青海省

大通回族土族自治县	民和回族土族自治县	互助土族自治县	化隆回族自治县
循化撒拉族自治县	门源回族自治县	祁连县	海晏县
刚察县	同仁县	尖扎县	泽库县
河南蒙古族自治县	共和县	同德县	贵德县

兴海县	贵南县	玛沁县	班玛县
甘德县	达日县	久治县	玛多县
玉树县	杂多县	称多县	治多县
囊谦县	曲麻莱县	格尔木市	德令哈市
乌兰县	都兰县	天峻县	

宁夏回族自治区

永宁县	贺兰县	灵武市	平罗县
盐池县	同心县	青铜峡市	西吉县
隆德县	泾源县	彭阳县	中宁县
海原县			

新疆维吾尔自治区

乌鲁木齐县	吐鲁番市	鄯善县	托克逊县
哈密市	巴里坤哈萨克自治县	伊吾县	昌吉市
阜康市	呼图壁县	玛纳斯县	奇台县
吉木萨尔县	木垒哈萨克自治县	博乐市	精河县
温泉县	库尔勒市	轮台县	尉犁县
若羌县	且末县	焉耆回族自治县	和静县
和硕县	博湖县	阿克苏市	温宿县
库车县	沙雅县	新和县	拜城县
乌什县	阿瓦提县	柯坪县	阿图什市
阿克陶县	阿合奇县	乌恰县	喀什市
疏附县	疏勒县	英吉沙县	泽普县
莎车县	叶城县	麦盖提县	岳普湖县
伽师县	巴楚县	塔什库尔干塔吉克自治县	和田市
和田县	墨玉县	皮山县	洛浦县
策勒县	于田县	民丰县	伊宁市
奎屯市	伊宁县	察布查尔锡伯自治县	霍城县
巩留县	新源县	昭苏县	特克斯县
尼勒克县	塔城市	乌苏市	额敏县
沙湾县	托里县	裕民县	和布克赛尔蒙古自治县
阿勒泰市	布尔津县	富蕴县	福海县
哈巴河县	青河县	吉木乃县	石河子市
阿拉尔市	图木舒克市	五家渠市	

陆地边境县(市)

内蒙古自治区

达尔罕茂明安联合旗	陈巴尔虎旗	新巴尔虎左旗	新巴尔虎右旗
满洲里市	额尔古纳市	乌拉特中旗	乌拉特后旗
四子王旗	阿尔山市	科尔沁右翼前旗	二连浩特市
阿巴嘎旗	苏尼特左旗	苏尼特右旗	东乌珠穆沁旗
阿拉善左旗	阿拉善右旗	额济纳旗	

辽宁省

宽甸满族自治县	东港市

吉林省

集安市	抚松县	长白朝鲜族自治县	临江市
图们市	珲春市	龙井市	和龙市
安图县			

黑龙江省

鸡东县	虎林市	密山市	萝北县
绥滨县	饶河县	嘉荫县	抚远县
同江市	东宁县	绥芬河市	逊克县
孙吴县	呼玛县	塔河县	漠河县

广西壮族自治区

东兴市	靖西县	那坡县	宁明县
龙州县	大新县	凭祥市	

云南省

腾冲县	龙陵县	江城哈尼族彝族自治县	孟连傣族拉祜族佤族自治县
澜沧拉祜族自治县	西盟佤族自治县	镇康县	耿马傣族佤族自治县
沧源佤族自治县	金平苗族瑶族傣族自治县	绿春县	河口瑶族自治县
麻栗坡县	马关县	富宁县	景洪市
勐海县	勐腊县	瑞丽市	芒市
盈江县	陇川县	泸水县	福贡县
贡山独龙族怒族自治县			

西藏自治区

洛扎县	错那县	浪卡子县	定日县
康马县	定结县	仲巴县	亚东县
吉隆县	聂拉木县	萨嘎县	岗巴县
普兰县	札达县	噶尔县	日土县
墨脱县	察隅县		

甘肃省

肃北蒙古族自治县

新疆维吾尔自治区

哈密市	巴里坤哈萨克自治县	伊吾县	奇台县
木垒哈萨克自治县	博乐市	温泉县	温宿县
乌什县	阿图什市	阿克陶县	阿合奇县
乌恰县	叶城县	塔什库尔干塔吉克自治县	和田市
皮山县	察布查尔锡伯自治县	霍城县	昭苏县
塔城市	额敏县	托里县	裕民县
和布克赛尔蒙古自治县	阿勒泰市	布尔津县	富蕴县
福海县	哈巴河县	青河县	吉木乃县

牧区、半牧区县（市）

河北省

张北县	康保县	沽源县	尚义县
丰宁满族自治县	围场满族蒙古族自治县		

山西省

右玉县

内蒙古自治区

达尔罕茂明安联合旗	阿鲁科尔沁旗	巴林左旗	巴林右旗
林西县	克什克腾旗	翁牛特旗	敖汉旗
科尔沁左翼中旗	科尔沁左翼后旗	开鲁县	库伦旗
奈曼旗	扎鲁特旗	东胜区	达拉特旗
准格尔旗	鄂托克前旗	鄂托克旗	杭锦旗
乌审旗	伊金霍洛旗	阿荣旗	莫力达瓦达斡尔族自治旗
鄂温克族自治旗	陈巴尔虎旗	新巴尔虎左旗	新巴尔虎右旗
扎兰屯市	磴口县	乌拉特前旗	乌拉特中旗
乌拉特后旗	察哈尔右翼中旗	察哈尔右翼后旗	四子王旗
科尔沁右翼前旗	科尔沁右翼中旗	扎赉特旗	突泉县
锡林浩特市	阿巴嘎旗	苏尼特左旗	苏尼特右旗
东乌珠穆沁旗	西乌珠穆沁旗	太仆寺旗	镶黄旗
正镶白旗	正蓝旗	阿拉善左旗	阿拉善右旗
额济纳旗			

辽宁省

康平县	阜新蒙古族自治县	彰武县	建平县
喀喇沁左翼蒙古族自治县	北票市		

吉林省

双辽市	前郭尔罗斯蒙古族自治县	长岭县	乾安县
镇赉县	通榆县	洮南市	大安市

黑龙江省

龙江县	泰来县	甘南县	富裕县
虎林市	肇州县	肇源县	林甸县
杜尔伯特蒙古族自治县	同江市	兰西县	青冈县
明水县	安达市	肇东市	

四川省

汶川县	理县	茂县	松潘县
九寨沟县	金川县	小金县	黑水县
马尔康县	壤塘县	阿坝县	若尔盖县

红原县 康定县 泸定县 丹巴县
九龙县 雅江县 道孚县 炉霍县
甘孜县 新龙县 德格县 白玉县
石渠县 色达县 理塘县 巴塘县
乡城县 稻城县 得荣县 西昌市
木里藏族自治县 盐源县 德昌县 会理县
会东县 宁南县 普格县 布拖县
金阳县 昭觉县 喜德县 冕宁县
越西县 甘洛县 美姑县 雷波县

西藏自治区

林周县 当雄县 昌都县 江达县
贡觉县 类乌齐县 丁青县 察雅县
八宿县 曲松县 措美县 错那县
浪卡子县 昂仁县 谢通门县 康马县
仲巴县 亚东县 萨嘎县 岗巴县
那曲县 嘉黎县 比如县 聂荣县
安多县 申扎县 索县 班戈县
巴青县 普兰县 札达县 噶尔县
日土县 革吉县 改则县 措勤县
工布江达县

甘肃省

永登县 永昌县 靖远县 民勤县
天祝藏族自治县 肃南裕固族自治县 山丹县 瓜州县
肃北蒙古族自治县 阿克塞哈萨克族自治县 环县 华池县
漳县 岷县 合作市 卓尼县
迭部县 玛曲县 碌曲县 夏河县

青海省

门源回族自治县 祁连县 海晏县 刚察县
同仁县 尖扎县 泽库县 河南蒙古族自治县
共和县 同德县 贵德县 兴海县
贵南县 玛沁县 班玛县 甘德县
达日县 久治县 玛多县 玉树县
杂多县 称多县 治多县 囊谦县
曲麻莱县 格尔木市 德令哈市 乌兰县
都兰县 天峻县

宁夏回族自治区

盐池县 同心县 海原县

新疆维吾尔自治区

乌鲁木齐县 哈密市 巴里坤哈萨克自治县 伊吾县

奇台县
温泉县
和硕县
阿合奇县
巩留县
尼勒克县
裕民县
富蕴县
吉木乃县
木垒哈萨克自治县
尉犁县
温宿县
乌恰县
新源县
塔城市
和布克赛尔蒙古自治县
福海县
博乐市
且末县
沙雅县
塔什库尔干塔吉克自治县
昭苏县
额敏县
阿勒泰市
哈巴河县
精河县
和静县
阿克陶县
民丰县
特克斯县
托里县
布尔津县
青河县

九大农区县（市）—东北区

内蒙古自治区

阿荣旗	莫力达瓦达斡尔族自治旗	鄂伦春自治旗	牙克石市
扎兰屯市	额尔古纳市	根河市	扎赉特旗

辽宁省

辽中县	康平县	法库县	新民市
长海县	瓦房店市	普兰店市	庄河市
台安县	岫岩满族自治县	海城市	抚顺县
新宾满族自治县	清原满族自治县	本溪满族自治县	桓仁满族自治县
宽甸满族自治县	东港市	凤城市	黑山县
义县	凌海市	北镇市	盖州市
大石桥市	阜新蒙古族自治县	彰武县	辽阳县
灯塔市	大洼县	盘山县	铁岭县
西丰县	昌图县	调兵山市	开原市
绥中县	兴城市		

吉林省

农安县	九台市	榆树市	德惠市
永吉县	蛟河市	桦甸市	舒兰市
磐石市	梨树县	伊通满族自治县	公主岭市
双辽市	东丰县	东辽县	通化县
辉南县	柳河县	梅河口市	集安市
江源区	抚松县	靖宇县	长白朝鲜族自治县
临江市	前郭尔罗斯蒙古族自治县	长岭县	乾安县
扶余县	镇赉县	通榆县	洮南市
大安市	延吉市	图们市	敦化市
珲春市	龙井市	和龙市	汪清县
安图县			

黑龙江省

呼兰区	阿城区	依兰县	方正县
宾县	巴彦县	木兰县	通河县
延寿县	双城市	尚志市	五常市
龙江县	依安县	泰来县	甘南县
富裕县	克山县	克东县	拜泉县
讷河市	鸡东县	虎林市	密山市
萝北县	绥滨县	集贤县	友谊县
宝清县	饶河县	肇州县	肇源县
林甸县	杜尔伯特蒙古族自治县	嘉荫县	铁力市
桦南县	桦川县	汤原县	抚远县
同江市	富锦市	勃利县	东宁县

林口县	绥芬河市	海林市	宁安市
穆棱市	嫩江县	逊克县	孙吴县
北安市	五大连池市	望奎县	兰西县
青冈县	庆安县	明水县	绥棱县
安达市	肇东市	海伦市	呼玛县
塔河县	漠河县		

九大农区县(市)—内蒙古及长城沿线

北京市

延庆县

河北省

青龙满族自治县	涞源县	宣化县	张北县
康保县	沽源县	尚义县	蔚县
阳原县	怀安县	万全县	怀来县
涿鹿县	赤城县	崇礼县	承德县
兴隆县	平泉县	滦平县	隆化县
丰宁满族自治县	宽城满族自治县	围场满族蒙古族自治县	

山西省

娄烦县	古交市	阳高县	天镇县
广灵县	灵丘县	浑源县	左云县
大同县	山阴县	应县	右玉县
怀仁县	繁峙县	宁武县	静乐县
神池县	五寨县	岢岚县	偏关县
岚县	方山县		

内蒙古自治区

土默特左旗	托克托县	和林格尔县	清水河县
武川县	土默特右旗	固阳县	达尔罕茂明安联合旗
阿鲁科尔沁旗	巴林左旗	巴林右旗	林西县
克什克腾旗	翁牛特旗	喀喇沁旗	宁城县
敖汉旗	科尔沁左翼中旗	科尔沁左翼后旗	开鲁县
库伦旗	奈曼旗	扎鲁特旗	霍林郭勒市
东胜区	达拉特旗	准格尔旗	伊金霍洛旗
海拉尔区	鄂温克族自治旗	陈巴尔虎旗	新巴尔虎左旗
新巴尔虎右旗	满洲里市	集宁区	卓资县
化德县	商都县	兴和县	凉城县
察哈尔右翼前旗	察哈尔右翼中旗	察哈尔右翼后旗	四子王旗
丰镇市	乌兰浩特市	阿尔山市	科尔沁右翼前旗
科尔沁右翼中旗	突泉县	二连浩特市	锡林浩特市
阿巴嘎旗	苏尼特左旗	苏尼特右旗	东乌珠穆沁旗
西乌珠穆沁旗	太仆寺旗	镶黄旗	正镶白旗
正蓝旗	多伦县		

辽宁省

朝阳县	建平县	喀喇沁左翼蒙古族自治县	北票市
凌源市	建昌县		

陕西省

神木县	府谷县	横山县	靖边县
定边县			

九大农区县（市）—黄淮海区

北京市

大兴区	怀柔区	平谷区	密云县

天津市

宝坻区	宁河县	静海县	蓟县

河北省

正定县	栾城县	行唐县	灵寿县
高邑县	深泽县	赞皇县	无极县
元氏县	赵县	辛集市	藁城市
晋州市	新乐市	鹿泉市	丰南区
丰润区	滦县	滦南县	乐亭县
迁西县	玉田县	唐海县	遵化市
迁安市	昌黎县	抚宁县	卢龙县
邯郸县	临漳县	成安县	大名县
磁县	肥乡县	永年县	邱县
鸡泽县	广平县	馆陶县	魏县
曲周县	武安市	邢台县	临城县
内丘县	柏乡县	隆尧县	任县
南和县	宁晋县	巨鹿县	新河县
广宗县	平乡县	威县	清河县
临西县	南宫市	沙河市	满城县
清苑县	涞水县	徐水县	定兴县
唐县	高阳县	容城县	望都县
安新县	易县	曲阳县	蠡县
顺平县	博野县	雄县	涿州市
定州市	安国市	高碑店市	沧县
青县	东光县	海兴县	盐山县
肃宁县	南皮县	吴桥县	献县
孟村回族自治县	泊头市	任丘市	黄骅市
河间市	固安县	永清县	香河县
大城县	文安县	大厂回族自治县	霸州市
三河市	枣强县	武邑县	武强县
饶阳县	安平县	故城县	景县
阜城县	冀州市	深州市	

江苏省

铜山区	丰县	沛县	睢宁县
新沂市	邳州市	赣榆县	东海县
灌云县	灌南县	楚州区	淮阴区
涟水县	响水县	滨海县	宿豫区

沭阳县	泗阳县	泗洪县	

安徽省

怀远县	五河县	固镇县	凤台县
濉溪县	临泉县	太和县	阜南县
颍上县	界首市	砀山县	萧县
灵璧县	泗县	涡阳县	蒙城县
利辛县			

山东省

长清区	平阴县	济阳县	商河县
章丘市	胶州市	即墨市	平度市
胶南市	莱西市	桓台县	高青县
沂源县	滕州市	垦利县	利津县
广饶县	长岛县	龙口市	莱阳市
莱州市	蓬莱市	招远市	栖霞市
海阳市	临朐县	昌乐县	青州市
诸城市	寿光市	安丘市	高密市
昌邑市	微山县	鱼台县	金乡县
嘉祥县	汶上县	泗水县	梁山县
曲阜市	兖州市	邹城市	宁阳县
东平县	新泰市	肥城市	文登市
荣成市	乳山市	五莲县	莒县
沂南县	郯城县	沂水县	苍山县
费县	平邑县	莒南县	蒙阴县
临沭县	陵县	宁津县	庆云县
临邑县	齐河县	平原县	夏津县
武城县	乐陵市	禹城市	阳谷县
莘县	茌平县	东阿县	冠县
高唐县	临清市	惠民县	阳信县
无棣县	沾化县	博兴县	邹平县
曹县	单县	成武县	巨野县
郓城县	鄄城县	定陶县	东明县

河南省

中牟县	新密市	新郑市	杞县
通许县	尉氏县	开封县	兰考县
宝丰县	叶县	郏县	舞钢市
安阳县	汤阴县	滑县	内黄县
林州市	浚县	淇县	新乡县
获嘉县	原阳县	延津县	封丘县
长垣县	卫辉市	辉县市	修武县
博爱县	武陟县	温县	沁阳市
孟州市	清丰县	南乐县	范县

台前县 濮阳县 许昌县 鄢陵县
襄城县 禹州市 长葛市 郾城区
舞阳县 临颍县 民权县 睢县
宁陵县 柘城县 虞城县 夏邑县
永城市 淮滨县 息县 扶沟县
西华县 商水县 沈丘县 郸城县
淮阳县 太康县 鹿邑县 项城市
西平县 上蔡县 平舆县 正阳县
确山县 泌阳县 汝南县 遂平县
新蔡县

九大农区县(市)—黄土高原区

河北省

井陉县	平山县	涉县	阜平县

山西省

清徐县	阳曲县	平定县	盂县
长治县	襄垣县	屯留县	平顺县
黎城县	壶关县	长子县	武乡县
沁县	沁源县	潞城市	沁水县
阳城县	陵川县	泽州县	高平市
榆社县	左权县	和顺县	昔阳县
寿阳县	太谷县	祁县	平遥县
灵石县	介休市	临猗县	万荣县
闻喜县	稷山县	新绛县	绛县
垣曲县	夏县	平陆县	芮城县
永济市	河津市	定襄县	五台县
代县	河曲县	保德县	原平市
曲沃县	翼城县	襄汾县	洪洞县
古县	安泽县	浮山县	吉县
乡宁县	大宁县	隰县	永和县
蒲县	汾西县	侯马市	霍州市
离石区	文水县	交城县	兴县
临县	柳林县	石楼县	中阳县
交口县	孝义市	汾阳市	

河南省

巩义市	荥阳市	登封市	孟津县
新安县	栾川县	嵩县	汝阳县
宜阳县	洛宁县	伊川县	偃师市
鲁山县	汝州市	渑池县	陕县
卢氏县	义马市	灵宝市	济源市

陕西省

长安区	蓝田县	周至县	户县
高陵县	耀州区	宜君县	陈仓区
凤翔县	岐山县	扶风县	眉县
陇县	千阳县	麟游县	三原县
泾阳县	乾县	礼泉县	永寿县
彬县	长武县	旬邑县	淳化县
武功县	兴平市	华县	潼关县
大荔县	合阳县	澄城县	蒲城县
白水县	富平县	韩城市	华阴市

延长县	延川县	子长县	安塞县
志丹县	吴起县	甘泉县	富县
洛川县	宜川县	黄龙县	黄陵县
绥德县	米脂县	佳县	吴堡县
清涧县	子洲县		

甘肃省

永登县	皋兰县	榆中县	靖远县
会宁县	清水县	秦安县	甘谷县
武山县	张家川回族自治县	崆峒区	泾川县
灵台县	崇信县	华亭县	庄浪县
静宁县	西峰区	庆城县	环县
华池县	合水县	正宁县	宁县
镇原县	安定区	通渭县	陇西县
渭源县	临洮县	漳县	临夏市
临夏县	康乐县	永靖县	广河县
和政县	东乡族自治县	积石山保安族东乡族撒拉族自治县	

青海省

大通回族土族自治县	湟中县	湟源县	平安县
民和回族土族自治县	乐都县	互助土族自治县	化隆回族自治县
循化撒拉族自治县	同仁县	尖扎县	贵德县

宁夏回族自治区

盐池县	同心县	西吉县	隆德县
泾源县	彭阳县	海原县	

九大农区县（市）—长江中下游区

上海市

奉贤区	崇明县		

江苏省

浦口区	江宁区	六合区	溧水县
高淳县	锡山区	江阴市	宜兴市
武进区	溧阳市	金坛市	吴中区
常熟市	张家港市	昆山市	吴江市
太仓市	通州区	海安县	如东县
启东市	如皋市	海门市	洪泽县
盱眙县	金湖县	盐都区	阜宁县
射阳县	建湖县	东台市	大丰市
邗江区	江都区	宝应县	仪征市
高邮市	丹徒区	丹阳市	扬中市
句容市	兴化市	靖江市	泰兴市
姜堰市			

浙江省

萧山区	余杭区	桐庐县	淳安县
建德市	富阳市	临安市	鄞州区
象山县	宁海县	余姚市	慈溪市
奉化市	洞头县	永嘉县	平阳县
苍南县	文成县	泰顺县	瑞安市
乐清市	嘉善县	海盐县	海宁市
平湖市	桐乡市	德清县	长兴县
安吉县	绍兴县	新昌县	诸暨市
上虞市	嵊州市	武义县	浦江县
磐安县	兰溪市	义乌市	东阳市
永康市	衢江区	常山县	开化县
龙游县	江山市	岱山县	嵊泗县
玉环县	三门县	天台县	仙居县
温岭市	临海市	青田县	缙云县
遂昌县	松阳县	云和县	庆元县
景宁畲族自治县	龙泉市		

安徽省

长丰县	肥东县	肥西县	庐江县
巢湖市	芜湖县	繁昌县	南陵县
无为县	当涂县	含山县	和县
铜陵县	怀宁县	枞阳县	潜山县
太湖县	宿松县	望江县	岳西县

桐城市	歙县	休宁县	黟县
祁门县	来安县	全椒县	定远县
凤阳县	天长市	明光市	寿县
霍邱县	舒城县	金寨县	霍山县
东至县	石台县	青阳县	郎溪县
广德县	泾县	绩溪县	旌德县
宁国市			

福建省

闽侯县	连江县	罗源县	闽清县
永泰县	明溪县	清流县	宁化县
大田县	尤溪县	沙县	将乐县
泰宁县	建宁县	永安市	永春县
德化县	顺昌县	浦城县	光泽县
松溪县	政和县	邵武市	武夷山市
建瓯市	建阳市	长汀县	永定县
上杭县	武平县	连城县	漳平市
霞浦县	古田县	屏南县	寿宁县
周宁县	柘荣县	福安市	福鼎市

江西省

南昌县	新建县	安义县	进贤县
浮梁县	乐平市	莲花县	上栗县
芦溪县	九江县	武宁县	修水县
永修县	德安县	星子县	都昌县
湖口县	彭泽县	瑞昌市	共青城市
分宜县	余江县	贵溪市	赣县
信丰县	大余县	上犹县	崇义县
安远县	龙南县	定南县	全南县
宁都县	于都县	兴国县	会昌县
寻乌县	石城县	瑞金市	南康市
吉安县	吉水县	峡江县	新干县
永丰县	泰和县	遂川县	万安县
安福县	永新县	井冈山市	奉新县
万载县	上高县	宜丰县	靖安县
铜鼓县	丰城市	樟树市	高安市
南城县	黎川县	南丰县	崇仁县
乐安县	宜黄县	金溪县	资溪县
东乡县	广昌县	上饶县	广丰县
玉山县	铅山县	横峰县	弋阳县
余干县	鄱阳县	万年县	婺源县
德兴市			

河南省

南召县 方城县 西峡县 镇平县
内乡县 淅川县 社旗县 唐河县
新野县 桐柏县 邓州市 罗山县
光山县 新县 商城县 固始县
潢川县

湖北省

阳新县 大冶市 宜都市 当阳市
枝江市 襄州区 老河口市 枣阳市
宜城市 京山县 沙洋县 钟祥市
孝昌县 大悟县 云梦县 应城市
安陆市 汉川市 公安县 监利县
江陵县 石首市 洪湖市 松滋市
团风县 红安县 罗田县 英山县
浠水县 蕲春县 黄梅县 麻城市
武穴市 嘉鱼县 通城县 崇阳县
通山县 赤壁市 随县 广水市
仙桃市 潜江市 天门市

湖南省

望城区 长沙县 宁乡县 浏阳市
株洲县 攸县 茶陵县 炎陵县
醴陵市 湘潭县 湘乡市 韶山市
衡阳县 衡南县 衡山县 衡东县
祁东县 耒阳市 常宁市 邵东县
新邵县 邵阳县 隆回县 洞口县
新宁县 武冈市 岳阳县 华容县
湘阴县 平江县 汨罗市 临湘市
安乡县 汉寿县 澧县 临澧县
桃源县 津市市 南县 桃江县
安化县 沅江市 桂阳县 宜章县
永兴县 嘉禾县 临武县 汝城县
桂东县 安仁县 资兴市 祁阳县
东安县 双牌县 道县 江永县
宁远县 蓝山县 新田县 江华瑶族自治县
双峰县 新化县 冷水江市 涟源市

广东省

曲江区 始兴县 仁化县 翁源县
乳源瑶族自治县 乐昌市 南雄市 广宁县
怀集县 封开县 梅县 大埔县
平远县 蕉岭县 兴宁市 龙川县
连平县 和平县 阳山县 连山壮族瑶族自治县

连南瑶族自治县	连州市		

广西壮族自治区

上林县	柳江县	柳城县	鹿寨县
融安县	融水苗族自治县	三江侗族自治县	阳朔县
临桂县	灵川县	全州县	兴安县
永福县	灌阳县	龙胜各族自治县	资源县
平乐县	荔蒲县	恭城瑶族自治县	蒙山县
八步区	昭平县	钟山县	富川瑶族自治县
罗城仫佬族自治县	宜州市	兴宾区	忻城县
象州县	武宣县	金秀瑶族自治县	合山市

九大农区县(市)—西南区

湖北省

郧县	郧西县	竹山县	竹溪县
房县	丹江口市	夷陵区	远安县
兴山县	秭归县	长阳土家族自治县	五峰土家族自治县
南漳县	谷城县	保康县	恩施市
利川市	建始县	巴东县	宣恩县
咸丰县	来凤县	鹤峰县	神农架林区

湖南省

绥宁县	城步苗族自治县	石门县	慈利县
桑植县	中方县	沅陵县	辰溪县
溆浦县	会同县	麻阳苗族自治县	新晃侗族自治县
芷江侗族自治县	靖州苗族侗族自治县	通道侗族自治县	洪江市
吉首市	泸溪县	凤凰县	花垣县
保靖县	古丈县	永顺县	龙山县

广西壮族自治区

马山县	凌云县	乐业县	田林县
西林县	隆林各族自治县	金城江区	南丹县
天峨县	凤山县	东兰县	环江毛南族自治县
巴马瑶族自治县	都安瑶族自治县	大化瑶族自治县	

重庆市

綦江区	大足区	长寿区	江津区
合川区	永川区	南川区	潼南县
铜梁县	荣昌县	璧山县	梁平县
城口县	丰都县	垫江县	武隆县
忠县	开县	云阳县	奉节县
巫山县	巫溪县	石柱土家族自治县	秀山土家族苗族自治县
酉阳土家族苗族自治县	彭水苗族土家族自治县		

四川省

新都区	温江区	金堂县	双流县
郫县	大邑县	蒲江县	新津县
都江堰市	彭州市	邛崃市	崇州市
荣县	富顺县	米易县	盐边县
泸县	合江县	叙永县	古蔺县
中江县	罗江县	广汉市	什邡市
绵竹市	三台县	盐亭县	安县
梓潼县	北川羌族自治县	平武县	江油市
旺苍县	青川县	剑阁县	苍溪县

蓬溪县
射洪县
大英县
威远县
资中县
隆昌县
犍为县
井研县
夹江县
沐川县
峨边彝族自治县
马边彝族自治县
峨眉山市
南部县
营山县
蓬安县
仪陇县
西充县
阆中市
仁寿县
彭山县
洪雅县
丹棱县
青神县
南溪区
宜宾县
江安县
长宁县
高县
珙县
筠连县
兴文县
屏山县
岳池县
武胜县
邻水县
华蓥市
达县
宣汉县
开江县
大竹县
渠县
万源市
名山县
荥经县
汉源县
石棉县
天全县
芦山县
宝兴县
通江县
南江县
平昌县
安岳县
乐至县
简阳市
泸定县
西昌市
木里藏族自治县
盐源县
德昌县
会理县
会东县
宁南县
普格县
布拖县
金阳县
昭觉县
喜德县
冕宁县
越西县
甘洛县
美姑县
雷波县

贵州省

开阳县
息烽县
修文县
清镇市
六枝特区
水城县
盘县
遵义县
桐梓县
绥阳县
正安县
道真仡佬族苗族自治县
务川仡佬族苗族自治县
凤冈县
湄潭县
余庆县
习水县
赤水市
仁怀市
平坝县
普定县
镇宁布依族苗族自治县
关岭布依族苗族自治县
紫云苗族布依族自治县
七星关区
大方县
黔西县
金沙县
织金县
纳雍县
威宁彝族回族苗族自治县
赫章县
碧江区
万山区
江口县
玉屏侗族自治县
石阡县
思南县
印江土家族苗族自治县
德江县
沿河土家族自治县
松桃苗族自治县
兴义市
兴仁县
普安县
晴隆县
贞丰县
望谟县
册亨县
安龙县
凯里市
黄平县
施秉县
三穗县
镇远县
岑巩县
天柱县
锦屏县
剑河县
台江县
黎平县
榕江县
从江县
雷山县
麻江县
丹寨县
都匀市
福泉市
荔波县
贵定县
瓮安县
独山县
平塘县
罗甸县
长顺县
龙里县
惠水县
三都水族自治县

云南省

呈贡区
晋宁县
富民县
宜良县

石林彝族自治县 嵩明县 禄劝彝族苗族自治县 寻甸回族彝族自治县
安宁市 马龙县 陆良县 师宗县
罗平县 富源县 会泽县 沾益县
宣威市 江川县 澄江县 通海县
华宁县 易门县 峨山彝族自治县 腾冲县
昭阳区 鲁甸县 巧家县 盐津县
大关县 永善县 绥江县 镇雄县
彝良县 威信县 水富县 玉龙纳西族自治县
永胜县 华坪县 宁蒗彝族自治县 景东彝族自治县
楚雄市 双柏县 牟定县 南华县
姚安县 大姚县 永仁县 元谋县
武定县 禄丰县 弥勒县 泸西县
文山市 砚山县 丘北县 大理市
漾濞彝族自治县 祥云县 宾川县 弥渡县
南涧彝族自治县 巍山彝族回族自治县 永平县 云龙县
洱源县 剑川县 鹤庆县 泸水县
兰坪白族普米族自治县

陕西省

凤县 太白县 南郑县 城固县
洋县 西乡县 勉县 宁强县
略阳县 镇巴县 留坝县 佛坪县
汉阴县 石泉县 宁陕县 紫阳县
岚皋县 平利县 镇坪县 旬阳县
白河县 商州区 洛南县 丹凤县
商南县 山阳县 镇安县 柞水县

甘肃省

岷县 武都区 成县 文县
宕昌县 康县 西和县 礼县
徽县 两当县 舟曲县

九大农区县（市）—华南区

福建省

平潭县	福清市	长乐市	仙游县
惠安县	安溪县	金门县	石狮市
晋江市	南安市	云霄县	漳浦县
诏安县	长泰县	东山县	南靖县
平和县	华安县	龙海市	

广东省

增城市	从化市	新丰县	斗门区
潮阳区	澄海区	南澳县	禅城区
南海区	顺德区	三水区	高明区
新会区	台山市	开平市	鹤山市
恩平市	遂溪县	徐闻县	廉江市
雷州市	吴川市	电白县	高州市
化州市	信宜市	德庆县	高要市
四会市	惠阳区	博罗县	惠东县
龙门县	丰顺县	五华县	海丰县
陆河县	陆丰市	紫金县	东源县
阳西县	阳东县	阳春市	佛冈县
清新县	英德市	潮安县	饶平县
揭东县	揭西县	惠来县	普宁市
新兴县	郁南县	云安县	罗定市

广西壮族自治区

邕宁区	武鸣县	隆安县	宾阳县
横县	苍梧县	藤县	岑溪市
合浦县	上思县	东兴市	灵山县
浦北县	平南县	桂平市	容县
陆川县	博白县	兴业县	北流市
右江区	田阳县	田东县	平果县
德保县	靖西县	那坡县	江洲区
扶绥县	宁明县	龙州县	大新县
天等县	凭祥市		

海南省

五指山市	琼海市	儋州市	文昌市
万宁市	东方市	定安县	屯昌县
澄迈县	临高县	白沙黎族自治县	昌江黎族自治县
乐东黎族自治县	陵水黎族自治县	保亭黎族苗族自治县	琼中黎族苗族自治县

云南省

新平彝族傣族自治县	元江哈尼族彝族傣族自治县	施甸县	龙陵县
昌宁县	思茅区	宁洱哈尼族彝族自治县	墨江哈尼族自治县
景谷傣族彝族自治县	镇沅彝族哈尼族拉祜族自治县	江城哈尼族彝族自治县	孟连傣族拉祜族佤族自治县
澜沧拉祜族自治县	西盟佤族自治县	临翔区	凤庆县
云县	永德县	镇康县	双江拉祜族佤族布朗族傣族自治县
耿马傣族佤族自治县	沧源佤族自治县	个旧市	开远市
蒙自市	屏边苗族自治县	建水县	石屏县
元阳县	红河县	金平苗族瑶族傣族自治县	绿春县
河口瑶族自治县	西畴县	麻栗坡县	马关县
广南县	富宁县	景洪市	勐海县
勐腊县	瑞丽市	芒市	梁河县
盈江县	陇川县		

九大农区县(市)—甘新区

内蒙古自治区

鄂托克前旗 鄂托克旗 杭锦旗 乌审旗
临河区 五原县 磴口县 乌拉特前旗
乌拉特中旗 乌拉特后旗 杭锦后旗 阿拉善左旗
阿拉善右旗 额济纳旗

甘肃省

永昌县 景泰县 凉州区 民勤县
古浪县 甘州区 民乐县 临泽县
高台县 山丹县 肃州区 金塔县
瓜州县 肃北蒙古族自治县 阿克塞哈萨克族自治县 玉门市
敦煌市

宁夏回族自治区

永宁县 贺兰县 灵武市 平罗县
青铜峡市 中宁县

新疆维吾尔自治区

乌鲁木齐县 吐鲁番市 鄯善县 托克逊县
哈密市 巴里坤哈萨克自治县 伊吾县 昌吉市
阜康市 呼图壁县 玛纳斯县 奇台县
吉木萨尔县 木垒哈萨克自治县 博乐市 精河县
温泉县 库尔勒市 轮台县 尉犁县
若羌县 且末县 焉耆回族自治县 和静县
和硕县 博湖县 阿克苏市 温宿县
库车县 沙雅县 新和县 拜城县
乌什县 阿瓦提县 柯坪县 阿图什市
阿克陶县 阿合奇县 乌恰县 喀什市
疏附县 疏勒县 英吉沙县 泽普县
莎车县 叶城县 麦盖提县 岳普湖县
伽师县 巴楚县 塔什库尔干塔吉克自治县 和田市
和田县 墨玉县 皮山县 洛浦县
策勒县 于田县 民丰县 伊宁市
奎屯市 伊宁县 察布查尔锡伯自治县 霍城县
巩留县 新源县 昭苏县 特克斯县
尼勒克县 塔城市 乌苏市 额敏县
沙湾县 托里县 裕民县 和布克赛尔蒙古自治县
阿勒泰市 布尔津县 富蕴县 福海县
哈巴河县 青河县 吉木乃县 石河子市
阿拉尔市 图木舒克市 五家渠市

九大农区县（市）—青藏高原区

四川省

汶川县	理县	茂县	松潘县
九寨沟县	金川县	小金县	黑水县
马尔康县	壤塘县	阿坝县	若尔盖县
红原县	康定县	丹巴县	九龙县
雅江县	道孚县	炉霍县	甘孜县
新龙县	德格县	白玉县	石渠县
色达县	理塘县	巴塘县	乡城县
稻城县	得荣县		

云南省

福贡县	贡山独龙族怒族自治县	香格里拉县	德钦县
维西傈僳族自治县			

西藏自治区

林周县	当雄县	尼木县	曲水县
堆龙德庆县	达孜县	墨竹工卡县	昌都县
江达县	贡觉县	类乌齐县	丁青县
察雅县	八宿县	左贡县	芒康县
洛隆县	边坝县	乃东县	扎囊县
贡嘎县	桑日县	琼结县	曲松县
措美县	洛扎县	加查县	隆子县
错那县	浪卡子县	日喀则市	南木林县
江孜县	定日县	萨迦县	拉孜县
昂仁县	谢通门县	白朗县	仁布县
康马县	定结县	仲巴县	亚东县
吉隆县	聂拉木县	萨嘎县	岗巴县
那曲县	嘉黎县	比如县	聂荣县
安多县	申扎县	索县	班戈县
巴青县	尼玛县	普兰县	札达县
噶尔县	日土县	革吉县	改则县
措勤县	林芝县	工布江达县	米林县
墨脱县	波密县	察隅县	朗县

甘肃省

天祝藏族自治县	肃南裕固族自治县	合作市	临潭县
卓尼县	迭部县	玛曲县	碌曲县
夏河县			

青海省

门源回族自治县	祁连县	海晏县	刚察县

泽库县	河南蒙古族自治县	共和县	同德县
兴海县	贵南县	玛沁县	班玛县
甘德县	达日县	久治县	玛多县
玉树县	杂多县	称多县	治多县
囊谦县	曲麻莱县	格尔木市	德令哈市
乌兰县	都兰县	天峻县	

沿海开放县(市)

天津市

宝坻区	宁河县	静海县	蓟县

河北省

丰南区	滦县	滦南县	乐亭县
唐海县	昌黎县	抚宁县	卢龙县
沧县	青县	海兴县	黄骅市

辽宁省

瓦房店市	普兰店市	庄河市	海城市
东港市	凤城市	凌海市	盖州市
大石桥市	辽阳县	灯塔市	大洼县
盘山县	绥中县	兴城市	

上海市

奉贤区	崇明县

江苏省

浦口区	江宁区	六合区	锡山区
江阴市	宜兴市	武进区	溧阳市
金坛市	吴中区	常熟市	张家港市
昆山市	吴江市	太仓市	通州区
海安县	如东县	启东市	如皋市
海门市	赣榆县	东海县	灌云县
响水县	滨海县	射阳县	东台市
大丰市	邗江区	江都区	仪征市
丹徒区	丹阳市	扬中市	句容市
靖江市	泰兴市	姜堰市	

浙江省

萧山区	余杭区	桐庐县	富阳市
临安市	鄞州区	象山县	宁海县
余姚市	慈溪市	奉化市	永嘉县
平阳县	苍南县	瑞安市	乐清市
嘉善县	海盐县	海宁市	平湖市
桐乡市	德清县	长兴县	绍兴县
上虞市	嵊州市	临海市	

福建省

闽侯县	连江县	罗源县	闽清县
永泰县	平潭县	福清市	长乐市

仙游县 惠安县 安溪县 永春县
德化县 晋江市 南安市 云霄县
漳浦县 诏安县 长泰县 东山县
南靖县 平和县 华安县 龙海市
霞浦县

山东省

胶州市 即墨市 平度市 胶南市
莱西市 桓台县 龙口市 莱阳市
莱州市 蓬莱市 招远市 栖霞市
海阳市 昌乐县 青州市 诸城市
寿光市 安丘市 高密市 昌邑市
文登市 荣成市 乳山市 五莲县

广东省

增城市 从化市 斗门区 潮阳区
澄海区 南澳县 禅城区 南海区
顺德区 三水区 高明区 新会区
台山市 开平市 鹤山市 恩平市
遂溪县 徐闻县 廉江市 雷州市
吴川市 电白县 广宁县 高要市
四会市 惠阳区 博罗县 惠东县
海丰县 陆丰市 阳东县 清新县
饶平县 揭东县 惠来县 普宁市
苍梧县 合浦县

海南省

五指山市 琼海市 儋州市 文昌市
万宁市 东方市 定安县 屯昌县
澄迈县 临高县 白沙黎族自治县 昌江黎族自治县
乐东黎族自治县 陵水黎族自治县 保亭黎族苗族自治县 琼中黎族苗族自治县

棉花生产大县(市)

河北省

辛集市	大名县	肥乡县	邱县
魏县	威县	南宫市	吴桥县

山西省

临猗县	永济市		

江苏省

铜山区	邳州市	常熟市	张家港市
太仓市	通州区	如东县	启东市
如皋市	海门市	灌云县	滨海县
射阳县	东台市	大丰市	高邮市
兴化市			

浙江省

慈溪市			

安徽省

无为县	濉溪县	宿松县	望江县
灵璧县	泗县	蒙城县	

江西省

九江县	永修县	都昌县	彭泽县
高安市			

山东省

济阳县	商河县	高青县	安丘市
高密市	昌邑市	鱼台县	金乡县
嘉祥县	汶上县	梁山县	宁津县
齐河县	夏津县	武城县	阳谷县
莘县	冠县	高唐县	临清市
无棣县	邹平县	曹县	单县
成武县	巨野县	郓城县	定陶县

河南省

杞县	通许县	尉氏县	兰考县
滑县	内黄县	鄢陵县	社旗县
唐河县	邓州市	民权县	睢县
柘城县	永城市	扶沟县	西华县
郸城县	淮阳县	太康县	鹿邑县

湖北省

枝江市	襄州区	枣阳市	宜城市
京山县	沙洋县	钟祥市	汉川市
公安县	石首市	洪湖市	松滋市
黄梅县	仙桃市	潜江市	天门市

湖南省

华容县	安乡县	汉寿县	澧县
南县			

四川省

三台县	射洪县	南部县	仁寿县
简阳市			

陕西省

大荔县

新疆维吾尔自治区

阿克苏市	库车县	沙雅县	阿瓦提县
疏附县	疏勒县	泽普县	莎车县
叶城县	麦盖提县	岳普湖县	伽师县
巴楚县	乌苏市	沙湾县	

长江三角洲经济区县（市）

上海市

奉贤区	崇明县		

江苏省

浦口区	江宁区	六合区	溧水县
高淳县	锡山区	江阴市	宜兴市
武进区	溧阳市	金坛市	吴中区
常熟市	张家港市	昆山市	吴江市
太仓市	通州区	海安县	如东县
启东市	如皋市	海门市	东台市
大丰市	邗江区	江都区	宝应县
仪征市	高邮市	丹徒区	丹阳市
扬中市	句容市	兴化市	靖江市
泰兴市	姜堰市		

浙江省

萧山区	余杭区	富阳市	临安市
鄞州区	宁海县	余姚市	慈溪市
奉化市	永嘉县	瑞安市	乐清市
嘉善县	海盐县	海宁市	平湖市
桐乡市	德清县	长兴县	绍兴县
新昌县	诸暨市	上虞市	嵊州市
武义县	浦江县	磐安县	兰溪市
义乌市	东阳市	永康市	岱山县
嵊泗县	玉环县	三门县	天台县
仙居县	温岭市	临海市	

环渤海经济区县(市)

北京市

大兴区	怀柔区	平谷区	密云县
延庆县			

天津市

宝坻区	宁河县	静海县	蓟县

河北省

丰润区	滦县	迁西县	玉田县
唐海县	遵化市	迁安市	昌黎县
抚宁县	卢龙县	雄县	青县
任丘市	黄骅市	固安县	永清县
香河县	大城县	文安县	大厂回族自治县
霸州市	三河市		

辽宁省

辽中县	新民市	长海县	瓦房店市
普兰店市	庄河市	台安县	岫岩满族自治县
海城市	宽甸满族自治县	东港市	凤城市
黑山县	义县	凌海市	北镇市
盖州市	大石桥市	辽阳县	灯塔市
大洼县	盘山县	绥中县	兴城市

山东省

胶州市	即墨市	平度市	胶南市
莱西市	桓台县	沂源县	长岛县
龙口市	莱阳市	莱州市	蓬莱市
招远市	栖霞市	海阳市	临朐县
昌乐县	青州市	诸城市	寿光市
安丘市	高密市	昌邑市	文登市
荣成市	乳山市	五莲县	

南部沿海经济县（市）

福建省

闽侯县	连江县	罗源县	闽清县
永泰县	平潭县	福清市	长乐市
仙游县	惠安县	安溪县	德化县
金门县	石狮市	晋江市	南安市
云霄县	漳浦县	诏安县	长泰县
东山县	南靖县	平和县	华安县
龙海市			

广东省

增城市	从化市	新丰县	斗门区
潮阳区	澄海区	南澳县	禅城区
南海区	顺德区	三水区	高明区
新会区	台山市	开平市	鹤山市
恩平市	遂溪县	徐闻县	廉江市
雷州市	吴川市	电白县	高州市
化州市	信宜市	德庆县	高要市
四会市	惠阳区	博罗县	惠东县
龙门县	梅县	大埔县	丰顺县
五华县	平远县	蕉岭县	兴宁市
海丰县	陆河县	陆丰市	紫金县
东源县	阳西县	阳东县	阳春市
佛冈县	清新县	英德市	潮安县
饶平县	揭东县	揭西县	惠来县
普宁市	新兴县	郁南县	罗定市

广西壮族自治区

合浦县

海南省

五指山市	琼海市	儋州市	文昌市
万宁市	东方市	定安县	屯昌县
澄迈县	临高县	白沙黎族自治县	昌江黎族自治县
乐东黎族自治县	陵水黎族自治县	保亭黎族苗族自治县	琼中黎族苗族自治县

国家扶贫开放工作重点县(市)

河北省

行唐县	灵寿县	赞皇县	平山县
青龙满族自治县	大名县	魏县	临城县
巨鹿县	新河县	广宗县	平乡县
威县	阜平县	唐县	涞源县
顺平县	张北县	康保县	沽源县
尚义县	蔚县	阳原县	怀安县
万全县	赤城县	崇礼县	平泉县
滦平县	隆化县	丰宁满族自治县	围场满族蒙古族自治县
海兴县	盐山县	南皮县	武邑县
武强县	饶阳县	阜城县	

山西省

娄烦县	阳高县	天镇县	广灵县
灵丘县	浑源县	平顺县	壶关县
武乡县	右玉县	左权县	和顺县
平陆县	五台县	代县	繁峙县
宁武县	静乐县	神池县	五寨县
岢岚县	河曲县	保德县	偏关县
吉县	大宁县	隰县	永和县
汾西县	兴县	临县	石楼县
岚县	方山县	中阳县	

内蒙古自治区

武川县	阿鲁科尔沁旗	巴林左旗	巴林右旗
林西县	翁牛特旗	喀喇沁旗	宁城县
敖汉旗	科尔沁左翼中旗	科尔沁左翼后旗	库伦旗
奈曼旗	莫力达瓦达斡尔族自治旗	鄂伦春自治旗	卓资县
化德县	商都县	兴和县	察哈尔右翼前旗
察哈尔右翼中旗	察哈尔右翼后旗	四子王旗	阿尔山市
科尔沁右翼前旗	科尔沁右翼中旗	扎赉特旗	突泉县
苏尼特右旗	太仆寺旗	正镶白旗	

吉林省

靖宇县	镇赉县	通榆县	大安市
龙井市	和龙市	汪清县	安图县

黑龙江省

延寿县	泰来县	甘南县	拜泉县

绥滨县	饶河县	林甸县	桦南县
桦川县	汤原县	抚远县	同江市
兰西县	海伦市		

安徽省

潜山县	太湖县	宿松县	岳西县
临泉县	阜南县	颍上县	砀山县
萧县	灵璧县	泗县	寿县
霍邱县	舒城县	金寨县	利辛县
石台县			

江西省

莲花县	修水县	赣县	上犹县
安远县	宁都县	于都县	兴国县
会昌县	寻乌县	吉安县	遂川县
万安县	永新县	井冈山市	乐安县
广昌县	上饶县	横峰县	余干县
鄱阳县			

河南省

兰考县	栾川县	嵩县	汝阳县
宜阳县	洛宁县	鲁山县	滑县
封丘县	范县	台前县	卢氏县
南召县	淅川县	社旗县	桐柏县
民权县	睢县	宁陵县	虞城县
光山县	新县	商城县	固始县
淮滨县	沈丘县	淮阳县	上蔡县
平舆县	确山县	新蔡县	

湖北省

阳新县	郧县	郧西县	竹山县
竹溪县	房县	丹江口市	秭归县
长阳土家族自治县	孝昌县	大悟县	红安县
罗田县	英山县	蕲春县	麻城市
恩施市	利川市	建始县	巴东县
宣恩县	咸丰县	来凤县	鹤峰县
神农架林区			

湖南省

邵阳县	隆回县	城步苗族自治县	平江县
桑植县	安化县	汝城县	桂东县
新田县	江华瑶族自治县	沅陵县	通道侗族自治县

新化县	泸溪县	凤凰县	花垣县
保靖县	古丈县	永顺县	龙山县

广西壮族自治区

隆安县	马山县	上林县	融水苗族自治县
三江侗族自治县	龙胜各族自治县	田东县	德保县
靖西县	那坡县	凌云县	乐业县
田林县	西林县	隆林各族自治县	昭平县
富川瑶族自治县	凤山县	东兰县	罗城仫佬族自治县
环江毛南族自治县	巴马瑶族自治县	都安瑶族自治县	大化瑶族自治县
忻城县	金秀瑶族自治县	龙州县	天等县

海南省

五指山市	临高县	白沙黎族自治县	保亭黎族苗族自治县
琼中黎族苗族自治县			

重庆市

城口县	丰都县	武隆县	开县
云阳县	奉节县	巫山县	巫溪县
石柱土家族自治县	秀山土家族苗族自治县	酉阳土家族苗族自治县	彭水苗族土家族自治县

四川省

叙永县	古蔺县	旺苍县	苍溪县
马边彝族自治县	南部县	仪陇县	阆中市
屏山县	宣汉县	万源市	通江县
南江县	平昌县	小金县	黑水县
壤塘县	甘孜县	德格县	石渠县
色达县	理塘县	木里藏族自治县	盐源县
普格县	布拖县	金阳县	昭觉县
喜德县	越西县	甘洛县	美姑县
雷波县			

贵州省

六枝特区	水城县	盘县	正安县
道真仡佬族苗族自治县	务川仡佬族苗族自治县	习水县	普定县
镇宁布依族苗族自治县	关岭布依族苗族自治县	紫云苗族布依族自治县	大方县
织金县	纳雍县	威宁彝族回族苗族自治县	赫章县
江口县	石阡县	思南县	印江土家族苗族自治县
德江县	沿河土家族自治县	松桃苗族自治县	兴仁县
普安县	晴隆县	贞丰县	望谟县
册亨县	安龙县	黄平县	施秉县
三穗县	岑巩县	天柱县	锦屏县

剑河县	台江县	黎平县	榕江县
从江县	雷山县	麻江县	丹寨县
荔波县	独山县	平塘县	罗甸县
长顺县	三都水族自治县		

云南省

禄劝彝族苗族自治县	寻甸回族彝族自治县	富源县	会泽县
施甸县	龙陵县	昌宁县	昭阳区
鲁甸县	巧家县	盐津县	大关县
永善县	绥江县	镇雄县	彝良县
威信县	永胜县	宁蒗彝族自治县	宁洱哈尼族彝族自治县
墨江哈尼族自治县	景东彝族自治县	镇沅彝族哈尼族拉祜族自治县	江城哈尼族彝族自治县
孟连傣族拉祜族佤族自治县	澜沧拉祜族自治县	西盟佤族自治县	临翔区
凤庆县	云县	永德县	镇康县
双江拉祜族佤族布朗族傣族自治县	沧源佤族自治县	双柏县	南华县
姚安县	大姚县	永仁县	武定县
屏边苗族自治县	泸西县	元阳县	红河县
金平苗族瑶族傣族自治县	绿春县	文山市	砚山县
西畴县	麻栗坡县	马关县	丘北县
广南县	富宁县	勐腊县	漾濞彝族自治县
弥渡县	南涧彝族自治县	巍山彝族回族自治县	永平县
云龙县	洱源县	剑川县	鹤庆县
梁河县	泸水县	福贡县	贡山独龙族怒族自治县
兰坪白族普米族自治县	香格里拉县	德钦县	维西傈僳族自治县

陕西省

耀州区	宜君县	陇县	麟游县
太白县	永寿县	长武县	旬邑县
淳化县	合阳县	澄城县	蒲城县
白水县	富平县	延长县	延川县
宜川县	洋县	西乡县	勉县
宁强县	略阳县	镇巴县	留坝县
佛坪县	横山县	定边县	绥德县
米脂县	佳县	吴堡县	清涧县
子洲县	汉阴县	石泉县	宁陕县
紫阳县	岚皋县	镇坪县	旬阳县
白河县	商州区	洛南县	丹凤县
商南县	山阳县	镇安县	柞水县

甘肃省

榆中县	会宁县	清水县	秦安县
甘谷县	武山县	张家川回族自治县	古浪县

天祝藏族自治县	庄浪县	静宁县	环县
华池县	合水县	宁县	镇原县
安定区	通渭县	陇西县	渭源县
临洮县	漳县	岷县	武都区
文县	宕昌县	康县	西和县
礼县	两当县	临夏县	康乐县
永靖县	广河县	和政县	东乡族自治县
积石山保安族东乡族撒拉族自治县	合作市	临潭县	卓尼县
舟曲县	夏河县		

青海省

大通回族土族自治县	湟中县	平安县	民和回族土族自治县
乐都县	化隆回族自治县	循化撒拉族自治县	泽库县
甘德县	达日县	玛多县	杂多县
治多县	囊谦县	曲麻莱县	

宁夏回族自治区

盐池县	同心县	西吉县	隆德县
泾源县	彭阳县	海原县	

新疆维吾尔自治区

巴里坤哈萨克自治县	乌什县	柯坪县	阿图什市
阿克陶县	阿合奇县	乌恰县	疏附县
疏勒县	英吉沙县	莎车县	叶城县
岳普湖县	伽师县	塔什库尔干塔吉克自治县	和田县
墨玉县	皮山县	洛浦县	策勒县
于田县	民丰县	察布查尔锡伯自治县	尼勒克县
托里县	青河县	吉木乃县	

附录：主要指标解释

主要指标解释

行政区域土地面积:是指辖区内的全部陆地面积和水域面积。包括耕地、荒山、荒地、山林、草原、滩涂、道路和建筑物占地等陆地面积,以及河流、湖泊、水库等水域面积。

乡镇个数:指农村中经省、自治区、直辖市人民政府批准成立的乡一级行政区划的数量。包括城关镇,但不包括城市街道办事处、工矿区。

村委会个数:指农村中经上级政府批准,按居住地区设立的基层群众性自治组织的个数。含城关镇中的村。

年末总户数:指户口在当地的常住户数,包括地区内的国有经济的机关、团体、学校、企业、事业单位的集体户。在统计户数时按公安部门常住户进行统计,集体户口无论其人数多少,都以一户进行统计。

乡村户数:指长期(一年以上)居住在乡镇(不包括城关镇)行政管理区域内的住户,还包括居住在城关镇所辖行政村范围内的农村住户。户口不在本地而在本地居住一年及以上的住户也包括在本地农村住户内;有本地户口,但举家外出谋生一年以上的住户,无论是否保留承包耕地都不包括在本地农村住户范围内。不包括乡村地区内的国有经济的机关、团体、学校、企业、事业单位的集体户。

年末总人口:在县(市)范围内,按年末时点统计的所有人口数量的总和。不包括虽居住在当地,但未取得我国国籍的外国公民。

乡村人口数:指乡村地区常住居民户数中的常住人口数,即经常在家或在家居住6个月以上,而且经济和生活与本户连成一体的人口。外出从业人员在外居住时间虽然在6个月以上,但收入主要带回家中,经济与本户连为一体,仍视为家庭常住人口;在家居住,生活和本户连成一体的国家职工、退休人员也为家庭常住人口。但是现役军人、中专及以上(走读生除外)的在校学生、以及常年在外(不包括探亲、看病等)且已有稳定的职业与居住场所的外出从业人员,不应当作家庭常住人口。

年末单位从业人员:指在各级国家机关、政党机关、社会团体及企业、事业单位中工作,并取得劳动报酬的全部人员。包括在岗职工、再就业的离退休人员、民办教师以及在各单位中工作的外方工作人员和港、澳、台人员、兼职人员、借用的外单位人员和第二职业者。不包括离开本单位仍保留劳动关系的职工。

乡村从业人员:指乡村人口中16岁以上实际参加生产经营活动并取得实物或货币收入的人员,既包括劳动年龄内经常参加劳动的人员,也包括超过劳动年龄但经常参加劳动的人员。但不包括户口在家的在外学生、现役军人和丧失劳动能力的人,也不包括待业人员和家务劳动者。从业人员年龄为16岁以上。从业人员按从事主业时间最长(时间相同按收入)分为农业从业人员、工业从业人员、建筑业从业人员、交运仓储及邮电通讯业从业人员、批零贸易及餐饮业从业人员、其它从业人员。

农业机械总动力:指主要用于农、林、牧、渔业的各种动力机械的动力总和,包括耕作机械、农用排灌机械、收获机械、植保机械、林业机械、畜牧机械、渔业机械、农产品加工机械、农用运输机械、其他农业机械。按能源又分为柴油、汽油、电力和其他动力。总动力按法定计算单位千瓦计算。(注:1马力=735.5瓦特=0.735千瓦)

固定电话用户:指在电信运营企业营业网点办理开户登记手续并已接入固定电话网上的全部电话用户。包括普通电话用户、公用电话用户、窄带综合业务数字网(N-ISDN)用户、智能网专用接入终端用户等。按行政区划分为城市电话用户和农村电话用户。

地区生产总值:是按市场价格计算的一个地区所有常住单位在一定时期内生产活动的最终成果。

第一产业:农业、林业、牧业和渔业。

第二产业:工业(包括采掘工业、制造业、自来水、电力、蒸气、热水、煤气)和建筑业。

地方财政一般预算收入:地方财政一般预算收入包括:增值税25%、营业税、企业所得税与个人所得税地方分享部分、资源税、城市维护建设税、房产税、印花税、城镇土地使用税、土地增值税、车船使用和牌照税、耕地占用税、契税、其他各项税收、国有资产经营收益、国有企业计划亏损补贴、行政性收费收入、罚没收入、专项收入、其他各项收入。不含基金收入。

地方财政一般预算支出:包括地方行政管理和各项事业费、地方统筹的基本建设、企业挖潜改造资金、农业支出、科技、文化、教育、卫生等方面的支出、社会保障补助支出、城市维护费、政策性补贴支出等财政预算支出。

年末城乡居民储蓄存款余额:年末城乡居民存入银行或其他信用机构保管并取得一定利息的货币总量。

年末各项贷款余额:年终时银行或其他信用机构根据必须归还的原则,按一定利率,为企业、个人等提供资金贷款的总额。

粮食总产量:指全社会的产量。包括国有经济经营的、集体统一经营的和农民家庭经营的粮食产量,还包括工矿企业家属办的农场和其他生产单位的产量。包括稻谷、小麦、玉米、高粱、谷子、其他杂粮、薯类、大豆。其计算方法,豆类按去豆荚后的干豆计算;薯类按 5 公斤鲜薯折 1 公斤粮食计算。城市郊区作为蔬菜的薯类不做为粮食统计,其他粮食一律按脱粒后的原粮计算。

油料产量:指全部油料作物的生产量。包括花生、油菜籽、芝麻、向日葵籽、胡麻籽(亚麻籽)和其他油料。不包括大豆、木本油料和野生油料。花生以带壳干花生计算。

棉花产量:按皮棉计算。3 公斤籽棉折 1 公斤皮棉。不包括木棉。

肉类总产量:指当年出栏并已屠宰的畜禽肉产量。即屠宰后除去头蹄下水后带骨肉的重量,也叫胴体重。

规模以上工业企业:指年主营业务收入 2000 万元以上的工业法人企业。

规模以上工业企业个数:指区域内按国民经济行业划分归属于工业的企业个数和生产单位个数(分项以企业登记注册类型划分)。

规模以上工业总产值:指以货币形式表现的工业企业在报告期内生产的工业产品总量。包括成品、工业性作业和自制半成品、在产品期初期末差额。

普通中学在校学生数:指学年开学后,在普通中学学习具有学籍的学生总数,包括留级生,不包括复读生和补习生。

普通小学在校学生数:指学年开学后,在普通小学学习具有学籍的学生总数,包括留级生,不包括复读生和补习生。

医院、卫生院床位数:指报告期末医院、卫生院的固定床位数。不包括产科的新生儿床、病人家属的陪侍床、病人的观察床、接产室的待产床。

各种社会福利收养性单位数:是指收养社会孤老、残、幼的机构,包括由民政部门管理的社会福利院、儿童福利院、精神病人福利院和城镇集体举办的福利院及农村集体举办的敬老院。

各种社会福利收养性单位床位数:指报告期末全部社会福利院床位数。